KB242625

Logic Pro 12

최이진 지음

노하우
도서출판

최이진의
Logic Pro 12

초판 발행 2026년 3월 25일

지은이 최이진

출판 노하우
기획 EJ Enter
편집 덕디자인
진행 hyuneum

주소 서울시 관악구 행운1길
전화 02)888-0991
팩스 02)871-0995

등록번호 제320-2008-6호
홈페이지 hyuneum.com

ISBN 978-89-94404-66-0
값 33,000원

Contents

PART 04　믹싱과 마스터링

알아 두면 좋아요!　　영상 강좌

서적으로 공부할 때이 어려움.

영상으로 시청할 때의 오해.

두 가지를 함께하면 이러한 문제를 해결할 수 있으며,

개인 교습을 받는 것과 같은 효과를 얻을 수 있습니다.

오른쪽 QR 코드를 촬영하면 본서의 학습을

영상으로 시청할 수 있는 유튜브 채널에 연결됩니다.

유튜브에서 최이진을 검색해도 됩니다.

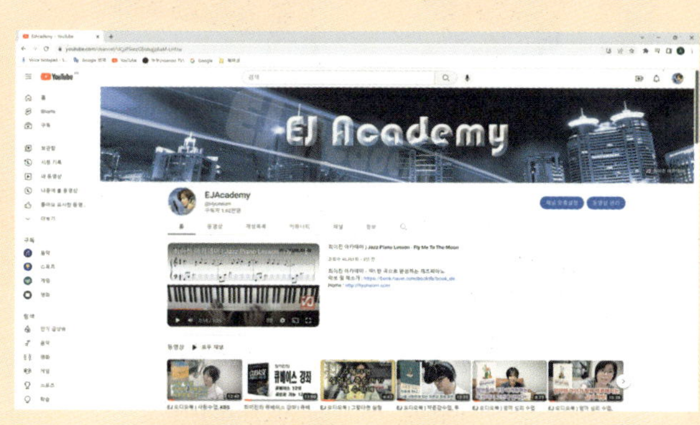

PART
01
로직으로 시작하는
뮤지션의 길

로직 사용을 위한 준비

음악 작업에 필요한 시스템의 종류와 연결 방법, 오디오 드라이버 및 프로젝트 설정 방법 등, 로직을 사용하기 위한 준비 과정을 살펴봅니다. 이미 로직을 이용하여 작업을 진행하는데 큰 문제가 없더라도 한 번쯤 읽어보면서 자신의 시스템 설정을 체크해보기 바랍니다.

데스크 음악 스튜디오

음악을 만들기 위해서는 한때 전문 스튜디오와 고가의 장비가 필수적이었습니다. 대형 믹싱 콘솔과 녹음기, 수많은 케이블과 외부 장비가 음악 제작의 기본 환경이었습니다. 그러나 디지털 기술의 발전으로 음악 제작 방식은 크게 변화했습니다. 오늘날에는 컴퓨터를 중심으로 필요한 장비를 연결해 작곡부터 녹음, 편집, 믹싱까지 대부분의 음악 제작 과정을 하나의 환경에서 수행할 수 있습니다. 이러한 변화의 중심에는 로직 프로가 있습니다.

▮ 컴퓨터 안에 구현된 음악 작업 환경

로직은 디지털 오디오 워크스테이션, 즉 DAW에 해당하는 음악 제작 프로그램입니다. DAW는 음악 작업에 필요한 다양한 기능을 하나로 통합한 소프트웨어로 실제 음악 작업실을 컴퓨터 화면 안에 옮겨 놓은 것과 같은 개념으로 이해할 수 있습니다. 녹음 장비, 믹서, 이펙터, 악기, 편집 도구 등이 하나의 프로그램 안에 구성되어 있으며, 사용자는 별도의 물리 장비 없이도 음악 제작의 전 과정을 진행할 수 있습니다. 이러한 환경 안에서 사용자는 소리를 녹음하고 편집하며, 여러 트랙을 조합해 하나의 음악으로 완성할 수 있습니다.

이 프로그램은 애플(Apple Inc.)에서 개발한 음악 제작 소프트웨어로 macOS 환경에 최적화된 구조를 갖추고 있습니다. 애플은 하드웨어와 소프트웨어를 함께 설계하는 기업으로 운영체제부터 컴퓨터와 모바일 기기까지 통합된 생태계를 구축해 왔습니다. 이러한 환경 속에서 발전해 온 로직은 맥 하드웨어의 성능을 효율적으로 활용하도록 설계되어 있으며, 운영체제와의 높은 호환성을 바탕으로 안정적인 작업 환경을 제공합니다. 이는 장시간 작업이나 복잡한 프로젝트에서도 신뢰할 수 있는 성능을 유지하는 데 중요한 요소로 작용합니다.

역사적으로 살펴보면, 로직의 시작은 애플 이전 시기로 거슬러 올라갑니다. 원래는 독일의 소프트웨어 회사 eMagic에서 개발된 프로그램으로 초기에는 MIDI 기반 작곡과 시퀀싱에 초점을 둔 도구였습니다. 당시에는 하드웨어 신시사이저와 MIDI 장비를 제어하는 용도로 널리 사용되었으며, 작곡가와 편곡가 중심의 작업 환경을 제공했습니다. 2002년 애플이 이매직을 인수하면서 로직은 애플의 공식 음악 제작 소프트웨어로 편입되었으며, 이는 프로그램의 성격과 방향성을 결정짓는 중요한 전환점이 되었습니다.

▲ 로직 프로는 컴퓨터 안에서 음악 작업을 수행하는 환경이다

애플의 기술력이 반영되면서 로직은 안정성과 효율성을 갖춘 DAW로 빠르게 발전하였습니다. 특히 오디오 처리 성능과 사용자 인터페이스, 하드웨어 최적화 측면에서 강점을 보이며, 맥 운영체제와의 깊은 통합을 통해 낮은 지연 시간과 안정적인 작업 환경을 제공합니다. 이러한 특성은 트랙 수가 많아지거나 플러그인을 다수 사용하는 대규모 프로젝트에서도 일관된 성능을 유지하는 데 기여합니다.

초기 개발 방향의 영향으로 로직은 현재까지도 MIDI 기반 작곡과 편곡 작업에서 강점을 지니고 있습니다. 피아노 롤과 이벤트 편집기 등을 통해 음표 하나하나를 세밀하게 편집할 수 있으며, 곡의 구조와 흐름을 체계적으로 설계할 수 있습니다. 이러한 MIDI 편집 환경은 아이디어를 빠르게 시각화하고 음악적으로 발전시키는 데 매우 효과적이며, 로직을 대표하는 핵심 특징 중 하나로 자리 잡고 있습니다.

기본 기능으로는 오디오 녹음이 있습니다. 마이크를 연결해 보컬을 녹음하거나 기타와 같은 악기를 직접 연주해 소리를 저장할 수 있으며, 오디오 인터페이스를 통해 다양한 외부 장비를 연결하는 것도 가능합니다. 녹음된 소리는 파형 형태로 화면에 표시되며, 사용자는 이를 잘라내고 이어 붙이거나 반복하고 위치를 이동시키는 등 다양한 편집 작업을 수행할 수 있습니다. 과거에 물리적인 테이프 편집이 필요했던 작업들은 디지털 환경에서 훨씬 정밀하고 안전하게 이루어집니다.

또 다른 핵심 요소는 MIDI 기능입니다. MIDI는 실제 소리를 저장하는 방식이 아니라 어떤 음이 언제, 얼마나 길게 연주되었는지를 기록하는 정보 방식입니다. 이는 악보와 유사한 개념으로 이해할 수 있으며, 소리 자체가 아닌 연주 지시서에 가깝습니다. MIDI로 입력된 음악은 언제든지 수정이 가능하며, 음의 높이, 길이, 박자, 템포 등을 자유롭게 변경할 수 있습니다. 이러한 특성 덕분에 실수를 두려워하지 않고 아이디어를 시도해 볼 수 있으며, 작곡 과정 전반에서 높은 유연성을 제공합니다.

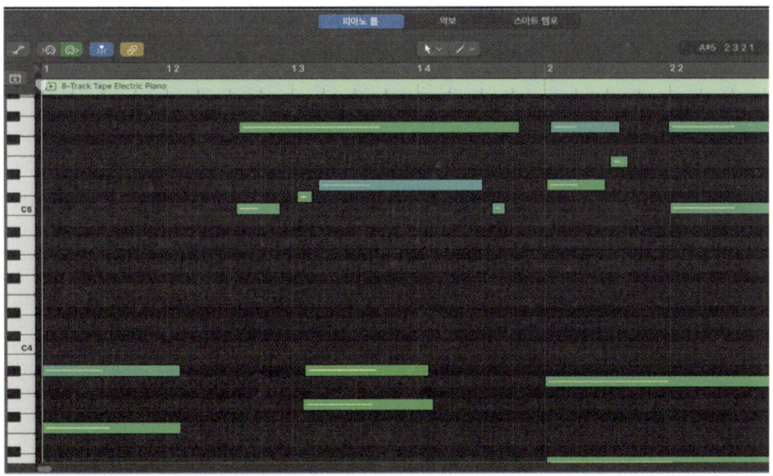

▲ MIDI는 소리가 아니라 연주 정보를 기록하는 방식이다

이와 함께 가상 악기와 오디오 효과를 활용할 수 있는 환경도 제공됩니다. 실제 악기가 없어도 소프트웨어 형태의 피아노, 드럼, 스트링, 신디사이저 등을 불러와 연주할 수 있으며, 키보드나 마우스를 이용해 손쉽게 입력할 수 있습니다. 또한 리버브, 딜레이, 컴프레서와 같은 오디오 효과를 적용해 소리를 더욱 풍부하고 입체적으로 만들 수 있습니다.

이러한 기능은 애플의 AU(Audio Units) 기술을 기반으로 작동하며, 기본으로 제공되는 악기와 효과만으로도 완성도 높은 음악 제작이 가능합니다.

이 프로그램은 초보자부터 전문가까지 폭넓은 사용자를 대상으로 설계되었습니다. 음악 제작을 처음 접하는 사용자는 간단한 녹음과 편집 작업부터 시작할 수 있으며, 숙련된 사용자는 복잡한 작곡, 사운드 디자인, 대규모 프로젝트 관리까지 수행할 수 있습니다. 실제로 로직은 개인 창작자뿐 아니라 영화 음악 작곡가, 방송 음악 제작자, 전문 프로듀서 등 다양한 분야에서 활용되고 있습니다.

종합하면, 로직은 단순한 음악 프로그램을 넘어 음악 제작 전 과정을 하나의 흐름으로 연결하는 종합적인 작업 환경이라고 할 수 있습니다. 아이디어를 기록하는 단계부터 편곡과 편집, 믹싱을 거쳐 최종 결과물을 완성하는 단계까지를 유기적으로 아우르며, 디지털 시대의 음악 제작을 대표하는 도구로 자리 잡고 있습니다.

| MIDI 시퀀서에서 애플 대표 DAW로

로직 프로의 역사는 디지털 음악 제작 환경이 어떻게 발전해 왔는지를 잘 보여 줍니다. 로직은 1990년대 초반, 개인용 컴퓨터에서 작곡과 편곡을 가능하게 한 MIDI 시퀀서로 시작되었습니다. 당시 음악 제작의 중심은 여전히 하드웨어 신시사이저, 믹서, 녹음기와 같은 장비들이었고, 컴퓨터는 주로 보조적인 제어 도구에 불과했습니다. 이러한 환경 속에서 로직은 컴퓨터를 단순한 보조 수단이 아닌, 음악 제작의 핵심 도구로 끌어올리는 역할을 하며 주목받기 시작했습니다.

초기 로직은 오디오 녹음보다는 MIDI 정보를 기록하고 편집하는 데 최적화된 프로그램이었습니다. MIDI 시퀀서란, 연주된 음의 높이, 길이, 타이밍, 강약과 같은 정보를 시간 순서대로 기록하고 관리하는 도구를 의미합니다. 사용자는 MIDI 키보드나 마우스를 이용해 음표를 입력하고, 이를 반복하거나 수정하며 곡의 구조를 설계할 수 있었습니다. 실제 소리를 녹음하지 않아도 음악의 형태를 미리 구성할 수 있다는 점은 작곡과 편곡 과정에서 매우 큰 장점으로 작용했으며, 많은 작곡가와 프로듀서들이 로직을 선택하는 계기가 되었습니다.

이러한 MIDI 중심의 접근 방식은 음악을 보다 논리적이고 체계적으로 다룰 수 있게 해 주었습니다. 음 하나하나를 세밀하게 조정할 수 있었고, 템포와 박자를 자유롭게 변경하며 다양한 아이디어를 실험할 수 있었습니다. 이는 음악 제작을 감각과 경험에만 의존하던 방식에서 벗어나, 보다 계획적이고 반복 가능한 작업으로 전환하는 데 기여했습니다.

▲ 1988년 Atari ST에서 Notator라는 MIDI 시퀀서로 출발

이후 로직은 오디오 녹음 기능을 본격적으로 도입하며 기능적 확장을 이루었습니다. 보컬이나 기타와 같은 실제 악기를 직접 녹음할 수 있게 되면서 MIDI 트랙과 오디오 트랙을 하나의 프로젝트 안에서 동시에 다룰 수 있는 환경이 마련되었습니다. 이를 통해 사용자는 MIDI로 구성한 곡의 틀 위에 실제 연주와 목소리를 더해 완성도를 높일 수 있었고, 컴퓨터는 작곡 도구를 넘어 본격적인 음악 제작 스튜디오로 자리 잡게 되었습니다. 이는 전문 스튜디오가 아니어도 개인이 집에서 음악을 제작할 수 있는 홈 레코딩 환경의 확산으로 이어졌습니다.

2000년대 초반, 애플이 로직을 개발하던 eMagic을 인수하면서 로직의 발전 방향은 또 한 번의 전환점을 맞이하게 됩니다. 애플의 인수 이후 로직은 macOS에 최적화된 DAW로 빠르게 발전하였으며, 운영체제와 하드웨어의 특성을 깊이 활용한 안정적인 성능을 갖추게 되었습니다. 컴퓨터의 처리 능력과 저장 장치, 오디오 기술이 향상됨에 따라, 로직은 고급 오디오 편집 기능과 효율적인 프로젝트 관리 기능을 지속적으로 강화해 나갔습니다.

여러 번 녹음한 테이크 중 최적의 부분을 선택하는 기능이나 수십 개 이상의 트랙을 안정적으로 관리하는 기능들이 이 시기에 본격적으로 발전했습니다.

로직 프로의 발전에서 중요한 기술적 요소 중 하나는 AU(Audio Units) 플러그인 시스템입니다. AU는 애플이 개발한 플러그인 표준으로 가상 악기와 오디오 이펙트를 소프트웨어 형태로 사용할 수 있도록 해 줍니다. 이를 통해 실제 악기가 없어도 피아노, 드럼, 스트링, 신디사이저 등 다양한 소리를 사용할 수 있으며, 녹음된 오디오에 리버브, 딜레이, 컴프레서와 같은 효과를 자유롭게 적용할 수 있습니다. 이 기술은 음악 제작의 진입 장벽을 크게 낮추어, 전문 장비를 갖추지 않은 사용자도 고품질의 음악을 만들 수 있는 환경을 제공했습니다.

▲ AU(Audio Units) 플러그인

애플의 지속적인 업데이트와 운영체제 수준의 지원을 통해 로직 프로는 안정성과 성능 면에서 높은 신뢰를 쌓아 왔습니다. 현재의 로직 프로는 초기 MIDI 시퀀서로서의 강점을 유지하면서도 현대적인 오디오 녹음, 편집, 믹싱, 사운드 디자인 기능을 모두 갖춘 종합 DAW로 발전했습니다. 이러한 발전 과정을 통해 로직 프로는 전 세계의 작곡가, 프로듀서, 사운드 디자이너들에게 널리 사용되는 애플의 대표적인 음악 제작 도구로 자리 잡고 있습니다.

| 아이디어에서 완성된 음악까지

음악을 만드는 과정은 일정한 작업 흐름을 중심으로 진행됩니다. 이 흐름을 이해하면 트랙 영역, 라이브러리, 믹서, 에디터와 같은 기능들이 어떤 역할을 하는지 자연스럽게 연결됩니다. 음악 제작은 단순히 소리를 녹음하는 행위가 아니라 아이디어를 기록하고 구조를 만들며 완성도를 높여 가는 과정입니다. 이러한 전 과정을 하나의 프로젝트 안에서 통합적으로 관리할 수 있도록 설계된 것이 Logic Pro입니다.

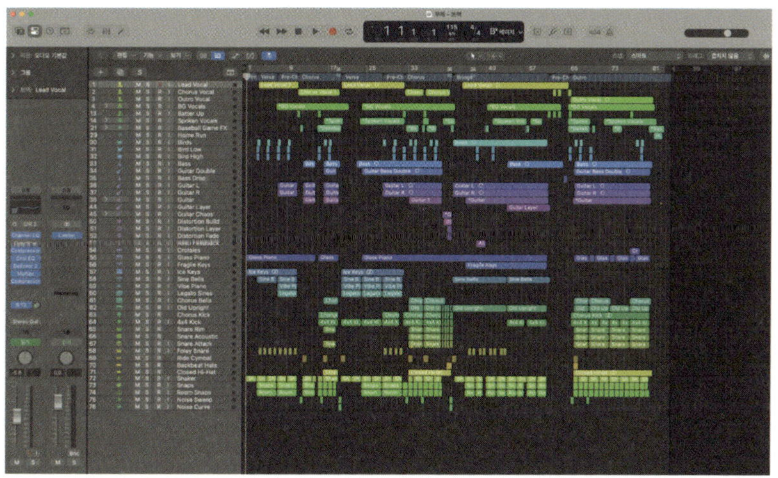

▲ 하나의 프로젝트 안에서 여러 트랙이 음악을 구성한다

음악 작업은 새로운 프로젝트를 생성하는 것에서 시작합니다. 프로젝트는 한 곡에 해당하는 작업 공간으로 모든 오디오와 MIDI 데이터, 템포, 키, 플러그인 설정이 이 안에 저장됩니다. 프로젝트 안에는 여러 개의 트랙이 존재하며, 각 트랙은 보컬, 드럼, 베이스, 신디사이저 등 개별적인 음악 요소를 담당합니다. 이 구조를 통해 음악을 여러 층으로 나누어 효율적으로 관리할 수 있습니다.

첫 단계는 아이디어를 기록하는 과정입니다. 가상 악기를 선택한 후 MIDI 키보드나 마우스를 사용해 멜로디나 코드 진행을 입력할 수 있습니다. 입력된 연주는 MIDI 리전으로 저장되며, 이는 실제 소리가 아닌 연주 정보이기 때문에 이후에도 자유롭게 수정이 가능합니다. 템포나 키를 변경해도 리전의 구조가 유지되므로, 초기 아이디어를 부담 없이 실험하고 발전시킬 수 있습니다.

다음 단계는 편곡(Arrangement) 입니다. 편곡은 기록된 아이디어를 확장해 곡의 형태를 만들어 가는 과정입니다. 하나의 멜로디 위에 베이스 라인을 추가하고, 드럼 패턴을 배치하며, 패드나 스트링 사운드를 쌓아 음악의 구성을 점점 풍부하게 만들 수 있습니다. 각 악기는 독립된 트랙으로 관리되며, 볼륨과 패닝(Pan)을 조절해 전체적인 균형을 맞추게 됩니다. 이 과정에서 음악은 점점 입체적인 구조를 갖추게 됩니다.

편곡이 어느 정도 완성되면 오디오 녹음 단계로 넘어갑니다. 보컬이나 기타와 같은 실제 악기를 녹음하면 MIDI 중심의 음악에 현실적인 질감이 더해집니다. 여러 번 녹음한 연주는 테이크 폴더(Take Folder)로 정리되며, 가장 좋은 부분만 선택해 하나의 완성된 트랙으로 구성할 수 있습니다. 이러한 방식은 반복적인 녹음과 수정이 가능하도록 설계되어 있습니다.

이후에는 편집 단계가 진행됩니다. 편집은 입력되거나 녹음된 리전을 다듬는 과정입니다. 리전의 길이를 조절하거나 타이밍을 맞추고, 불필요한 부분을 제거할 수 있습니다. MIDI는 피아노 롤 에디터에서 오디오는 오디오 편집 도구를 통해 세밀하게 수정할 수 있으며, 퀀타이즈 기능을 활용해 박자 정확도를 높일 수 있습니다.

편집이 마무리되면 믹싱 단계로 넘어갑니다. 믹싱은 여러 트랙의 소리를 하나의 음악으로 자연스럽게 어우러지도록 만드는 작업입니다. 각 트랙의 음량과 좌우 위치를 조절하고, EQ, 컴프레서 리버브와 같은 효과를 적용해 전체적인 사운드 밸런스를 완성합니다. 믹서 화면은 이러한 작업을 체계적으로 진행할 수 있도록 구성되어 있습니다.

마지막 단계는 바운스(Bounce) 입니다. 완성된 음악을 하나의 스테레오 오디오 파일로 출력하는 과정으로 WAV, AIFF, MP3 등 다양한 포맷을 선택할 수 있습니다. 이 과정을 통해 음악은 감상용 파일이나 배포용 콘텐츠로 완성됩니다.

음악 제작의 흐름은 정해진 규칙이 아니라 작업자의 방식에 따라 유연하게 변화할 수 있습니다. 그러나 기본적인 흐름을 이해하면 각 기능의 역할이 분명해지고 작업 효율도 자연스럽게 향상됩니다. 이러한 구조적인 설계는 로직이 오랫동안 음악 제작 도구로 활용되어 온 이유입니다.

▍아이디어에서 완성된 음악까지

오디오 녹음은 실제로 들리는 소리를 디지털 데이터로 저장하는 과정입니다. 이 방식은 보컬, 기타, 베이스, 드럼과 같은 실제 악기 연주를 기록하는 데 사용되며, 음악에 현실적인 질감과 생동감을 더해 줍니다. MIDI 작업과 함께 음악 제작에서 가장 중요한 기반이 되는 단계라고 할 수 있습니다.

오디오 녹음을 위해서는 마이크나 악기, 또는 전자 장치를 컴퓨터에 연결할 수 있는 장비가 필요합니다. 일반적으로 오디오 인터페이스를 사용하며, 이는 아날로그 신호를 디지털 신호로 변환해 프로젝트로 전달하는 역할을 합니다. 인터페이스의 성능과 음질은 녹음 결과에 직접적인 영향을 미치며, 비교적 기본적인 장비만 사용하더라도 음의 선명도와 노이즈 차이를 쉽게 체감할 수 있습니다.

마이크는 종류에 따라 녹음되는 소리의 성향이 달라집니다. 콘덴서 마이크는 보컬이나 섬세한 악기 소리를 자연스럽게 담아내는 데 적합하고, 다이나믹 마이크는 드럼이나 기타 앰프처럼 음압이 큰 소리에 안정적입니다. 기타와 베이스는 DI(Direct Input)로 직접 연결하거나 앰프를 거쳐 녹음할 수 있으며, 인터페이스의 입력 채널 수에 따라 여러 소스를 동시에 녹음할 수도 있습니다. 초보자는 먼저 하나의 소스를 녹음하며 전체 흐름을 이해한 뒤, 점차 여러 트랙을 다루는 방식으로 연습하는 것이 좋습니다.

▲ 녹음된 오디오는 파형 형태로 화면에 표시된다

오디오 녹음은 오디오 트랙을 생성하는 것에서 시작됩니다. 오디오 트랙은 실제 소리가 저장되는 공간이며, 녹음이 진행되면 화면에 파형(Waveform)으로 표시됩니다. 파형은 소리의 크기와 시간 흐름을 시각적으로 보여 주기 때문에 녹음 상태를 직관적으로 확인하는 데 큰 도움이 됩니다. 파형을 보는 것은 소리를 눈으로 확인하는 것이라고 이해하면 쉽습니다.

녹음 전에 반드시 입력 레벨을 조절해야 합니다. 신호가 너무 작으면 소리가 약하게 녹음되고, 반대로 너무 크면 왜곡이나 클리핑이 발생합니다. 입력 신호는 미터(Meter)를 통해 확인하며, 안정적인 레벨을 유지하는 것이 중요합니다. 또한 메트로놈을 켜고 박자에 맞춰 연주하거나 노래하면 이후 편집과 믹싱 과정에서 훨씬 수월하게 작업할 수 있습니다.

하나의 트랙에는 같은 구간을 여러 번 녹음할 수 있으며, 이때 녹음된 연주는 테이크 폴더(Take Folder)로 정리됩니다. 여러 번의 연주 중 가장 좋은 부분만 선택해 하나의 완성된 연주로 구성할 수 있으며, 이는 여러 장면을 촬영한 뒤 최고의 컷을 고르는 과정과 유사합니다. 이러한 방식 덕분에 실수를 두려워하지 않고 편안하게 녹음에 집중할 수 있습니다.

녹음이 끝난 후에는 편집 작업이 진행됩니다. 불필요한 앞뒤 부분을 제거하고, 여러 구간을 이어 붙여 자연스러운 흐름으로 정리합니다. 이 과정은 비파괴 방식으로 이루어지기 때문에 원본 파일은 그대로 유지되며, 언제든 이전 상태로 되돌릴 수 있습니다. 또한 페이드 인(Fade In), 페이드 아웃(Fade Out), 음량 조절과 같은 기능을 활용하면 보다 부드럽고 안정적인 소리를 만들 수 있습니다.

녹음 과정에서 주의해야 할 점도 있습니다. 주변 소음을 최소화하고, 헤드폰이나 모니터 스피커를 통해 녹음 상태를 실시간으로 확인하는 것이 중요합니다. 입력 신호가 너무 작거나 과도하지 않은지 수시로 확인하고, 필요하다면 테이크를 반복해 최적의 소리를 확보하는 것이 좋습니다.

오디오 녹음은 음악 제작에서 가장 기본적이면서도 중요한 요소입니다. 이 과정을 정확히 이해하고 익숙해지면 이후 편집과 믹싱 작업의 효율이 크게 향상됩니다. 초보자는 장비 연결 → 입력 레벨 확인 → 테이크 녹음 → 편집의 순서로 반복 연습하며 경험을 쌓는 것이 가장 효과적인 방법입니다.

│ 연주 정보를 다루는 음악 제작 방식

음악 제작에서 MIDI는 매우 중요한 개념입니다. 오디오가 실제 소리를 그대로 녹음하는 방식이라면, MIDI는 소리를 만들어 내는 연주 정보를 기록하는 방식입니다. 이 두 가지는 음악 제작에서 서로 다른 역할을 담당하며, MIDI는 특히 작곡과 편곡 단계에서 큰 장점을 가집니다.

MIDI는 음의 높이, 길이, 연주 시점, 강약과 같은 정보를 숫자 데이터로 저장합니다. 이 데이터에는 실제 소리가 포함되어 있지 않으며, 소프트웨어 악기나 외부 음원과 연결될 때 비로소 소리가 출력됩니다. 이러한 특성 덕분에 MIDI 데이터는 매우 가볍고, 수정과 복제가 자유롭습니다. 예를 들어 곡의 템포를 바꾸거나 조성을 변경해도 음질 저하 없이 즉시 적용할 수 있으며, 재녹음에 대한 부담도 없습니다. 이는 다양한 아이디어를 실험하고 여러 버전을 비교해 보기에 매우 적합한 방식입니다.

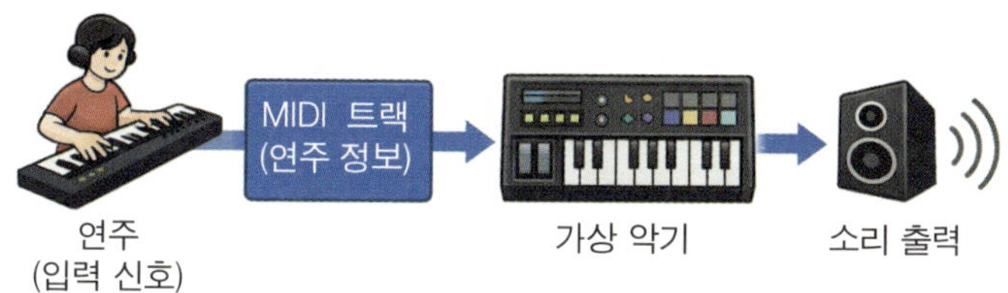

▲ MIDI는 연주 정보를 기록하며, 가상 악기를 통해 소리가 출력됩니다.

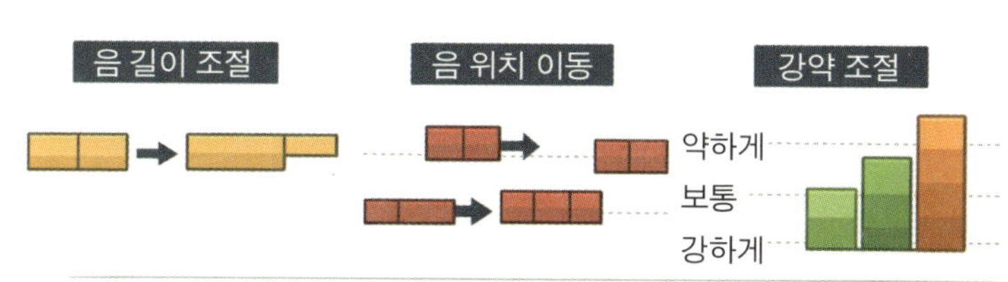

▲ 피아노 롤은 블럭 형태로 음표를 자유롭게 편집할 수 있습니다.

연주 정보는 MIDI 트랙과 소프트웨어 악기 트랙을 통해 관리됩니다. 하나의 MIDI 연주를 여러 악기에 적용할 수 있기 때문에 같은 멜로디를 피아노, 스트링, 신디사이저 등으로 바꾸어 들어 보며 음악의 분위기와 색깔을 손쉽게 실험할 수 있습니다. 예를 들어 피아노로 입력한 멜로디를 스트링으로 바꾸면 서정적인 느낌을 확인할 수 있고, 신디사이저로 변경하면 전자적인 분위기를 바로 비교해 볼 수 있습니다. 이는 작곡 초기에 음악의 방향을 잡는 데 큰 도움이 됩니다.

MIDI 작업의 가장 큰 장점은 편집의 자유도입니다. 피아노 롤 에디터에서는 연주된 음들이 블록 형태로 시각화되어 표시됩니다. 음 하나하나의 위치를 옮기거나 길이를 늘리고 줄일 수 있으며, 강약(벨로시티)도 세밀하게 조절할 수 있습니다. 연주 중 실수한 음이 있더라도 다시 연주할 필요 없이 바로 수정할 수 있기 때문에 아이디어를 빠르게 음악으로 옮길 수 있습니다. 또한 반복되는 패턴이나 화음 구조를 복사해 배열하면, 작은 아이디어를 효율적으로 확장해 곡의 형태를 만들어 갈 수 있습니다.

타이밍을 보정하는 기능도 MIDI 작업에서 중요한 역할을 합니다. 연주가 박자에서 다소 벗어났을 경우, 퀀타이즈 기능을 활용하면 연주를 그리드에 맞게 정렬할 수 있습니다. 이를 통해 연주의 느낌은 유지하면서도 음악 전체의 정확도를 높일 수 있습니다. 퀀타이즈의 강도를 조절하면 지나치게 기계적인 느낌을 피할 수 있어 초보자도 자연스러운 연주를 만들 수 있습니다.

MIDI 데이터는 곡의 구조를 수정하는 데에도 매우 유리합니다. 템포를 변경하거나 곡의 길이를 조정해도 연주 정보는 새로운 설정에 맞춰 자동으로 조정됩니다. 오디오 녹음과 달리 타임 스트레치나 음질 손상에 대한 부담이 없기 때문에 곡의 구성을 자유롭게 바꾸며 실험할 수 있습니다. 이러한 특성은 작곡 단계뿐만 아니라 편곡과 편집 과정에서도 큰 장점으로 작용합니다.

또한 MIDI를 활용하면 보다 섬세한 표현이 가능합니다. 음마다 서로 다른 강약과 길이를 설정하거나 여러 악기의 연주를 동시에 조정해 복잡한 음악 구조를 만들 수 있습니다. 관현악 편곡이나 영화 음악처럼 감정 표현이 중요한 작업에서도 MIDI를 통해 자연스럽고 세밀한 연주를 구현할 수 있습니다. 이러한 표현 방식은 음악에 생동감을 더해 주며, 단순한 반복에서 벗어난 풍부한 사운드를 만드는 데 기여합니다.

결국 MIDI는 단순한 입력 방식이 아니라 음악을 구성하고 다듬는 핵심 도구입니다. 연주 정보를 자유롭게 수정하고 확장할 수 있기 때문에, 아이디어를 부담 없이 시도하고 발전시킬 수 있습니다. 초보자라도 MIDI의 기본 개념을 이해하고 직접 다뤄보면, 머릿속에 떠오른 음악을 실제 곡의 형태로 만들어 가는 과정을 자연스럽게 경험할 수 있을 것입니다.

▌소프트웨어로 구현되는 악기 환경

소프트웨어 악기는 실제 악기의 소리를 디지털 형태로 구현한 것입니다. 피아노, 드럼, 베이스, 신디사이저와 같은 악기를 실제로 연주하거나 녹음하지 않아도 컴퓨터 안에서 자유롭게 사용할 수 있도록 만든 가상 악기입니다. 이러한 악기 환경 덕분에 실제 악기가 없어도 작곡과 편곡, 사운드 디자인까지 폭넓은 음악 제작이 가능해집니다.

소프트웨어 악기는 MIDI 연주 정보와 결합되어 작동합니다. 사용자가 키보드나 마우스로 입력한 MIDI 데이터는 악기 트랙으로 전달되고, 그 정보에 따라 소리가 생성됩니다. 같은 멜로디라도 어떤 악기를 선택하느냐에 따라 피아노 소리로 들릴 수도 있고, 신디사이저나 스트링 사운드로 바뀌어 재생될 수도 있습니다. 이 구조를 통해 음악의 분위기와 성격을 자유롭게 바꾸며 실험할 수 있습니다.

▲ Drum Kit Designer (로직에서 제공하는 가상 악기)

Logic Pro에서는 이러한 악기를 소프트웨어 악기 트랙으로 관리합니다. 트랙을 생성하면 곧바로 악기를 불러올 수 있으며, 연주와 편집을 하나의 흐름 안에서 진행할 수 있습니다. 악기 선택과 설정은 라이브러리(Library)를 통해 이루어지며, 카테고리별로 정리된 악기와 사운드를 빠르게 탐색할 수 있습니다. 초보자도 별도의 복잡한 설정 없이 바로 연주를 시작할 수 있도록 구성되어 있습니다.

기본으로 제공되는 소프트웨어 악기의 종류도 매우 다양합니다. 어쿠스틱 피아노와 일렉트릭 피아노, 베이스, 오르간, 스트링, 브라스는 물론, 전자 음악에 특화된 신디사이저와 드럼 악기까지 포함되어 있습니다. 특히 드럼 키트 디자이너, 알케미(Alchemy)와 같은 악기는 하나의 악기 안에서 다양한 음색과 표현을 만들 수 있어 장르에 상관없이 폭넓게 활용할 수 있습니다. 기본 악기만으로도 작곡부터 편곡, 데모 제작까지 충분히 경험할 수 있습니다.

소프트웨어 악기의 큰 장점 중 하나는 공간과 비용의 제약이 적다는 점입니다. 실제 악기를 구매하거나 녹음 공간을 마련하지 않아도 컴퓨터 한 대만으로 다양한 악기를 사용할 수 있습니다. 또한 하나의 MIDI 연주를 여러 악기에 적용해 볼 수 있기 때문에 곡의 방향을 탐색하거나 편곡 아이디어를 비교하는 과정이 매우 효율적입니다.

악기의 소리는 단순히 선택하는 것에서 끝나지 않습니다. 각 악기에는 음색을 조절할 수 있는 다양한 파라미터가 있으며, 필터, 엔벨로프, 모듈레이션, 이펙트 등을 통해 자신만의 사운드를 만들 수 있습니다. 이러한 설정은 프로젝트에 함께 저장되기 때문에 작업을 다시 열어도 동일한 소리를 유지할 수 있습니다. 이는 여러 곡을 작업할 때 일관된 사운드를 유지하는 데에도 중요한 역할을 합니다.

또한 소프트웨어 악기는 오디오 이펙트와 결합해 더욱 풍부한 사운드를 만들 수 있습니다. EQ, 컴프레서, 리버브, 딜레이 등을 함께 사용하면 단순한 악기 소리가 음악 속에서 자연스럽게 어우러지도록 다듬을 수 있습니다. 이 과정은 사운드 디자인과 믹싱의 기초를 익히는 데에도 큰 도움이 됩니다.

결국 소프트웨어 악기는 현대 음악 제작의 핵심적인 환경입니다. 실제 악기 연주의 개념과 디지털 사운드 제작 방식을 자연스럽게 연결해 주며, 아이디어를 빠르게 구현할 수 있게 해 줍니다. 이러한 구조 덕분에 초보자도 부담 없이 다양한 소리를 시도하고, 자신만의 음악 세계를 점차 확장해 나갈 수 있습니다.

❙ 소리를 다듬고 완성도를 높이는 과정

이펙트는 녹음되거나 생성된 소리를 가공하여 음악의 완성도를 높이는 도구입니다. 단순히 소리를 화려하게 만드는 것이 아니라, 각 소리가 제자리를 찾도록 정리하고 전체 음악의 균형을 맞추는 역할을 합니다. 같은 연주와 같은 멜로디라도, 이펙트를 어떻게 사용하느냐에 따라 음악의 분위기와 인상이 크게 달라질 수 있습니다.

Logic Pro에서는 이펙트를 플러그인(Plug-in) 형태로 사용합니다. 플러그인은 오디오 트랙과 소프트웨어 악기 트랙에 직접 삽입되며, 재생되는 소리를 실시간으로 처리합니다. 하나의 트랙에 여러 개의 플러그인을 순서대로 연결할 수 있는데, 이를 플러그인 체인이라고 합니다. 체인의 순서에 따라 소리의 결과가 달라지기 때문에, Logic Pro에서는 사용자가 자유롭게 플러그인의 위치를 바꾸며 사운드를 조정할 수 있도록 되어 있습니다.

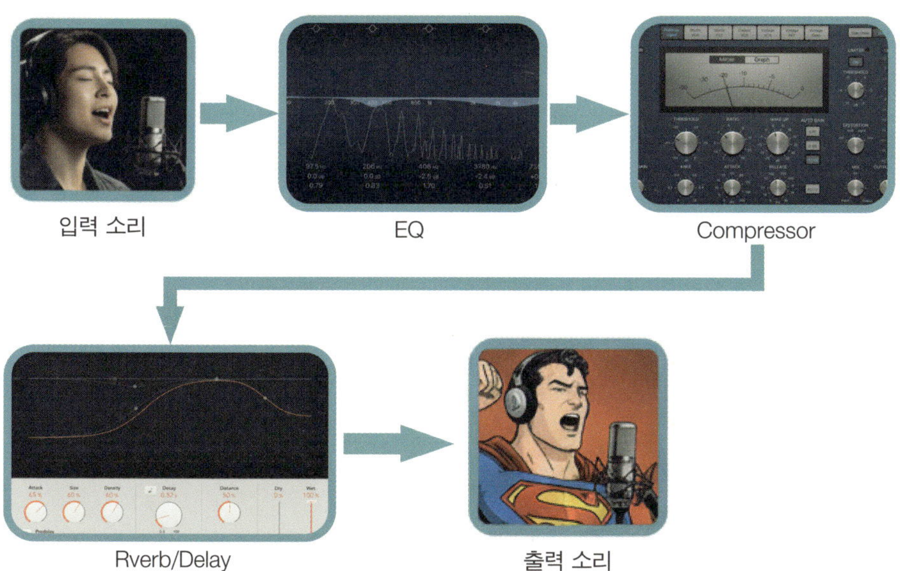

입력 소리   EQ   Compressor

Rverb/Delay   출력 소리

Logic Pro에는 기본적으로 다양한 이펙트 플러그인이 내장되어 있습니다. 별도의 추가 플러그인을 설치하지 않아도, 음악 제작에 필요한 대부분의 사운드 처리를 진행할 수 있습니다. 이러한 기본 이펙트들은 직관적인 인터페이스를 갖추고 있어, 초보자도 시각적으로 변화를 확인하며 이해하기 쉽습니다.

이퀄라이저(EQ)는 가장 기본적이면서도 중요한 이펙트입니다. 이퀄라이저는 소리를 구성하는 주파수 영역을 조절하는 도구로, 필요 없는 소리를 줄이고 필요한 소리를 강조하는 역할을 합니다. 예를 들어, 저음이 지나치게 많은 경우 이를 줄여 소리를 깔끔하게 만들 수 있고, 보컬이나 멜로디 악기의 존재감을 살리기 위해 특정 주파수를 살짝 강조할 수도 있습니다. Logic Pro의 EQ는 주파수 변화를 그래프로 보여 주기 때문에, 소리의 변화를 눈으로 확인하며 익힐 수 있습니다.

컴프레서는 소리의 크기 차이를 정리하는 이펙트입니다. 연주나 노래에서는 소리가 순간적으로 커지거나 작아지는 경우가 많은데, 컴프레서를 사용하면 이러한 차이를 부드럽게 정리할 수 있습니다. 그 결과 소리가 더 안정적으로 들리며, 음악 전체 안에서 각 트랙이 자연스럽게 어우러지게 됩니다. 보컬, 베이스, 드럼처럼 다이내믹 변화가 큰 소리에 특히 자주 사용됩니다.

리버브와 딜레이는 소리에 공간감과 깊이를 더해 주는 이펙트입니다. 리버브는 소리가 공간 안에서 울리는 느낌을 만들어 주어, 공연장이나 방 안에서 연주하는 것 같은 분위기를 표현할 수 있습니다. 딜레이는 소리가 일정한 시간 간격으로 반복되도록 하여, 리듬감을 강조하거나 소리에 여운을 남깁니다. 이러한 이펙트를 적절히 사용하면 음악이 평면적으로 들리지 않고, 하나의 공간 속에서 자연스럽게 펼쳐지는 느낌을 갖게 됩니다.

Logic Pro에서는 이펙트의 강도를 시간에 따라 변화시키는 자동화(Automation) 기능도 제공합니다. 특정 구간에서만 이펙트를 강조하거나, 곡이 진행되면서 점점 효과를 늘리거나 줄일 수 있습니다. 이를 통해 음악의 흐름에 맞춘 섬세한 사운드 연출이 가능하며, 곡의 감정선과 분위기를 더욱 풍부하게 표현할 수 있습니다.

이펙트 처리는 많이 사용하는 것이 목적이 아닙니다. 중요한 것은 각 소리가 서로 겹치지 않도록 정리하고, 음악 안에서 맡은 역할에 맞게 배치하는 것입니다. Logic Pro는 이러한 사운드 정리를 단계적으로 확인하고 조정할 수 있는 환경을 제공하여, 초보자도 부담 없이 소리의 변화를 이해하며 작업할 수 있도록 돕습니다.

이펙트와 사운드 다듬기 과정은 이후에 진행되는 믹싱 작업의 기초가 됩니다. 이 기본 개념을 이해하고 연습해 두면, 음악 전체를 하나의 균형 잡힌 작품으로 완성하는 과정이 훨씬 수월해집니다. Logic Pro는 이펙트의 역할과 변화를 직관적으로 익힐 수 있도록 설계된 음악 제작 도구로, 초보자가 사운드 메이킹의 흐름을 자연스럽게 배워 나가기에 적합한 환경을 제공합니다.

| 정확한 음악 만들기

편집은 음악 제작 과정에서 녹음되거나 입력된 데이터를 다듬는 작업입니다. Logic Pro에서의 편집은 단순히 실수를 수정하는 단계가 아니라, 음악의 흐름과 구조를 정리하여 전체적인 정확도와 완성도를 높이는 핵심 과정입니다. 편집이 충분히 이루어지지 않은 음악은 아이디어가 좋아도 어딘가 정리가 안 된 느낌을 줄 수 있습니다.

로직에서는 오디오와 MIDI 모두를 편집할 수 있습니다. 오디오는 실제로 녹음된 소리를 다루고, MIDI는 연주 정보 자체를 다룹니다. 대상은 다르지만 두 편집 방식의 목적은 같습니다. 불필요한 부분을 정리하고, 박자와 흐름을 안정시키며, 음악을 듣기 편한 상태로 만드는 것입니다.

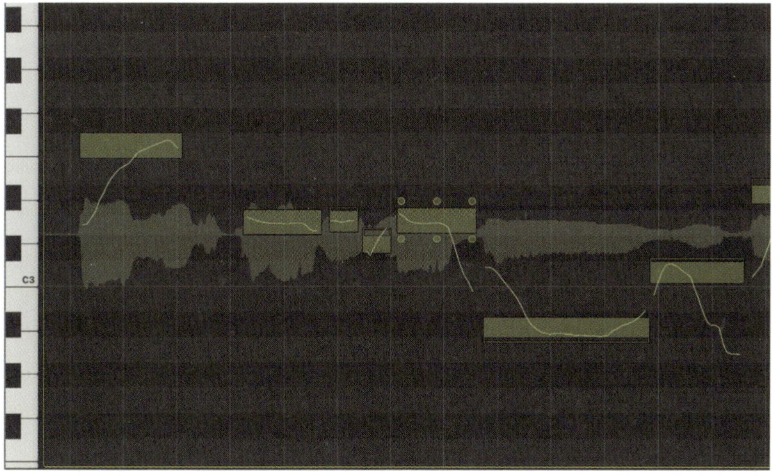

▲ 오디오 파형과 MIDI 노트를 직접 보며편집

오디오 편집의 기본은 소리의 시작과 끝을 정리하는 작업입니다. 녹음이 시작되기 전의 잡음이나 연주가 끝난 뒤 남아 있는 여분을 잘라내면 트랙이 훨씬 깔끔해집니다. Logic Pro에서는 오디오가 파형(Waveform)으로 표시되기 때문에, 실제로 소리가 있는 구간을 눈으로 확인하며 편집할 수 있습니다. 이러한 시각적인 방식은 초보자도 비교적 쉽게 정확한 편집을 할 수 있도록 도와줍니다.

여러 번 녹음한 연주를 하나로 정리하는 과정도 중요한 편집 작업입니다. 로직에서는 같은 구간을 여러 번 녹음한 뒤, 가장 좋은 부분만 골라 하나의 자연스러운 연주처럼 이어 붙일 수 있습니다. 이를 통해 연주의 완성도를 높이면서도, 녹음 과정에서의 부담을 줄일 수 있습니다. 실수를 두려워하지 않고 여러 번 시도한 뒤 최적의 결과를 선택할 수 있다는 점이 큰 장점입니다.

MIDI 편집에서는 음의 위치와 길이를 다듬는 작업이 중심이 됩니다. 연주가 박자에서 조금 어긋났을 경우, 음을 정확한 위치로 옮겨 전체 흐름을 안정시킬 수 있습니다. Logic Pro에는 MIDI 데이터를 박자에 맞게 자동으로 정렬해 주는 퀀타이즈(Quantize) 기능이 있어, 연주의 정확도를 빠르게 개선할 수 있습니다.

퀀타이즈는 매우 유용한 기능이지만, 모든 음을 완벽하게 맞추는 것이 항상 좋은 결과를 만드는 것은 아닙니다. 연주에 포함된 미세한 흔들림은 음악에 인간적인 느낌과 자연스러움을 더해 주기도 합니다. Logic Pro에서는 정렬의 강도를 조절하거나 일부만 적용할 수 있어, 기계적인 정확함과 자연스러운 표현 사이의 균형을 사용자가 직접 선택할 수 있습니다.

편집 과정은 단순히 개별 소리를 다듬는 것에서 그치지 않습니다. 곡의 구조를 다시 점검하고 정리하는 단계이기도 합니다. 반복 구간의 길이를 조정하거나, 곡의 전개가 더 명확해지도록 일부 구간을 이동하거나 복사하는 작업이 이 시점에서 이루어집니다. Logic Pro는 영역 단위로 음악을 쉽게 이동·복사할 수 있어, 구조적인 수정이 비교적 직관적으로 진행됩니다.

편집과 정렬은 눈에 잘 띄지 않는 작업이지만, 음악의 완성도를 크게 좌우하는 요소입니다. Logic Pro는 이러한 세밀한 작업을 안정적이고 효율적으로 수행할 수 있는 도구를 제공하여, 음악을 보다 정확하고 듣기 편한 형태로 완성할 수 있도록 돕습니다. 이 단계를 충분히 거치면, 이후 믹싱과 마스터링 과정도 훨씬 수월해집니다.

믹싱은 여러 개의 트랙으로 나뉘어 있는 소리를 하나의 음악으로 자연스럽게 어우러지도록 정리하는 과정입니다. 녹음과 편집을 통해 각각의 소리가 준비되었다면, 믹싱은 이 소리들을 하나의 공간 안에 배치하고 서로 충돌하지 않도록 균형을 맞추는 단계라고 할 수 있습니다. Logic Pro에서의 믹싱은 단순히 음량을 키우거나 줄이는 작업을 넘어, 각 트랙이 음악 안에서 어떤 역할을 맡고 있는지를 정리하는 과정입니다.

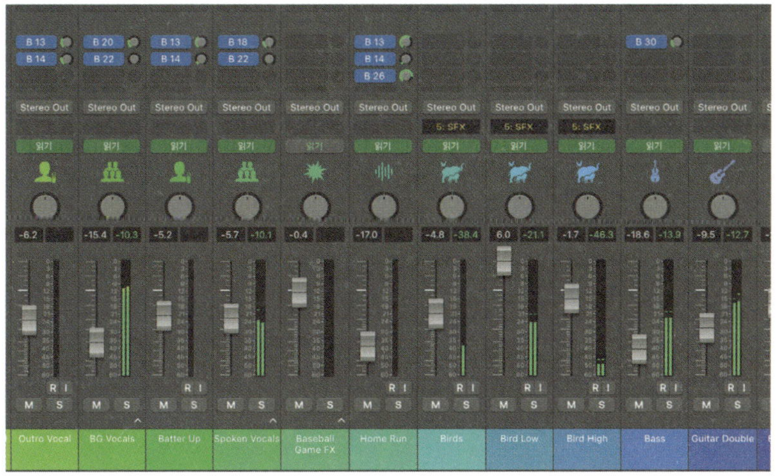

▲ 로직 프로 믹서

믹싱의 가장 기본이 되는 출발점은 볼륨 조절입니다. 각 트랙의 소리가 너무 크면 다른 소리를 가리게 되고, 반대로 너무 작으면 음악 속에서 존재감이 사라집니다. 로직의 믹서는 모든 트랙의 볼륨 페이더를 한눈에 확인할 수 있어 전체적인 소리의 크기 관계를 쉽게 파악할 수 있습니다. 초보자에게 믹싱은 복잡하게 느껴질 수 있지만, 볼륨만 제대로 조절해도 음악의 인상과 안정감은 크게 달라집니다.

소리의 좌우 위치를 정하는 작업 역시 믹싱에서 매우 중요한 요소입니다. 실제 밴드나 오케스트라 연주에서는 악기들이 서로 다른 위치에 배치되어 있듯이 음악에서도 소리를 좌우로 적절히 분산시키면 각 악기가 더 선명하게 들립니다. 로직에서는 패닝(Pan) 기능을 사용해 소리를 이동시킬 수 있으며, 이를 통해 스테레오 공간을 효과적으로 활용할 수 있습니다.

믹싱 과정에서는 이펙트 처리가 소리의 성격을 정리하는 데 큰 역할을 합니다. 이퀄라이저를 사용하면 각 트랙에서 불필요한 주파수를 제거하고, 필요한 영역만을 살려 다른 악기와의 충돌을 줄일 수 있습니다. 컴프레서는 소리의 크기 변화를 조절해 연주나 보컬이 보다 안정적으로 들리게 하며, 전체 음악 안에서 자연스럽게 자리 잡도록 돕습니다. 리버브와 딜레이는 소리에 공간감과 깊이를 부여해, 음악이 평면적으로 들리지 않도록 만들어 줍니다.

Logic Pro에서는 이펙트를 트랙 인서트로 직접 삽입하거나, 버스(Bus)를 활용해 여러 트랙이 하나의 이펙트를 함께 사용하도록 설정할 수 있습니다. 예를 들어 여러 보컬 트랙에 같은 리버브를 적용하면, 같은 공간에서 노래하는 듯한 통일감을 만들 수 있습니다. 이러한 방식은 사운드의 일관성을 유지하는 데 매우 효과적이며, 프로젝트 관리 측면에서도 효율적입니다.

트랙 수가 많아질수록 체계적인 관리가 더욱 중요해집니다. Logic Pro에서는 비슷한 역할을 하는 트랙들을 그룹으로 묶어 동시에 볼륨이나 패닝을 조절할 수 있습니다. 드럼, 코러스, 스트링과 같이 여러 개의 트랙으로 구성된 악기군을 하나로 관리하면, 믹싱 과정이 훨씬 단순해지고 전체적인 밸런스를 빠르게 잡을 수 있습니다.

믹싱 과정에서는 개별 트랙을 하나씩 세밀하게 확인하는 작업과, 모든 트랙을 동시에 재생하며 전체적인 균형을 점검하는 작업을 반복하게 됩니다. 작은 조정 하나가 음악 전체의 인상을 바꿀 수 있기 때문에, 이 과정은 신중하게 이루어집니다. Logic Pro의 직관적인 믹서와 시각적인 인터페이스는 이러한 반복적인 작업을 보다 효율적으로 수행할 수 있도록 도와줍니다.

믹싱에는 정해진 정답이 없습니다. 같은 곡이라도 어떤 소리를 앞에 두고, 어떤 소리를 뒤로 배치하느냐에 따라 음악의 분위기는 크게 달라집니다. Logic Pro는 다양한 도구와 선택지를 제공하여, 사용자가 자신의 취향과 의도에 따라 음악의 방향을 자유롭게 결정할 수 있게 합니다.

믹싱의 기본 개념을 이해하면 음악 제작의 전체 흐름이 더욱 명확해집니다. 각각의 소리가 조화를 이루며 하나의 음악으로 완성되는 과정이 바로 믹싱이며, Logic Pro는 이 과정을 단계적으로 익히고 실습할 수 있도록 구성된 음악 제작 환경입니다.

▍작업을 결과물로 만드는 단계

최종 출력은 Logic Pro에서 진행된 모든 음악 제작 과정을 하나의 오디오 파일로 완성하는 단계입니다. 프로젝트 안에서 개별 트랙으로 나뉘어 있던 소리들은 이 과정을 통해 하나의 음악으로 정리됩니다. 작곡과 MIDI 입력, 가상 악기 사용, 오디오 녹음, 편집과 믹싱까지 이어진 모든 작업의 결과가 이 단계에 집약됩니다. 최종 출력은 음악 제작의 마지막 과정이자, 작업자가 만든 음악이 실제로 감상·공유·활용될 수 있는 형태로 완성되는 지점입니다.

Logic Pro에서는 프로젝트 전체를 하나의 스테레오 오디오 파일로 바운스(Bounce) 할 수 있습니다. 바운스 과정에서는 각 트랙의 볼륨 밸런스, 패닝 설정, 이펙트 처리, 자동화 정보까지 지금까지 작업한 모든 설정이 그대로 반영됩니다. 즉, 최종 출력은 단순히 소리를 저장하는 작업이 아니라, 사용자가 의도한 음악적 판단과 사운드 구성을 하나의 파일로 고정하는 과정이라고 할 수 있습니다.

출력 구간을 정확하게 설정하는 것도 매우 중요합니다. 곡의 시작과 끝 지점을 명확히 지정하지 않으면, 불필요한 공백이 포함되거나 음악의 일부가 잘려 나갈 수 있습니다. Logic Pro에서는 사이클 영역이나 로케이터를 활용해 출력 범위를 정확히 설정할 수 있으며, 이를 통해 보다 깔끔하고 완성도 높은 결과물을 얻을 수 있습니다. 이러한 설정은 음악 감상의 인상뿐 아니라, 영상 작업이나 공연, 음원 배포 시에도 중요한 기준이 됩니다.

바운스 과정에서는 파일 형식과 음질을 선택하게 됩니다. WAV나 AIFF와 같은 고음질 파일은 보관용이나 추가 작업을 위한 원본으로 적합하며, MP3나 AAC와 같은 파일은 용량이 작아 온라인 공유나 배포에 유리합니다. 음악이 어떤 환경에서 사용될지를 미리 고려해 출력 설정을 선택하는 것은 결과물의 활용도를 높이는 데 큰 도움이 됩니다.

최종 출력을 진행하기 전에는 반드시 곡을 처음부터 끝까지 다시 한 번 들어보는 과정이 필요합니다. 작업 중에는 익숙해져서 놓치기 쉬운 작은 잡음이나 예상하지 못한 음량 변화, 이펙트 과다 사용 등이 이 단계에서 발견되는 경우가 많습니다. Logic Pro는 바운스 직전에도 프로젝트를 그대로 재생하며 최종 상태를 확인할 수 있도록 되어 있어, 문제를 발견하면 즉시 수정한 뒤 다시 출력할 수 있습니다.

출력이 완료되면 음악은 하나의 독립된 오디오 파일로 완성됩니다. 이 파일은 더 이상 프로젝트에 의존하지 않으며, 스마트폰, 컴퓨터, 음향 장비 등 다양한 환경에서 동일하게 재생할 수 있습니다. 이 시점에서 음악은 '작업 중인 프로젝트'가 아니라 감상과 공유가 가능한 하나의 완성된 작품이 됩니다. 아이디어로 시작된 생각이 실제 소리로 존재하게 되는 순간이기도 합니다.

지금까지 살펴본 Logic Pro의 작업 흐름은 모두 이 결과를 향해 이어져 왔습니다. 프로젝트를 생성하고 트랙을 구성한 뒤, MIDI로 아이디어를 기록하고 가상 악기와 오디오 녹음을 통해 소리를 구체화합니다. 이후 편집을 통해 연주를 다듬고, 믹싱을 통해 여러 소리를 하나의 음악으로 정리하게 됩니다. 최종 출력은 이러한 모든 과정을 하나로 묶어 주는 단계입니다.

Logic Pro는 정해진 결과를 강요하는 프로그램이 아니라, 사용자의 선택과 판단에 따라 다양한 음악을 만들어 낼 수 있는 도구입니다. 같은 프로젝트라도 어떤 소리를 선택하고, 어떻게 정리하느냐에 따라 전혀 다른 결과물이 완성됩니다. 최종 출력은 그 선택의 결과가 고정되는 시점이며, 작업자의 음악적 의도가 가장 분명하게 드러나는 단계입니다.

이 과정을 이해하면 음악 제작은 막연한 작업이 아니라, 단계적으로 접근할 수 있는 명확한 흐름으로 보이게 됩니다. 최종 출력은 그 여정의 끝이자, 다음 음악을 시작하기 위한 새로운 출발점입니다. Logic Pro를 통해 음악을 만드는 경험은 이 지점에서 하나의 완결을 이루게 됩니다.

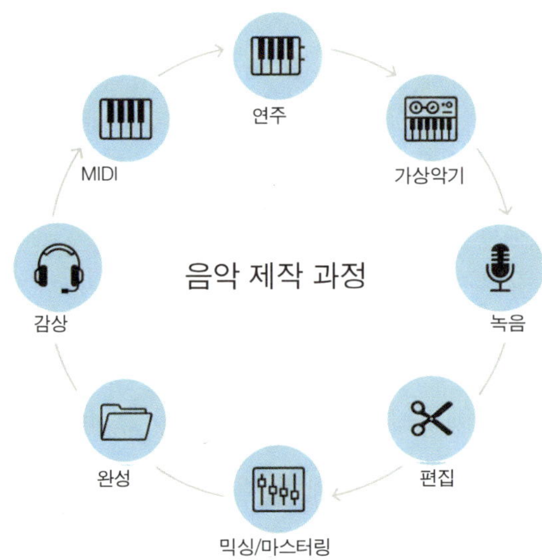

시스템 준비하기

로직을 학습하기 위해서 특별한 장치가 필요한 것은 아니지만, 좀 더 편리한 미디 데이터 입력과 상업용 음악과 같은 음질을 구현하기 위해서는 몇 가지 갖추어야 할 장비가 있습니다. 다만, 이제 막 공부를 시작하는 경우라면 컴퓨터에 내장되어 있는 오디오 기기만으로 학습을 진행하기 바라며, 뭔가 부족함을 느낄 때쯤 하나씩 장만하는 것이 좋습니다.

| 맥의 선택

Logic Pro는 Apple에서 개발한 음악 제작 소프트웨어로 Mac 환경에서만 사용할 수 있습니다. 따라서 Logic Pro로 음악 작업을 시작하려면 Mac을 기반으로 한 작업 환경을 구성하는 것이 전제 조건이 됩니다. Logic Pro는 macOS와 긴밀하게 연동되도록 설계되어 있어 안정성과 성능 면에서 음악 작업에 최적화된 환경을 제공합니다.

▲ 맥 (apple.com)

Apple은 2020년 Apple Silicon(M1) 칩을 발표한 이후, 뛰어난 성능과 전력 효율을 갖춘 Mac을 지속적으로 선보이고 있습니다. Apple Silicon 기반 Mac은 Logic Pro와의 호환성이 매우 뛰어나며, 다수의 가상 악기와 이펙트를 동시에 사용하는 음악 작업에서도 안정적인 성능을 보여 줍니다. 이로 인해 입문자부터 전문가까지 Logic Pro 사용자 사이에서 Mac은 표준적인 작업 환경으로 자리 잡았습니다.

다만 Mac은 구입 후 부품 업그레이드가 사실상 불가능하다는 점을 반드시 고려해야 합니다. 메모리나 저장 공간을 나중에 추가할 수 없기 때문에 처음 구입할 때 음악 작업에 충분한 사양을 선택하는 것이 매우 중요합니다. 또한 Apple Silicon 환경에서는 일부 오래된 플러그인이 정상적으로 작동하지 않는 경우도 있으므로, 기존에 사용하려는 가상 악기나 이펙트가 있다면 사전에 호환 여부를 확인하는 것이 좋습니다.

Mac을 선택할 때 고려해야 할 주요 요소는 프로세서, 메모리, 저장 공간입니다. 이 중에서도 Logic Pro를 활용한 음악 작업에서는 프로세서 성능보다 메모리와 저장 공간의 중요도가 더 높게 작용하는 경우가 많습니다.

먼저 메모리는 음악 작업에서 매우 중요한 요소입니다. Logic Pro에서 사용하는 모든 소프트웨어 악기와 샘플 라이브러리는 메모리에 로딩되어 작동합니다. 특히 오케스트라 악기나 대형 신디사이저 라이브러리는 하나의 음색만으로도 큰 용량을 차지할 수 있습니다. 메모리가 부족하면 동시에 사용할 수 있는 트랙 수가 줄어들고, 재생 중 끊김이나 오류가 발생할 수 있습니다. 따라서 입문자 기준으로도 최소 16GB 이상의 메모리를 권장합니다.

저장 공간 역시 음악 작업에서 매우 중요한 요소입니다. Logic Pro 자체 용량뿐 아니라, 다양한 가상 악기와 샘플 라이브러리를 설치하다 보면 저장 공간은 빠르게 소모됩니다. 외장 저장 장치를 활용할 수도 있지만, 자주 사용하는 악기와 프로젝트 파일은 내장 저장 공간에 두는 것이 작업 속도와 안정성 면에서 유리합니다. 이러한 점을 고려하면 최소 1TB 이상의 저장 공간을 확보하는 것이 좋습니다.

❙ 오디오 인터페이스

Mac에는 기본적으로 사운드 출력 기능이 내장되어 있어 음악 재생이나 간단한 오디오 작업은 바로 수행할 수 있습니다. 이 기능만으로도 로직 프로를 실행해 기본적인 음악 작업을 시작할 수 있지만, 작업이 본격화될수록 음질과 반응 속도에서 한계를 느끼게 됩니다.

특히 건반이나 기타를 연주했을 때 발생하는 레이턴시 문제는 연주와 입력을 동시에 진행할 때 큰 불편으로 작용합니다. 또한 보컬이나 악기를 녹음할 때 노이즈가 섞이거나 소리가 탁하게 녹음되면 작업의 집중도가 떨어지게 됩니다.

이러한 문제를 해결하기 위해 사용하는 장비가 오디오 인터페이스입니다. 오디오 인터페이스는 로직 프로와 같은 음악 제작 프로그램에 최적화된 입·출력 장치로, 내장 사운드 장치보다 깨끗한 음질과 낮은 레이턴시를 제공해 연주와 녹음, 모니터링 작업을 보나 안정적으로 수행할 수 있도록 도와줍니다.

대부분의 오디오 인터페이스에는 마이크와 악기를 직접 연결할 수 있는 입력 단자가 있어, 보컬이나 기타를 별도의 복잡한 장비 없이 바로 로직 프로로 녹음할 수 있습니다. 또한 모니터 스피커와 헤드폰을 연결해 작업 중인 소리를 정확하게 확인할 수 있습니다.

오디오 인터페이스 선택 시에는 입력 단자 수를 기준으로 작업 환경을 고려하는 것이 중요합니다. 혼자 작업하는 경우에는 2입력 제품으로도 충분하지만, 여러 악기를 동시에 녹음하거나 합주를 계획한다면 4입력 이상의 제품이 필요합니다.

자신의 작업 방식과 향후 계획에 맞는 오디오 인터페이스를 선택하면, 로직 프로를 더욱 안정적이고 쾌적한 환경에서 활용할 수 있습니다.

▲ 2 Input

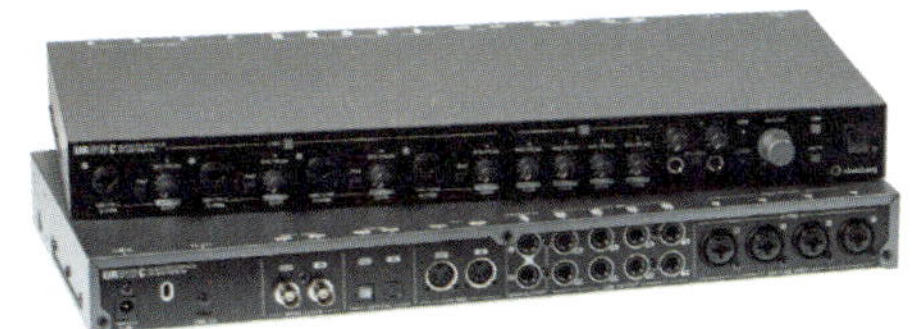

▲ 8 Input

⏐ 마이크

사람의 목소리와 같이 케이블로 직접 연결할 수 없는 아날로그 소리를 로직 프로에 디지털 신호로 녹음하기 위해서는 마이크 사용이 가장 기본적이고 필수적인 방법입니다. 특히 팝 음악에서는 보컬이 곡의 인상을 크게 좌우하기 때문에 마이크의 성능은 음악 제작 장비 중에서도 중요한 요소입니다.

마이크는 용도와 구조에 따라 여러 종류로 나뉘며, 스튜디오 녹음에 주로 사용되는 콘덴서 마이크와 내구성이 뛰어나 라이브 공연에서 많이 사용되는 다이내믹 마이크가 대표적입니다. 로직 프로의 기능과는 별개로 마이크 선택은 녹음 음질에 직접적인 영향을 미치므로 검증된 제품을 기준으로 선택하는 것이 안정적입니다.

▲ 튜브(진공관) 마이크 ▲ 콘덴서 마이크

전문 녹음 환경에서는 보다 높은 품질의 사운드를 위해 마이크 프리앰프나 컴프레서와 같은 외부 장비를 함께 사용하기도 합니다. 흔히 "실력 없는 사람은 장비 탓을 한다"라는 말이 있지만, 이를 어떤 장비를 사용해도 결과가 같다는 의미로 받아들이는 것은 옳지 않습니다. 실제로 마이크와 녹음 장비의 품질은 결과물에 분명한 차이를 만들어 냅니다.

이 표현의 본래 의미는 장비에 대한 이해 없이 무작정 고가의 제품만을 추구하는 태도를 경계하자는 데 있습니다. 입문자는 현재 사용 중인 마이크의 특성을 충분히 이해하고 활용하는 것부터 시작하고, 경험이 쌓이면 작업 환경과 예산에 맞춰 장비를 단계적으로 업그레이드하는 것이 효율적인 접근 방식입니다.

로직 프로를 이용한 음악 작업의 첫 번째 단계는 컴퓨터 안에 있는 가상 악기나 외부 음원을 연주하기 위한 MIDI 정보를 입력하는 것입니다. MIDI 정보는 실제 소리를 녹음하는 것이 아니라 음의 높이, 길이, 세기와 같은 연주 지시를 기록하는 데이터로 로직 프로는 이 정보를 바탕으로 가상 악기를 재생합니다.

로직 프로에서는 컴퓨터의 키보드와 마우스를 이용해 MIDI 정보를 입력할 수도 있습니다. 예를 들어 피아노 롤 화면에서 음을 하나씩 찍어 넣는 방식으로 멜로디를 만들 수 있습니다. 이러한 방법은 정확한 편집에는 유리하지만, 실제 연주와 같은 자연스러운 뉘앙스를 표현하기에는 다소 한계가 있습니다.

컴퓨터 게임에서 키보드만 사용할 때보다 전용 컨트롤러를 사용할 때 조작이 훨씬 편해지는 것처럼, MIDI 입력 역시 전용 장치를 사용하면 훨씬 직관적이고 자연스럽게 작업할 수 있습니다. 이러한 역할을 하는 장비를 MIDI 입력 장치라고 부릅니다.

MIDI 입력 장치 중 가장 널리 사용되는 형태가 바로 피아노 구조의 마스터 건반입니다. 마스터 건반은 외형상 신디사이저와 비슷해 보이지만, 자체적으로 소리를 내는 악기가 아니라 연주 정보를 입력하기 위한 장치입니다. 연주자가 마스터 건반을 통해 입력한 MIDI 정보는 로직 프로로 전달되며, 가상 악기를 통해 실제 소리로 출력됩니다.

마스터 건반 외에도 MIDI 정보를 입력할 수 있는 다양한 장치들이 존재합니다. 가격대는 비교적 높지만 음원을 내장해 연주와 동시에 소리를 낼 수 있는 신디사이저가 대표적인 예이며, 이 밖에도 연주 스타일에 따라 드럼 패드, MIDI 기타, 윈드 컨트롤러 등이 활용되기도 합니다.

▲ 마스터 건반

| 모니터 스피커

음악 작업을 할 때 가장 중요한 요소는 결국 사용자의 귀입니다. 화면에서 파형을 편집하고 이 펙트를 조정하더라도 최종적인 판단은 모두 소리를 듣고 이루어집니다. 이런 이유로 로직 프로에서 만들어지는 소리를 정확하게 전달해 주는 모니터 시스템은 음악 작업에서 매우 중요한 장비입니다.

모니터 스피커의 가장 큰 특징은 주파수 대역이 고르게 재생된다는 점입니다. 일반 가정용 오디오 스피커나 블루투스 스피커, 라이브용 PA 스피커는 듣기에 좋도록 특정 주파수를 강조하는 경우가 많습니다. 반면 모니터 스피커는 고음, 중음, 저음을 최대한 왜곡 없이 재생하도록 설계되어 있어, 로직 프로에서 작업한 소리를 있는 그대로 확인할 수 있습니다.

이러한 특성 덕분에 악기 간의 볼륨 밸런스를 조정하거나 보컬과 반주 사이의 비율을 정확하게 판단하는 데 큰 도움이 됩니다. 저음이 과한지, 보컬이 너무 튀는지와 같은 판단은 믹싱 과정에서 특히 중요한 부분입니다.

모니터 스피커는 정확한 판단을 가능하게 해 주는 도구이므로 선택할 때는 개인적인 취향보다는 로직 프로에서 만든 소리를 얼마나 정확하게 들려주는지가 가장 중요한 기준이 됩니다. 일반적으로 사람이 가장 민감하게 인지하는 주파수 대역은 약 2~3kHz 부근입니다. 이 대역을 이퀄라이저로 약 3dB 정도 조정했을 때 변화가 명확하게 들린다면, 현재 사용 중인 모니터 스피커는 믹싱 작업에 충분히 활용할 수 있는 기본적인 성능을 갖추고 있다고 볼 수 있습니다.

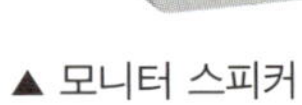

▲ 모니터 스피커

| 헤드폰

보컬이나 색소폰과 같은 악기를 마이크로 녹음할 때, 헤드폰은 반드시 필요한 필수 장비입니다. 녹음 중에 헤드폰에서 출력되는 소리가 마이크로 다시 유입되면 원치 않는 소리 누출이나 잡음이 발생할 수 있기 때문에 외부 소리를 효과적으로 차단할 수 있는 밀폐형(Closed-back) 헤드폰을 사용하는 것이 바람직합니다. 만약 헤드폰의 소리 누출이 완전히 차단되지 않는 경우에는 이어폰을 먼저 착용한 뒤 그 위에 헤드폰을 덧쓰는 방식으로 임시 해결할 수도 있습니다.

녹음 과정에서 연주자와 보컬은 헤드폰을 통해 들리는 소리만으로 자신의 연주와 이미 녹음된 트랙을 판단하게 됩니다. 따라서 특정 주파수가 과도하게 강조되지 않고, 전체 대역을 고르게 재생하는 모니터용 헤드폰을 사용하는 것이 가장 이상적입니다. 이러한 헤드폰은 저음, 중음, 고음을 균형 있게 들려주기 때문에 로직 프로에서 보컬과 반주, 각 악기 간의 볼륨 관계를 보다 정확하게 파악할 수 있습니다.

두 명 이상의 연주자가 동시에 녹음을 진행하거나 집에서 여러 트랙을 나누어 녹음하는 경우에는 헤드폰 앰프가 필요합니다. 헤드폰 앰프는 하나의 오디오 인터페이스 출력으로 여러 개의 헤드폰을 연결할 수 있게 해 주며, 보통 4채널이나 8채널까지 지원하는 제품이 많습니다. 이를 통해 각 연주자가 자신에게 적절한 볼륨으로 로직 프로의 소리를 모니터링할 수 있습니다.

결국 헤드폰은 단순히 소리를 듣기 위한 장비가 아니라, 녹음 중 정확한 모니터링과 안정적인 연주를 가능하게 하는 핵심 도구입니다. 적절한 헤드폰과 올바른 모니터링 환경을 갖추는 것만으로도 로직 프로에서의 녹음 품질과 작업 효율을 크게 향상시킬 수 있습니다.

▲ 모니터 헤드폰

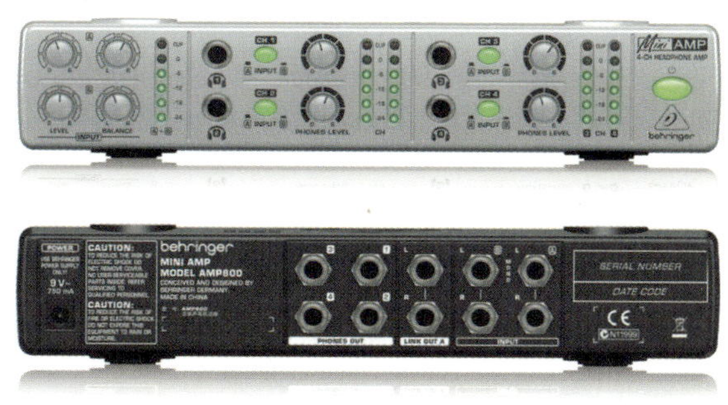

▲ 헤드폰 앰프

| 있으면 좋은 것들

로직 프로로 기본적인 녹음과 편집에 익숙해지면, 작업을 더 빠르고 직관적으로 진행하고 싶다는 생각이 들게 됩니다. 이때 미디 컨트롤러나 드럼 패드와 같은 추가 장비를 활용하면, 마우스 중심의 작업에서 벗어나 보다 음악적인 방식으로 작업 환경을 확장할 수 있습니다.

미디 컨트롤러는 로직 프로에서 가상 악기를 연주하고 다양한 파라미터를 조작할 수 있는 입력 장치입니다. 피아노 건반형 컨트롤러를 사용하면 멜로디와 코드를 실제 연주하듯 입력할 수 있어, 마우스로 찍어 넣는 방식보다 훨씬 자연스러운 결과를 얻을 수 있습니다. 또한 노브, 슬라이더, 페이더 등을 활용해 볼륨이나 이펙트를 실시간으로 조절하면, 연주와 동시에 사운드를 다듬는 감각적인 작업이 가능해집니다.

▲ 미디 컨트롤러

드럼 패드는 손으로 직접 두드려 드럼과 퍼커션을 입력하는 장치로, 로직 프로의 Drum Machine Designer나 가상 드럼 악기와 함께 사용하면 리듬을 보다 직관적으로 만들 수 있습니다. 클릭으로 패턴을 입력하는 것보다 강약과 타이밍의 미묘한 차이가 자연스럽게 반영되어, 더욱 생동감 있는 비트를 완성하는 데 도움이 됩니다.

▲ 드럼 패드

이 외에도 마이크 프리앰프, 컴프레서, 외부 이펙터, 신디사이저 등의 장비는 사운드의 질감을 더욱 풍부하게 만들고, 로직 프로의 기본 기능만으로는 얻기 어려운 개성을 더해 줍니다. 이러한 장비들은 반드시 필요한 것은 아니지만, 작업 스타일이 분명해지고 필요성을 느끼는 시점에 하나씩 추가해 나간다면 결과물의 완성도와 작업 만족도를 함께 높일 수 있을 것입니다.

시스템 연결하기

홈 스튜디오를 꾸미기 위해서는 부담이 될 수 있는 비용이 필요하지만, 과거에 비하면 정말 저렴한 비용으로 하이 클래스의 녹음 스튜디오와 대등한 음질의 음원을 만들 수 있습니다. 다만, 아직도 컴퓨터가 음악을 만들어준다고 오해하는 입문자가 많습니다. 컴퓨터는 사용자 아이디어를 기록하는 녹음기일 뿐이므로, 음악 이론 학습과 피아노 연습을 병행해야 한다는 것을 명심하기 바랍니다.

오디오 레코딩 장치 연결

오디오 레코딩에 필요한 장비는 오디오 인터페이스, 마이크, 헤드폰입니다. 친구들끼리 모여서 녹음을 한다면, 여러 대의 헤드폰을 연결할 수 있는 헤드폰 앰프도 필요합니다. 요즘에는 입문자들을 위해서 레코딩 장비를 패키지로 담아서 판매하는 회사가 많습니다. 오디오 인터페이스가 마이크를 2 대만 연결할 수 있는 2In 제품이라서 동시 녹음은 할 수 없지만, 상업용 음원을 제작하는데 아무런 문제가 없습니다. 동시 녹음을 할 일이 없는 개인 작업자에게는 가장 저렴하게 시스템을 꾸밀 수 있는 방법입니다.

▲ 홈스튜디오 패키지

▲ 헤드폰 앰프

01 대부분의 오디오 인터페이스는 USB 또는 Thunderbolt 포트로 연결됩니다. 다만, USB 2.0 제품도 많기 때문에 구입할 때 확인할 필요가 있으며, 애플 실리콘 시스템이라면 별도의 USB Type-C 허브가 필요할 수 있습니다.

02 오디오 인터페이스는 자동으로 인식되지 않고, 별도의 드라이버를 설치해야 하는 경우가 많습니다. 제작사 홈페이지에서 드라이버를 다운 받아 설치합니다. 자세한 사항은 설명서를 참조하거나 구입처에 문의 합니다.

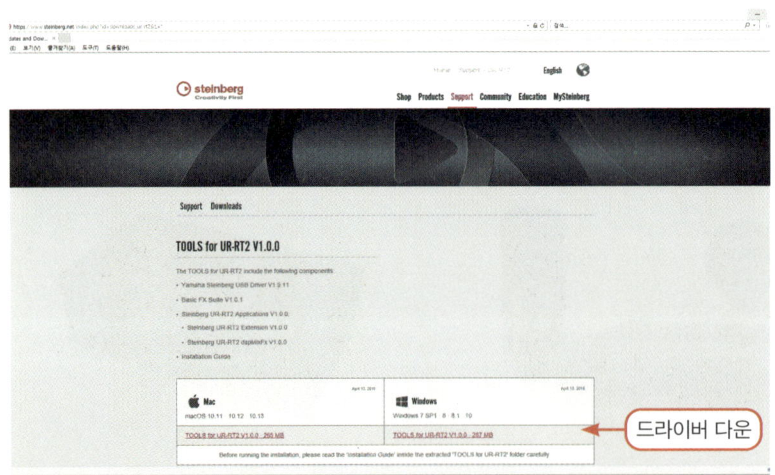

03 마이크는 오디오 인터페이스의 Mic Input 단자에 연결합니다. 녹음할 때 많이 사용하는 콘덴서 마이크는 +48V의 펜덤 파워가 On으로 되어 있을 때 동작합니다.

04 인풋이 2개라면 나머지는 기타나 베이스와 같은 악기를 연결할 수 있는 하이 임피던스(Hi-z) 단자입니다. 4채널 이상의 멀티 인터페이스도 Hi-z 단자는 1-2개뿐인 경우가 많으므로, 확인하고 연결합니다.

05 보컬 및 연주자에게 음악을 들려주기 위한 헤드폰을 연결합니다. 대부분 헤드폰 그림으로 표시되어 있습니다.

06 음악 작업에서 보컬까지 혼자서 해내는 싱어송 라이터라면 상관없지만, 친구와 함께 녹음을 할 때는 두 개 이상의 헤드폰이 필요하며, 여러 대의 헤드폰을 연결할 수 있는 헤드폰 앰프도 필요 합니다. 제품에 따라 라인 아웃으로 연결되는 것도 있으므로, 구입시 확인합니다.

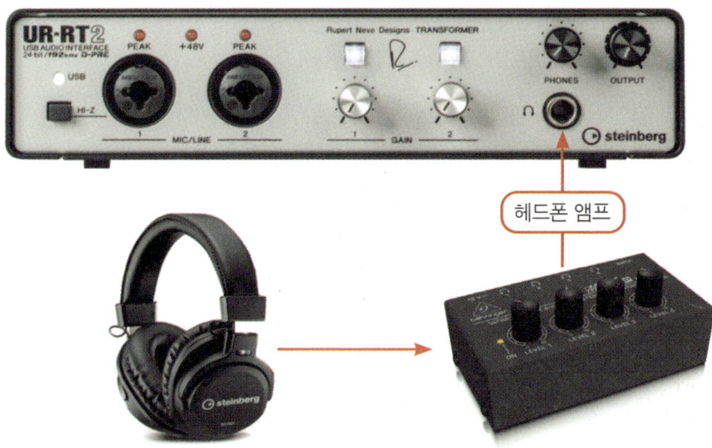

애플 실리콘이 탑재된 Mac은 새로운 보안 기능을 사용하기 때문에 인텔 기반에 출시되었던 구형 제품을 설치하려면 보안 수준을 변경해야 합니다.

1. 맥을 종료합니다.

2. 옵션 아이콘이 보일때까지 전원 버튼을 누르고 있습니다.

3. 옵션 아이콘을 선택하고 계속 버튼을 클릭합니다.

4. 유틸리티 메뉴에서 시동 보안 유틸리티를 선택합니다.

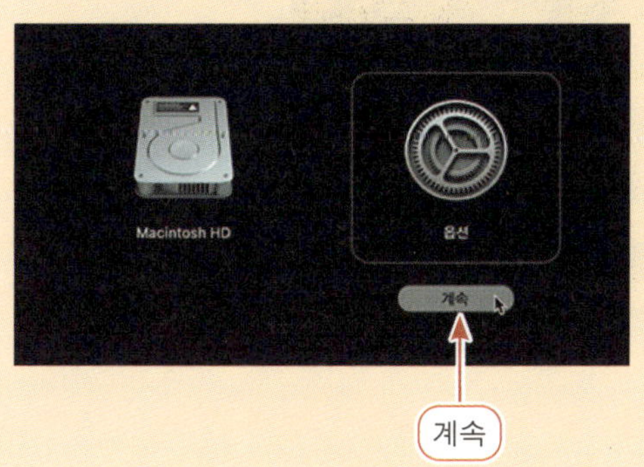

계속

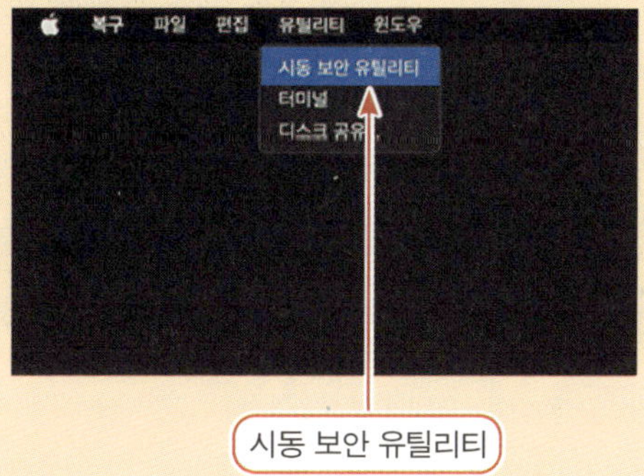

시동 보안 유틸리티

5. 시동 디스크를 선택하고, 보안 정책 버튼을 클릭합니다.

6. 부분 보안을 선택합니다.

7. '확인된 개발자가 배포한 커널 확장 파일의 사용자 관리 허용' 옵션을 체크합니다.

8. 확인하고, 애플 메뉴의 재시동을 선택합니다.

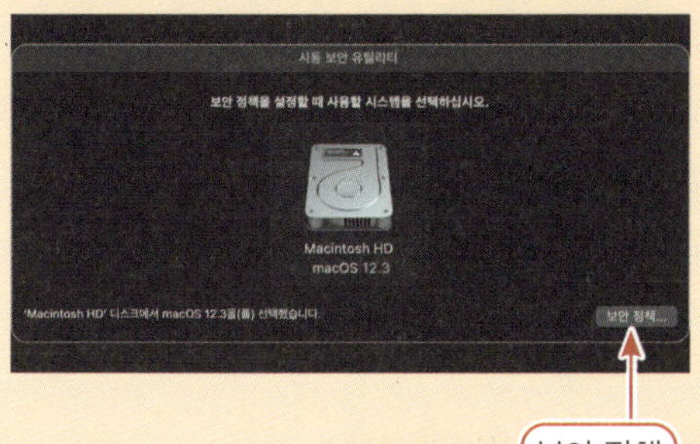

보안 정책

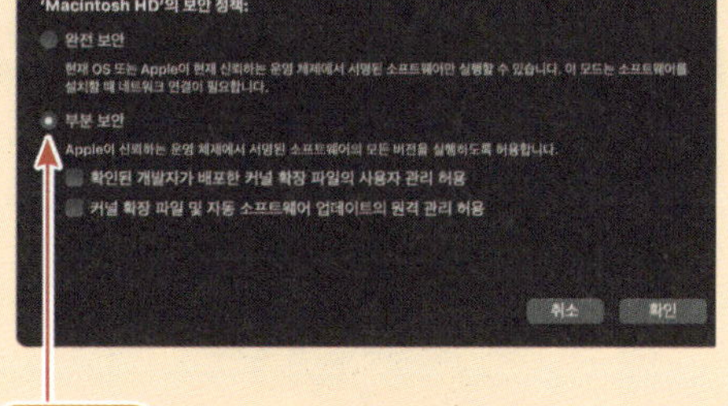

부분 보안

미디 레코딩 장치 연결

음악 작업을 위한 미디 레코딩은 필수입니다. 혼자서 모든 섹션의 악기를 구현할 수 있다는 것이 컴퓨터 음악의 매력이기도 하며, 이를 위해 필요한 장비는 마스터 건반 하나면 됩니다. 대부분의 마스터 건반은 USB로 연결되며 자동으로 인식됩니다. 단, 미디 컨트롤 기능을 제공하는 경우에는 제작사 홈페이지에서 별도의 프로그램을 다운받아 설치해야 하는 경우도 있습니다. 자세한 것은 설명서를 참조하거나 구입처에 문의합니다.

▲ 마스터 건반을 USB에 연결

USB 포트가 있는 디지털 피아노라면 마스터 건반으로 사용할 수 있습니다. 단, 대부분 Local Off를 지원하지 않기 때문에 VST 악기와 피아노 소리가 함께 들리게 되므로, 볼륨을 줄여 놓고 사용합니다

모니터 연결

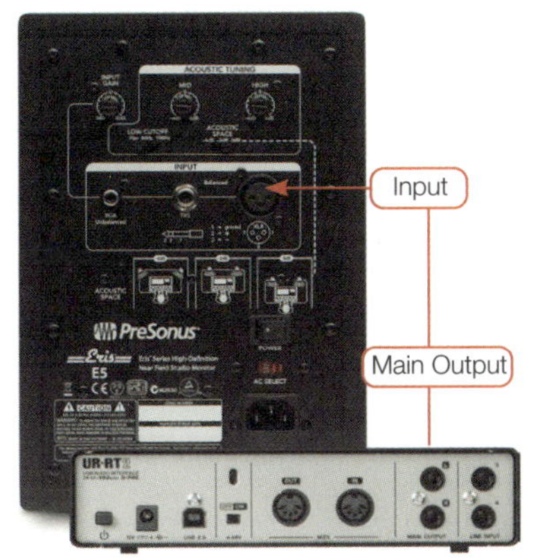

사운드를 레코딩하고 편집하는 오랜 시간 동안 헤드폰만으로 모니터하는 것은 청력에 좋지 않습니다. 가능하면 모니터 스피커까지 갖추길 권장합니다. 모니터 스피커의 Input은 오디오 인터페이스의 Main Out에 연결합니다. 오디오 레코딩 패키지, 마스터 건반, 모니터 스피커를 모두 갖추면 음악을 만들고 음원을 발표할 수 있는 준비는 완료된 것입니다. 이제 남은 것은 꾸준한 학습과 연습입니다.

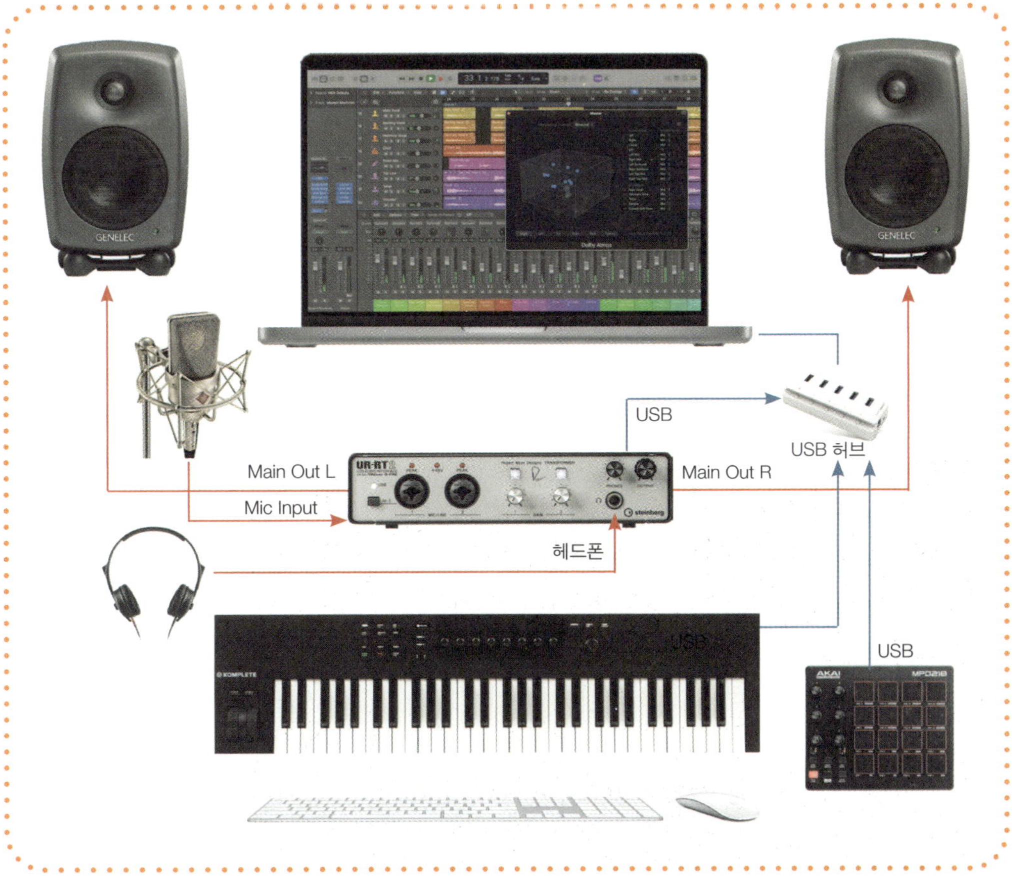

로직 구매와 설치

Logic Pro는 Apple Creator Studio 구독형과 단독 구매형 두 가지 방식으로 이용할 수 있습니다. Apple Creator Studio는 Final Cut Pro, Logic Pro, Pixelmator Pro 등 Apple의 주요 창작 도구를 하나의 구독으로 제공하는 서비스로, Mac용과 iPad용 Logic Pro를 모두 포함하고 있어 추가 비용 없이 iPad에서도 사용할 수 있습니다. 반면 단독 구매형은 Mac용 Logic Pro만 영구 사용 가능하며, iPad용 Logic Pro는 별도의 구독이 필요합니다. 따라서 영상 작업이나 iPad 활용을 함께 고려한다면 구독형이 유리하고, Mac에서 Logic Pro만 사용할 계획이라면 단독 구매형이 합리적인 선택이 됩니다.

| Apple Creator Studio

Apple Creator Studio는 영상, 음악, 디자인 등 다양한 창작 활동에 필요한 Apple의 핵심 앱을 하나로 묶어 제공하는 구독형 서비스입니다. 한 번의 구독으로 Mac과 iPad에서 동시에 활용할 수 있으며, 각각의 앱을 개별로 구매할 필요 없이 창작 환경을 통합적으로 구성할 수 있는 것이 큰 장점입니다.

Creator Studio 구독에는 다음과 같은 크리에이티브 앱들이 포함됩니다.

- Final Cut Pro (Mac, iPad): 전문적인 영상 편집 도구
- Logic Pro (Mac, iPad): 음악 제작 및 오디오 편집 소프트웨어
- Pixelmator Pro (Mac, iPad): 이미지 편집 및 그래픽 제작 도구
- Motion (Mac): 모션 그래픽 및 시각 효과 툴
- Compressor (Mac): 다양한 포맷으로 출력 설정을 최적화하는 도구
- MainStage (Mac): 라이브 공연 및 퍼포먼스용 음악 앱

이 외에도 Apple의 생산성 앱인 Keynote, Pages, Numbers, Freeform의 프리미엄 콘텐츠와 기능이 포함되어 있어, 발표 자료 작성이나 문서 작업, 브레인스토밍까지도 하나의 구독 환경에서 체계적으로 수행할 수 있습니다.

Apple Creator Studio의 핵심 특징은 단일 구독으로 여러 앱을 자유롭게 사용할 수 있다는 점입니다. 예를 들어 영상과 음악을 동시에 제작하는 프로젝트에서는 Mac에서 Final Cut Pro로 영상 편집을 하면서 Logic Pro로 음악을 제작하고, iPad에서는 동일한 Logic Pro 프로젝트를 이어서 작업할 수 있습니다. 사용자는 앱마다 별도로 비용을 지불할 필요 없이 구독 하나로 Mac과 iPad 양쪽에서 동일한 환경을 활용할 수 있습니다.

또한 이 서비스는 초보자부터 전문가까지 모든 수준의 창작자를 고려해 설계되었습니다. AI 기반 도구와 프리미엄 콘텐츠를 제공해 작업 효율을 높일 수 있으며, 가족 공유 기능을 통해 최대 5명의 구성원이 동일 구독을 사용할 수 있어 팀 단위나 가정에서의 공동 작업에도 유리합니다. 새로운 사용자는 1개월 무료 체험으로 서비스를 직접 경험해 볼 수 있으며, 학생과 교육자에게는 별도의 혜택도 제공됩니다.

결국 Apple Creator Studio는 Mac과 iPad를 모두 활용하는 통합 창작 환경을 제공하며, 영상, 음악, 이미지, 문서 등 다양한 형태의 창작물을 하나의 구독으로 관리할 수 있는 올인원 솔루션입니다. 첫 사용자라도 앱을 개별적으로 구매하는 복잡한 과정을 거치지 않고, 구독 하나만으로 창작 활동을 시작하고 점차 확장할 수 있는 것이 큰 장점입니다.

로직의 첫 실행

01 Logic Pro 단독형은 Mac의 App Store에서 직접 ① 검색하여 구매할 수 있으며, ② 구매 후 설치는 자동으로 진행됩니다.

02 로직은 자주 사용하는 프로그램이 될 것이므로, 파인더에서 ① 응용 프로그램 폴더의 Logic Pro를 찾아 ② Dock으로 드래그하여 추가합니다.

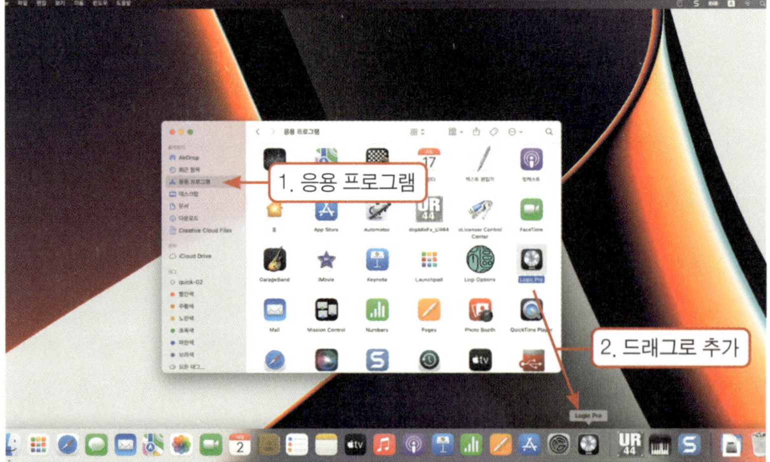

03 로직을 처음 실행하면 어떤 모드로 사용할 것인지를 묻는 창이 열립니다. 로직의 모든 기능을 사용하려면 컴플리트 모드를 선택합니다. 필요하면 언제든 변경할 수 있습니다.

컴플리트 모드

04 라이브러리 다운로드 과정이 진행됩니다. 나중에 다운로드 받을 수 있지만, 로직의 악기와 이펙트를 제대로 사용하려면 완료해야 합니다. 닫기 버튼을 클릭하여 백그라운드로 진행되게 하고, 로직을 실행합니다.

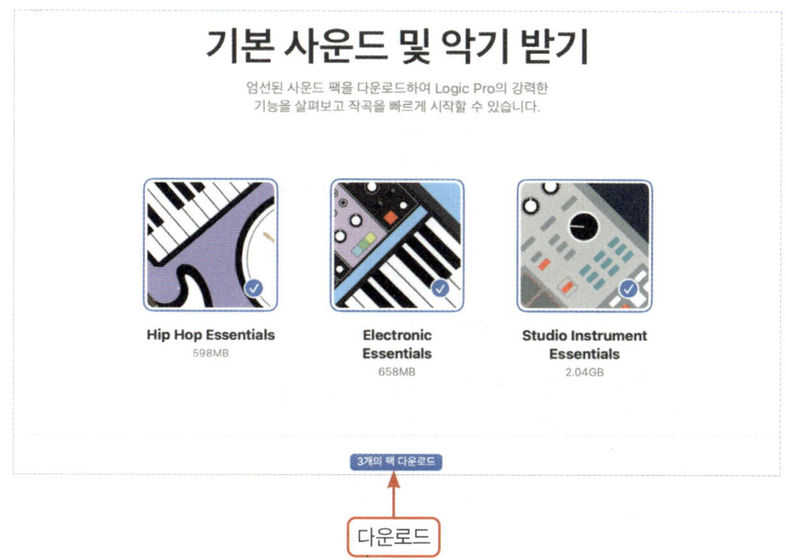

다운로드

05 프로젝트를 선택할 수 있는 템플릿 창이 열립니다. 일단 ① 데모 프로젝트에서 제공하는 데모 곡을 ② 더블 클릭하여 열어 봅니다. (라이브러리 다운로드가 완료되지 않았다면, 데모 곡을 다운 받는 동안 시간이 걸릴 수 있습니다.)

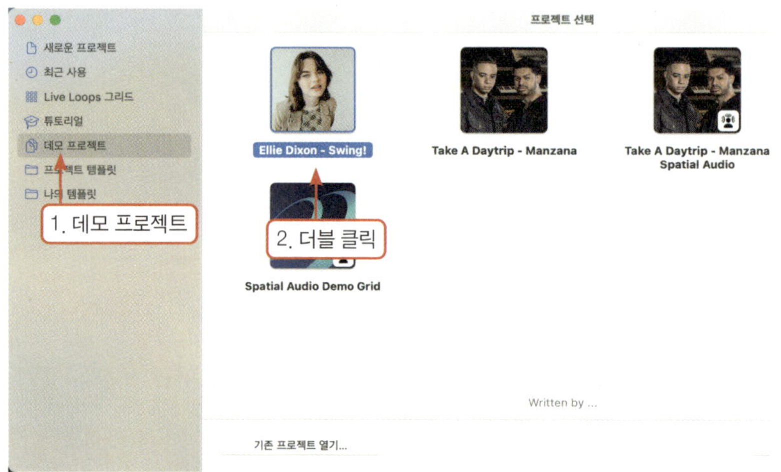

06 데모 곡이 열리면 스페이스 바 키를 눌러 제대로 재생되는지 확인합니다. 사용자 시스템의 모니터 스피커로 재생되지 않고 있다면 Logic Pro 메뉴의 설정에서 오디오를 선택합니다.

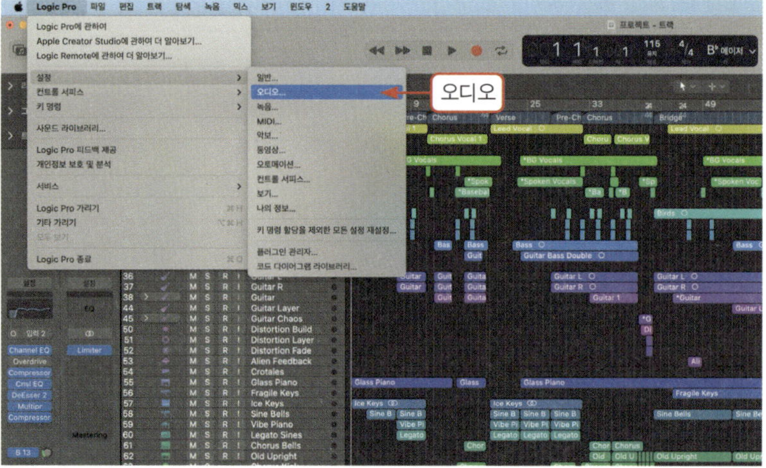

07 환경설정 창의 오디오 탭이 열립니다. 출력 기기와 입력 기기 목록에서 맥에 연결한 오디오 인터페이스가 선택되어 있는지 확인하고, 시스템이나 마이크로 선택되어 있다면 변경합니다.

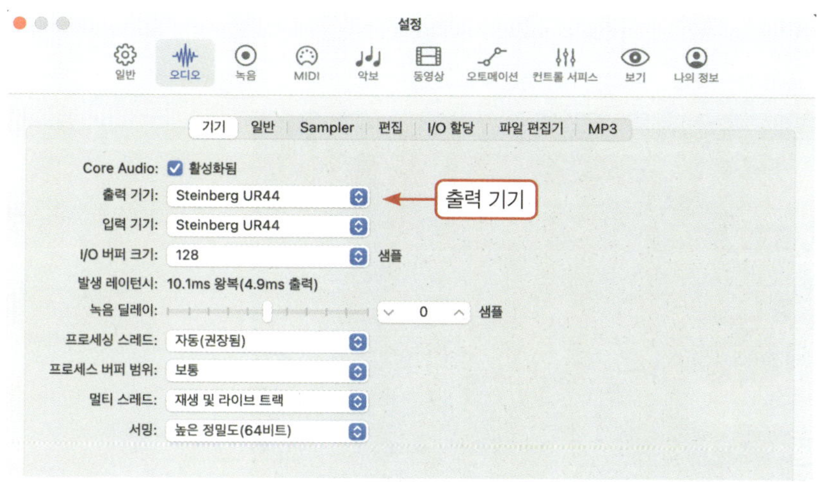

08 라이브러리 다운로드를 나중으로 미루었거나 완료되지 않은 상태로 종료했더라도 언제든 추가 진행할 수 있습니다. Logic Pro 메뉴의 사운드 라이브러리를 선택합니다.

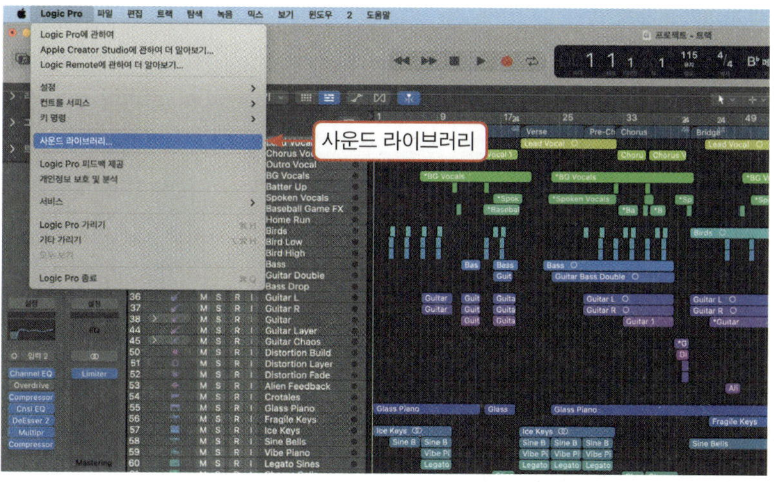

09 사운드 팩, 아티스트 팩, 프로듀서 팩 등 다양한 사운드 라이브러리를 개별적으로 미리 청취할 수 있으며, 필요에 따라 다운로드하거나 최신 버전으로 업그레이드할 수 있는 사운드 라이브러리 창이 열립니다. 이를 통해 작업자는 프로젝트에 필요한 사운드만 선택적으로 설치하고 관리할 수 있습니다.

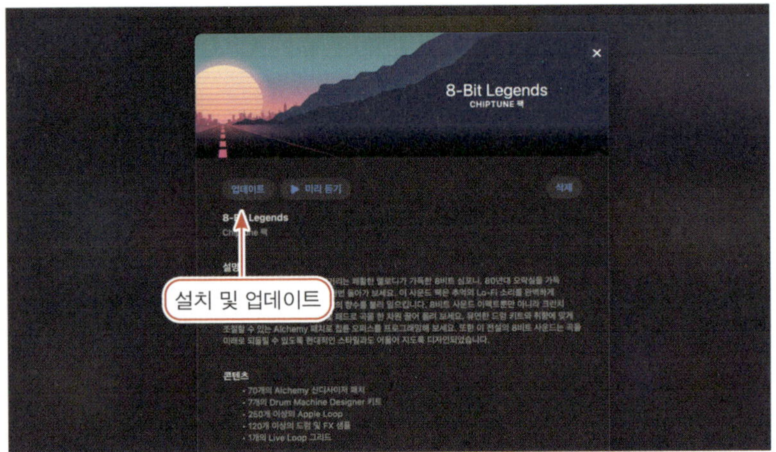

10 팩 관리 메뉴를 선택하면 현재 설치된 사운드 팩을 확인할 수 있으며, 아직 설치하지 않은 사용 가능한 모든 팩을 한 번에 설치할 수 있는 옵션도 함께 표시됩니다. 이를 통해 필요한 사운드를 손쉽게 관리하고, 프로젝트에 맞게 라이브러리를 구성할 수 있습니다.

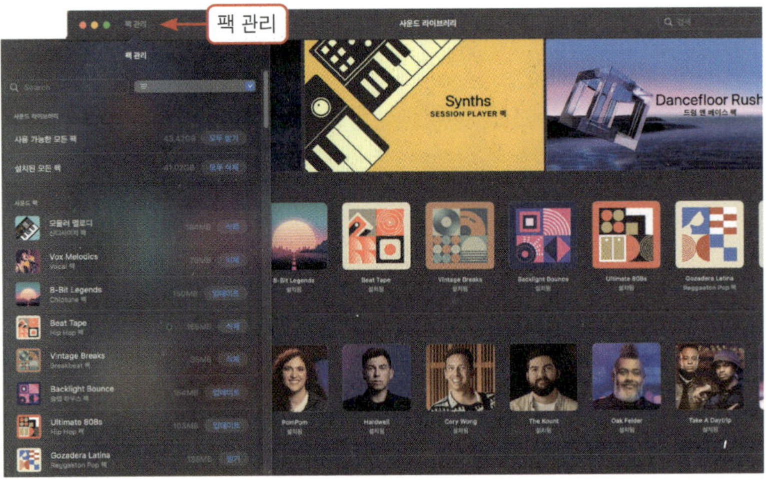

로직은 메뉴뿐만 아니라 도움말까지 한글을 지원하는 DAW로, 혼자 공부하는 사용자도 쉽게 접근할 수 있다는 장점이 있습니다. 음악 용어와 장치 이름은 원래 그대로 번역되어 있어 기존 사용자도 혼란 없이 이용할 수 있습니다. 다만, 영어 버전을 선호하는 사용자도 있으며, 필요에 따라 언어를 자유롭게 변경할 수 있습니다.

한글로 설치되는 로직을 영문으로 바꾸려면 Dock의 시스템 환경 설정 아이콘을 클릭하여 창을 열고, 일반 카테고리의 언어 및 지역을 선택합니다.

응용 프로그램 항목에서 + 기호의 추가 버튼을 클릭하여 Logic Pro를 추가합니다. 그리고 시스템 기본-한국어로 설정되어 있는 언어를 English-영어로 변경합니다.

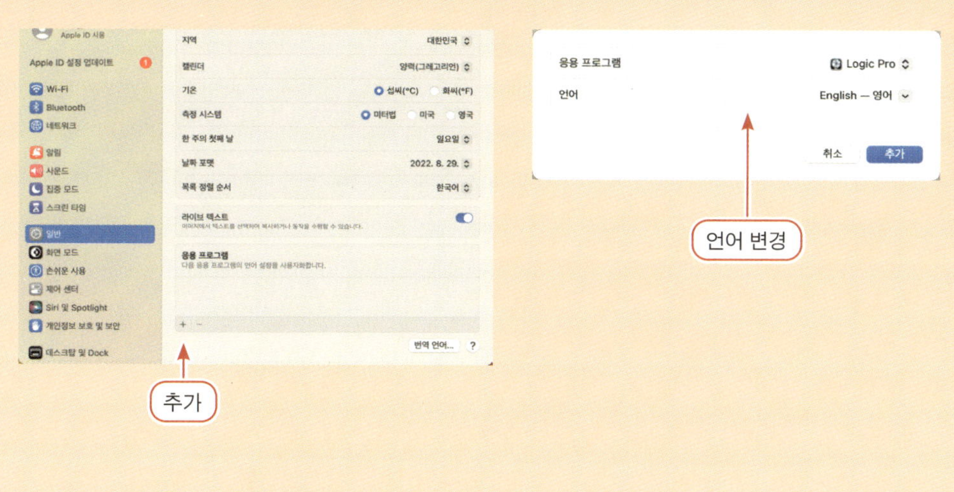

프로젝트 열기 및 저장

로직 프로로 음악을 만들 때 가장 먼저 준비해야 하는 것은 프로젝트입니다. 이는 워드에서 글을 작성하기 전에 문서를 만드는 과정과 비슷합니다. 프로젝트를 준비한 뒤에는 트랙을 만들고, 오디오와 MIDI 데이터를 입력하며, 편집을 통해 음악을 완성하게 됩니다. 결국, 로직에서 이루어지는 모든 음악 작업은 하나의 프로젝트 안에서 진행됩니다.

프로젝트 저장하기

01 로직을 실행하면 새로운 프로젝트를 만들거나 기존의 프로젝트를 열 수 있는 템플릿 창이 열립니다. 목록에서 ① 새로운 프로젝트를 선택하고 ② 비어 있는 프로젝트를 더블 클릭합니다.

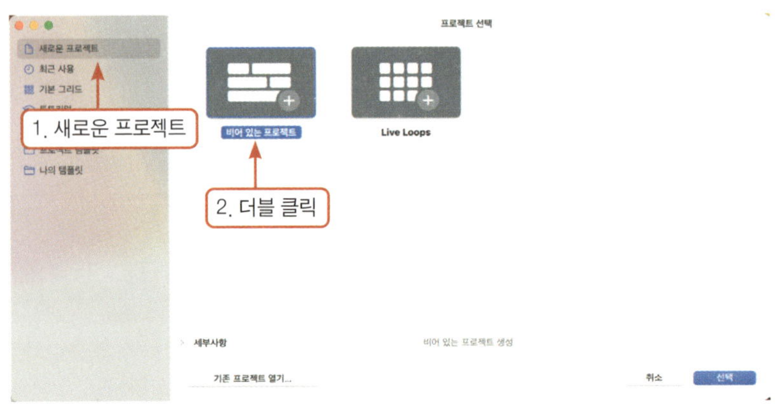

02 트랙 유형을 선택하는 창이 열립니다. 기본적으로 선택되어 있는 ① 소프트웨어 악기는 의미 그대로 로직에서 제공하는 것 또는 사용자가 추가로 설치한 가상 악기를 연주할 수 있는 트랙을 만듭니다. 악기는 ② 세부사항에서 미리 선택하거나 트랙을 만든 후에 라이브러리에서 선택할 수 있습니다. ③ 라이브러리 열기 옵션을 체크하면 트랙을 만들 때 라이브러리 창을 열어주고, ④ 다중 음색은 채널이 순차적으로 설정된 멀티 트랙을 만들 수 있습니다.

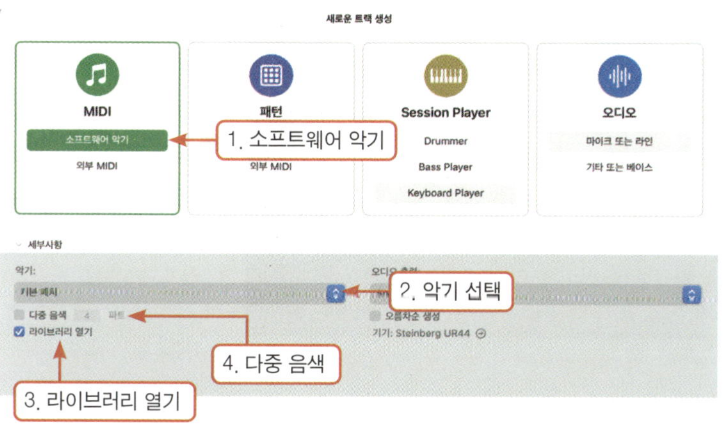

03 Default Patch 상태로 트랙을 만들었다면 Classic Electric Piano 음색이 로딩된 트랙이 생성되지만, 툴 바의 ① 라이브러리 아이콘을 클릭하거나 Y 키를 눌러 라이브러리 창을 열고, 사용자가 원하는 ② 악기 음색을 선택할 수 있습니다.

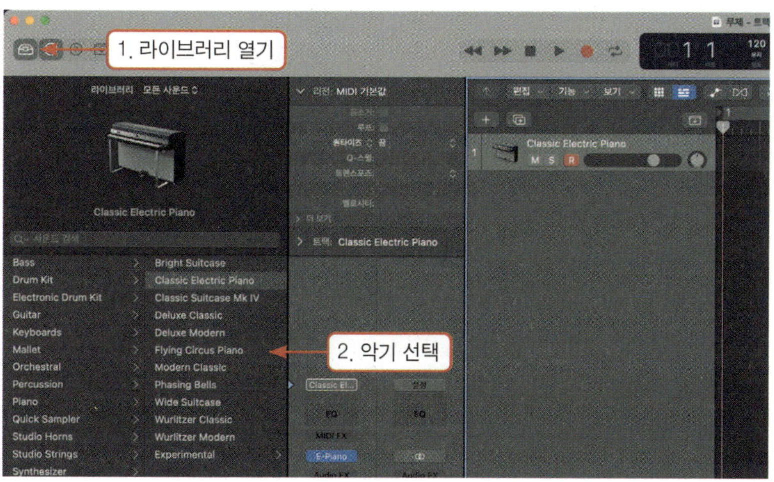

04 트랙은 리스트 상단의 ① + 기호로 표시되어 있는 아이콘을 클릭하여 추가할 수 있으며, 동일한 유형의 트랙은 리스트의 빈 공간을 ② 더블 클릭하는 방법도 있습니다.

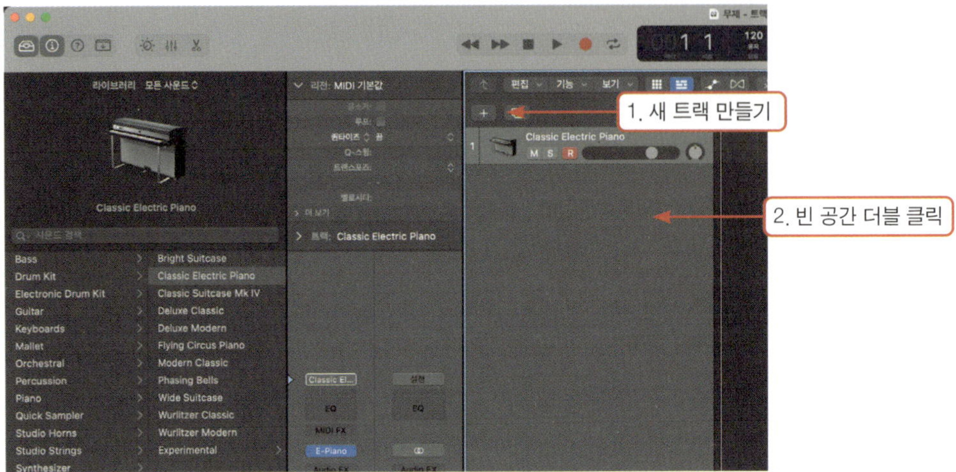

05 같은 과정을 반복하여 드럼, 베이스, 피아노 트랙 등을 만들고, 연주 데이터를 입력하여 음악을 완성해가는 것이 로직을 이용하여 음악을 만드는 과정입니다. 이때 무엇보다 중요한 것은 저장입니다. 작업을 시작하기 전에 저장을 먼저하고 틈틈이 Command+S 키를 눌러 저장하는 습관을 갖길 바랍니다. 파일 메뉴의 저장을 선택합니다.

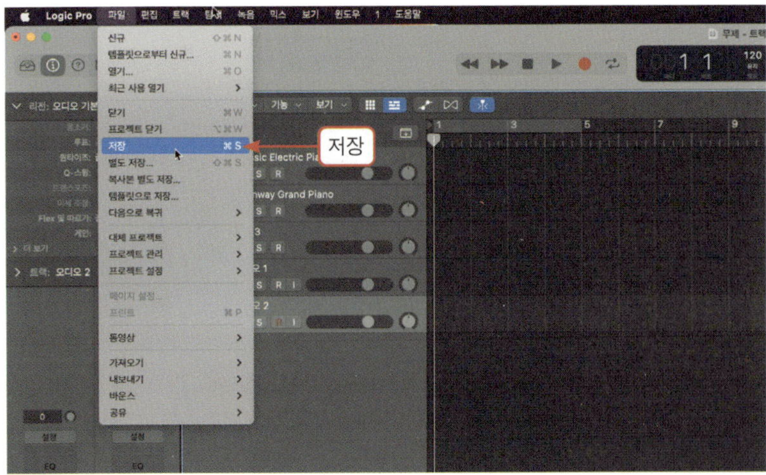

06 파일 이름을 입력할 수 있는 창이 열립니다. 사용자의 ① 프로젝트를 다음으로 구성 항목이 패키지로 선택되어 있는지 확인하고, ② 별도 저장 항목에 곡 제목을 입력하여 저장합니다.

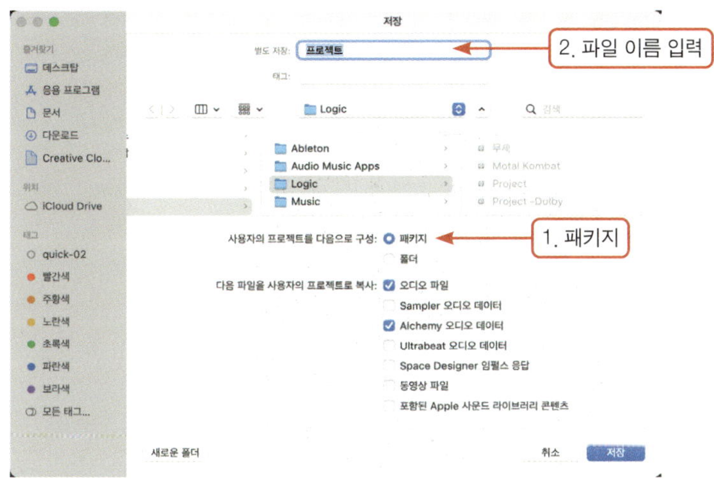

07 ① 패키지는 프로젝트를 하나의 파일로 생성하기 때문에 관리가 편하지만, 용량이 커진다는 단점이 있고, ② 폴더는 프로젝트와 오디오 폴더가 별도로 생성되어 효율적인 관리가 가능하지만, 자칫 실수를 할 수 있다는 단점이 있습니다. 파일 관리가 서툰 초보자에게는 패키지로 저장할 것을 권장합니다.

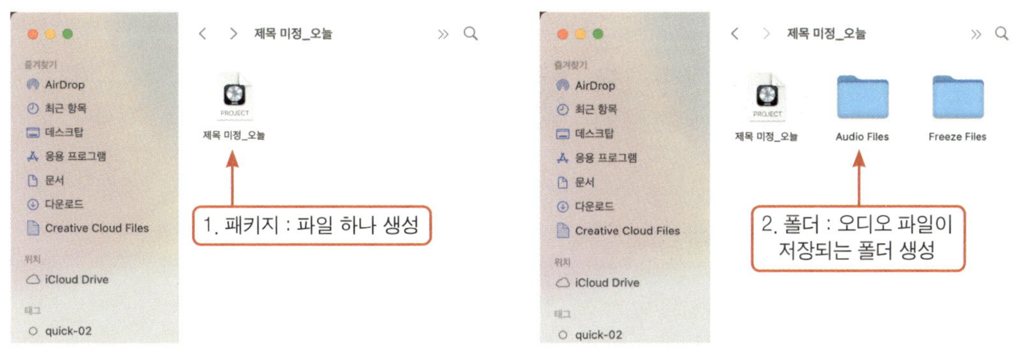

Tip

프로젝트를 저장할 때 위치를 변경하지 않았다면 기본 경로는 사용자/음악/Logic 폴더입니다.

| 프로젝트 열기

01 저장한 프로젝트의 이름이 ① 제목 표시줄에 표시됩니다. 아무 작업도 하지 않았지만, 일단 파일 메뉴의 ② Logic Pro 종료를 선택하여 로직을 종료합니다.

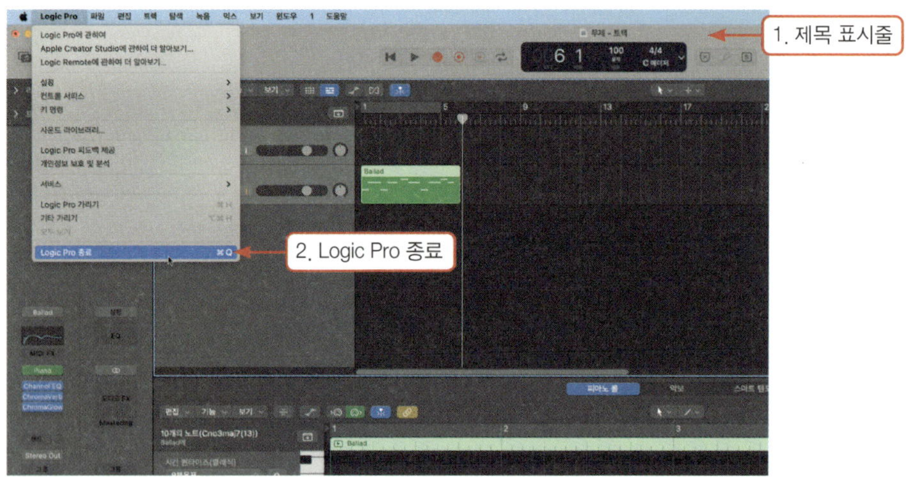

02 로직을 다시 실행하고 템플릿 창의 ① 최근 사용 목록을 보면 앞에서 저장한 프로젝트를 볼 수 있으며, ② 더블 클릭으로 열 수 있습니다. 목록 선택에 상관없이 기존에 작업했던 프로젝트를 불러올 때는 아래쪽 보이는 ③ 기존 프로젝트 열기 버튼을 클릭합니다.

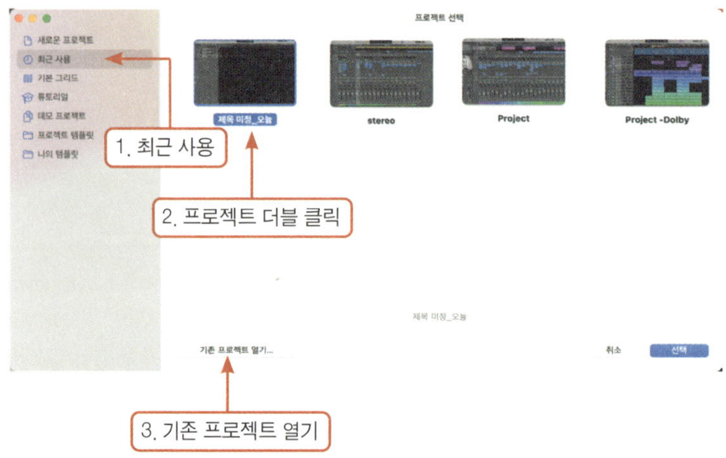

03 프로젝트가 열려 있는 상태에서 기존 프로젝트를 열고자 할 때는 파일 메뉴의 열기를 선택합니다.

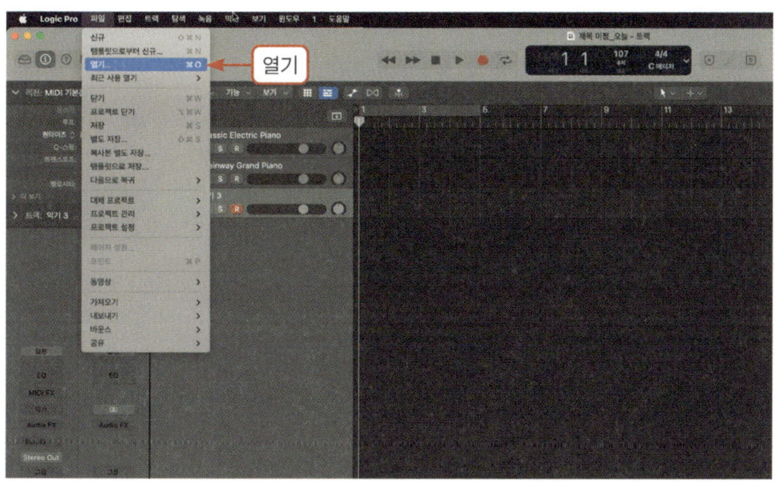

04 템플릿 창에서 기존 프로젝트 열기 버튼을 클릭했을 때와 동일한 창이 열리며, 기존에 작업하던 프로젝트를 더블 클릭하여 열 수 있습니다.

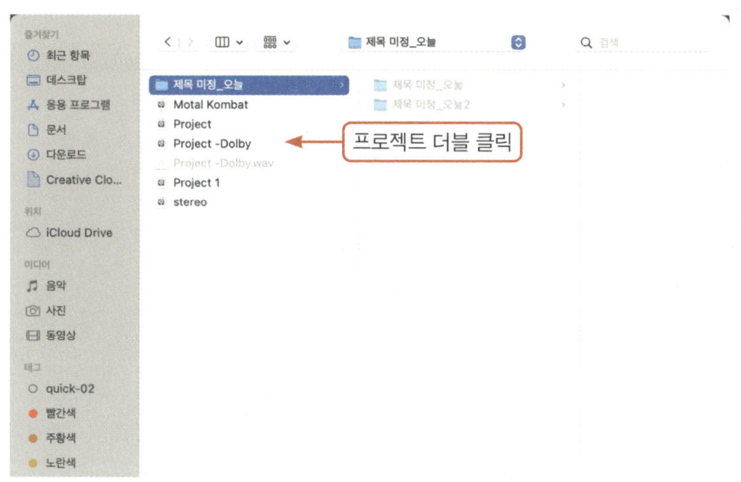

05 현재 열려 있는 프로젝트를 닫을 것인지의 여부를 묻는 창과 현재 열려 있는 프로젝트의 저장 여부를 묻는 창이 열립니다. 각각 원하는 작업을 선택합니다.

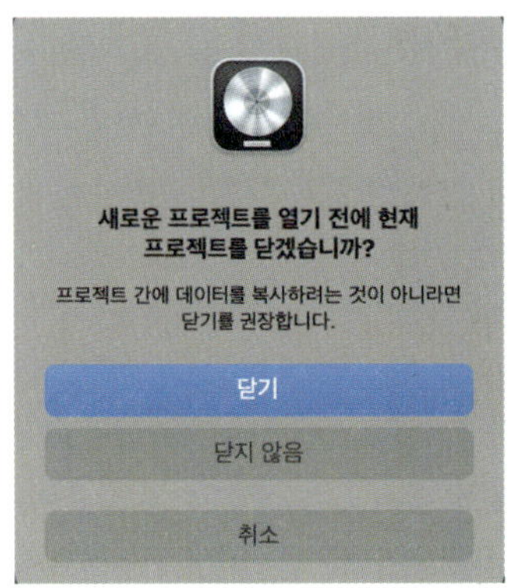

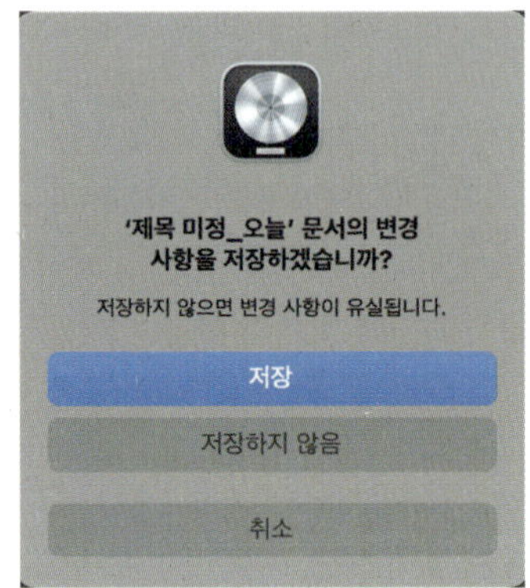

06 로직은 2개 이상의 프로젝트를 열어 놓고 동시 작업이 가능합니다. 윈도우 메뉴 아래쪽에서 현재 열어놓은 프로젝트 목록을 볼 수 있으며, 선택하여 전환할 수 있습니다. 물론, 2개의 프로젝트를 적당한 크기로 조정하여 서로 데이터를 복사하는 등의 작업도 가능합니다. 창의 크기는 가장 자리를 드래그하여 조정할 수 있습니다.

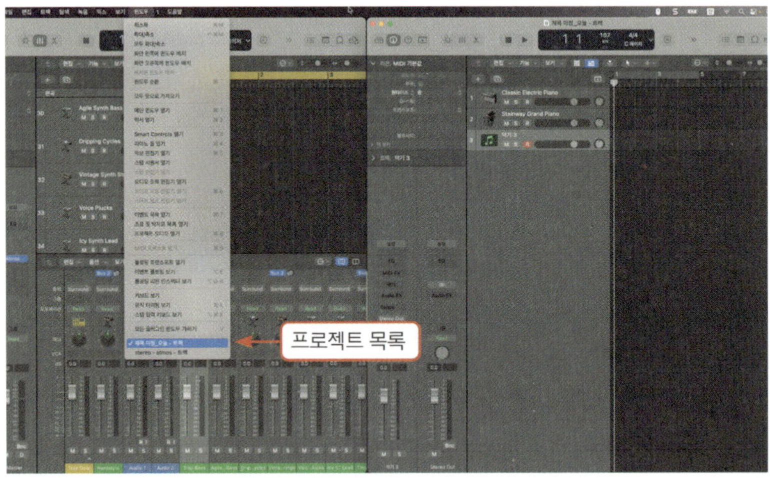

로직을 실행하면 열리는 템플릿 창 대신에 사용자가 원하는 동작을 바로 수행할 수 있습니다. Logic Pro의 설정에서 일반을 선택하여 창을 열고, 시작 동작 항목을 보면 템플릿 선택으로 되어 있는데, 이것을 변경하면 됩니다.

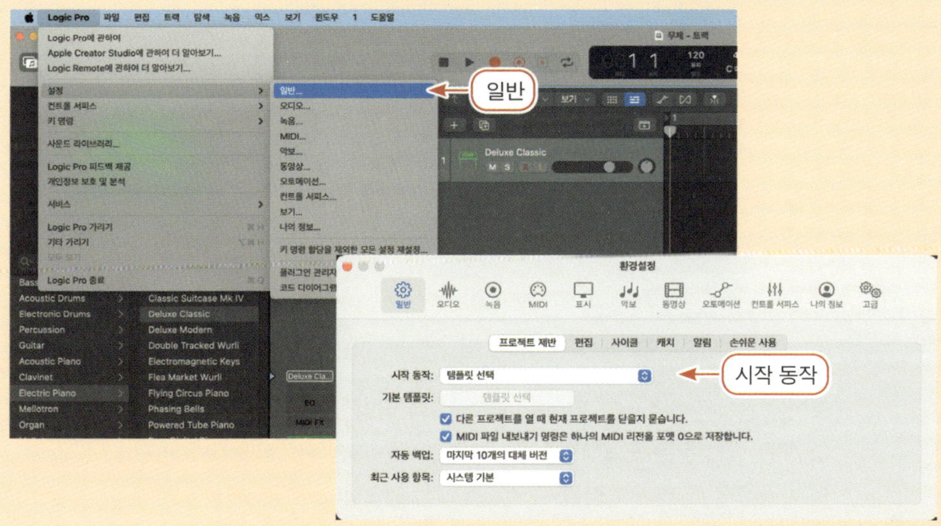

● 동작 실행 안 함 : 아무것도 실행하지 않습니다. 새로운 프로젝트를 만들거나 기존에 작업하던 프로젝트를 불러오기 위해서는 파일 메뉴의 신규 또는 열기를 선택합니다.

● 가장 최근 프로젝트 열기 : 마지막에 저장했던 프로젝트를 엽니다.

● 기존 프로젝트 열기 : 기존에 작업하던 프로젝트를 열기 위한 창을 엽니다.

● 템플릿 선택 : 템플릿 선택 창을 엽니다. 옵션이 이것으로 선택되어 있었기 때문에 로직을 실행하면 템플릿 선택 창이 열리는 것입니다.

● 비어 있는 새로운 프로젝트 생성 : 비어있는 프로젝트를 선택했을 때와 같은 동작입니다.

● 기본 템플릿을 사용하여 새로운 프로젝트 생성 : 아래쪽 기본 템플릿 옵션에서 원하는 템플릿을 선택할 수 있으며, 자신만의 템플릿을 만든 경우에 유용합니다.

● 묻기 : 시작 동작 옵션을 선택할 수 있는 창을 엽니다.

SECTION 02

화면 구성 살펴보기

로직은 음악을 창작하고 완성하는데 필요한 다양한 작업 창을 제공합니다. 모든 작업 창은 프로젝트를 생성하면 보이는 메인 윈도우에 종속된 것이며, 필요할 때 열거나 닫을 수 있도록 하고 있습니다. 로직에서 제공하는 작업 창의 종류와 역할을 간단하게 살펴보겠습니다.

메인 윈도우

로직은 메인 윈도우와 믹서를 비롯해서 스마트 컨트롤러, 피아노롤, 악보 편집기 등 수많은 작업 창을 제공합니다. 물론, 작업을 할 때 이 모든 창을 사용하는 것은 아니지만, 수저, 젓가락, 포크 등 먹는 음식에 따라 필요한 도구를 사용하는 것처럼 작업 목적에 따라 선택해서 사용하려면 각각의 역할과 기능을 모두 알고 있어야 합니다.

트랙 창

로직의 메인 화면은 상단에 컨트롤 막대와 하단에 트랙 창으로 구성되어 있습니다. 나머지 로직에서 제공하는 작업 창들은 필요할 때 열거나 닫을 수 있는 것들입니다. 로직에서 제공하는 데모 프로젝트를 열어보면 트랙 창 왼쪽에 인스펙터 창이 열려 있으며, 컨트롤 막대의 인스펙터 버튼을 클릭하거나 I 키를 눌러 닫거나 열 수 있다는 것을 확인할 수 있습니다.

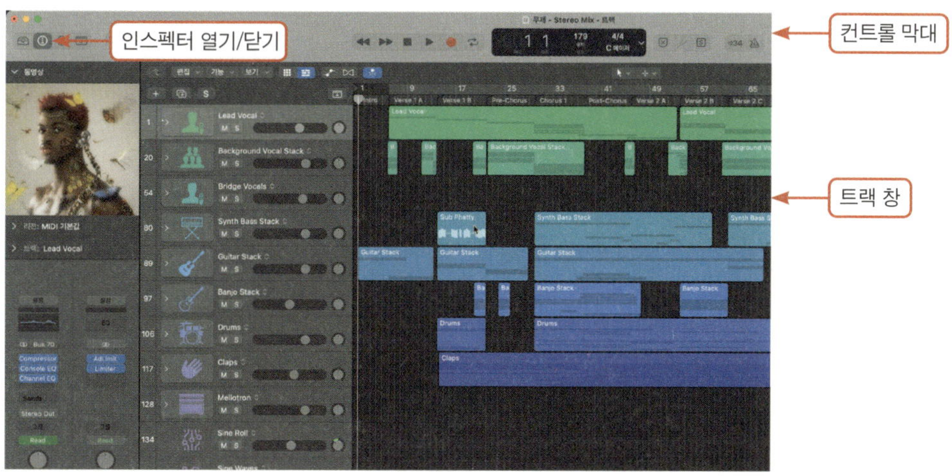

트랙 창을 좀 더 세부적으로 들여다보면 상단에 편집, 기능, 보기 메뉴와 몇 가지 기능 버튼이 있는 메뉴 바가 있고, 바로 아래쪽에 곡의 위치를 마디로 표시하고 있는 눈금자가 있습니다. 그리고 작업 공간은 왼쪽의 트랙 리스트와 오른쪽에 리전이 생성되는 영역으로 구분됩니다.

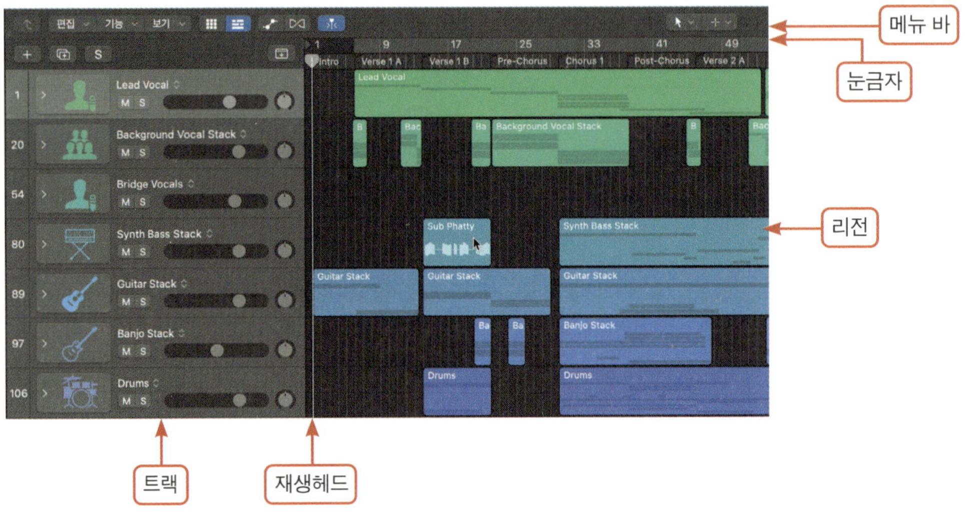

- **메뉴 바** : 편집, 기능, 보기 메뉴를 비롯하여 작업 공간에 생성되는 리전을 편집하는데 필요한 다양한 도구를 제공합니다.

- **눈금자** : 곡의 재생 및 편집 위치를 나타내며, 필요에 따라 타임으로 표시할 수 있습니다. 데모 프로젝트는 눈금자 아래쪽에 Intro, Verse 1 A 등, 곡의 구성을 파악할 수 있는 문자가 입력되어 있는데, 이 트랙을 리전이 생성되는 연주 트랙과 구분하여 글로벌 트랙이라고 합니다.

- **재생헤드** : 스페이스 바 키를 누르면 오른쪽으로 이동하는 세로 라인이 보이는데, 이것을 재생헤드라고 합니다. 재생 및 편집 위치를 나타냅니다.

- **트랙** : 연주자로 비교할 수 있습니다. 피아노 연주자, 드럼 연주자, 기타 연주자 등 필요한 수만큼 만들 수 있습니다. 실제 사람과 다른 점은 사용자가 원하는 것이라면 어떤 악기라도 연주할 수 있는 실력자인데도 섭외 비용이 필요 없다는 것입니다.

- **리전** : 작업 공간에 색깔을 가지고 있는 막대 모양의 바를 리전이라고 합니다. 연주자를 섭외하면 어떻게 연주해달라고 요구를 하듯이 트랙에게 어디서부터 어디까지 어떻게 연주해달라고 하는 데이터를 담고 있습니다. 물론, 이 데이터는 사용자가 직접 만들어야 하며, 곡의 결과물을 결정하는 요소가 됩니다.

컨트롤 막대

컨트롤 막대에는 곡을 재생하거나 레코딩 동작을 수행할 수 있는 트랜스포트 버튼과 디스플레이가 중앙에 있고, 양쪽으로 작업 창을 열거나 닫는 역할을 하는 버튼들이 있습니다. 그리고 자주 사용하는 기능 버튼과 전체 볼륨을 조정할 수 있는 마스터 볼륨 바가 있습니다.

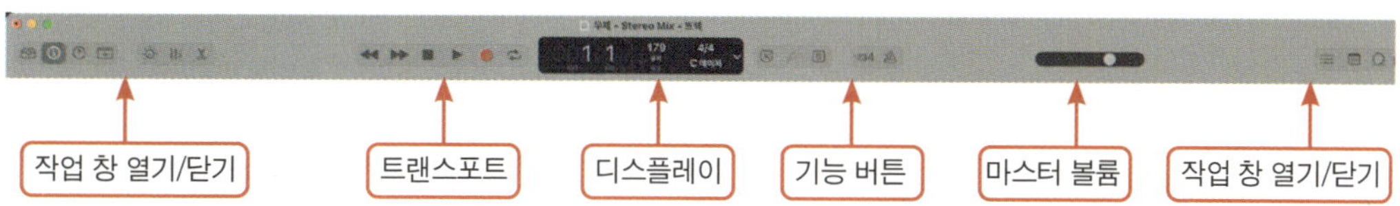

라이브러리 열기/닫기 : 트랙 리스트 왼쪽에 트랙에서 연주할 악기 및 음색을 선택할 수 있는 라이브러리 창을 열거나 닫습니다. 단축키는 Y 입니다.

● **보기 메뉴** : 리스트에 표시할 악기를 선택할 수 있습니다. 기본적으로 모든 악기를 표시합니다.

● **트랙 아이콘** : 악기를 쉽게 구분할 수 있는 그림이 표시됩니다.

● **검색 필드** : 음색 이름을 입력하여 검색할 수 있습니다.

● **리스트** : 왼쪽에서 악기를 선택하면 오른쪽에 음색(패치)이 나열되고, 음색을 선택하면 트랙에 적용됩니다.

● **옵션** : 버튼을 클릭하면 다음과 같은 옵션 메뉴가 열립니다.

기본값으로 정의 : 소프트웨어 트랙을 만들 때 기본적으로 적용되는 패치를 설정합니다.

사용자 기본값 지우기 : 기본값으로 정의된 패치를 취소합니다.

라이브러리 새로 고침 : 리스트를 새로 고쳐 표시합니다.

패치 병합 활성화 : 다른 패치의 설정을 현재 패치와 병합합니다. 병합할 수 있는 유형은 MIDI 이펙트, 악기, 오디오 이펙트, 센드의 4가지로 선택할 수 있습니다.

다운로드 가능한 항목 보기 : 다운로드가 완료되지 않은 패치에 다운 로드 버튼을 표시합니다.

- **복귀** : 패치의 변경 사항을 초기값으로 복구합니다.
- **삭제** : 선택한 패치를 삭제합니다.
- **저장** : 사용자가 만든 패치를 저장합니다.

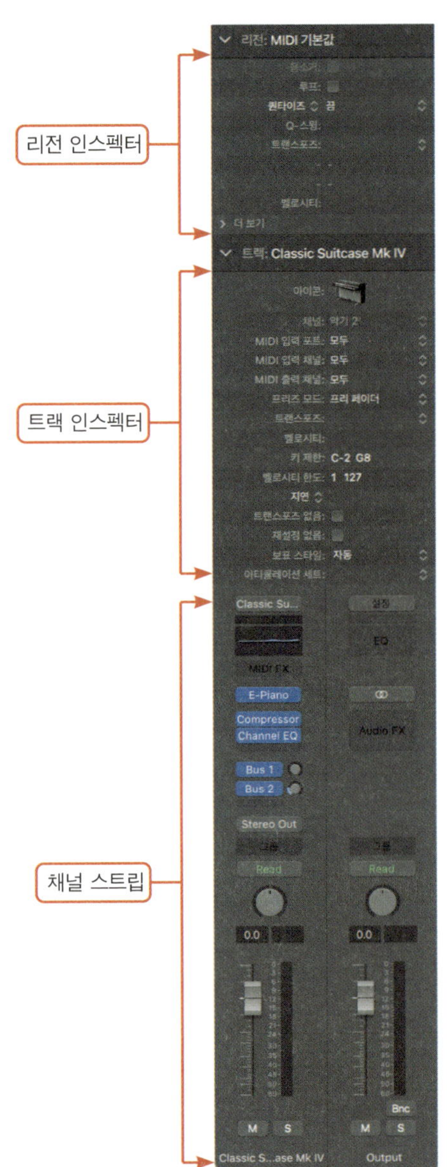

- **인스펙터 열기/닫기** : 트랙의 연주 정보를 컨트롤할 수 있는 인스펙터 창을 열거나 닫습니다. 단축키는 I 이며, 파라미터의 구성은 트랙 종류에 따라 달라집니다.

리전 인스펙터

- **리전 인스펙터** : 선택한 리전의 연주 정보를 컨트롤할 수 있는 파라미터를 제공합니다.

트랙 인스펙터

- **트랙 인스펙터** : 트랙의 연주 정보를 컨트롤할 수 있는 파라미터를 제공합니다. 트랙에 존재하는 모든 리전은 영향을 받습니다.

채널 스트립

- **채널 스트립** : 미디 및 오디오 신호의 볼륨이나 패닝 등을 컨트롤할 수 있는 파라미터를 제공합니다. 믹서를 열지 않고도 해당 트랙의 신호를 컨트롤할 수 있습니다. 기본적으로 오른쪽은 최종 출력을 담당하는 마스터 트랙의 채널 스트립이 표시되지만, 아웃이 Bus로 설정되는 경우에는 Aux 트랙을 표시합니다.

 빠른 도움말 열기/닫기 : 리전 인스펙터 위쪽에 마우스 위치 파라미터의 기능을 간략하게
설명하는 도움말 창을 열거나 닫습니다. 단축키는 Shift+/이며, Command+/키를 누르면 상
세 도움말 창을 열 수 있습니다.

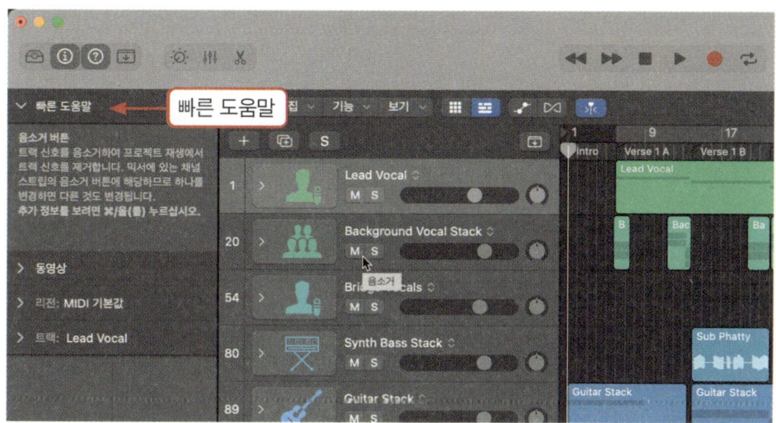

도움말 메뉴

● **빠른 도움말** : 빠른 도움말 열기, 플로팅 윈도우로 열기, 닫기 순서로 동작합니다.

● **빠른 도움말이 다음으로 나타남** : 빠른 도움말의 표시 방법을 선택합니다.

● **Logic Pro 도움말** : 사용 설명서를 엽니다. 설명서 아래쪽에는 도서를 다운 받을 수 있는
Apple Books 링크를 제공하며, 악기와 이펙트 설명서를 선택하여 열 수 있고, 컨트롤 서피스,
새로운 기능, 릴리즈 노트, 지원, 토론 등의 웹페이지에 연결하여 도움을 받을 수도 있습니다.

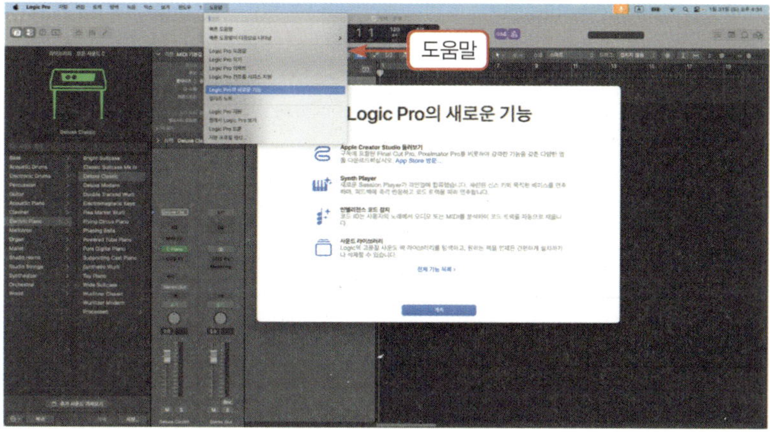

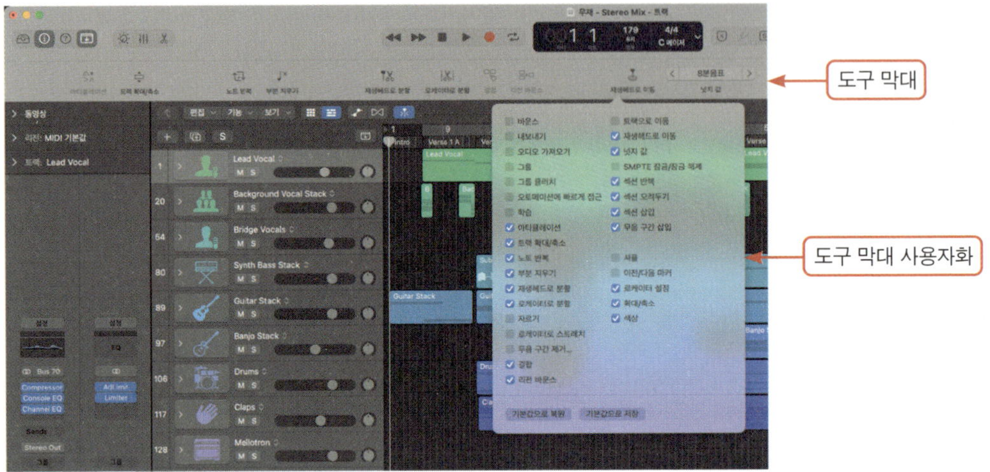

도구 막대 열기/닫기 : 컨트롤 막대 아래쪽으로 리전을 편집할 수 있는 도구 막대를 열거나 닫습니다. 도구 막대에서 마우스 오른쪽 버튼을 클릭하여 바로 가기 메뉴를 열고, 도구 막대 사용자화를 선택하면 사용자가 원하는 도구들로 구성할 수 있는 창이 열립니다.

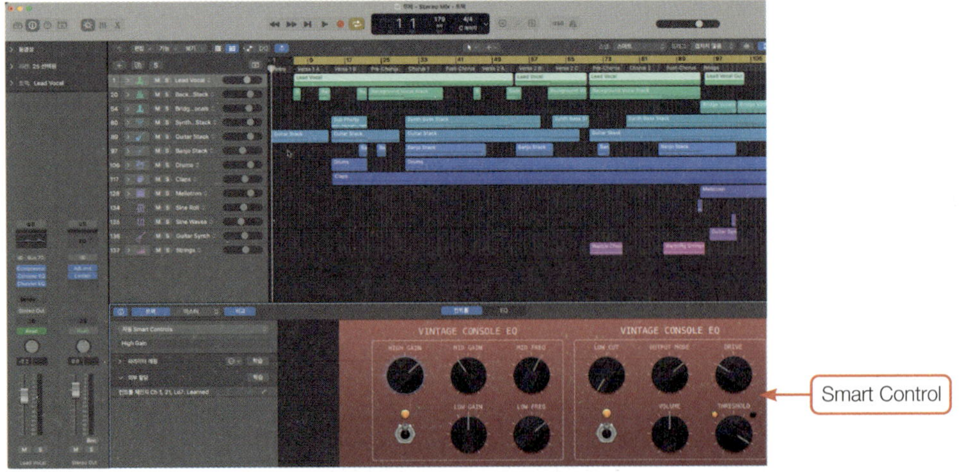

Smart Control 열기/닫기 : 도구 막대 열기/닫기 버튼 오른쪽의 3가지 열기/닫기 버튼은 작업 공간 아래쪽에 창을 열거나 닫습니다. 첫번째 Smart Control 버튼은 트랙의 주요 파라미터를 빠르게 컨트롤할 수 있는 스마트 컨트롤 창을 열거나 닫습니다. 단축키는 B 입니다.

믹서 열기/닫기 : 모든 트랙의 채널 스트립을 한 화면에서 컨트롤할 수 있는 믹서 창을 열거나 닫습니다. 단축키는 X 입니다. 믹싱과 마스터링 작업을 할 때 가장 많이 사용하게 되는 창이며, 오랜 경험과 학습이 필요한 분야입니다.

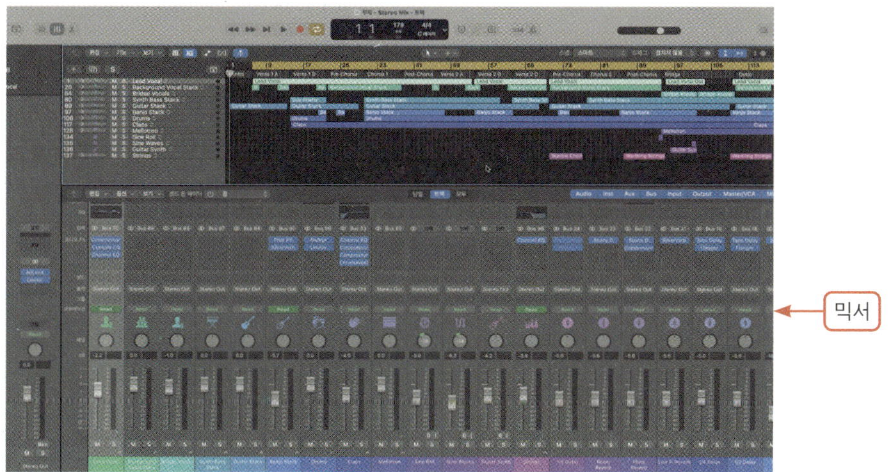

편집기 열기/닫기 : 오디오 및 미디 데이터를 편집할 수 있는 창을 열거나 닫습니다. 로직은 오디오, 피아노 롤, 드러머, 악보, 스텝 등의 다양한 편집기를 제공하며, 트랙 유형에 따라 달라집니다. 기본적으로 오디오 리전을 더블 클릭하면 오디오 편집기가 열리고, 미디 리전을 더블 클릭하면 피아노 롤 편집기가 열립니다. 단축키는 E 입니다.

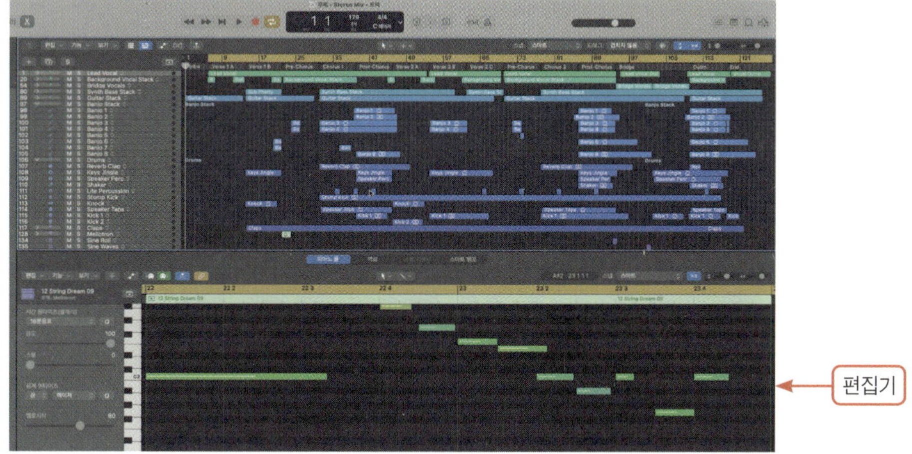

■ **목록 편집기 열기/닫기** : 컨트롤 막대 오른쪽에 위치한 4가지 버튼은 메인 윈도우 오른쪽에 창을 열거나 닫는 역할을 합니다. 첫번째 목록 편집기는 메인 윈도우 또는 리전에 기록되어 있는 이벤트, 마커, 템포, 조표 및 박자표를 편집할 수 있는 창을 열거나 닫습니다. 숫자만 가득한 이벤트 창이 초보자에게는 다소 어려워 보일 수 있지만, 정밀한 작업을 하기 위해서는 반드시 익숙해져야 하는 창이기도 합니다.

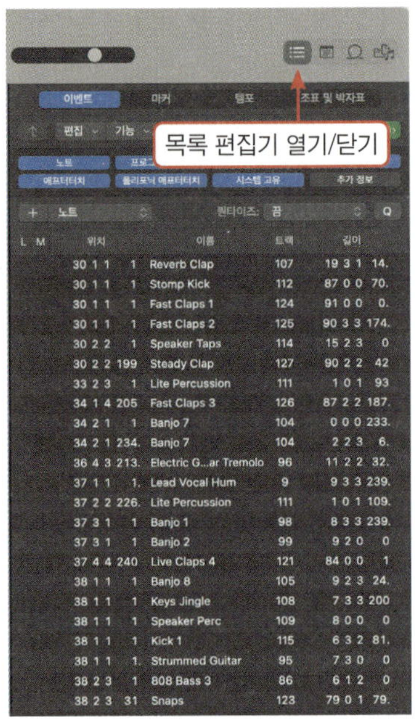

■ **메모장 열기/닫기** : 메모장은 프로젝트 및 트랙과 관련된 정보를 기록해 둘 수 있는 기능입니다. 녹음이나 믹싱 작업은 하루에 끝나는 경우가 드물기 때문에, 각 트랙의 설정이나 작업 내용을 메모해 두면 이후 작업을 이어가거나 세팅을 복원할 때 매우 유용합니다. 또한 ChatGPT를 활용해 음악 작업에 대한 아이디어나 도움을 얻을 수 있어, 입문자부터 전문가까지 모두에게 도움이 되는 기능입니다.

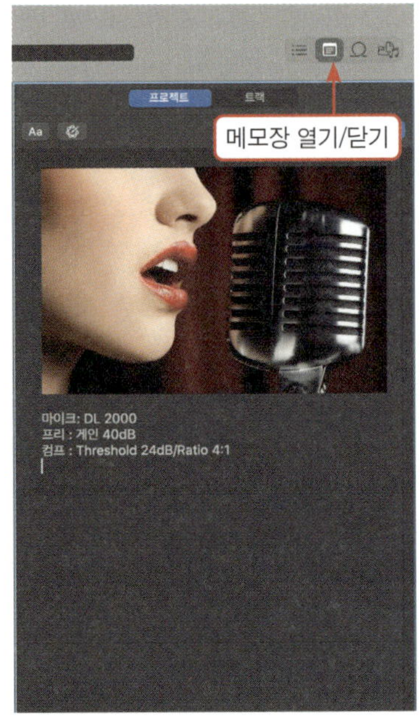

루프 브라우저 열기/닫기 : 로직에서 무료로 제공하는 Apple Loops 창을 열거나 닫습니다. 단축키는 O 입니다. 드럼 비트, 리듬 파트, 연주 프레이즈, 리프 등을 비롯하여 패턴과 효과음까지 80GB에 달하는 샘플을 제공하고 있으며, 프로젝트로 드래그하여 자유롭게 사용할 수 있습니다. Apple Loops는 프로젝트 템포와 키에 자동으로 일치되기 때문에 별다른 수고없이 높은 퀄리티의 음악을 만드는 일이 가능합니다. 간혹, 샘플을 이용하여 음악을 만드는 사람들에게 창작 운운하며 비판하는 사람들도 있지만 신경 쓸 필요 없습니다. 샘플 조합으로 완성도 높은 음악을 만드는 일 또한 능력입니다.

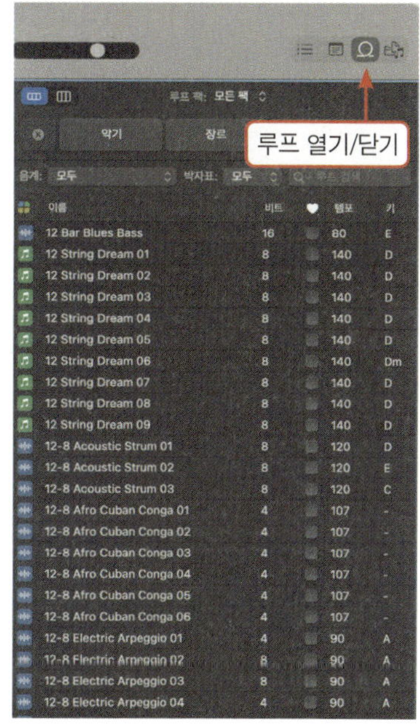

브라우저 열기/닫기 : 프로젝트에서 사용되고 있는 오디오 파일을 관리할 수 있는 창을 열거나 닫습니다. 초보자에게 파일 관리의 중요성은 잔소리에 불과하겠지만, 하드 용량이 부족해지면서 백업용 외장 하드를 하나 둘 추가하는 단계가 되면, 처음부터 제대로 관리하지 못한 자신을 자책하는 날이 오게 됩니다. 다소 귀찮더라도 처음부터 파일을 체계적으로 관리하는 습관을 들이기 바랍니다.

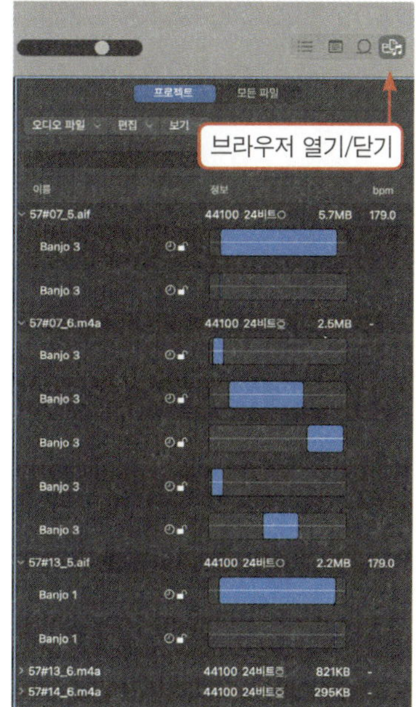

트랜스포트

컨트롤 막대에는 곡을 재생하거나 녹음을 진행하는 등의 역할을 하는 트랜스포트 버튼들을 제공합니다. 하지만, 실제로 이 버튼들을 클릭하여 컨트롤하는 경우는 거의 없습니다. 로직을 이용하여 음악을 만들겠다면 최소한 트랜스포트 기능을 수행하는 단축키 정도는 외우고 시작하기 바랍니다. 특히, 재생과 정지 역할의 스페이스 바와 녹음의 R키는 기본입니다.

│ 재생헤드

곡의 재생과 녹음을 시작하는 위치는 작업 공간에 세로 라인으로 표시되어 있는 재생헤드입니다. 재생헤드의 위치는 〈꺾쇠〉 모양이 있는 콤마(,) 키와 마침표(.) 키를 이용해서 마디 단위로 이동하거나 return 키를 이용해서 처음으로 이동시킬 수 있습니다. 재생 중에 return 키를 누르면 처음으로 이동하여 재생합니다.

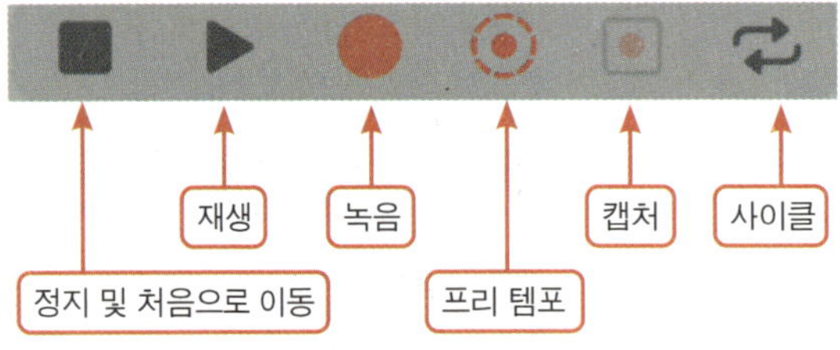

정지 : Space Bar (재생 중일 때)

처음으로 이동 : return (정지 중일 때)

재생 : Space Bar

녹음 : R

프리 템포 : Control-Option-Command-R

캡처 : Shift+R

사이클 : C

재생 버튼 왼쪽에 있는 버튼은 곡이 재생 줄일 때는 정지 버튼 역할을 하며, 곡이 정지 중일 때는 처음으로 이동 버튼 역할을 합니다. 단축키는 정지와 처음으로 이동이 구분되어 있습니다. 정지는 스페이스 바 키이며, 처음으로 이동은 return 키입니다. 숫자 키가 있는 경우에는 0번 키가 정지 및 처음으로 이동 버튼 역할을 합니다. 그 외, 정지 버튼을 마우스 오른쪽 버튼으로 클릭하면 역할을 변경할 수 있는 메뉴가 열립니다.

● **정지** : 프로젝트 재생을 정지합니다.

● **정지하고 왼쪽 로케이터로 이동** : 재생을 정지하고, 재생헤드가 로케이터 시삭 위치로 이동합니다.

● **정지하고 마지막 지정 위치로 이동** : 재생을 정지하고, 재생헤드가 로케이터 끝 위치로 이동합니다.

● **정지 상태에서 마키와 프로젝트 시작 지점 간 점프** : 정지되어 있을 때 재생헤드를 마키 시작점 또는 프로젝트 시작 지점 사이에서 앞뒤로 이동합니다.

● **정지 상태에서 사이클과 프로젝트 시작 지점 간 점프** : 정지되어 있을 때 재생헤드를 사이클 영역 시작점과 프로젝트 시작 지점 사이에서 앞뒤로 이동합니다. 활성화된 사이클 영역이 있을 때만 적용됩니다.

● **정지 상태에서 선택한 리전과 프로젝트 시작 지점 간 점프** : 정지되어 있을 때 재생헤드를 처음 선택된 리전의 시작점과 프로젝트 시작 지점 사이에서 앞뒤로 이동합니다. 리전이나 폴더를 선택한 경우에만 적용됩니다.

● **정지 상태에서 마지막 지정 위치와 프로젝트 시작 지점 간 점프** : 정지되어 있을 때 재생헤드를 마지막으로 찾은 위치와 프로젝트 시작 지점 사이에서 앞뒤로 이동합니다.

재생 버튼

곡을 재생하며, 단축키는 스페이스 바 키입니다. 곡이
재생 중일 때 스페이스 바 키는 정지 역할을 합니다. 즉,
스페이스 바 키는 재생과 정지 역할을 하는 모두 수행
합니다. 숫자 열의 return 키는 재생 기능을 하며, 재생
중일 때는 처음으로 이동하여 재생을 하고, 0번 키가 정
지 기능을 하며, 정지 중일 때는 처음으로 이동입니다.
그 외, 재생 버튼을 마우스 오른쪽 버튼으로 클릭하면
역할을 변경할 수 있는 메뉴가 열립니다.

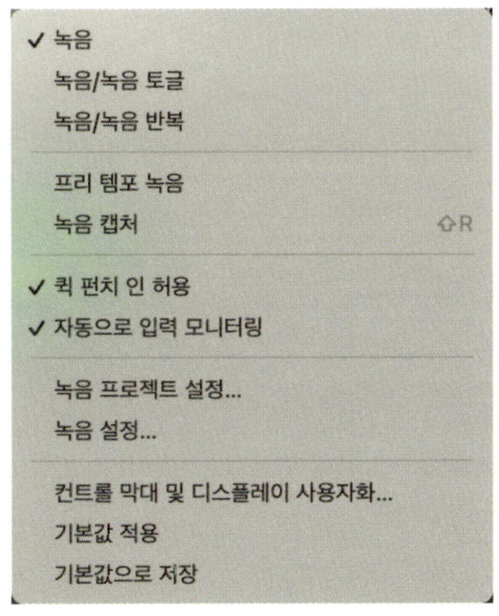

- **마키의 선택 범위부터 재생** : 마키 선택 범위를 재생합니다.
- **사이클부터 재생** : 사이클 모드가 켜져 있으면 왼쪽 로케이터 위치에서 재생이 시작됩니다.
- **선택한 리전부터 재생** : 처음 선택된 리전의 시작 부분에서 재생이 시작됩니다.
- **마지막 지정 위치부터 재생** : 마지막 재생헤드 위치에서 재생이 시작됩니다.

녹음 버튼

녹음을 시작하며, 단축키는 R 키입니다. 숫자 열이 있는
경우에는 별표(*) 키입니다. 그 외, 녹음 버튼을 마우스
오른쪽 버튼으로 클릭하면 역할을 변경할 수 있는 메뉴
가 열립니다.

- **녹음** : 녹음 기능을 수행합니다. 정지할 때는 스페이스 바 키를 이용합니다.
- **녹음/녹음 토글** : 녹음과 정지 모드를 전환합니다.
- **녹음/녹음 반복** : 녹음을 취소하고 시작한 위치로 되돌아가 다시 녹음을 합니다.
- **프리 템포 녹음** : 프리 템포 녹음을 진행합니다.
- **녹음 캡처** : 녹음 중인 아닌 상태에서 연주한 미디 정보를 기록합니다.
- **퀵 펀치 인 허용** : 재생 중에 바로 녹음 모드로 진입할 수 있도록 합니다.
- **자동으로 입력 모니터링** : 녹음 중에만 입력 신호를 모니터할 수 있게 합니다.
- **녹음 설정** : 프로젝트 녹음 설정 창을 엽니다.

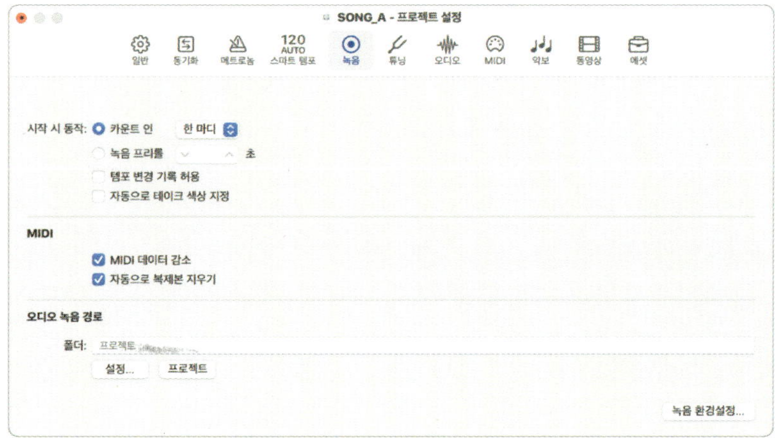

- **시작 시 동작 버튼** : 녹음을 시작할 때 카운트 인 또는 프리롤 길이를 선택합니다.

  카운트 인 : 녹음을 시작할 때의 카운트 길이를 선택합니다.

  녹음 프리롤 : 녹음을 시작할 때 몇 초 전부터 재생되게 할 것인지를 설정합니다.

  템포 변경 기록 허용 : 녹음 모드에서 모든 템포 변경을 기록합니다.

  자동으로 테이크 색상 지정 : 첫 번째 테이크는 색상 팔레트에서 선택한 색상을 테이크 폴더에 할당하지만 다음 테이크 각각에 대해 해당 테이크 폴더에서 다른 색상을 지정합니다. 테이크 폴더에 사용된 모든 색상은 색상 팔레트의 동일한 색상 행에서 선택되며 각 테이크 후에 미리 정의된 열 수만큼 진행됩니다.

● **MIDI** : 미디 데이터 처리 및 녹음 동작과 관련된 설정을 지정합니다.

MIDI 데이터 감소 : 녹음 중에 일련의 컨트롤러 메시지의 끝에 값을 유지하는 지능형 알고 리즘을 사용하여 컨트롤러 이벤트를 감소시킵니다.

자동으로 복제본 지우기 : 기존 노트와 동일한 위치, 피치 및 MIDI 채널에서 스텝 녹음 또는 병합을 통해 MIDI 리전으로 노트를 재생하거나 추가하면 이전 노트를 삭제합니다. 동일한 위치는 두 노트가 모두 동일하게 퀀타이즈된 경우이거나 퀀타이즈가 사용되지 않는 경우에는 100틱 이내로 정의됩니다.

● **오디오 녹음 경로** : 설정 버튼을 클릭하여 녹음 폴더를 지정할 수 있습니다. 프로젝트 버튼을 클릭하면 프로젝로 재설정됩니다.

● **녹음 환경설정** : 로직의 녹음 환경설정 창을 엽니다.

● **오디오 녹음** : 녹음되는 오디오 파일 포맷과 비트 수를 결정합니다.

파일 유형 : 녹음할 오디오 파일 포맷을 선택합니다. AIFF, BWF(Wave) 또는 CAF 파일 중에서 선택할 수 있습니다.

비트 심도 : 녹음 비트를 설정합니다. 일반적으로 24비트를 많이 사용합니다.

- **MIDI 녹음:** 어떤 트랙이 자동으로 녹음 준비 상태가 되는지 설정합니다.

  포커스된 트랙 : 현재 선택되어 있는 트랙이 자동으로 녹음 활성화됩니다.

  선택한 모든 트랙 : 현재 선택되어 있는 모든 트랙이 동시에 녹음 활성화 상태가 됩니다.

- **겹쳐지는 트랙 녹음 :** MIDI 및 오디오 트랙이 겹칠 때의 동작을 설정합니다.

  테이크 폴더 생성 : 기존 MIDI 또는 오디오 리전에 녹음할 때 신규 테이크 폴더가 생성됩니다.

  병합 : 새로 녹음된 MIDI 데이터를 이전에 녹음한 MIDI 데이터와 병합합니다.

  겹침 : 동일한 트랙의 이전 MIDI 리전과 겹치는 신규 MIDI 리전을 생성합니다.

  선택한 리전 겹치기/병합 : 새로 녹음된 데이터는 선택한 모든 리전과 병합되어 단일 리전을 형성합니다. 이것은 각 녹음이 완료된 후에 발생합니다.

  트랙 생성 : 기존 MIDI 또는 오디오 리전에 녹음할 때 새로운 트랙이 생성됩니다.

  대체 트랙 생성 : 새로운 대체 트랙은 각 녹음 또는 사이클 반복과 함께 생성됩니다.

  현재 녹음만 병합 : 모든 사이클 패스에서 기록된 데이터를 단일 리전으로 병합합니다.

  트랙 생성 : 각 사이클 반복에 대해 새로운 트랙을 자동으로 생성합니다. 녹음하는 동안 이전 트랙이 재생됩니다.

  트랙 생성 및 음소거 : 사이클 모드에서 녹음할 때 각 사이클 반복에 대해 동일한 채널 스트립에 할당된 새로운 트랙을 자동으로 생성합니다. 녹음이 중지된 후에 트랙이 생성됩니다.

  새로운 트랙 생성 : 기존 자료 위에 녹음하면 새로운 오디오 트랙이 자동으로 생성됩니다. 녹음이 중지된 후에 새로운 트랙이 생성됩니다.

  대치 : 대치가 활성화된 경우의 동작을 설정합니다.

  리전 지우기 : 녹음 구간의 리전을 지웁니다.

  리전 펀치 : 오디오 또는 MIDI 이벤트가 녹음된 리전만 지웁니다.

  콘텐츠 지우기 : 리전 안의 오디오 또는 MIDI 콘텐츠를 지웁니다.

  콘텐츠 펀치 : 리전 안의 오디오 또는 MIDI 이벤트가 녹음된 부분에만 있는 콘텐츠를 지웁니다.

| 프리 템포 녹음 버튼

사용자 연주를 분석하여 프로젝트 템포를 설정할 수 있습니다. 새 프로젝트를 만들고, 템포를 결정하지 않았을 때, 홍얼거리는 오디오 또는 미디 연주에 맞추어 템포를 결정하고 싶을 때 유용한 기능입니다. 프리 녹음 버튼을 클릭하면 메트로놈이 비활성화 되며, 프로젝트 작업 중에는 선택한 트랙이 솔로로 진행됩니다. 녹음을 마치면 어떻게 처리할 것인지를 묻는 창이 열립니다.

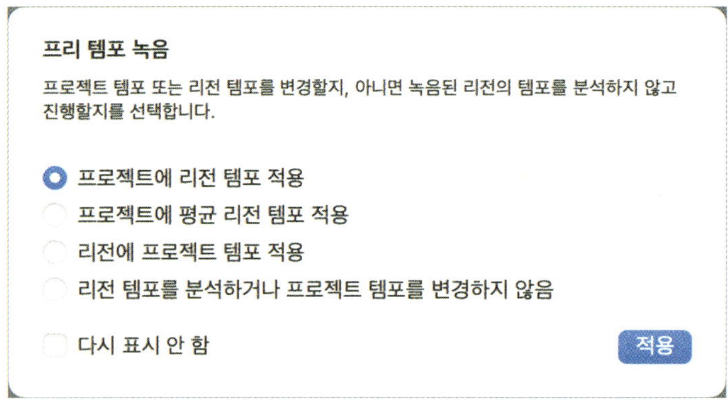

● **프로젝트에 리전 템포 적용** :
사용자 연주 템포를 분석하여 프로젝트 템포를 설정합니다.

● **프로젝트에 평균 리전 템포 적용** :
사용자 연주의 평균 템포를 분석하여 프로젝트 템포를 설정합니다. 프로젝트에 리전 템포 적용은 사용자 연주 템포의 변화를 모두 기록하는 것이고, 프로젝트에 평균 리전 템포 적용은 하나의 템포로 설정하는 것입니다.

● **리전에 프로젝트 템포 적용** :
사용자 연주를 프로젝트 템포에 맞춥니다. 느린 연주를 프로젝트 템포에 맞출 때 유용합니다.

● **리전 템포를 분석하거나 프로젝트 템포를 변경하지 않음** :
프로젝트 템포 변화 없이 사용자 연주를 그대로 기록합니다.

프리 템포 녹음 창에서 다시 표시 안 함 옵션을 체크한 경우에는 마지막에 선택한 옵션이 적용됩니다. 만일, 옵션을 변경하거나 원래 대로 창이 열리게 하고 싶다면 파일 메뉴의 프로젝트 설정에서 스마트 템포를 선택하여 창을 열고, 프리 템포 녹음 항목의 기본 템포 동작에서 원하는 옵션을 선택하거나 묻기를 선택하면 됩니다.

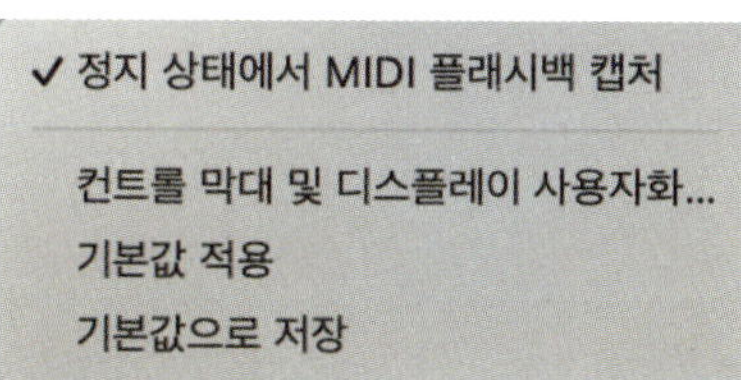

| 플래시 백 캡처

플래시백 캡처 기능은 녹음 버튼을 누르지 않았더라도 방금 연주한 내용을 다시 불러와 저장할 수 있게 해 주는 기능입니다. 즉흥적으로 연주하다 떠오른 아이디어를 놓치지 않고 곡 작업에 바로 활용할 수 있다는 점에서 매우 유용합니다.

프로젝트가 재생 중일 때 연주한 MIDI나 오디오 신호는 자동으로 임시 저장되며, 실제로 녹음이 진행되지 않았더라도 이후 플래시백 캡처를 실행하면 해당 연주를 MIDI 리전이나 오디오 리전으로 생성할 수 있습니다. 또한 프로젝트가 정지된 상태에서 연주한 MIDI 퍼포먼스 역시 캡처할 수 있어, 연습 중에 나온 아이디어도 손쉽게 기록할 수 있습니다.

- **최근 MIDI 퍼포먼스 캡처하기**

  소프트웨어 악기 트랙을 선택한 뒤 플래시백 캡처 버튼을 클릭하거나 Shift+R을 누르면, 가장 최근에 연주한 내용이 현재 재생 위치에 MIDI 리전으로 생성됩니다. 사이클 모드가 꺼져 있는 경우에는 재생 중에 연주한 모든 MIDI가 하나의 리전으로 정리됩니다. 반대로 사이클 모드가 켜져 있으면, 반복 구간마다 연주한 내용이 각각 개별 테이크로 저장되어 비교하고 선택할 수 있습니다. 또한 플래시백 캡처는 MIDI 노트뿐만 아니라 모듈레이션이나 컨트롤 변화도 함께 기록하며, 설정에 따라 연주 중 조절한 파라미터 역시 캡처할 수 있습니다.

- **최근 오디오 퍼포먼스 캡처하기**

  오디오 트랙을 선택한 상태에서 플래시백 캡처 버튼을 클릭하거나 Shift+R을 누르면, 소리가 감지된 위치에 오디오 리전이 생성됩니다. 오디오 캡처는 프로젝트가 재생 중일 때만 가능하며, 정지 상태에서 발생한 소리는 저장되지 않습니다. 실제로 입력된 구간의 오디오만 자동으로 기록되며, 최대 약 1분까지 캡처할 수 있습니다. 또한 사이클 모드를 켜 두면 반복 구간마다 연주한 오디오가 각각 개별 테이크로 저장되어 비교하고 선택할 수 있습니다.

사이클 버튼

눈금자 위에 마디 번호가 표시되어 있는 부분을 드래그하여 사이클 범위를 설정할 수 있습니다. 사이클 범위는 해당 구간을 반복하여 재생하거나 녹음할 때 사용하며, 사이클 버튼 또는 눈금자에 표시되는 노란색 범위를 클릭하거나 단축키 C를 눌러 On/Off 할 수 있습니다.

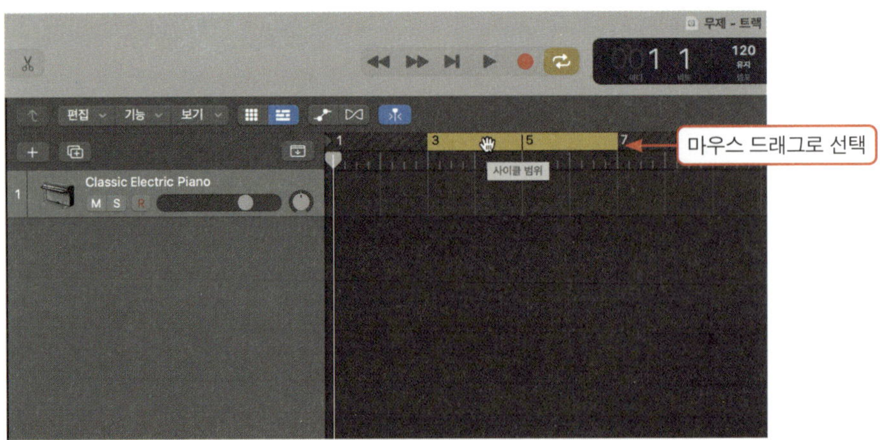

사이클 버튼을 마우스 오른쪽 버튼을 클릭하여 단축 메뉴를 열고, 로케이터 자동 설정을 선택하면 마커, 리전, 노트에 따라 사이클 범위가 자동으로 설정되게 할 수 있습니다.

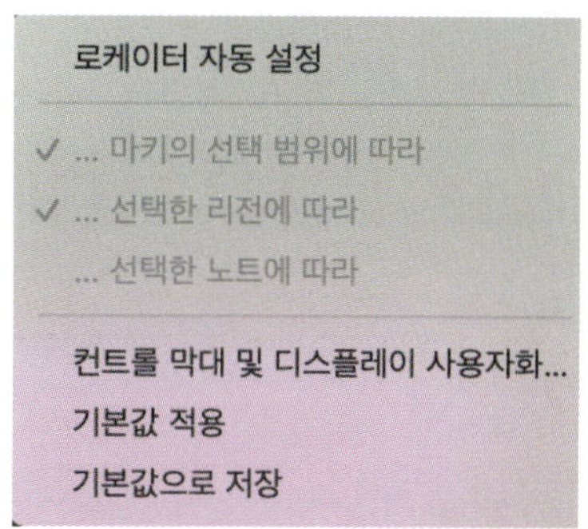

마키의 선택 범위에 따라 : 마키 툴로 범위를 선택하면 해당 범위가 사이클 범위로 설정됩니다.

선택한 리전에 따라 : 리전을 선택하면 해당 길이만큼 사이클 범위로 설정됩니다.

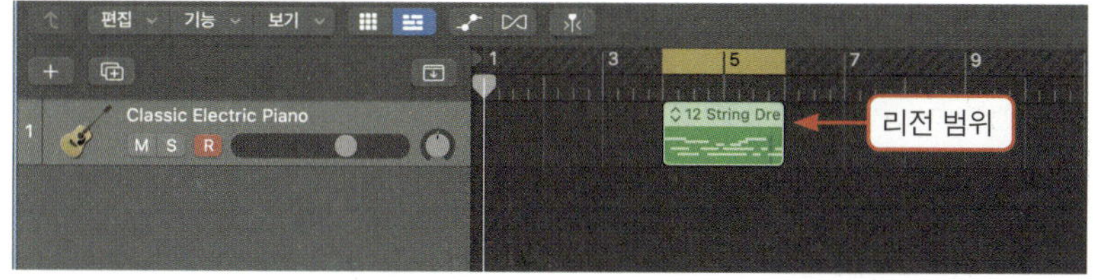

선택한 노트에 따라 : 미디 에디터에서 노트를 선택하면 해당 마디가 사이클 범위로 설정됩니다.

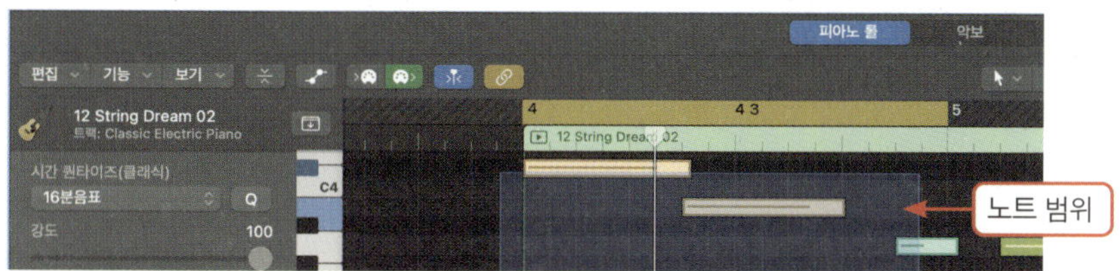

디스플레이 사용자 설정

컨트롤 막대의 보기 버튼, 트랜스포트 버튼, 디스플레이(LCD) 정보, 모드 및 기능 버튼은 기본적으로 표시되는 것들 외에 몇 가지가 더 있으며, 사용자가 원하는 것들로 재구성할 수 있습니다. 여기서 재생헤드 위치 및 템포와 조표 등의 정보를 표시하고 있는 디스플레이 창은 좀 더 많은 정보를 표시하는 사용자 설정을 사용하는 경우가 많습니다.

● 사용자 설정

디스플레이(LCD) 오른쪽의 작은 삼각형을 클릭하면 표시 정보를 선택할 수 있는 메뉴가 열립니다. 여기서 사용자 설정을 선택하면 일반적으로 많이 사용하는 타입으로 변경할 수 있습니다.

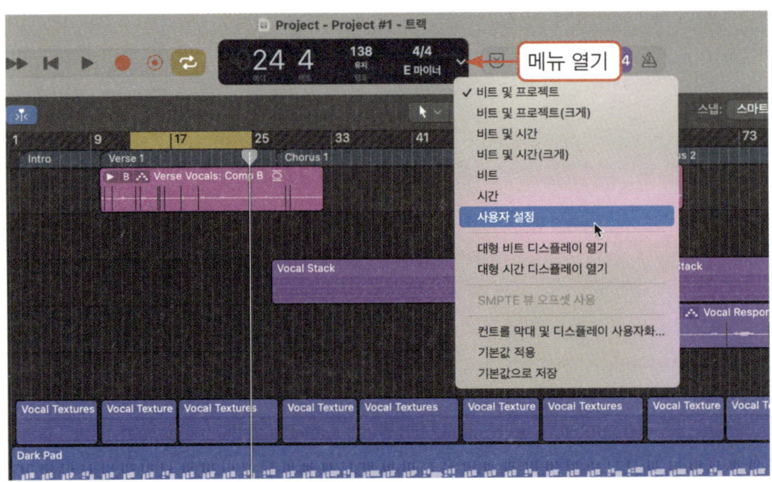

● 재생헤드 위치

사용자 설정 LCD의 첫 번째 항목은 재생헤드위 위치를 표시합니다. 위쪽은 SMPTE라고 부르는
시간 단위이며, 아래쪽은 마디 단위입니다. 각각의 단위를 드래그하거나 더블 클릭하여 재생헤드
의 위치를 이동시킬 수 있습니다.

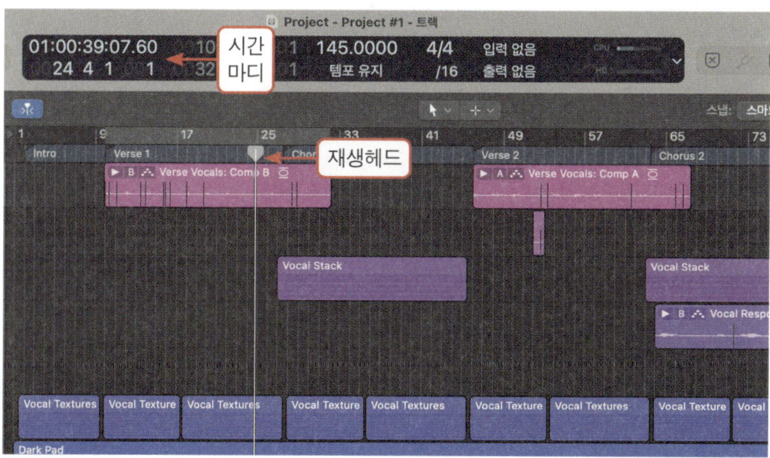

● 로케이터 범위

눈금자에서 마우스 드래그로 사이클 범위를 설정할 수 있는데, 이때 선택된 구간을 로케이터 범
위라고 하며 LCD의 두 번째 항목은 이 로케이터 범위를 표시합니다. 위쪽은 시작 위치이고, 아
래쪽은 끝 위치이며, 마우스로 드래그하거나 더블 클릭하여 변경할 수 있습니다.

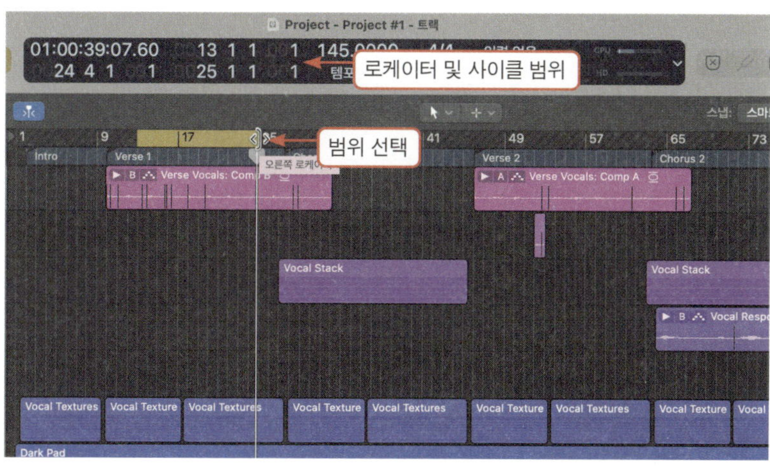

● 템포

LCD 세 번째 항목은 템포를 표시하며, 마우스 드래그 또는 더블 클릭으로 변경 가능합니다. 아래쪽에 템포 유지 항목을 클릭하면 모드를 선택할 수 있는 메뉴가 열립니다.

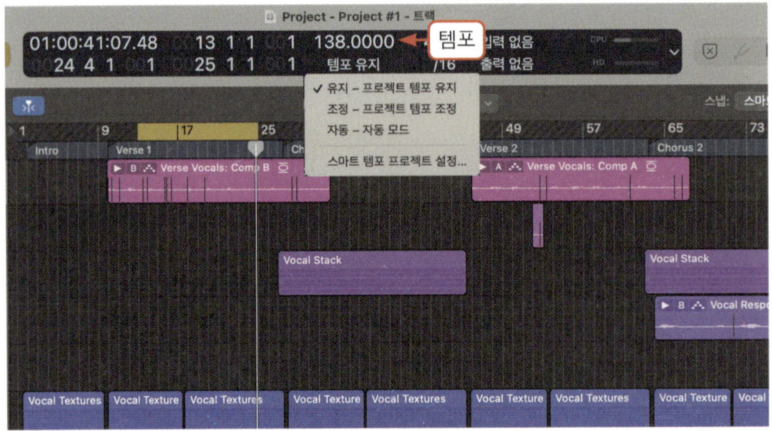

● 템포 모드

녹음을 할 때 또는 오디오 샘플을 가져올 때 템포를 어떻게 처리할 것인지를 설정합니다.

유지 - 프로젝트 템포 유지 : 프로젝트 템포를 변경하지 않습니다.

조정 - 프로젝트 템포 조정 : 가져오는 샘플에 프로젝트 템포를 맞춥니다. 새 프로젝트에서 메트로놈을 끄고 녹음을 하면 프로젝트 템포가 녹음본에 맞춰 조정됩니다.

자동 - 자동모드 : 샘플에 템포 정보가 있으면 유지 모드로 동작하고, 없으면 조정 모드로 동작합니다. 새 프로젝트에서 녹음을 할 때 메트로놈을 켜면 유지 모드로 동작하고, 끄면 조정 모드로 동작합니다.

스마트 템포 프로젝트 설정 : 템포 모드를 선택할 수 있는 프로젝트 설정 창을 엽니다.

● **프로젝트 템포 모드** : 프로젝트의 기본 템포 모드를 선택합니다.

● **'Flex 및 따르기' 리전 기본 설정** : 녹음(새로운 녹음의 설정)을 하거나 샘플(가져온 파일의 설정)을 가져올 때 프로젝트 템포에 맞출 것인지를 선택합니다. 기능을 활성화하는 켬, 그리고 마디에 정렬할 것인지, 마디 및 비트에 정렬할 것인지를 선택할 수 있습니다. 새로운 리전의 시작점 다듬기 옵션을 체크하면 리전의 시작을 첫 번째 다운비트로 자동 설정합니다.

● **옵션** : 내보내기 템포 정보의 해상도를 결정합니다.
스마트 템포 멀티트랙 세트 생성 시 일치하는 편집 그룹 생성 : 멀티 트랙 세트를 생성하기 위해 사용한 모든 오디오 파일을 단일 그룹으로 결합하여 편집합니다.
템포 해상도 내보내기 : 템포 변화를 모두 내보내는 부드럽게와 비트 단위의 정보만 내보내는 비트 중에서 선택할 수 있습니다.

● **프리 템포 녹음** : 프리 템포 녹음 모드를 선택합니다. 각각의 옵션은 이미 살펴본 내용입니다.

● 박자표 / 디비전

LCD의 네 번째 항목은 위쪽에 박자를 표시하고, 아래쪽에 디비전을 표시합니다. 각각의 항목
을 클릭하면 값을 변경할 수 있는 메뉴가 열립니다. 디비전은 눈금자에 표시되는 세로 라인 수
(Grid)를 의미하는데, 기본값 16은 한 마디에 16개의 세로 선을 표시한다는 의미입니다. 단, 작
업창 크기에 따라 16개의 라인을 모두 표시하지 못하는 경우도 있지만, 리전을 편집할 때 스냅
기능은 그대로 적용됩니다.

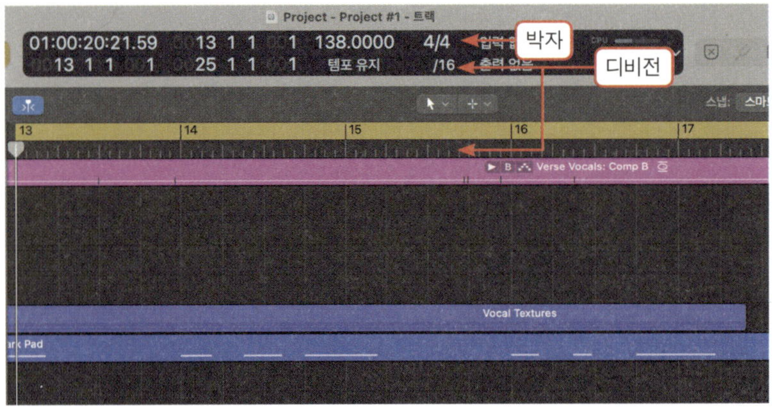

● 미디 입/출력

LCD의 다섯 번째 항목은 미디 입력과 출력 정보를 표시합니다. 코드를 연주하면 로직이 이를
분석하여 코드로 표시하고, 컨트롤러를 움직이면 해당 정보를 표시합니다. 사용하고 있는 마스
터 건반의 컨트롤러 이상 유무를 체크할 때도 유용합니다.

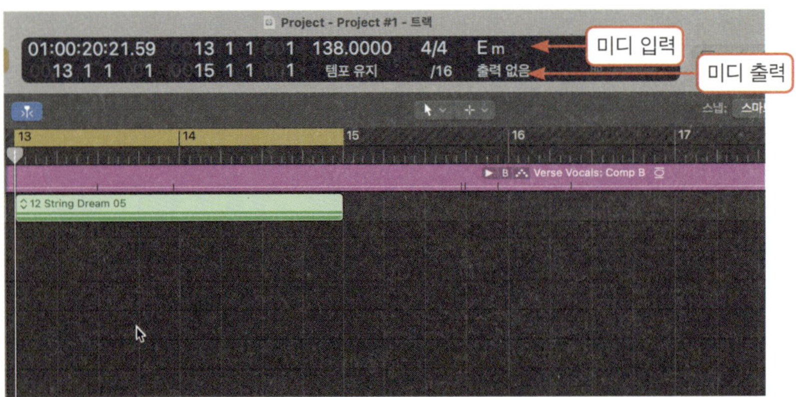

● CPU / HD

LCD 마지막 항목은 시스템의 사용량을 표시합니다. 항목을 더블 클릭하면 CPU(프로세싱 스레드) 및 하드 디스크 캐쉬(드라이브 I/O) 사용량을 퍼센트 단위로 확인할 수 있는 성능 측정기가 열립니다. 로직을 사용하는 가장 안전한 방법은 틈틈히 Command+S 키를 룰러 작업 중인 프로젝트를 저장하는 것입니다.

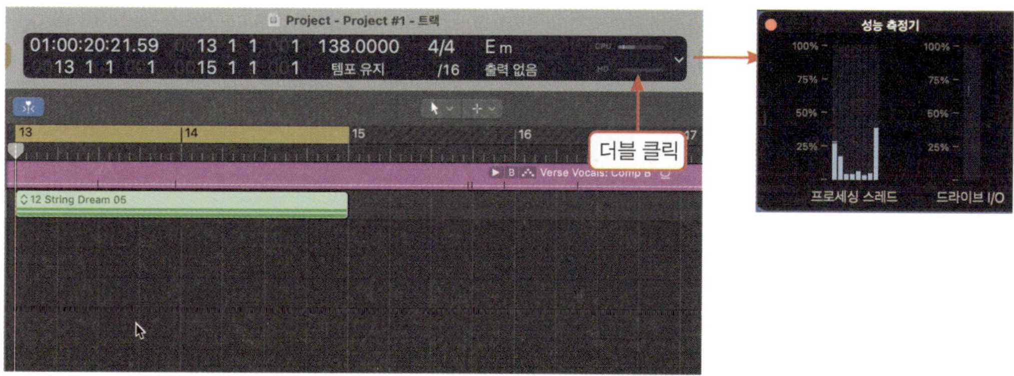

● 컨트롤 막대 및 디스플레이 사용자화

컨트롤 막대에서 마우스 오른쪽 버튼을 클릭하여 단축 메뉴를 열고, 컨트롤 막대 및 디스플레이 사용자화를 선택하여 디스플레이 표시 항목은 사용자가 원하는 것으로 재구성할 수 있습니다. 그 밖에 컨트롤 막대양쪽에 있는 보기 버튼, 트랜스포트 버튼, 디스플레이 오른쪽에 있는 모드 및 기능 버튼도 사용자가 원하는 것으로 구성할 수 있으며, 기본값으로 저장 가능합니다.

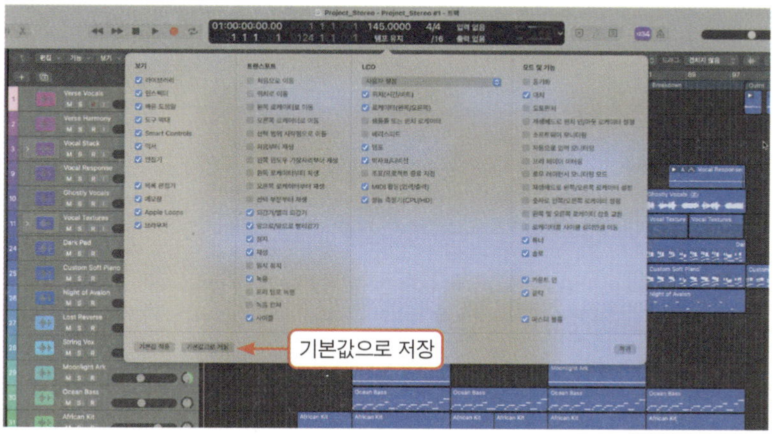

SECTION 03

인스펙터

트랙에 기록된 리전의 연주 속성은 모두 인스펙터 파라미터에서 결정합니다. 인스펙터 파라미터에는 선택한 리전에만 영향을 주는 리전 인스펙트와 트랙에 존재하는 모든 리전에 영향을 주는 트랙 인스펙터 그리고 입/출력 신호를 컨트롤하는 채널 스트립으로 구성되어 있습니다.

트랙 유형

Logic Pro는 소프트웨어 악기와 외부 MIDI 장비로부터의 입력을 처리하는 MIDI 트랙, 패턴 기반 입력을 위한 패턴 트랙, AI를 기반으로 한 Drummer, Bass Player, Keyboard Player와 같은 Session Player 트랙, 그리고 마이크나 라인 입력을 통해 보컬, 기타, 베이스 등의 연주를 기록하고 재생할 수 있는 오디오 트랙을 제공합니다. 이처럼 Logic Pro는 네 가지 트랙 카테고리로 구성되어 있지만, 실제로 프로젝트 안에서 다루어지는 이벤트의 종류는 MIDI 이벤트와 오디오 이벤트, 두 가지로 구분됩니다.

▌소프트웨어 악기 트랙

로직을 실행하거나 새로운 프로젝트를 만들면 어떤 트랙을 만들 것인지를 묻는 트랙 유형 선택 창이 열립니다. 소프트웨어 악기, 외부 MIDI, Drummer, 마이크 또는 라인 중에서 원하는 것을 ① 더블 클릭하거나 선택 후, ② 생성 버튼을 클릭하여 트랙을 만들 수 있습니다.

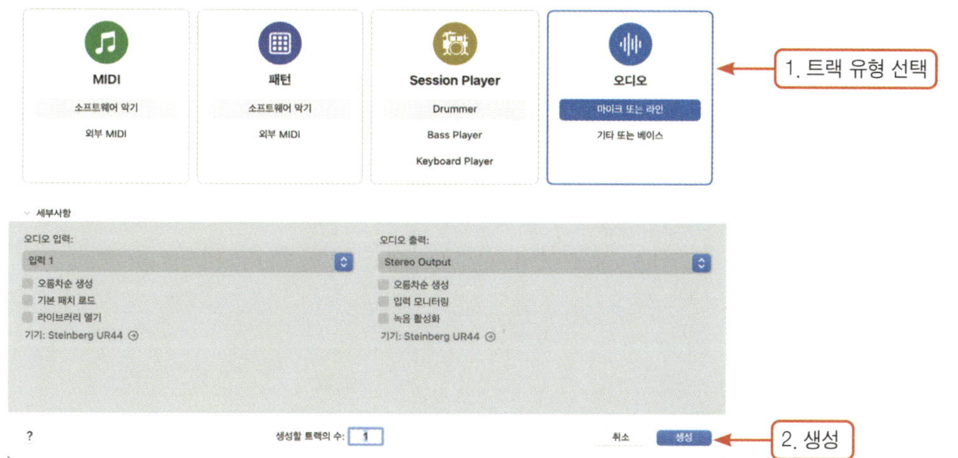

작업을 진행하면서 트랙을 추가할 때는 트랙 리스트 상단에 + 기호로 표시되어 있는 트랙 추가
버튼을 클릭합니다.

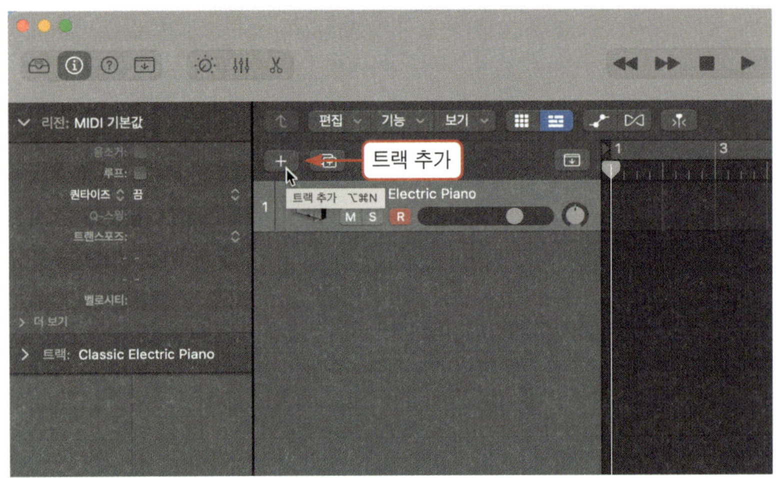

먼저 소프트웨어 악기 트랙의 세부사항 옵션을 살펴보겠습니다. 옵션은 크게 악기와 오디오 출
력 항목으로 구성되어 있습니다. 세부 사항이 닫혀 있는 경우에는 세부 사항 왼쪽에 보이는 삼
각형 아이콘을 클릭하여 엽니다.

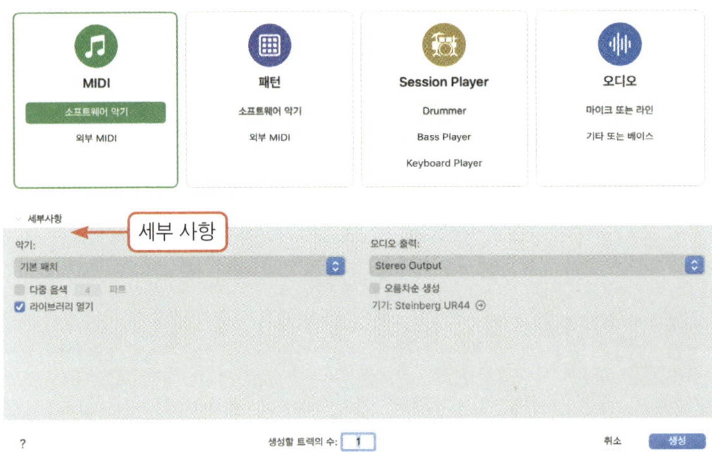

● **악기** : 해당 트랙에서 연주할 악기를 선택합니다. 트랙을 만든 후에 라이브러리에서 원하는 악기를 선택할 수 있기 때문에 굳이 결정하지 않아도 됩니다.

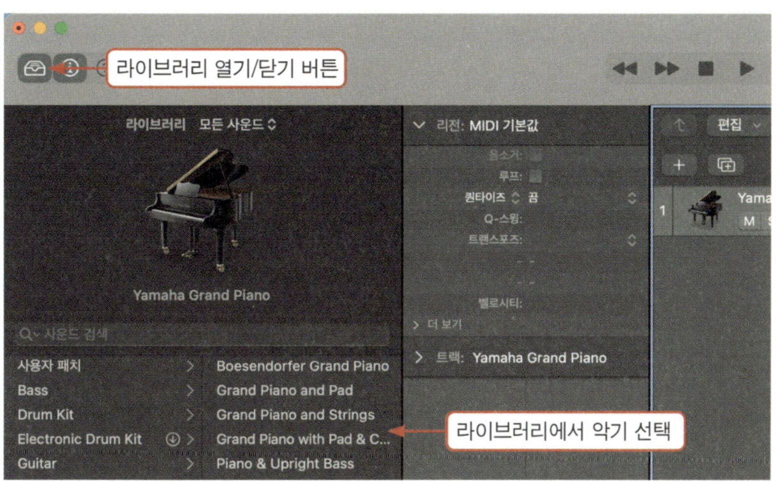

● **라이브러리 열기** : 라이브러리 창을 엽니다. 컨트롤 막대의 라이브러리 버튼을 클릭하거나 단축키 Y 키를 눌러 언제든 열고 닫을 수 있기 때문에 굳이 체크하지 않아도 됩니다.

● **다중 음색** : 2개 이상의 소프트웨어 악기 트랙을 만들어 새로운 합성 음색을 만들 수 있습니다. 이것도 필요하면 언제든 2개 이상의 트랙을 서밍으로 묶어서 사용할 수 있기 때문에 굳이 트랙을 만들 때 체크할 필요는 없습니다.

● **오디오 출력** : 오디오 출력 포트를 선택합니다. 기본적으로 모니터 스피커는 오디오 인터페이스 메인 아웃(1+2)에 연결되어 있을 것이므로, 특별히 변경할 이유는 없습니다.

● **오름차순 생성** : 멀티 아웃 시스템을 사용하는 경우라면 2개 이상의 트랙을 만들 때 각각의 아웃 풋을 오름차순으로 생성할 수 있습니다. 일반 사용자가 멀티 아웃 시스템을 갖춘 경우는 드물기 때문에 이것도 거의 사용할 일은 없는 옵션입니다. 결국, 소프트웨어 악기 트랙을 만들 때 세부 사항에서 체크할 옵션은 없습니다.

외부 MIDI 트랙

01 신디사이저나 디지털 피아노와 같은 외부 하드웨어 악기 음원을 사용하고자 할 때 필요한 트랙입니다. 세부사항에서 ② 외부 악기 플러그인 사용 옵션을 체크하고 ① 오디오 입력에서 악기의 라인 아웃이 연결되어 있는 오디오 인터페이스의 인풋을 선택합니다. 그리고 ③ MID 대상에서 사용하고 있는 악기와 채널(1)을 선택합니다.

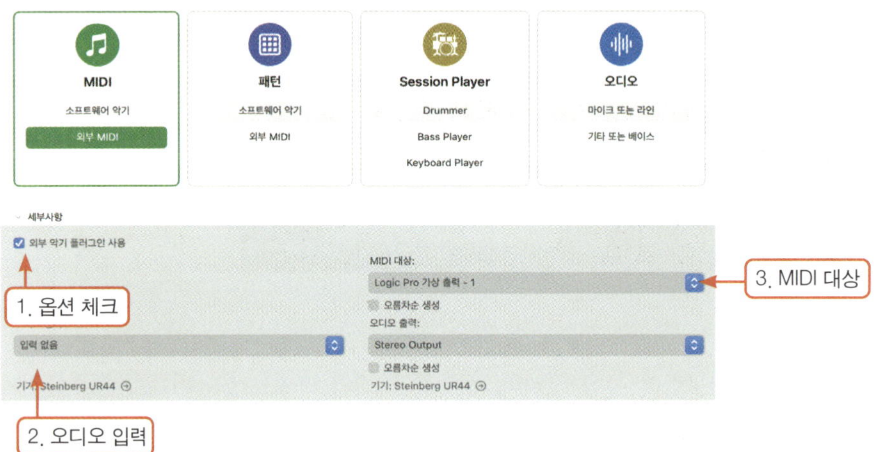

● **외부 악기 플러그인 사용** : 하드웨어 악기는 아웃 라인이 오디오 인터페이스의 인풋에 연결되어 있어야 하며, 외부 악기 플러그인 사용 옵션을 체크하고, 오디오 입력 항목에서 하드웨어 악기가 연결되어 있는 인풋을 선택합니다.

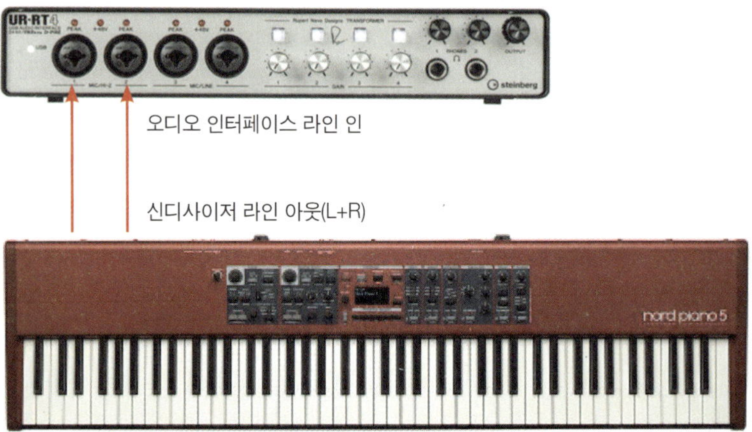

● **MIDI 대상** : USB로 연결되어 있는 하드웨어 악기를 선택합니다. 트랙을 두 개 이상 생성하는 경우에는 오름차순 생성 옵션을 체크하여 미디 채널을 오름차순으로 설정할 수 있습니다.

● **오디오 출력** : 오디오 출력 포트를 선택합니다.

02 외부 악기 플러그인 사용 옵션을 체크한 외부 MIDI 트랙은 실제 미디 이벤트를 입력하고 편집하는 것이 목적이 아니라 믹싱을 위한 AUX 채널 역할을 하는 것입니다. 즉, ① 외부 악기 플러그인 사용 옵션을 해제한 외부 MID 트랙을 하나 더 만들 필요가 있습니다. ② MIDI 대상에서 동일한 채널을 선택합니다.

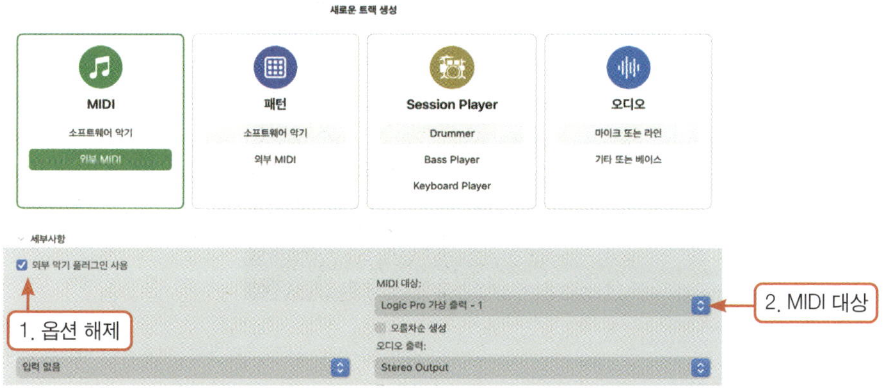

03 인스펙터 창의 ① 트랙 파라미터를 열고, ② 프로그램 항목을 체크합니다. 그리고 ③ 프로그램 목록에서 음색을 선택합니다. 기본적으로 표시되는 음색 이름은 디지털 피아노에 많이 채택되어 있는 GM 모드입니다. 자신이 사용하고 있는 악기의 음색 이름과 달라도 상관없습니다. 그냥 번호로 선택하면 됩니다. 단, 제품에 따라 0번을 1번으로 인식하는 경우가 있습니다.

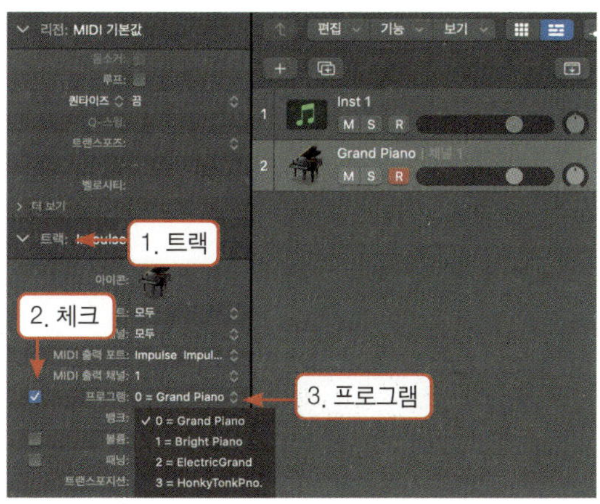

04 대부분의 신디사이저는 수 백 개의 음색을 가지고 있습니다. 하지만 프로그램은 0에서 127까지로 제한되어 있습니다. 그래서 그 이상의 음색을 제공하는 신디사이저는 프로그램을 뱅크 단위로 제공합니다. 즉, 음색은 몇 번 뱅크에 몇 번 프로그램으로 지정하는 것입니다. 악기의 뱅크 번호를 확인하여 선택합니다.

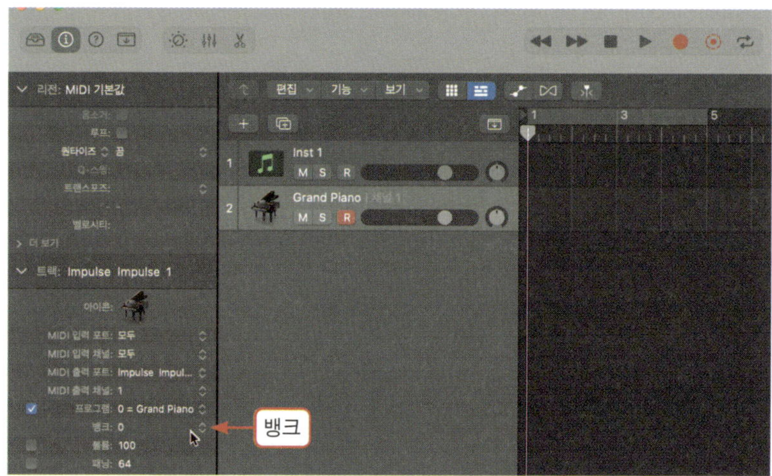

05 프로그램 리스트에 표시되는 음색 이름을 자신이 사용하고 있는 악기 이름으로 표시되게 하고 싶다면 약간의 수고가 필요합니다. 미디 트랙의 아이콘을 더블 클릭합니다.

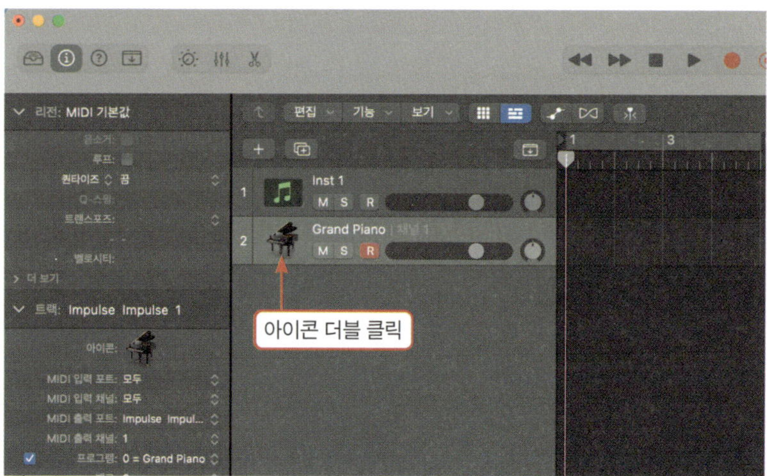

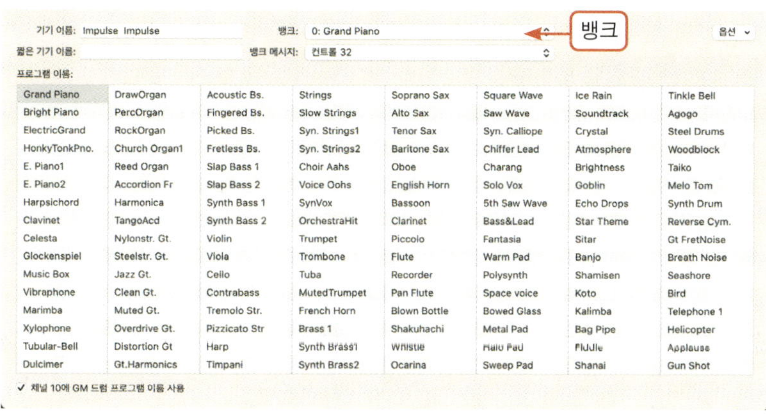

Grand Piano	DrawOrgan	Acoustic Bs.	Strings	Soprano Sax	Square Wave	Ice Rain	Tinkle Bell
Bright Piano	PercOrgan	Fingered Bs.	Slow Strings	Alto Sax	Saw Wave	Soundtrack	Agogo
ElectricGrand	RockOrgan	Picked Bs.	Syn. Strings1	Tenor Sax	Syn. Calliope	Crystal	Steel Drums
HonkyTonkPno.	Church Organ1	Fretless Bs.	Syn. Strings2	Baritone Sax	Chiffer Lead	Atmosphere	Woodblock
E. Piano1	Reed Organ	Slap Bass 1	Choir Aahs	Oboe	Charang	Brightness	Taiko
E. Piano2	Accordion Fr	Slap Bass 2	Voice Oohs	English Horn	Solo Vox	Goblin	Melo Tom
Harpsichord	Harmonica	Synth Bass 1	SynVox	Bassoon	5th Saw Wave	Echo Drops	Synth Drum
Clavinet	TangoAcd	Synth Bass 2	OrchestraHit	Clarinet	Bass&Lead	Star Theme	Reverse Cym.
Celesta	Nylonstr. Gt.	Violin	Trumpet	Piccolo	Fantasia	Sitar	Gt FretNoise
Glockenspiel	Steelstr. Gt.	Viola	Trombone	Flute	Warm Pad	Banjo	Breath Noise
Music Box	Jazz Gt.	Cello	Tuba	Recorder	Polysynth	Shamisen	Seashore
Vibraphone	Clean Gt.	Contrabass	MutedTrumpet	Pan Flute	Space voice	Koto	Bird
Marimba	Muted Gt.	Tremolo Str.	French Horn	Blown Bottle	Bowed Glass	Kalimba	Telephone 1
Xylophone	Overdrive Gt.	Pizzicato Str	Brass 1	Shakuhachi	Metal Pad	Bag Pipe	Helicopter
Tubular-Bell	Distortion Gt	Harp	Synth Brass1	Whistle	Halo Pad	Fiddle	Applause
Dulcimer	Gt.Harmonics	Timpani	Synth Brass2	Ocarina	Sweep Pad	Shanai	Gun Shot

07 PDF 파일로 제공되는 경우라면 이름만 복사해서 사용할 수 없습니다. 음색 리스트를 드래그로 선택하고 Command+C 키를 눌러 복사합니다.

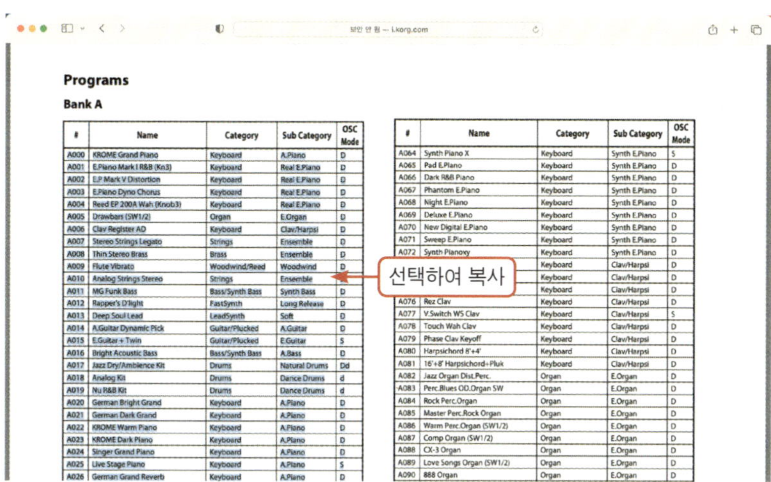

Programs

Bank A

#	Name	Category	Sub Category	OSC Mode
A000	KROME Grand Piano	Keyboard	A.Piano	D
A001	E.Piano Mark I R&B (Kn3)	Keyboard	Real E.Piano	D
A002	E.P Mark V Distortion	Keyboard	Real E.Piano	D
A003	E.Piano Dyno Chorus	Keyboard	Real E.Piano	D
A004	Reed EP 200A Wah (Knob3)	Keyboard	Real E.Piano	D
A005	Drawbars (SW1/2)	Organ	E.Organ	D
A006	Clav Register AD	Keyboard	Clav/Harpsi	D
A007	Stereo Strings Legato	Strings	Ensemble	D
A008	Thin Stereo Brass	Brass	Ensemble	D
A009	Flute Vibrato	Woodwind/Reed	Woodwind	D
A010	Analog Strings Stereo	Strings	Ensemble	D
A011	MG Funk Bass	Bass/Synth Bass	Synth Bass	D
A012	Rapper's D'light	FastSynth	Long Release	D
A013	Deep Soul Lead	LeadSynth	Soft	D
A014	A.Guitar Dynamic Pick	Guitar/Plucked	A.Guitar	D
A015	E.Guitar + Twin	Guitar/Plucked	E.Guitar	S
A016	Bright Acoustic Bass	Bass/Synth Bass	A.Bass	D
A017	Jazz Dry/Ambience Kit	Drums	Natural Drums	Dd
A018	Analog Kit	Drums	Dance Drums	d
A019	Nu R&B Kit	Drums	Dance Drums	d
A020	German Bright Grand	Keyboard	A.Piano	D
A021	German Dark Grand	Keyboard	A.Piano	D
A022	KROME Warm Piano	Keyboard	A.Piano	D
A023	KROME Dark Piano	Keyboard	A.Piano	D
A024	Singer Grand Piano	Keyboard	A.Piano	D
A025	Live Stage Piano	Keyboard	A.Piano	S
A026	German Grand Reverb	Keyboard	A.Piano	D
A064	Synth Piano X	Keyboard	Synth E.Piano	S
A065	Pad E.Piano	Keyboard	Synth E.Piano	D
A066	Dark R&B Piano	Keyboard	Synth E.Piano	D
A067	Phantom E.Piano	Keyboard	Synth E.Piano	D
A068	Night E.Piano	Keyboard	Synth E.Piano	D
A069	Deluxe E.Piano	Keyboard	Synth E.Piano	D
A070	New Digital E.Piano	Keyboard	Synth E.Piano	D
A071	Sweep E.Piano	Keyboard	Synth E.Piano	D
A072	Synth Pianoxy	Keyboard	Synth E.Piano	D
		Keyboard	Clav/Harpsi	D
		Keyboard	Clav/Harpsi	D
		Keyboard	Clav/Harpsi	D
A076	Rez Clav	Keyboard	Clav/Harpsi	D
A077	V.Switch WS Clav	Keyboard	Clav/Harpsi	S
A078	Touch Wah Clav	Keyboard	Clav/Harpsi	D
A079	Phase Clav Keyoff	Keyboard	Clav/Harpsi	D
A080	Harpsichord 8'+4'	Keyboard	Clav/Harpsi	D
A081	16'+8' Harpsichord+Pluk	Keyboard	Clav/Harpsi	D
A082	Jazz Organ Dist.Perc.	Organ	E.Organ	D
A083	Perc.Blues OD.Organ SW	Organ	E.Organ	D
A084	Rock Perc.Organ	Organ	E.Organ	D
A085	Master Perc.Rock Organ	Organ	E.Organ	D
A086	Warm Perc.Organ (SW1/2)	Organ	E.Organ	D
A087	Comp Organ (SW1/2)	Organ	E.Organ	D
A088	CX-3 Organ	Organ	E.Organ	D
A089	Love Songs Organ (SW1/2)	Organ	E.Organ	D
A090	888 Organ	Organ	E.Organ	D

08 맥에서 기본적으로 제공하는 Numbers를 실행하여 빈 페이지를 만들고, Command+V 키를 눌러 앞에서 복사한 리스트를 붙입니다. 그리고 음색 이름 셀만 드래그하여 선택하고 Command+C 키를 눌러 복사합니다.

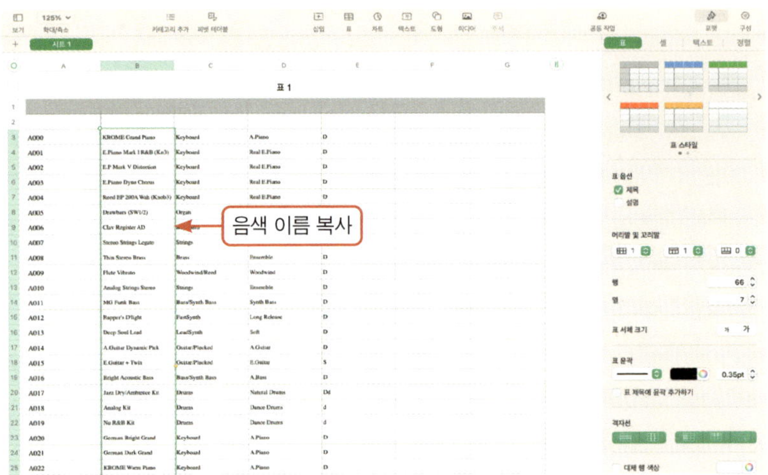

09 이제 로직의 프로그램 리스트 ① 옵션에서 이름을 숫자로 초기화 하고, 모든 이름 붙여넣기를 선택하면 됩니다. 뱅크마다 이 과정을 반복하면 자신이 사용하는 악기의 음색 이름을 그대로 로직에서 사용할 수 있습니다. 참고로 ② 뱅크 메시지는 제품마다 컨트롤 32번을 사용하는 것과 컨트롤 0번을 사용하는 것이 있으므로 프로그램이 선택되지 않으면 0번으로 바꿔봅니다.

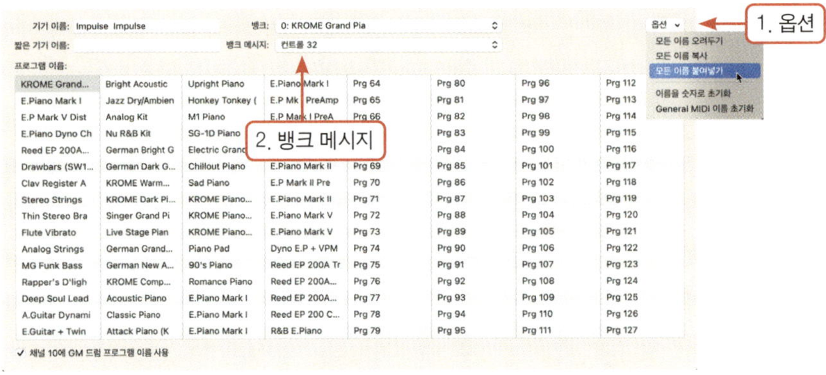

10 외부 MIDI 트랙은 이렇게 2개의 트랙으로 구성되는 것이며, ① 외부 악기 플러그인 사용 옵션을 해제한 트랙에서 미디 이벤트를 입력하거나 편집하고, ② 외부 악기 플러그인 사용 옵션을 체크한 트랙에서 사운드 디자인 및 믹싱 작업을 진행하는 것입니다. 두 트랙을 Shift 키를 누른 상태로 선택하고, 마우스 오른쪽 버튼을 클릭하면 열리는 단축 메뉴에서 ③ 트랙 스택 생성을 선택하여 폴더 스택으로 정리하면 화면도 깔끔하고, 작업도 편리합니다.

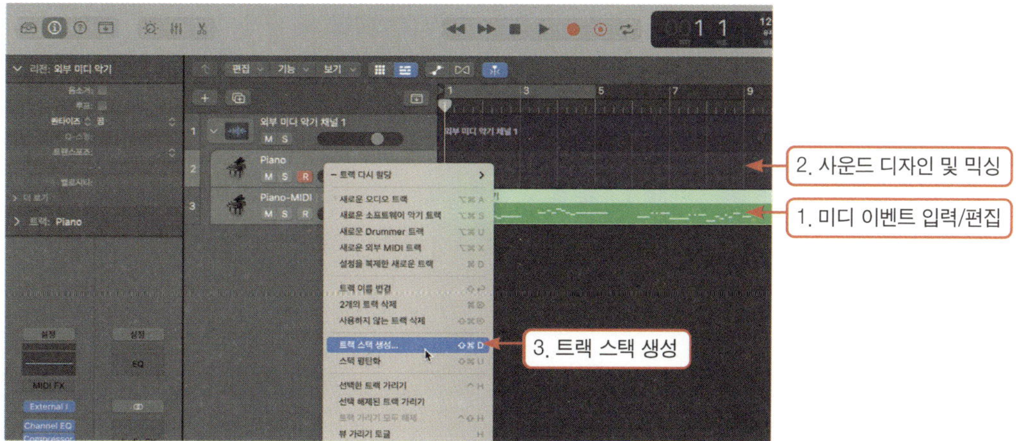

11 대부분의 신디사이저는 16채널을 지원하므로, 채널별로 총 32개의 트랙을 만들어 사용할 수 있습니다. 뱅크 및 프로그램 작업이 완료된 프로젝트는 템플릿으로 저장하여 사용합니다.

오디오 트랙

보컬을 비롯한 마이크 입력 사운드를 녹음하거나 오디오 샘플을 사용할 트랙을 만듭니다.

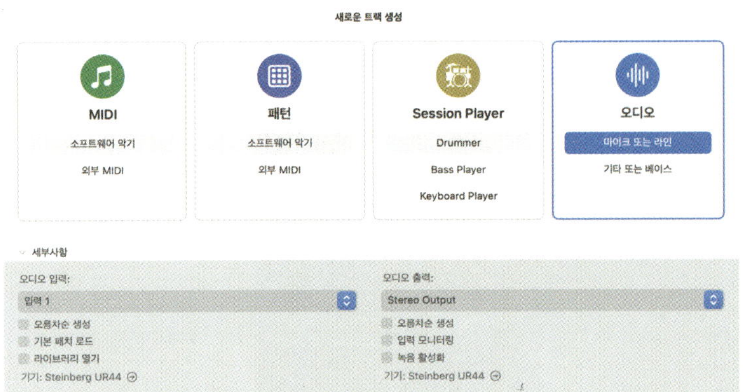

- **오디오 입력** : 마이크가 연결되어 있는 오디오 인터페이스의 입력 포트를 선택합니다.
- **오름차순 생성** : 멀티 오디오 인터페이스를 사용하는 경우에 여러 개의 트랙을 생성하면 입력 포트를 오름차순으로 설정합니다.
- **기본 패치 로드** : 채널 스트립에 EQ가 로딩되고, 리버브가 로딩된 2개의 Aux 트랙을 만듭니다. Aux2에는 긴 타임의 리버브, Aux3에는 짧은 타임의 리버브가 장착되어 있으며, 각각 Bus 노브를 드래그하여 리버브 양을 조정할 수 있습니다.

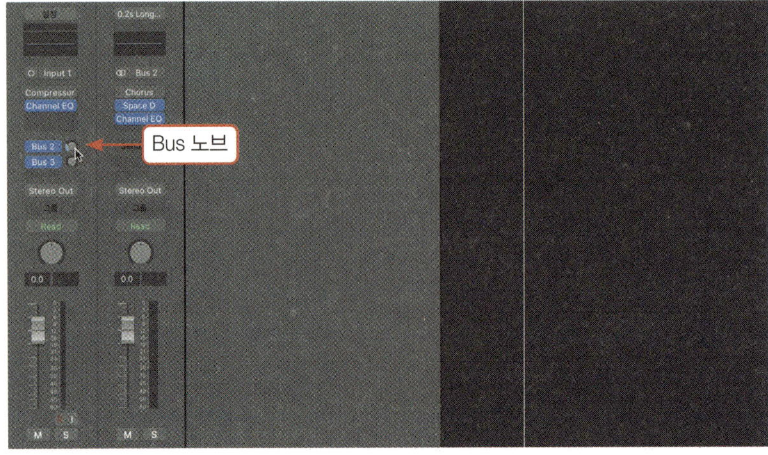

● **라이브러리 열기** : 라이브러리 창을 엽니다. 오디오 트랙의 라이브러리는 보컬 및 악기에 어울리는 이펙트를 장착하여 이펙트 사용이 서툰 사용자도 사운드를 멋지게 디자인할 수 있습니다.

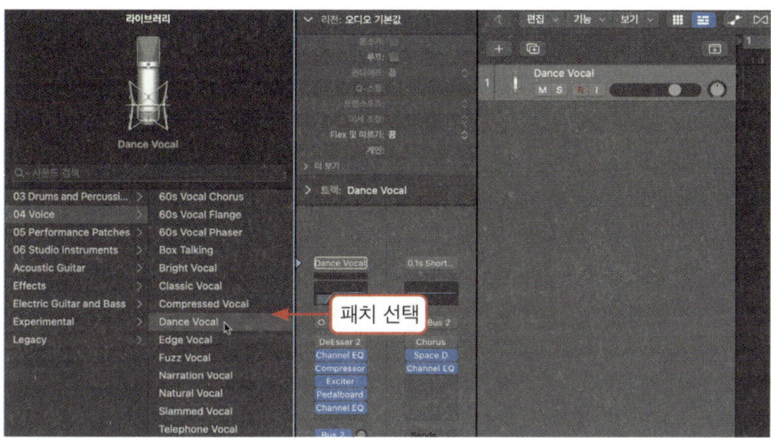

● **오디오 출력** : 오디오 출력 포트를 선택합니다.

● **입력 모니터링** : 트랙의 입력 모니터링 버튼을 활성화 합니다. 녹음을 할 때 채널 스트립에 리버브를 장착하고, 리버브가 적용된 사운드를 모니터 하고 싶을 때 이 버튼을 On으로 해야 합니다. 단, 필요한 경우에 On/Off 할 수 있으므로, 트랙을 만들 때 체크할 필요는 없습니다.

● **녹음 활성화** : 트랙의 녹음 버튼을 활성화 합니다. 이것 역시 트랙을 만들고, On/Off 할 수 있기 때문에 트랙을 만들 때 체크할 필요는 없습니다.

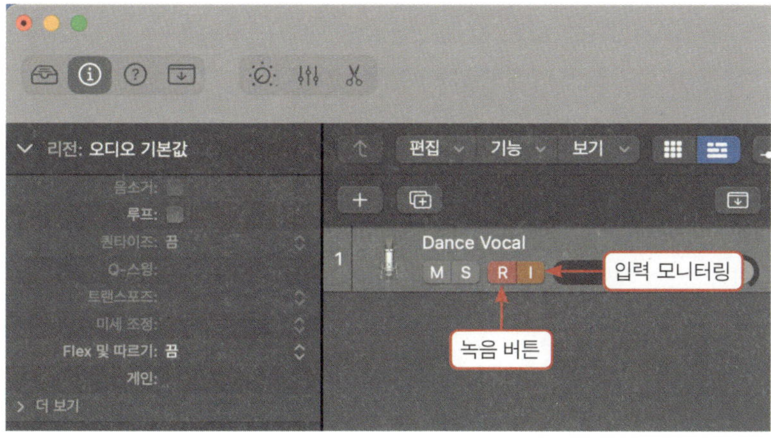

▌기타 또는 베이스 트랙

오디오 트랙과 동일합니다. 단, 세부사항에서 기본 패치 불러오기 옵션을 체크하면 기타와 베이
스 사운드 메이킹에 필요한 페달 보드(Pedalboard) 및 앰프(Amp)와 같은 이펙트가 세팅 되어
있는 채널 스트립을 만들어준다는 차이만 있습니다.

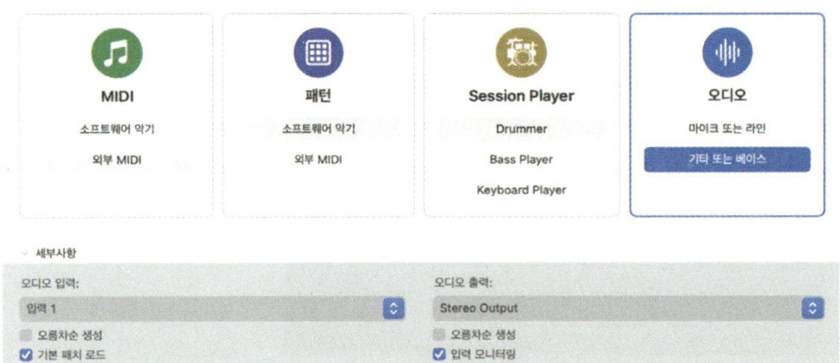

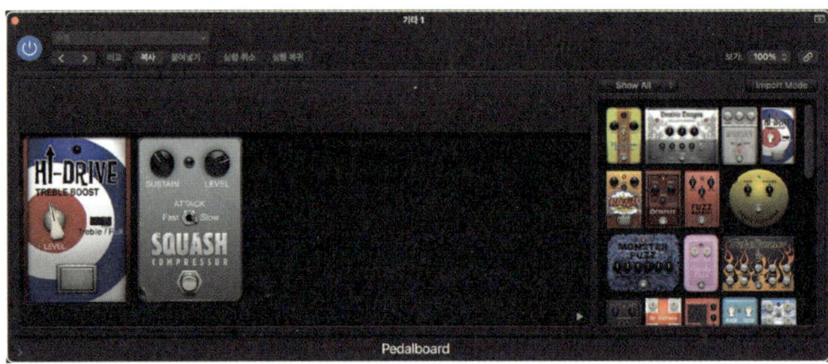

▲ 페달 보드

▲ 앰프

일렉 기타 및 베이스를 오디오 인터페이스에 바로 연결하여 연주하거나 녹음을 하려면 낮은 레벨을 증폭시켜 주는 Hi-Z 인풋 단자에 연결해야 합니다. 제품에 따라 Guitar라고 표기되어 있거나 그림이 그려진 경우도 있습니다.

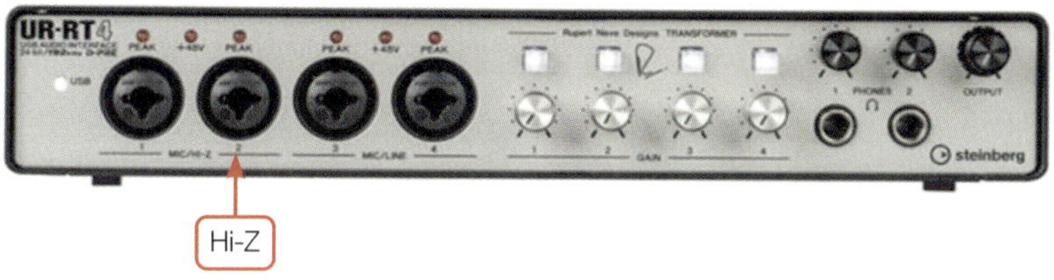

오디오 인터페이스에 따라 기타 및 베이스를 바로 연결하여 녹음할 수 있는 Hi-Z 단자가 없는 경우도 있습니다. 이때는 다이렉트 박스(Direct Box)라고하는 제품을 이용합니다. 기타를 다이렉트 박스 인 단자에 연결하고, 다이렉트 박스 아웃 단자를 오디오 인터페이스 라인 인 단자에 연결하여 사용하는 것입니다. 물론, 대부분 일렉 기타나 베이스를 연주하는 사람들은 하드웨어 이펙트나 앰프를 갖추고 있는 경우가 많고, 이런 경우에는 바로 오디오 인터페이스 라인 인에 바로 연결하여 사용할 수 있기 때문에 별도의 다이렉트 박스가 필요 없습니다.

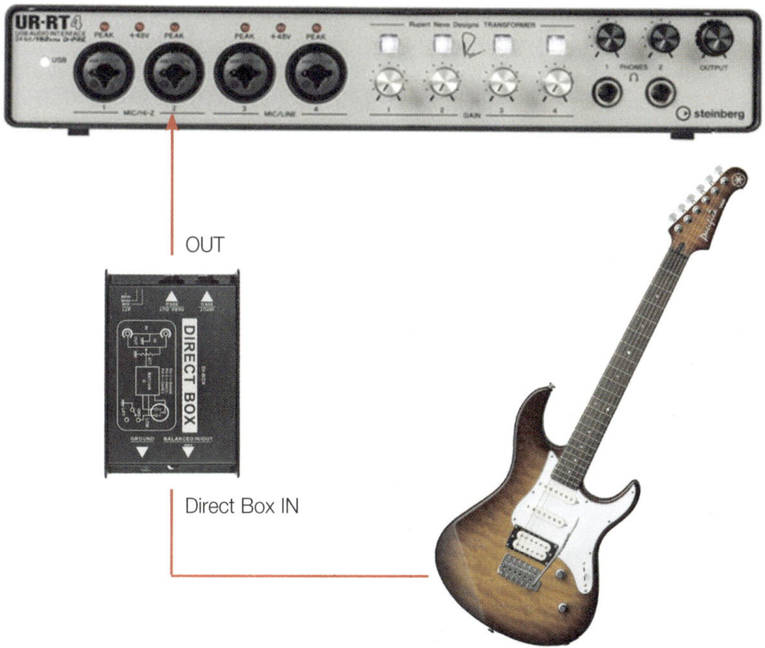

리전 인스펙터

인스펙터는 선택한 리전에 영향을 주는 리전 인스펙터, 선택한 트랙에 존재하는 모든 리전에 영향을 주는 트랙 인스펙터, 그리고 출력 신호를 컨트롤하는 채널 스트립으로 구성되어 있습니다. 창은 컨트롤 막대의 인스펙터 버튼을 클릭하거나 I 키를 눌러 열거나 닫을 수 있습니다.

도구 사용하기

소프트웨어 악기 및 오디오의 연주 정보를 담고 있는 리전을 편집하기 위한 도구는 마우스 왼쪽과 Commad 키를 누른 상태에서 적용할 수 있는 두 가지를 제공하며, 각각 작업 공간 상단에 있는 도구 메뉴에서 선택합니다. 실제로 많이 사용하는 마우스 왼쪽 도구는 T 키를 누르면 마우스 위치에서 열리는 메뉴에서 선택하거나 단축키를 이용하기도 합니다.

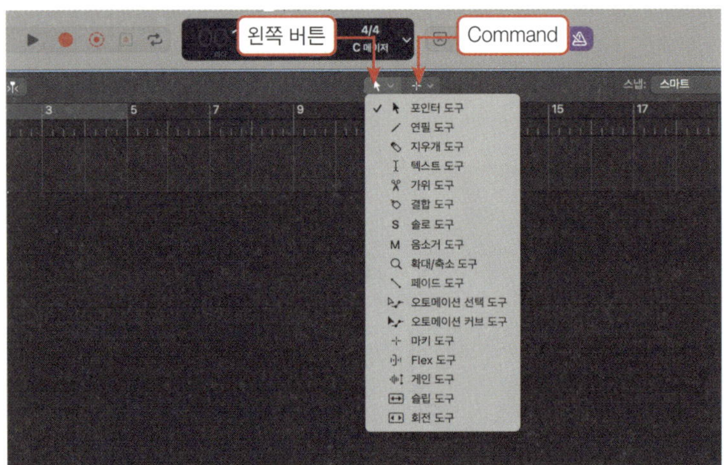

● 연필 도구

리전의 선택, 이동, 복사 등 포인터 도구의 모든 기능을 수행할 수 있으며, 빈 공간에서 빈 리전을 만들거나 오토메이션 라인을 수동으로 그려 넣을 수 있습니다. 오토메이션 라인은 메뉴 바의 오토메이션 보기 버튼을 클릭하거나 A 키를 눌러 열고 닫을 수 있습니다.

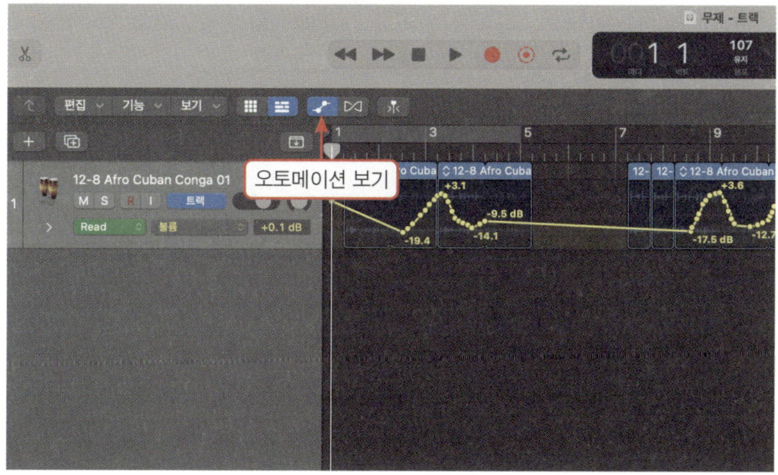

● 지우개 도구

리전이나 이벤트를 삭제합니다. 리전은 포인터 및 연필 도구로 선택하고 백 스페이스 키로 삭제할 수 있기 때문에 실제로 많이 사용하는 도구는 아닙니다.

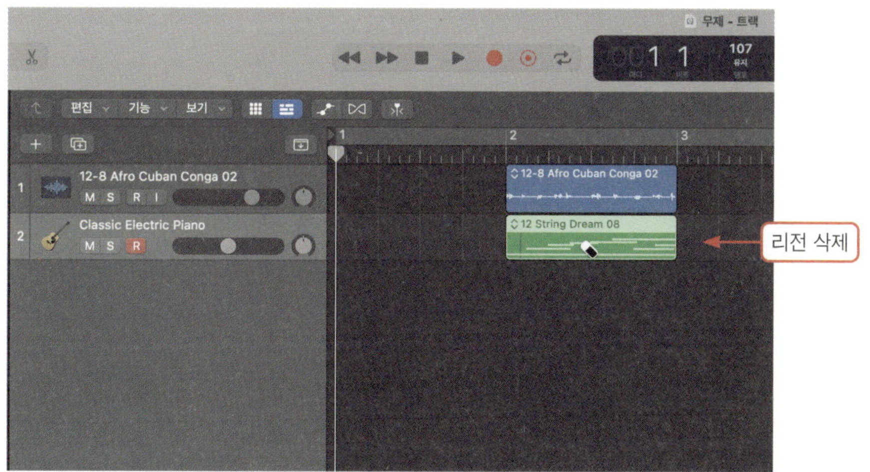

● 텍스트 도구

리전의 이름을 변경합니다. 실제로 리전의 이름을 변경할 때는 인스펙터 창에서 진행하기 때문에 트랙 창에서는 별로 사용할 일이 없지만, 악보를 만들 때는 다양한 텍스트 입력이 필요하기 때문에 많이 사용되는 도구입니다.

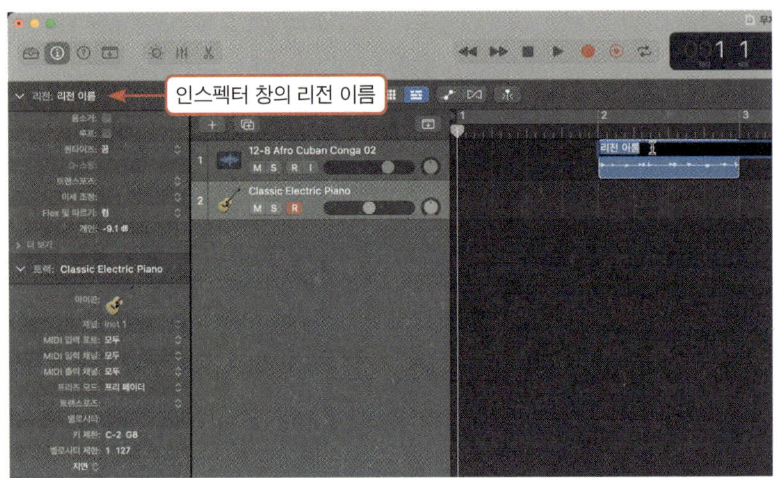

● 가위 도구

리전을 자르는 도구입니다. Command+T 키를 누르면 재생헤드 위치의 리전을 자를 수 있지만, 재생헤드 위치와 상관없는 위치에서 편집할 때도 많기 때문에 자주 사용되는 도구입니다.

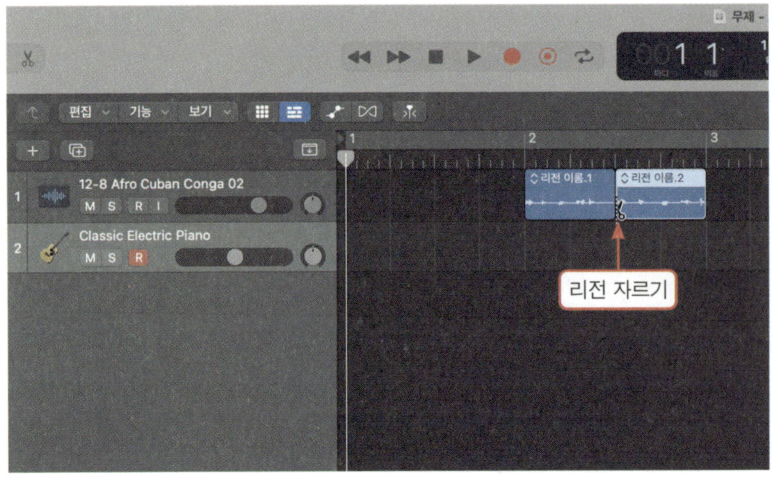

● 결합 도구

여러 개로 나뉘어진 리전이나 이벤트를 다시 하나로 합치는 역할을 합니다. 가위 도구로 분할한 이후, 작업이 끝난 리전들을 다시 정리하고 싶을 때 사용합니다. 분산된 편집 결과를 깔끔하게 정리하는 데 유용합니다.

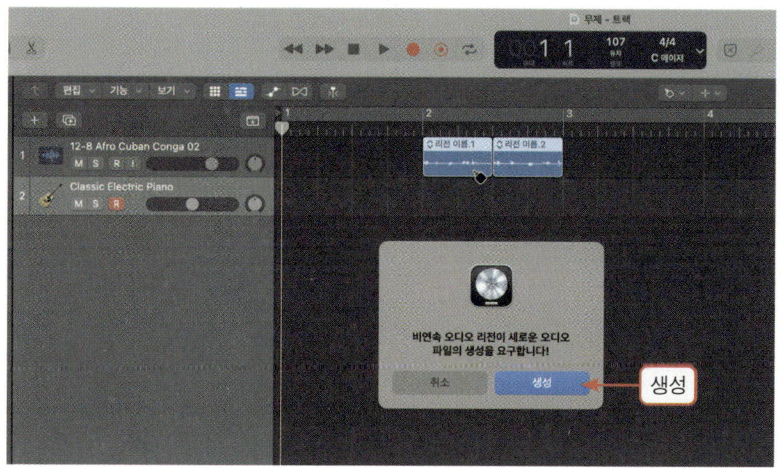

● 솔로 도구

특정 리전만 단독으로 재생하고 싶을 때 사용합니다. 리전을 누르고 있으면 솔로로 연주되며, 드래그하면 드래그하는 속도와 방향대로 모니터할 수 있습니다.

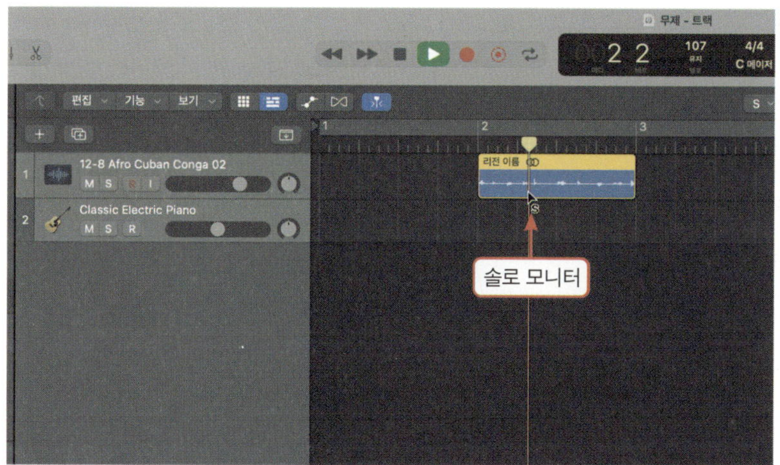

● 음소거 도구

선택한 리전을 뮤트하거나 해제합니다. 단축키는 Control+M 키입니다. 리전을 삭제하지 않고도
소리만 제거할 수 있기 때문에 다양한 편집 시도를 할 때 안전하게 사용할 수 있습니다.

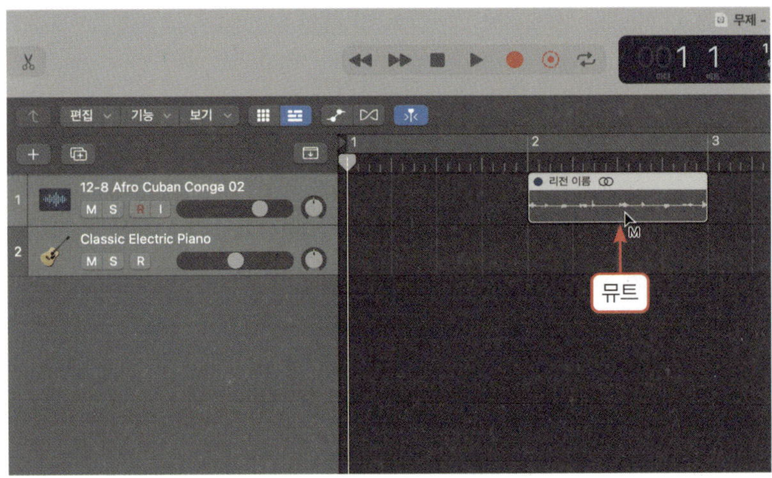

● 확대/축소 도구

마우스 드래그로 특정 영역을 확대하며, 클릭으로 축소합니다. Control+Option 키를 누른 상태
에서 클릭하면 확대/축소 전으로 복구됩니다. 선택된 도구에 상관없이 Control+Option 키를 누
르면 확대/축소 도구를 사용할 수 있습니다.

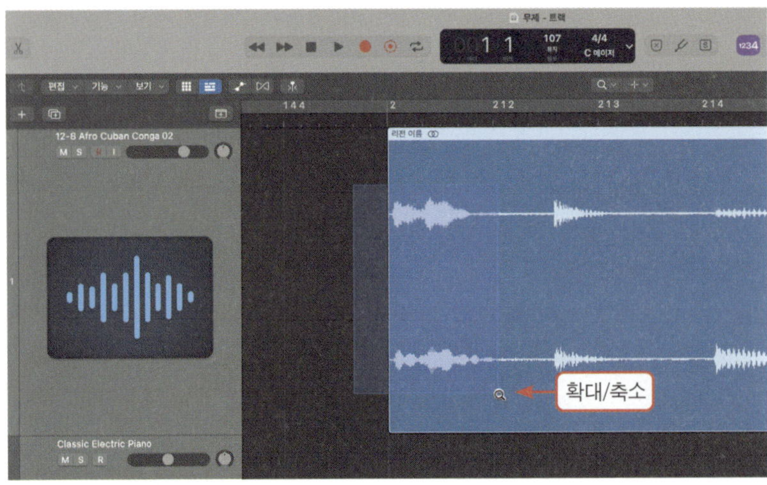

● 페이드 도구

오디오 리전의 시작과 끝 부분을 드래그하여 소리가 점점 커지는 페이드 인과 점점 작아지는 페이드 아웃을 만듭니다. 페이드 인/아웃 라인을 드래그하여 곡선 형태를 변경할 수 있습니다.

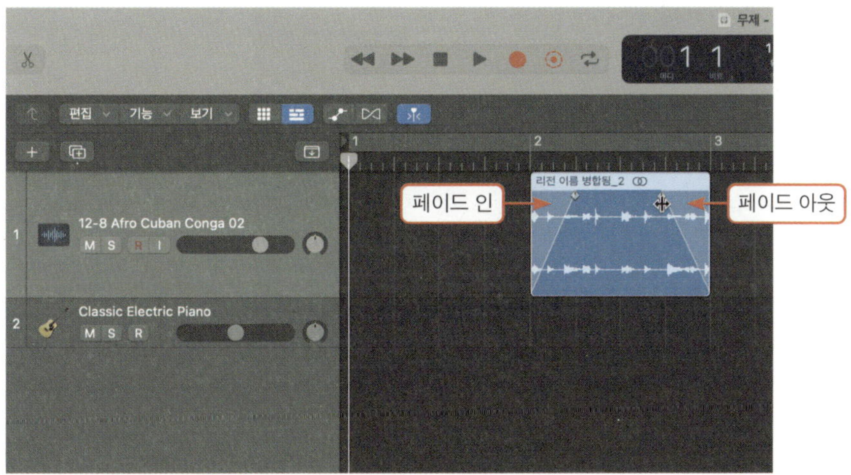

● 오토메이션 선택 도구

채널 스트립, 이펙트, 악기 등의 파라미터가 자동으로 움직이게 하는 오토메이션 라인을 선택하고 편집하는 도구입니다.

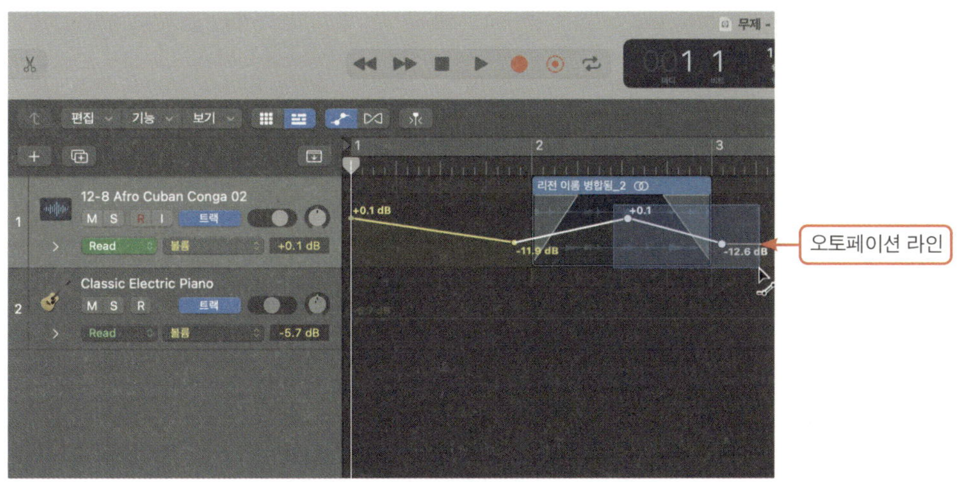

● 오토메이션 커브 도구

오토메이션 라인을 곡선 타입으로 편집합니다. 이를 통해 볼륨이 자연스럽게 커지거나 작아지
도록 하거나 특정 파라미터가 보다 음악적으로 변화하도록 조정할 수 있습니다.

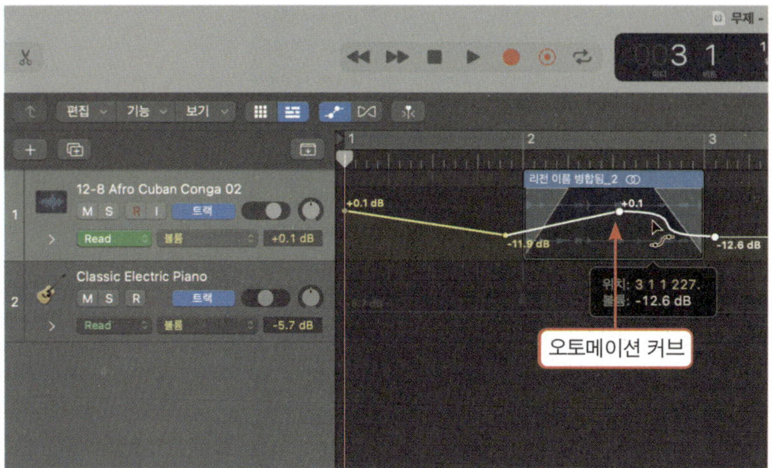

● 마키 도구

리전의 일부분을 선택하여 이동, 복사 등 편집을 수행할 수 있으며, 더블 클릭하여 리전을 자를
수도 있습니다. 포인터 도구와 함께 가장 자주 사용되는 도구로 Command 키를 누른 상태에서
적용되는 도구로 기본 설정되어 있습니다.

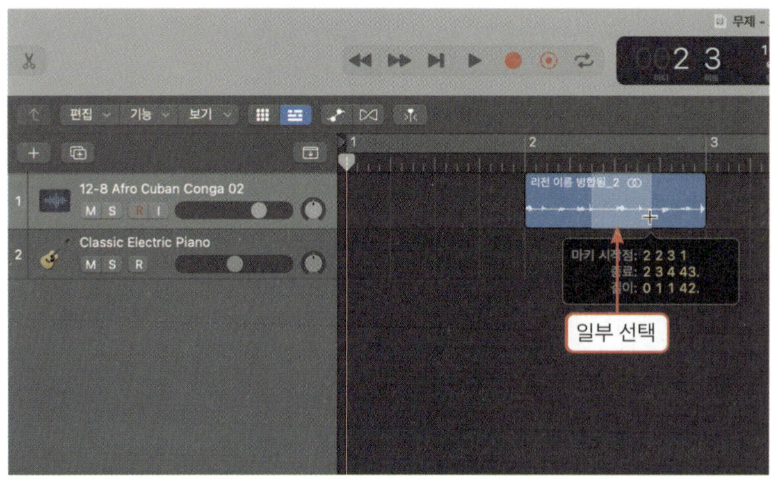

● Flex 도구

Flex 기능을 활성화 하지 않아도 오디오 타임을 편집할 수 있습니다. Flex 편집을 사용하려면 트랙 영역에서 Flex 보기를 먼저 활성화해야 하지만, Flex 도구를 사용하면 이러한 과정을 거치지 않고도 기본적인 Flex 편집 기능을 바로 사용할 수 있습니다.

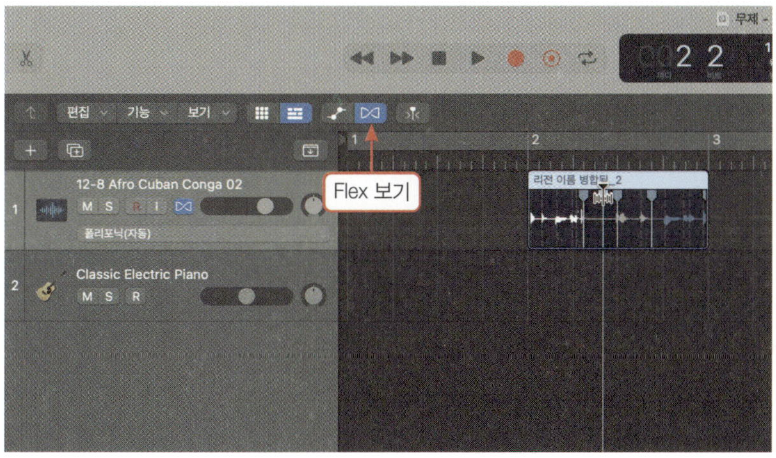

● 게인 도구

오디오 리전의 볼륨을 조정합니다. Option 키를 누르면 일부분을 선택할 수 있으며, 선택한 부분의 볼륨을 조정하면 리전이 잘립니다.

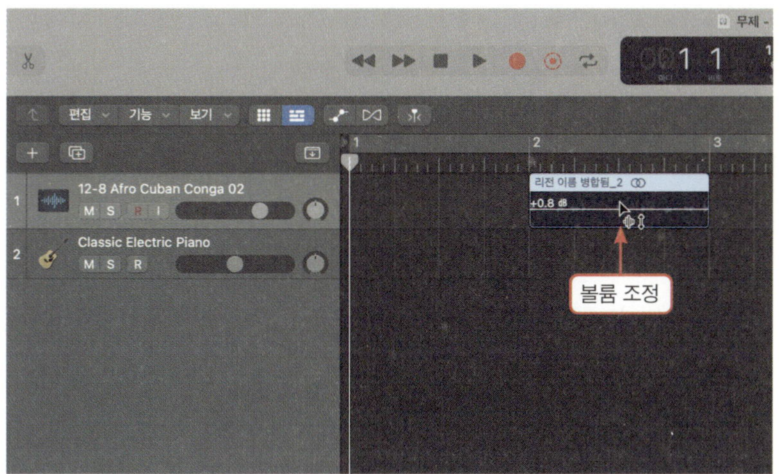

● 슬립 도구

슬립 도구는 리전의 위치와 길이는 그대로 유지한 채, 리전 안에 포함된 오디오 또는 MIDI 데이터만 좌우로 이동시킵니다. 이는 마치 창문의 위치는 고정해 두고, 창문 밖의 풍경을 좌우로 움직여 다른 장면을 바라보는 것과 유사합니다. 예를 들어 1-9까지 연주된 원본 데이터가 있고, 그중 4-6 구간이 리전으로 설정되어 있다고 가정할 때, 슬립 도구로 밀면, 리전은 그대로 유지된 채 내부 콘텐츠가 이동하여 1-3 구간이 재생되게 할 수 있는 것입니다. 단, 이러한 슬립 동작은 리전 안에 포함된 원본 소스가 리전의 길이보다 더 길 때에만 가능합니다.

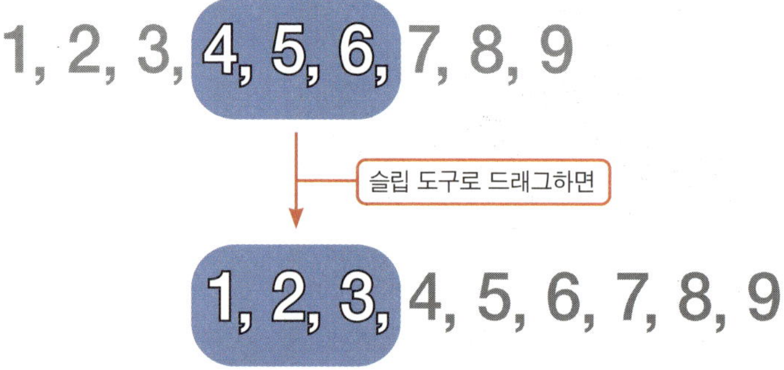

● 회전 도구

회전 도구는 슬립 도구와 마찬가지로 리전은 그대로 유지한 채, 리전 안에 포함된 데이터를 좌우로 이동시키는 기능이지만, 동작 방식에는 분명한 차이가 있습니다. 회전 도구를 사용하면 리전의 한쪽 경계를 넘어 이동한 데이터가 반대편 경계에서 다시 나타나 전체 데이터가 마치 루프처럼 순환하는 효과를 만듭니다. 예를 들어 4, 5, 6의 순서로 연주되는 리전을 회전시키면, 시작 지점이 변경되어 6, 4, 5의 순서로 재생되는 것입니다. 드럼 루프나 반복 패턴의 시작 위치를 바꾸어 동일한 재료로도 새로운 리듬적 인상을 만들고자 할 때 유용합니다.

Logic Pro에서는 작업 중에 수행한 편집을 실행 취소하거나 실행 복귀할 수 있는 기능을 제공합니다. 이 기능을 활용하면 실수로 잘못 편집했더라도 이전 상태로 쉽게 되돌릴 수 있어, 보다 안정적인 작업 흐름을 유지할 수 있습니다.

Logic Pro는 사용자가 수행한 모든 편집 작업을 시간 순서대로 저장하는 실행 취소 기록 창을 제공합니다. 이 기록에는 이동, 삭제, 이름 변경, 파라미터 조정, 이벤트·리전·채널 스트립 생성 등 대부분의 편집 작업이 포함됩니다.

가장 기본적인 실행 취소 방법은 편집을 수행한 직후 편집 메뉴에서 실행 취소를 선택하거나 Command+Z 키를 누르는 것입니다. 이 명령을 반복 실행하면 가상 최근 작업부터 순서대로 이전 상태로 되돌아갑니다.

실행 취소 후 다시 작업을 되살리고 싶을 때는 편집 메뉴에서 실행 복귀를 선택하거나 Shift+Command+Z 키를 사용합니다. 실행 복귀 또한 반복 실행이 가능하며, 실행 취소로 되돌린 작업을 다시 순서대로 적용할 수 있습니다.

세밀한 편집 관리를 원할 경우 실행 취소 기록 창을 사용할 수 있습니다. 편집 메뉴에서 실행 취소 기록을 선택하거나 Option+Command+Z 키를 눌러 열 수 있습니다. 실행 취소 기록 창에는 수행한 모든 작업 목록이 표시되며, 특정 항목을 클릭하면 선택한 항목과 현재 상태 사이의 모든 단계를 한 번에 실행 취소하거나 실행 복귀할 수 있습니다. 또한 믹서나 플러그인과 관련된 편집만 따로 확인할 수 있는 버튼도 제공됩니다.

끝으로 편집 메뉴의 실행 취소 기록 삭제를 선택하면 저장된 실행 취소 기록을 모두 지워 메모리를 확보할 수 있습니다. 단, 이 기능을 사용하면 이전 편집 상태로 되돌리거나 다시 실행할 수 없게 되므로, 반드시 필요한 경우에만 신중하게 사용해야 합니다.

오디오 리전

리전 인스펙터 파라미터의 구성은 오디오 리전을 선택했을 때와
미디 리전을 선택했을 때 차이가 있습니다.

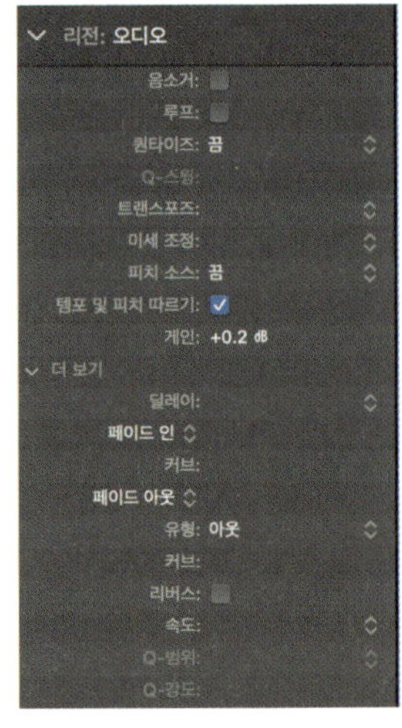

● 음소거

옵션을 체크하여 뮤트합니다. 뮤트 도구를 이용하거나 Control+M 키를 이용할 수 있습니다.

● 루프

프로젝트 끝 또는 다음 리전까지 반복시킵니다. 프로젝트의 길이는 눈금자에 삼각형 모양의 마
커로 표시되어 있으며, 마커 시작 또는 끝 부분을 드래그하여 조정할 수 있습니다.
일반적으로 리전 오른쪽 상단 모서리를 드래그하여 반복시키는 방법을 많이 사용하기 때문에
실제로 인스펙터에서 컨트롤하는 경우는 거의 없습니다.

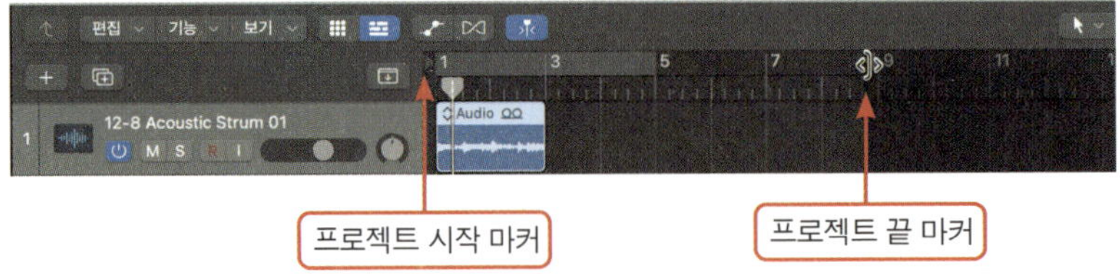

● 퀀타이즈

어긋난 비트를 맞춥니다. 퀀타이즈 항목을 클릭하면 비트 값을 선택할 수 있는 메뉴가 열립니다.

● Q-스윙

퀀타이즈를 적용했을 때 업 비트를 퍼센트 단위로 밀어 스윙 리듬을 만듭니다. 퀀타이즈에서 스윙 A에서 F까지 제공하고 있기 때문에 굳이 Q-스윙 값을 조정할 이유는 없을 것입니다.

● 트랜스포즈

음정을 조정합니다. 1의 값이 반음입니다.

● 미세 조정

음정을 100분의 1 단위로 미세하게 조정합니다.

● 템포 및 피치 따르기

Flex 기능을 활성화 하며, 프로젝트 템포를 따르게 합니다. 또한 스마트 템포의 비트 마커를 마디(켬+마디 정렬) 또는 비트(켬+마디 및 비트 정렬)에 일치 시킬것인지의 여부를 선택합니다. Flex 기능을 끄면 프로젝트 템포와 키를 따르게 하는 템포 & 피치 따르기 옵션으로 사용됩니다.

● 게인

리전의 볼륨을 증/감합니다. 게인 도구와 동일한 역할입니다.

● 딜레이

틱 단위로 재생 타임을 늦추거나 당깁니다.

● 페이드 인

소리가 점점 커지는 페이드 인 타임을 조정합니다.

페이드 인 이름을 누르고 있으면 속도 높이기로 변경
할 수 있으며, 재생 속도가 점점 빨라지는 효과를 만
들 수 있습니다.

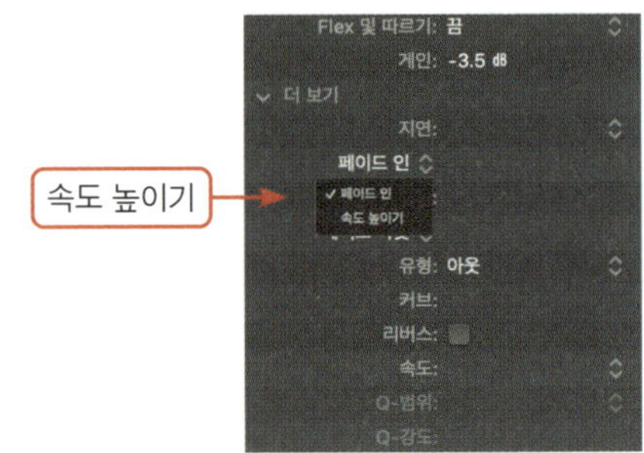

● 커브

페이드 인 또는 속도 높이기 곡선을 조정합니다.

● 페이드 아웃

소리가 점점 작아지는 페이드 아웃 타임을 조정합니다. 페이드 인과 마찬가지로 재생 속도를 점
점 느리기 만들 수 있는 속도 낮추기로 사용할 수 있습니다.

● 유형

리전이 페이드 아웃되면서 다음 리전이 페이드 인되는 크로스 페이드를 적용할 수 있습니다.
X는 볼륨 변화가 동일하게, EqP 빠르게, XS는 느리게 적용됩니다.
속도 늦추기로 사용할 경우에는 속도가 점점 느려졌다가 빨라지는 효과로 적용됩니다.

● 커브

페이드 아웃 및 속도 낮추기 곡선을 조정합니다.

● 리버스

리전이 거꾸로 재생되게 합니다.

● 속도

재생 속도를 조정합니다.

● Q-범위

퀀타이즈 범위를 결정합니다. 기본적으로 모든 노트가 퀀타이즈 되며, 양의 값은 설정한 범위
밖의 노트, 음의 값은 설정한 범위 내의 노트만 퀀타이즈 되게 합니다.

● Q-강도

퀀타이즈 정도를 퍼센트 단위로 조정합니다. 기본값은 100%이며, 값을 낮춰 조금 느슨하게 퀀타이즈를 적용할 수 있습니다.

미디 리전

미디 리전을 선택했을 때 달라지는 파라미터만 살펴봅니다. 나머지는 적용 개체가 미디 노트라는 것만 다르고 동일합니다.

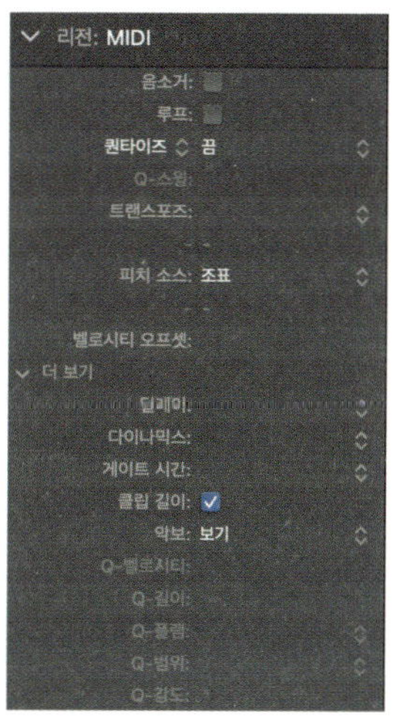

● 퀀타이즈

어긋난 노트를 정렬합니다. 미디 리전은 퀀타이즈 항목을 누르고 있으면 스마트 퀀타이즈로 변경할 수 있으며, Q-범위에서 설정한 노트 주변의 미디 이벤트가 함께 정렬되도록 합니다.

● 벨로시티 오프셋

연주 노트의 세기를 의미하는 벨로시티 값을 증/감합니다.

● 다이나믹스

벨로시티가 큰 노트와 작은 노트의 차이를 퍼센트 단위로 조정합니다. 고정을 선택하면 모든 노트의 벨로시티 64로 연주됩니다.

● 게이트 시간

노트의 길이를 조정합니다. 고정을 선택하면 아주 짧은 스타카토로 연주됩니다.

● 클립 길이

마지막 노트의 연주가 리전 길이를 넘지 않게 합니다.

● 악보

악보에 표시할 것인지의 여부를 선택합니다.

● Q-벨로시티

그루브 템플릿 퀀타이즈를 사용하는 경우에 벨로시티 값이 적용되는 양을 설정합니다. 글루브 템플릿은 사용자 연주를 기준으로 퀀타이즈하는 것을 말하며, 퀀타이즈 파라미터에서 그루브 템플릿 만들기를 선택하여 생성할 수 있습니다.

● Q-길이

그루브 템플릿 퀀타이즈를 사용하는 경우에 노트 길이가 적용되는 양을 설정합니다.

● Q-플램

동일한 타임에 연주되는 코드를 상향 또는 하행 아르페지오로 만듭니다.

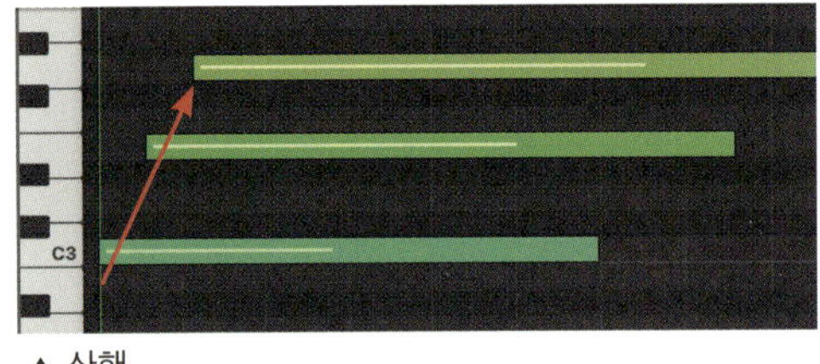

▲ 상행   ▲ 하행

트랙 인스펙터

트랙 인스펙터의 파라미터는 해당 트랙에 존재하는 모든 리전 연주에 영향을 줍니다. 오디오 트랙과 미디 트랙의 구성이 다르며, 입문자에게는 다소 어려운 용어가 사용되고 있지만, 본서를 끝까지 학습하고 나면 작업에 필요한 파라미터를 컨트롤 할 수 있게 될 것입니다. 그전까지 대충 이런 것들이 있구나 정도만 이해하고 기본값으로 사용해도 문제없습니다.

▌오디오 트랙 인스펙터

오디오 트랙을 선택했을 때의 인스펙터 파라미터 구성입니다.

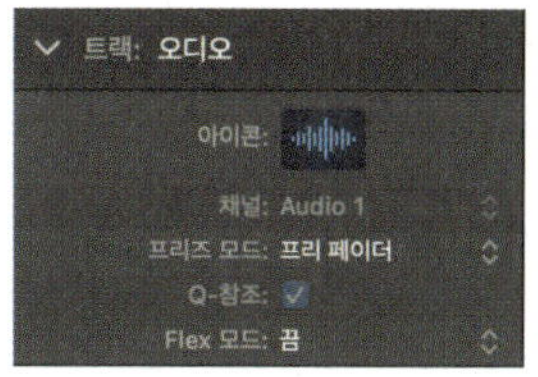

● 아이콘

트랙을 구분하기 쉬운 아이콘으로 표시합니다. ① 인스펙터의 아이콘을 클릭하거나 ② 트랙 아이콘을 마우스 오른쪽 버튼으로 클릭하면 그림을 변경할 수 있는 창이 열립니다. ③ 사용자 설정의 ④ + 기호를 클릭하면 사진을 추가할 수 있는 Finder가 열립니다.

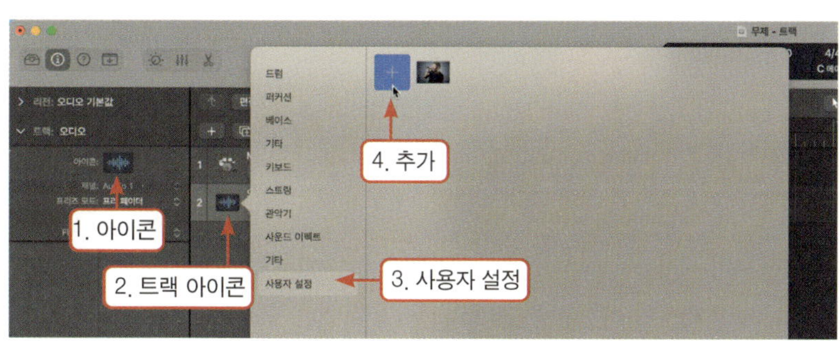

● 채널

트랙 유형 및 번호를 표시합니다.

● 프리즈 모드

많은 트랙과 플러그인을 사용하면 지체 현상이 나타날 수 있습니다. 이때 트랙의 프리즈 버튼을
On 하고, 재생 버튼을 클릭하면 오디오로 랜더링하여 문제를 해결할 수 있습니다. 파라미터에
는 트랙 신호만 프리즈(원본만)할 것인지, 플러그인을 포함(프리 페이더)할 것인지를 선택합니다.

트랙에 프리즈 버튼을 표시하려면 마우스 오른쪽 버튼을 클릭하여 단축 메뉴를 열고, 트랙 헤
더 구성 요소에서 프리즈를 선택합니다. 트랙 헤더 구성을 선택하여 표시하는 방법도 있습니다.

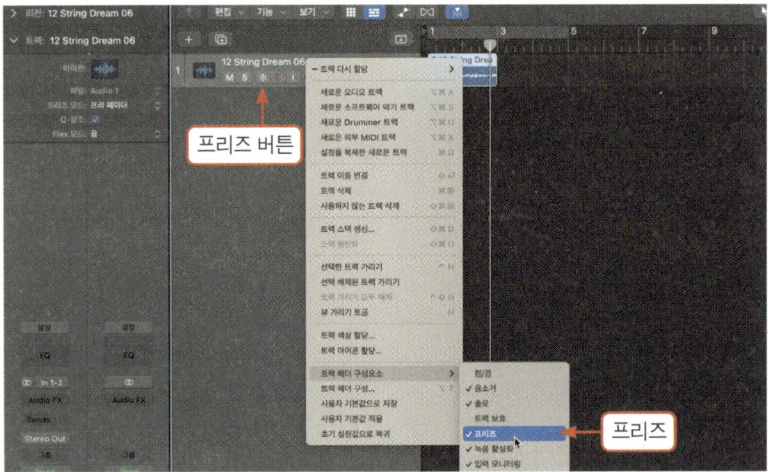

● Q-참조

트랙의 리전을 퀀타이즈할 때 트랜지언트를 기준으로 정렬되게 합니다.

● Flex 모드

오디오 타임과 피치를 조정하는 Flex 모드를 선택합니다. 자세한 내용은 오디오 편집 편에서 살
펴보겠습니다.

미디 트랙 인스펙터

소프트웨어 악기 트랙을 선택했을 때의 인스펙터 파라미터 구성입
니다. 아이콘, 채널, 프리즈 모드의 역할은 동일합니다.

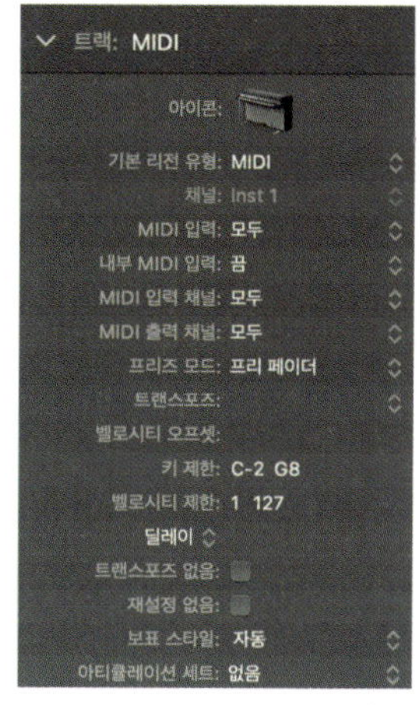

● MIDI 입력

컴퓨터에 연결되어 있는 마스터 건반 및 신디사이저 등의 장치를 선택합니다. 친구들과 멀티 작
업을 하는 경우가 아니라면 기본값 모두 상태로 사용하면 됩니다.

● MIDI 입력 채널

입력 채널을 선택합니다. 기본값 모두 상태로 사용하면 됩니다.

● MIDI 출력 채널

출력 채널을 선택합니다. 소프트웨어 악기에서는 기본값 모두 상태로 사용하면 됩니다.

● 트랜스포즈

음정을 조정합니다. 트랙에 존재하는 모든 리전의 음정이 조정됩니다.

● 벨로시티 오프셋

벨로시티를 증/감합니다.

● 키 제한

연주 범위를 제한합니다. 건반을 나누어 사용할 때 필요할 수 있습니다.

● 벨로시티 제한

벨로시티 범위를 제한합니다. 음색을 레이어로 나누어 사용할 때 필요할 수 있습니다.

● 딜레이

재생 타임을 틱 또는 밀리초 단위로 지연시킵니다.

● 트랜스포트 없음

음정이 조정되지 않게 합니다. 드럼 트랙의 음정이 실수로 조정되는 것을 방지합니다.

● 재설정 없음

악기로 재설정 메시지를 전송하지 않습니다.

● 보표 스타일

악보 스타일을 선택합니다.

● 아티큘레이션 세트

악기 주법을 표현하는 아티큘레이션 세트를 신규로 만들거나 편집할 수 있습니다. 악기마다 다르며 스위치 패널의 MIDI 리모트를 켜야 동작합니다. 기본적으로 제공하는 Studio Horns 또는 Strings을 선택하여 아티큘레이션을 확인하고 연주해보면 쉽게 이해할 수 있습니다.

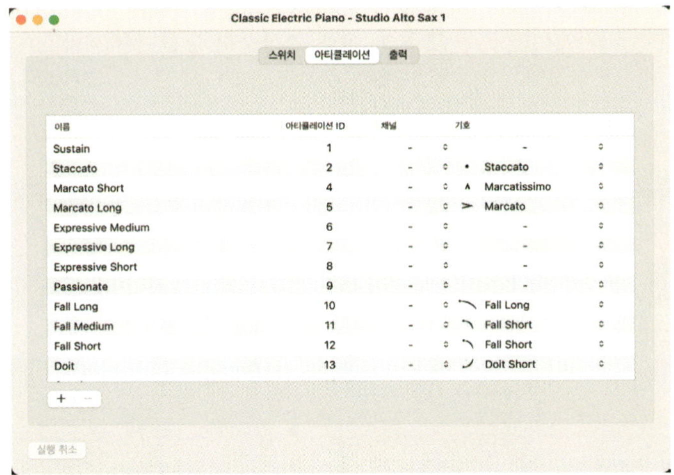

채널 스트립

인스펙터 창에서 가장 중요한 파라미터가 입/출력 신호를 컨트롤하는 채널 스트립입니다. 인스펙터 창에는 두 개의 채널 스트립을 보여주고 있는데, 왼쪽에 보이는 것이 선택한 트랙의 볼륨, 패닝, 이펙트 등을 컨트롤할 수 있는 트랙 채널 스트립이고, 오른쪽에 보이는 것은 Stereo Out 또는 Aux 출력 채널 스트립입니다. 실무 작업은 믹싱 편에서 진행하기로 하고 여기서는 채널 스트립을 구성하고 있는 파라미터의 역할만 살펴보겠습니다.

오디오 채널 스트립에는 모노 및 스테레오를 결정하는 ① 포맷 버튼과 마이크 입력 포트를 선택하는 ② 입력 슬롯이 있고, 미디 채널 스트립은 같은 위치에 악기를 선택할 수 있는 ③ 악기 슬롯과 ④ 미디 이펙트(MIDI FX) 슬롯이 있다는 차이점이 있습니다.

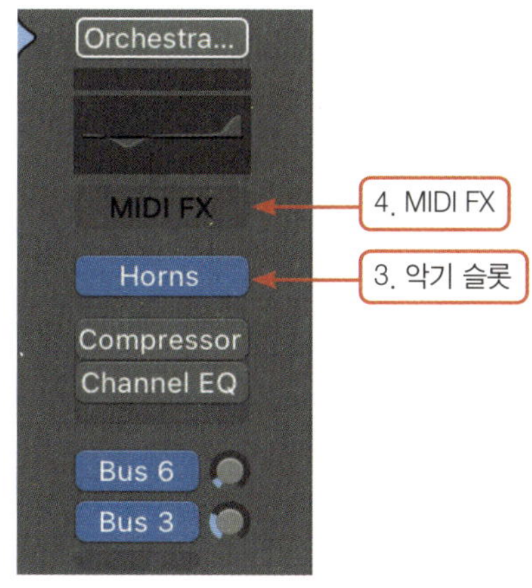

▲ 소프트웨어 악기

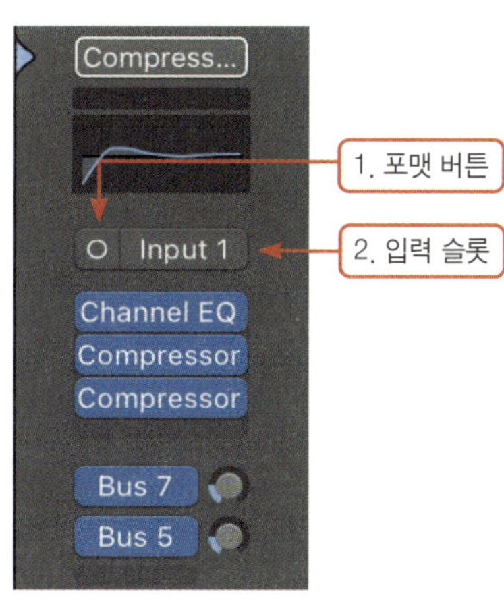

▲ 오디오

● 설정

라이브러리에서 패치를 선택하면 채널 스트립에는 이펙트와 센드 채널 등이 자동으로 세팅 됩니다. 별다른 지식이 없어도 최적의 사운드로 작업을 할 수 있기 때문에 입문자들에게 이보다 좋은 기능은 없습니다. 하지만, 어느 정도 자기 색깔을 추구하며 직접 디자인할 정도의 실력을 갖추게 되면 오히려 방해가 되는 요소입니다. 그래서 실무자들은 기본 세팅을 제거하고 자신만의 세팅을 만들어 사용합니다. 이것은 설정 버튼을 클릭하면 열리는 메뉴에서 진행합니다.

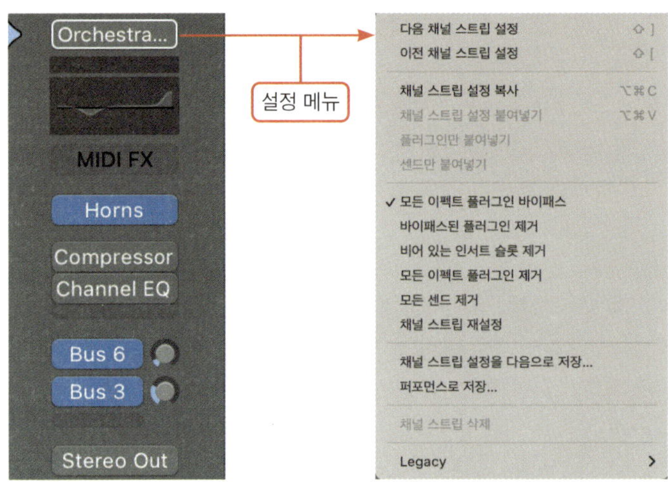

● 다음/이전 채널 스트립 설정

Legacy에서 제공되는 채널 스트립 중에서 이전 또는 다음 설정을 선택합니다.

● 채널 스트립 설정 복사

현재 채널 스트립 설정을 복사합니다.

● 채널 스트립 설정 붙여넣기

복사한 채널 스트립 설정을 선택한 트랙의 채널 스트립에 붙여넣습니다.

● 플러그인만 붙여넣기

복사한 채널 스트립의 플러그인만 붙여넣습니다.

● 센드만 붙여넣기

복사한 채널 스트립의 센드 채널만 붙여넣습니다.

● 모든 이펙트 플러그인 바이패스

모든 이펙트 플러그인을 Off합니다.

● 바이패스된 플러그인 제거

Off된 플러그인을 제거합니다.

● 비어 있는 인서트 슬롯 제거

비어 있는 인서트 슬롯을 제거합니다.

● 모든 플러그인 제거

모든 플러그인을 제거합니다.

● 모든 센드 제거

모든 센드 채널을 제거합니다.

● 채널 스트립 재설정

모든게 비어있는 채널 스트립 상태를 만듭니다.

● 채널 스트립 설정을 다음으로 저장

사용자가 설정한 채널 스트립을 저장합니다.

● 퍼포머스로 저장

미디 프로그램 정보가 포함된 채널 스트립을 저장합니다.

● 채널 스트립 삭제

사용자 채널 스트립 설정을 삭제합니다.

● Audio FX

오디오 신호는 Audio FX 슬롯을 가장 먼저 통과하며, 여기서 로직에서 제공하는 60여가지의 이
펙트 플러그인을 장착할 수 있습니다. 이펙트는 슬롯을 클릭하면 열리는 목록에서 선택합니다.

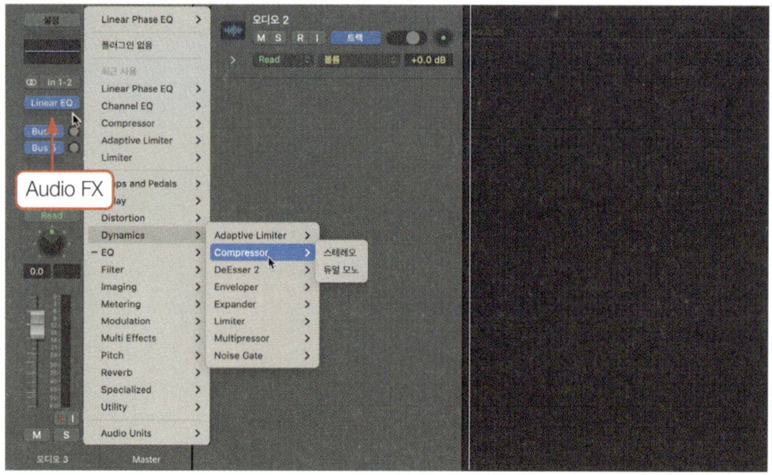

● 게인 감소

설정 항목 아래쪽에 가늘게 표시되어 있는 항목은 ① 게인 감소 슬롯이며, 클릭하면 Aduio FX
슬롯에 ② 컴프레서(Compreesor)가 장착됩니다.

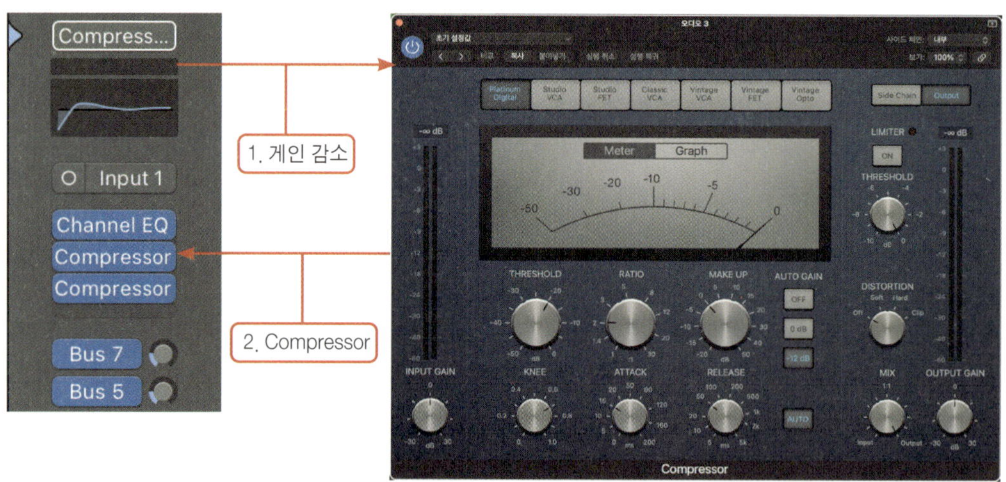

● EQ

게인 감소 항목 아래쪽의 ① EQ 디스플레이를 클릭하면 Audio FX 슬롯에 ② Channel EQ가
장착됩니다. Shift 키를 누른 상태에서 클릭하면 Linear Phase EQ를 장착할 수 있으며, Option
키를 누른 상태로 클릭하면 Audio FX 첫 번째 슬롯에 장착할 수 있습니다.

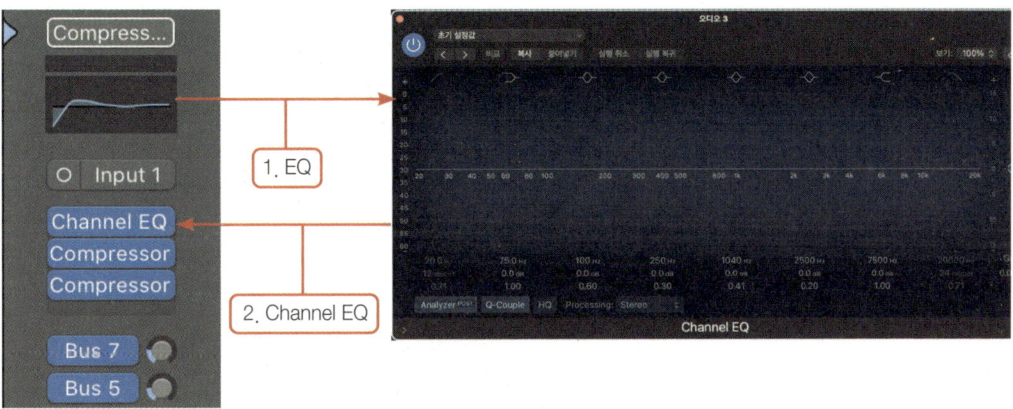

● MIDI FX

미디 신호는 Audio FX 슬롯 전에 MIDI FX 슬롯을 먼저 통과합니다. MIDI FX 슬롯을 클릭하면
사용자 연주를 아르페지오(Arpeggiator)로 만들거나 단음을 코드(Chord Trigger)로 만드는 등
의 효과를 연출할 수 있는 장치를 선택할 수 있습니다.

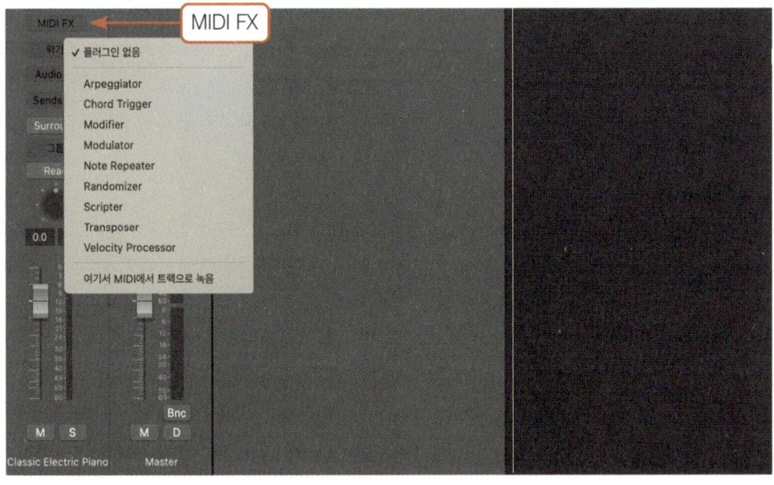

● 악기

로직은 20가지 이상의 악기를 제공하며, 악기 슬롯에서 선택합니다. 일반적으로 악기를 슬롯에서 직접 선택하기 보다는 라이브러리에서 음색으로 선택하는 경우가 많지만, 사용자가 추가한 서드파티 제품들은 슬롯 메뉴 아래쪽에 표시되는 AU 악기 카테고리에서 선택합니다.

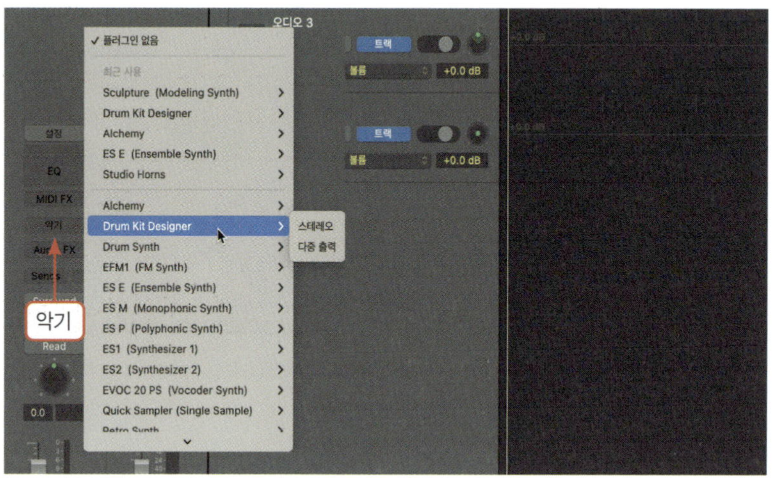

● 입력

오디오 채널에서는 미디 채널 악기 슬롯 자리에 입력 슬롯이 있습니다. 채널 포맷 버튼과 입력 슬롯으로 구성되어 있으며, 채널 포맷 버튼을 클릭하여 ① 모노, ② 스테레오, ③ 서라운드로 변경할 수 있고, ④ 슬롯을 클릭하여 오디오 인터페이스의 입력 포트를 선택할 수 있습니다.

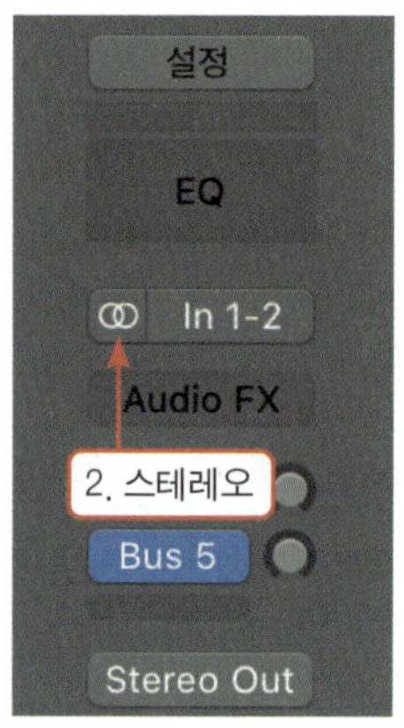

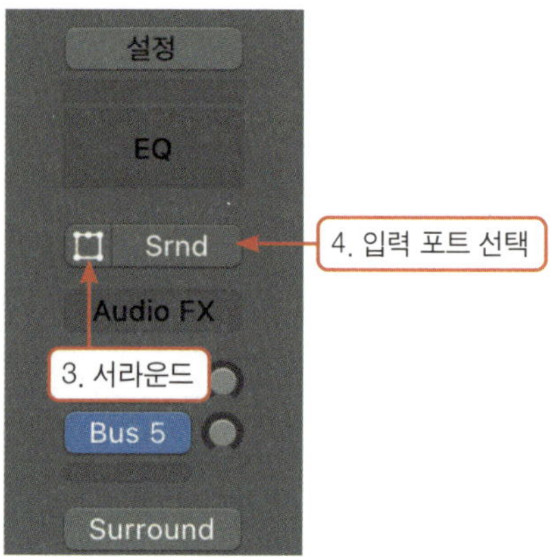

● 센드

채널 스트립의 출력 신호를 Aux 채널로 전송합니다. 슬롯을 클릭하면 몇 번 버스(Bus)를 태워서 보낼 것인지를 선택할 수 있으며, Bus를 선택하면 Aux 채널이 자동으로 생성됩니다.

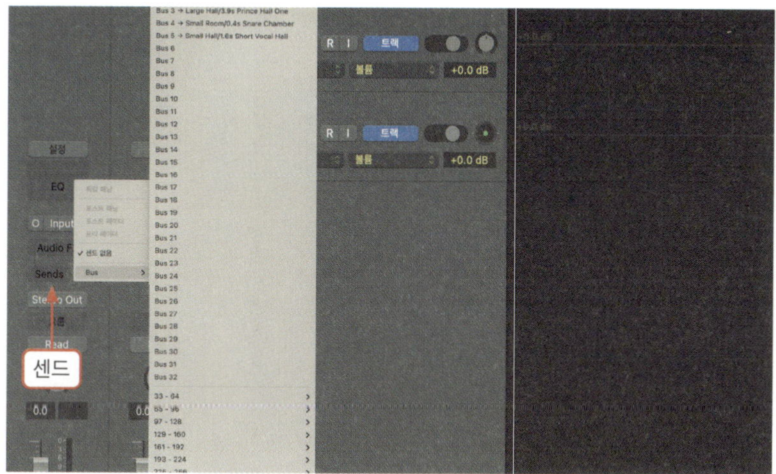

생성된 Aux 채널은 오른쪽에 표시되며 채널 스트립 아래쪽에 표시되는 ① 이름 항목을 더블 클릭하여 구분하기 쉬운 것으로 변경할 수 있습니다. Aux 채널로 전송되는 신호의 양은 센드 항목 오른쪽의 ② 레벨 노브를 이용하여 조정합니다.

● 출력

출력 포트를 선택합니다. 로직의 최종 출력은 Stereo Out이며, 각 채널이 전송되는 실제 하드웨어 출력을 말합니다. 사용하고 있는 오디오 인터페이스에 따라 출력 포트 수는 달라집니다.

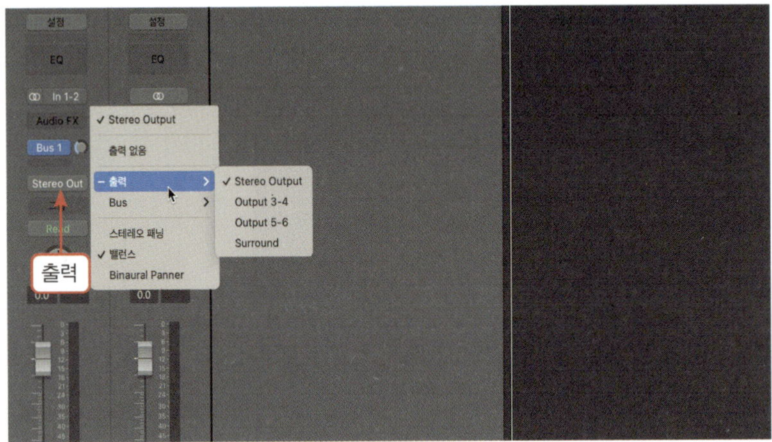

● 그룹

사용자가 원하는 채널을 그룹으로 묶어 동시에 컨트롤할 수 있도록 합니다. 그룹 항목을 클릭하여 메뉴를 열고, ① 신규를 선택합니다. 그룹 인스펙터의 ② 이름 항목에서 구분하기 쉬운 이름을 입력합니다. 그리고 다른 채널의 그룹 항목에서 해당 이름을 선택하면 볼륨을 비롯한 채널 스트립의 컨트롤이 함께 동작됩니다.

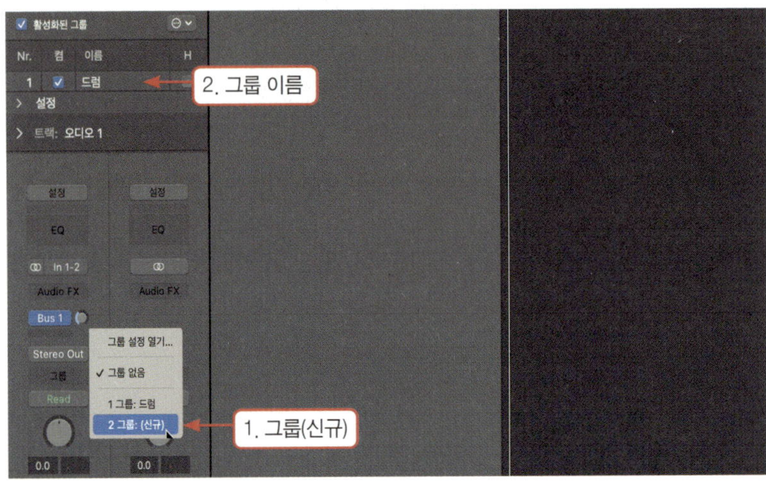

오토메이션은 채널 스트립을 포함한 MIDI 및 Audio FX 플러그인 파라미터를 자동으로 움직이게 하는 기능입니다. 오토메이션 기능 ① On/Off 버튼과 ② 모드를 선택 메뉴가 있습니다. 모드는 기록되어 있는 오토메이션대로 파라미터를 움직이는 Read와 오토메이션을 기록하거나 수정하는 Touch, Latch, Write, 그리고 다듬기와 상대값 옵션을 제공합니다.

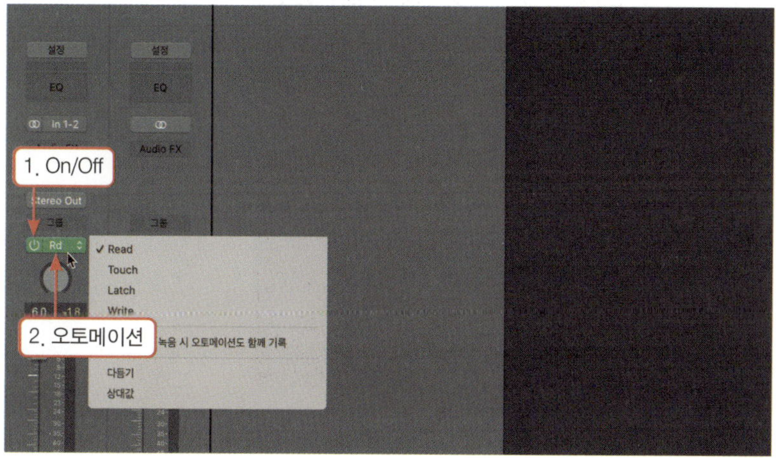

● **Read** : 기록되어 있는 오토메이션 정보대로 해당 파라미터가 자동으로 움직이게 합니다.

● **Touch** : 파라미터의 움직임을 기록하고, 마우스를 놓으면 기존 값으로 복구됩니다.

● **Latch** : 파라미터의 움직임을 기록하고, 마우스를 놓았을 때의 값이 유지됩니다.

● **Write** : 파라미터의 움직임을 기록하지만, 움직임이 없을 때도 기존 오토메이션을 삭제합니다.

● **MIDI/오디오 리전 녹음 시 오토메이션도 함께 기록** : Read 모드에서 녹음을 할 때 리전 오토메이션을 기록할 수 있게 합니다. 단, Read 모드에서 파라미터를 선택할 때 오토메이션이 자동으로 선택되는 기능은 비활성화됩니다.

● **다듬기** : Touch 및 Latch 모드에서 파라미터의 움직임 만큼 기존 오토메이션 값을 조정합니다.

● **상대값** : Touch, Latch, Wrtie 모드에서 보조 오토메이션을 추가하며, 원하는 것을 선택하여 동작되게 할 수 있습니다. 단, 볼륨, 패닝, 센드 레벨 파라미터에서 사용할 수 있습니다.

소리가 출력되는 좌/우 밸런스를 조정합니다. 노브를 오른쪽 버튼으로 클릭하면 패닝 모드를 선택할 수 있는 메뉴가 열립니다. 단, 채널 유형에 따라 패닝, 스테레오 패닝, 밸런스, Binaral Panner 또는 3D Object Panner 등으로 선택 모드가 달라집니다.

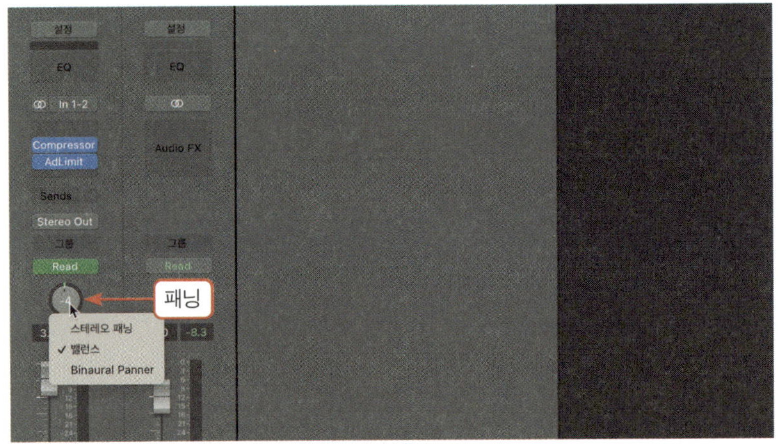

● **패닝** : 모노 채널의 기본 모드입니다. 노브를 드래그하여 좌/우 방향을 조정하며, Option 키를 누른 상태로 클릭하면 중앙으로 복구할 수 있습니다.

● **밸런스** : 스테레오 채널의 기본 모드입니다. 노브를 드래그하여 좌/우 방향을 조정하며, Shift 키를 누른 상태로 드래그하면 미세한 조정이 가능합니다.

● **스테레오 패닝** : 노브 테두리에 녹색링이 표시되며, 드래그하여 넓이를 조정하거나 끝 부분의 흰색 핸들을 드래그하여 좌/우 채널을 개별적으로 조정할 수 있습니다. Command 키를 누른 상태에서 클릭하면 좌/우 채널이 바뀌고 테두리는 주황색으로 표시됩니다.

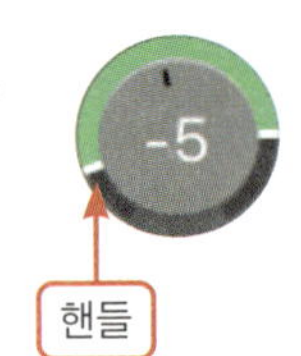

● Binaral Panner : 각도, 높이, 거리 등 공간 정보의 전체 범위를 시뮬레이션하는 방식으로 헤드폰 재생에 최적화된 모드입니다. 더블 클릭하면 시각적 컨트롤이 가능한 플러그인 패널이 열립니다.

● **볼륨** : 채널의 볼륨을 제어합니다.

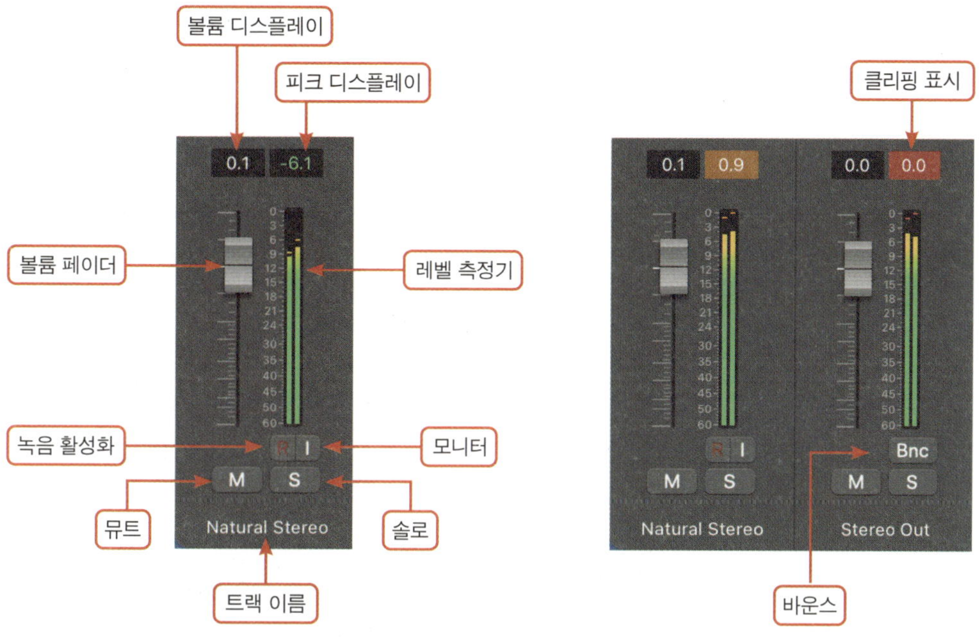

● **피크 디스플레이** : 출력 레벨 중에서 가장 큰 피크 레벨 값을 표시합니다.
0dB이 넘으면 사운드가 클리핑 된다는 의미로 주황색 및 빨간색 경고 표시를 합니다.

● **볼륨 디스플레이** : 볼륨 페이더 값을 표시합니다.

● **볼륨 페이더** : 채널의 볼륨을 조절합니다.

● **레벨 측정기** : 재생 레벨을 실시간으로 표시합니다.

● **녹음 활성화 버튼** : 녹음을 할 수 있게 합니다.

● **모니터 버튼** : 입력 신호를 모니터할 수 있게 합니다.

● **뮤트 버튼** : 소리가 들리지 않게 합니다.

● **솔로 버튼** : 해당 채널만 들을 수 있게 합니다.

● **바운스 버튼** : Stereo Out 트랙에서 제공되는 버튼으로 오디오 파일을 만듭니다.

● **트랙 이름** : 트랙 이름을 표시하며, 더블 클릭하여 변경할 수 있습니다.
믹서에서 채널을 선택하는 영역으로 사용되기도 합니다.

PART
02
미디 레코딩과 편집

SECTION 01

세션 플레이어

세션 플레이어는 Logic Pro 안에서 '실제 연주자를 섭외한 것처럼' 베이스, 키보드, 드럼을 연주하게 만들어 주는 AI 기반 기능입니다. 프리셋과 에디터를 이용해 초보자도 곡을 빠르게 완성할 수 있고, 세밀한 연주 조정도 가능해 전문가 수준의 곡 제작이 가능합니다.

드러머

드럼은 곡의 리듬과 에너지를 결정하는 중요한 요소입니다. 하지만 실제 드럼을 연주하거나 직접 패턴을 프로그래밍하는 일은 초보자에게는 어렵게 느껴질 수 있습니다. Logic Pro의 드러머 트랙은 이러한 과정을 훨씬 간단하게 만들어 주는 기능입니다. 가상 드러머가 실제 연주자처럼 음악의 스타일과 강도를 이해하고, 곡의 분위기에 맞는 자연스러운 드럼 연주를 자동으로 생성합니다. 또한 다양한 장르의 드러머와 연주 스타일을 선택하고, 간단한 컨트롤을 통해 연주의 복잡도와 에너지를 조절할 수 있습니다.

드러머 트랙 추가하기

01 드러머 트랙은 실제 드럼 연주자를 섭외한 것과 같은 방식으로 만들 수 있으며, Session Player에서 Drummer를 선택하여 생성할 수 있습니다. 세부 설정에서 드러머의 스타일을 지정할 수 있지만, 곡을 진행하면서 적합한 스타일을 선택하는 경우가 많으므로, 처음에는 기본 설정 그대로 생성하는 것이 일반적입니다.

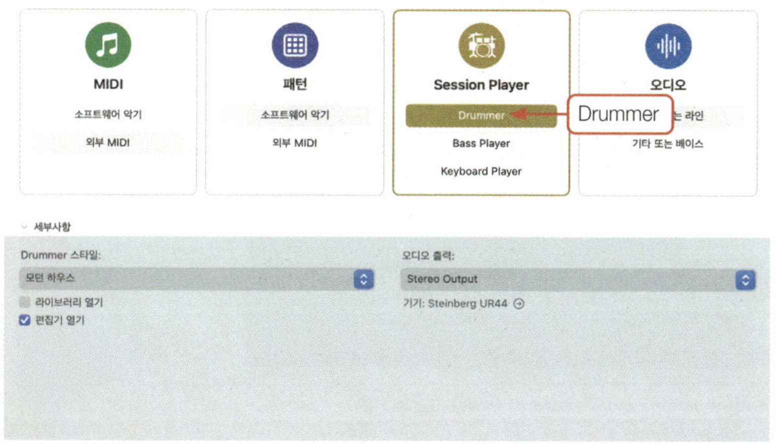

 드러머 트랙을 만들면 해당 장르의 기본 연주 스타일이 담긴 드러머 리전이 생성되며, 화
면 하단에는 연주 스타일을 세부적으로 조절할 수 있는 드러머 에디터가 나타납니다. 이 에디
터 창은 단축키 E를 눌러 자유롭게 열고 닫을 수 있습니다.

 어쿠스틱 드러머가 사용하는 가상 악기는 Drum Kit이며, 악기의 음색은 컨트롤 바의 라
이브러리 버튼을 클릭하거나 단축키 Y를 눌러 원하는 사운드로 변경할 수 있습니다.

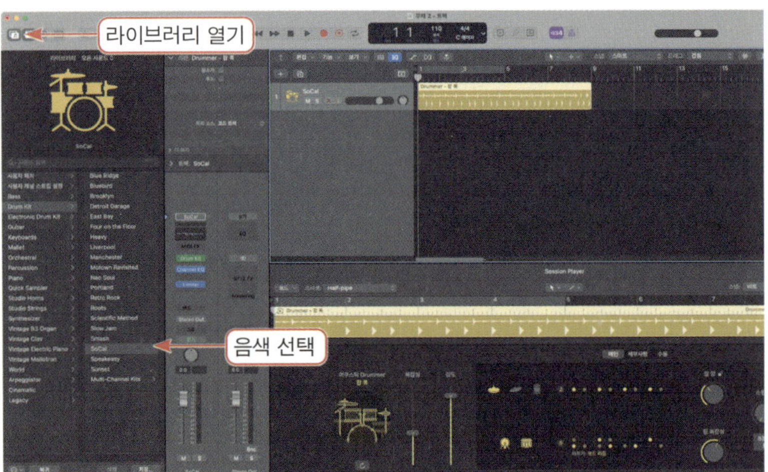

04 리전의 오른쪽 끝에 마우스를 가져가면 나타나는 + 버튼을 클릭하여 새로운 리전을 추가
할 수 있으며, 불필요한 것은 선택한 후, 백스페이스 또는 Delete 키를 눌러 삭제할 수 있습니다.

05 추가되는 드러머 리전은 기본적으로 8마디 길이를 가집니다. 리전의 오른쪽 하단 모서리
를 마우스로 드래그하면 길이를 자유롭게 늘리거나 줄일 수 있으며, 길이에 맞춰 드러머의 연주
패턴도 자동으로 재구성됩니다.

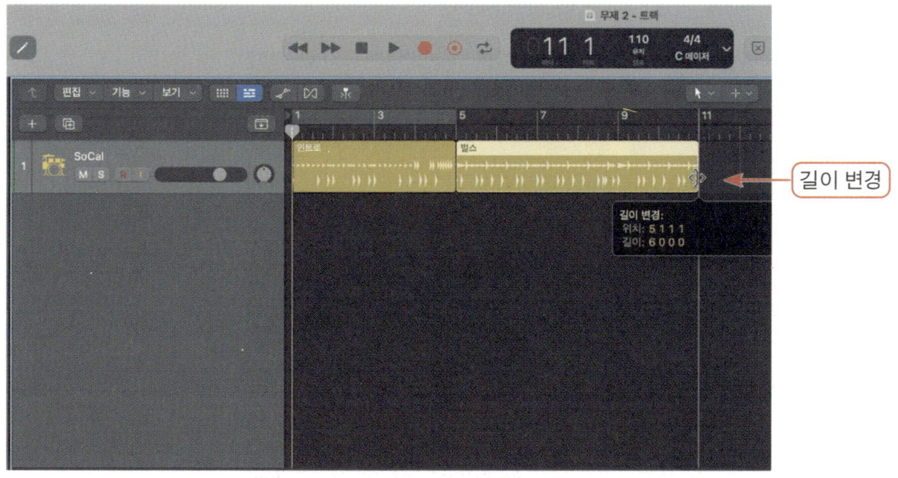

06 드러머 트랙을 생성하기 전 편곡 트랙을 미리 구성해 두면, 각 섹션에 최적화된 연주 스타일의 리전을 자동으로 생성할 수 있습니다. 드러머 리전을 백스페이스 또는 Delete 키로 삭제하고, 트랙 리스트 상단의 글로벌 트랙 보기 버튼을 클릭합니다.

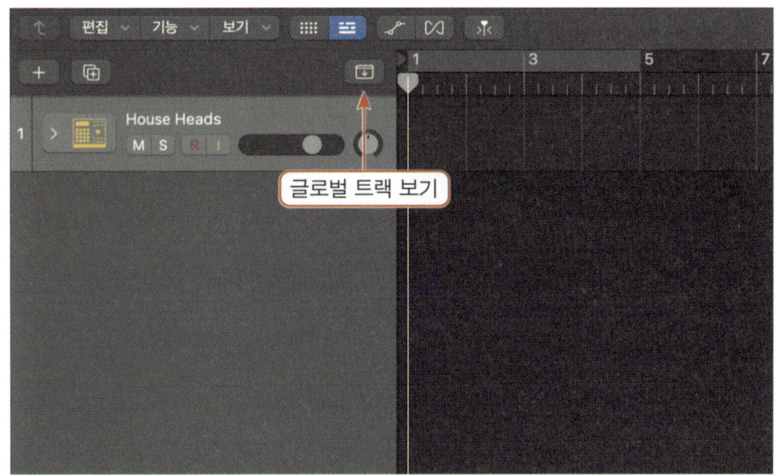

07 글로벌 트랙에는 편곡, 마커, 조표, 템포 등 곡의 전체 구조를 결정하는 트랙들이 있습니다. 여기서 + 기호의 마커 생성 버튼을 클릭하면 인트로, 벌스, 코러스 등의 섹션이 순서대로 생성되어 곡의 기승전결을 빠르게 설계할 수 있습니다.

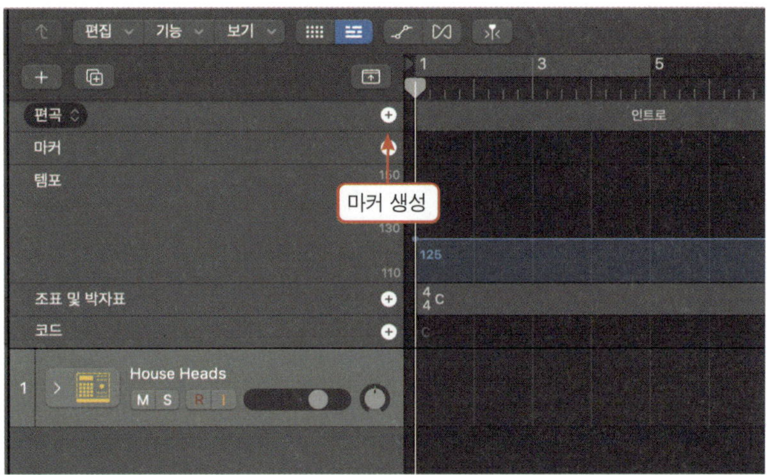

08 마커의 길이는 경계 지점을 드래그하여 자유롭게 조절할 수 있으며, 마커 이름을 클릭하면 인트로나 코러스 등 다른 섹션으로 변경할 수 있는 메뉴가 나타납니다. 이 과정을 통해 곡의 전체 구성을 미리 스케치할 수 있으며, 설정된 길이와 이름은 작업 도중 언제라도 수정이 가능합니다.

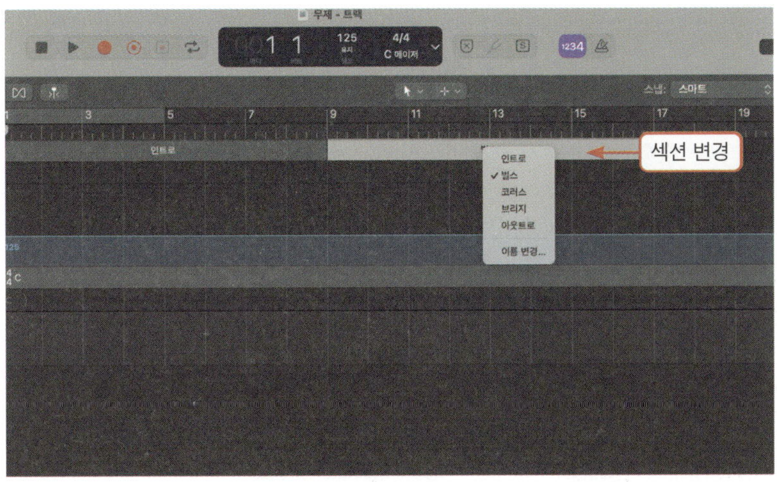

09 드러머 트랙에서 마우스 오른쪽 버튼을 클릭한 뒤 session Player 리전 생성을 선택하면 편곡 트랙에서 구성하는 섹션에 어울리는 드러머 리전을 생성할 수 있습니다.

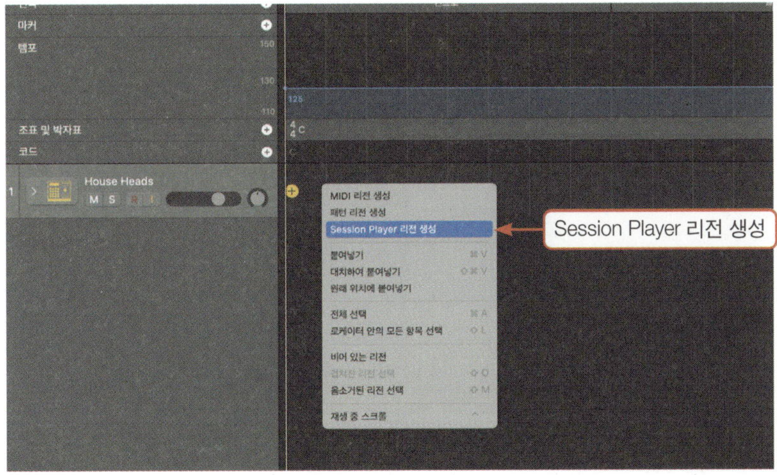

드러머 편집 창

01 기본적으로 생성되는 드러머는 록 장르의 팝 록 스타일입니다. 만약 다른 스타일을 원한다면 에디터 창 왼쪽에 위치한 드러머 아이콘을 클릭합니다. 여기서 송라이터, 얼터네이티브, R&B 등 다양한 장르별 드러머를 선택할 수 있으며, 각 캐릭터에 따라 고유의 연주 습관과 드럼 톤이 적용됩니다.

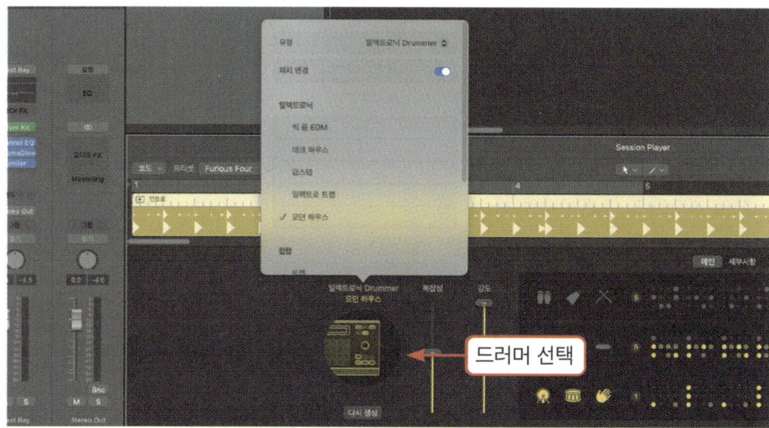

02 드러머를 변경하면 음색도 함께 변경됩니다. 음색을 유지하고 싶은 경우에는 메뉴의 패치 변경 스위치를 끕니다. 상단에는 트랙 유형을 변경할 수 있는 메뉴도 제공되고 있습니다.

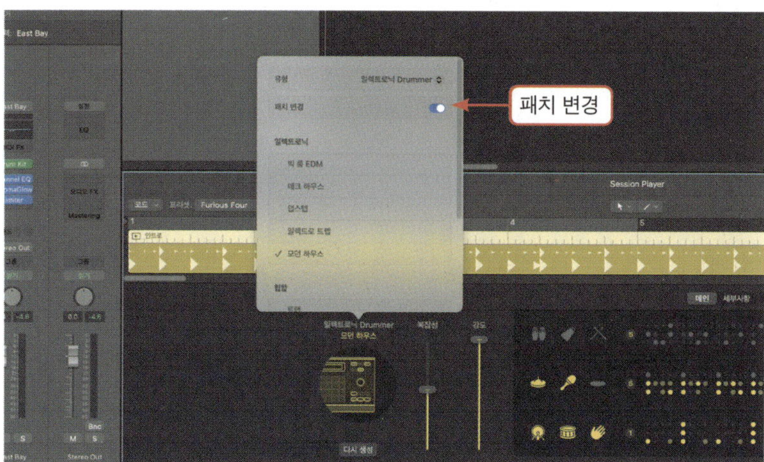

03 동일한 드러머라도 다시 생성 버튼을 클릭하면 연주 스타일을 새롭게 변형시킬 수 있습니다. 버튼을 누를 때마다 미세하게 다른 패턴의 연주를 실시간으로 제안하므로, 현재 리전의 느낌이 단조롭다면 이 기능을 통해 변형시켜봅니다.

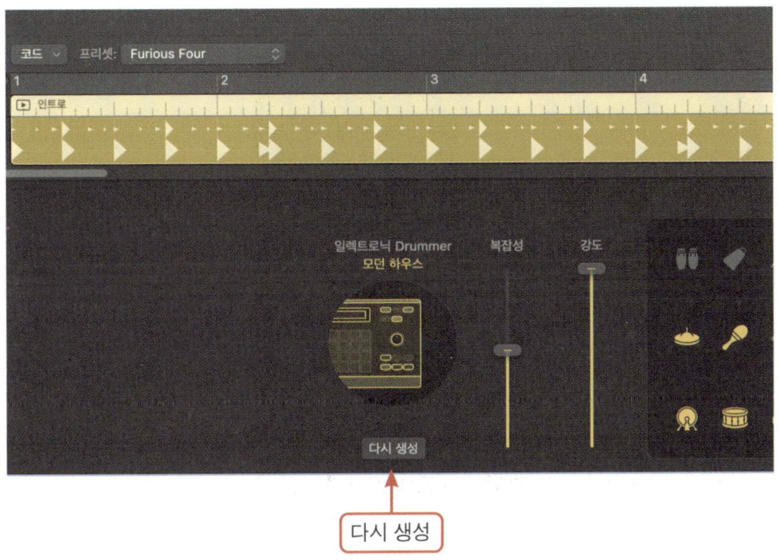

04 복잡성과 강도 슬라이드는 실제 연주자에게 "좀 더 심플하게 연주해 주세요" 혹은 "조금 더 파워풀하게 연주해 주세요"라고 요청하는 것과 같습니다. 이 노브를 조절함에 따라 드러머는 연주의 화려함과 타격의 세기를 실시간으로 변경하며 곡의 분위기에 맞춰 반응합니다.

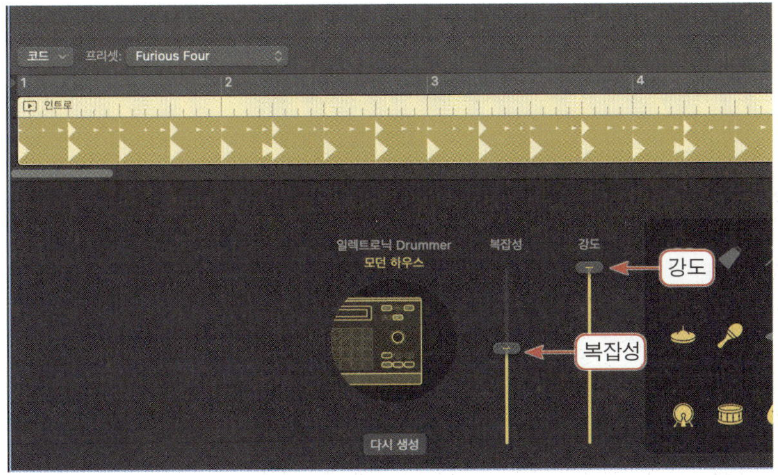

05 패턴 항목은 킥, 스네어, 하이햇, 심벌, 탐탐 등 개별 악기의 연주 패턴을 각각 독립적으로 변경할 수 있습니다. 특히 킥과 스네어의 경우, 다음의 리듬 따르기 기능을 활성화하면 코드나 연주 트랙의 리듬 패턴을 그대로 따라가게 설정할 수 있어 곡 전체의 리듬감을 하나로 일치시키기에 매우 유용합니다.

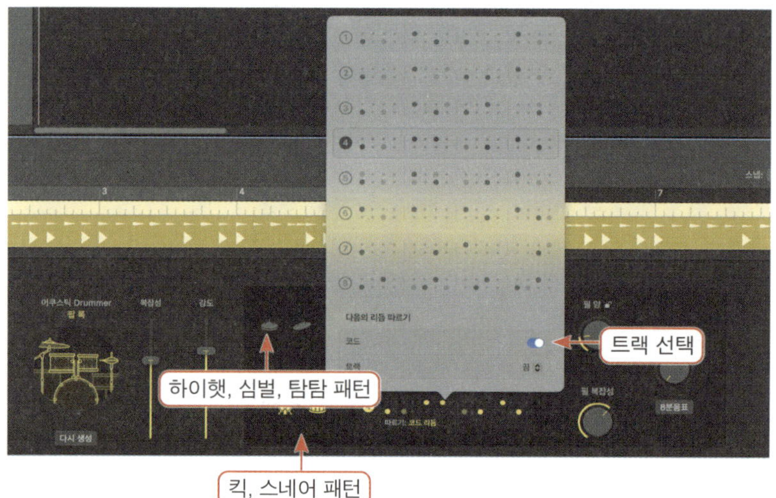

06 에디터 우측에서는 마디 끝의 화려함을 결정하는 필양과 복잡성, 리듬의 밀고 당기는 맛을 살려주는 스윙 노브를 제공합니다. 스윙 노브는 8비트나 16비트를 기준으로 연주를 미세하게 뒤로 밀어 독특한 그루브를 만들어냅니다. 이때 자물쇠 아이콘을 활성화하면, 다른 프리셋을 선택하더라도 현재 설정한 필인과 스윙 값을 그대로 유지할 수 있습니다.

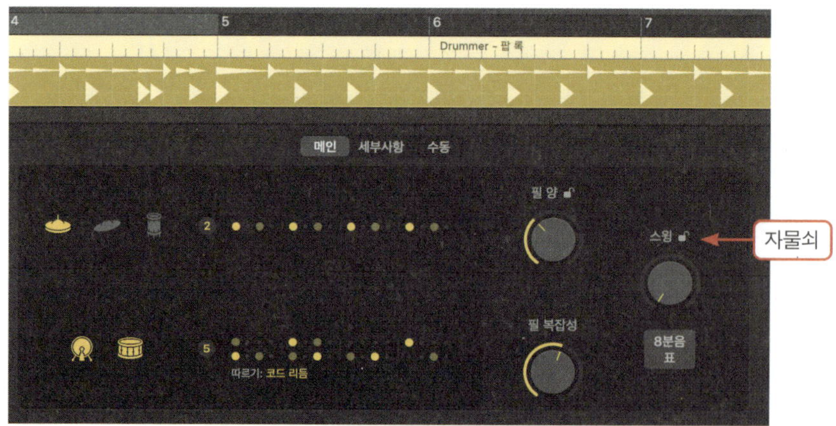

07 세부사항을 클릭하면 연주의 미세한 뉘앙스를 결정하는 추가 설정창이 열립니다.

● **고스트 노트**: 스틱을 가볍게 두드려 리듬감을 살리는 미세한 소리입니다. 값을 높일수록 연주가 더 섬세하고 풍성해집니다.

● **스네어**: 타격 방식을 선택합니다. 일반적인 중앙 타격, 테두리를 함께 치는 림샷, 스틱으로 테두리만 치는 사이드 스틱, 탐으로 대신 연주하는 옵션 중 선택할 수 있습니다.

● **퍼커션**: 곡의 리듬을 보조할 퍼커션을 선택합니다. 탬버린, 셰이커, 클랩 중 곡의 분위기에 맞는 종류를 골라 추가할 수 있습니다.

● **탐**: 필인 연주 시 사용되는 탐의 종류를 결정합니다. 자동, 하이, 미들, 로우 중 하나를 선택하여 필인의 무게감을 조절할 수 있습니다.

● **느낌**: 연주의 타이밍을 조절합니다. 당기기로 돌리면 박자보다 살짝 뒤로 당겨 여유로운 느낌을, 밀기로 돌리면 앞으로 밀어내어 긴장감 있는 느낌을 줍니다.

● **다이나믹스**: 연주의 최소/최대 강약 범위를 결정합니다. 이 폭이 넓을수록 아주 약한 소리부터 강한 소리까지 역동적인 연주가 가능해집니다.

● **템포**: 리듬의 속도감을 설정합니다. 기본 템포 외에 하프 타임(1/2배속) 이나 더블 타임(2배속) 을 선택하여 리듬의 밀도를 바꿀 수 있습니다.

● **휴머나이즈**: 일정한 비트를 미세하게 흔들어 기계적인 정확함 대신 실제 사람이 연주하는 듯한 자연스러운 불규칙함을 더해줍니다.

06 수동을 선택하면 사용자가 원하는 대로 연주 패턴을 직접 설계할 수 있습니다. 또한, 우측의 점 3개(...) 버튼을 클릭하면 현재 설정한 패턴을 복사하여 다른 리전에 붙여넣거나 설정을 초기화할 수 있는 관리 메뉴가 열려 작업의 연속성을 높여줍니다.

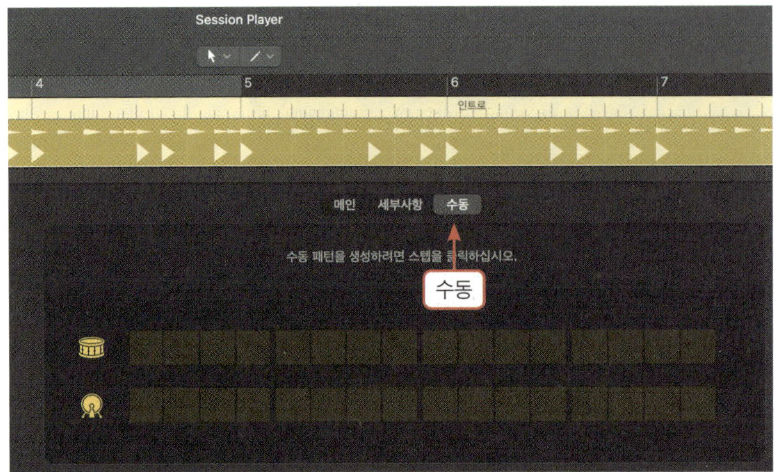

07 설정한 연주 스타일은 프리셋 메뉴의 저장 기능을 통해 사용자 전용 프리셋으로 등록할 수 있습니다. 또한, 프리셋을 처음 상태로 되돌리는 기본값 재호출 메뉴를 제공하며, 드러머 스타일을 바꿔도 현재 설정값은 그대로 유지할 수 있는 옵션도 함께 지원합니다.

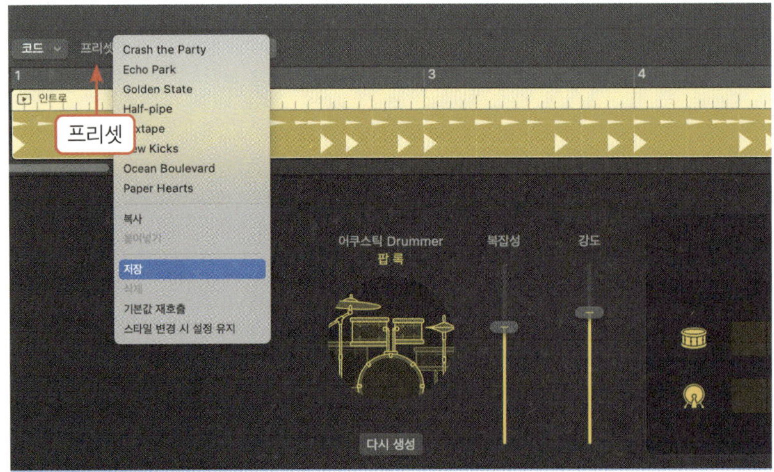

08 편집 중인 드럼 사운드는 미리 듣기 또는 Option+스페이스 바 키를 눌러 솔로로 모니터할 수 있습니다. 또한 눈금자를 더블 클릭하면 해당 위치에서 재생이나 정지를 빠르게 제어할 수 있어 작업의 효율을 높여줍니다.

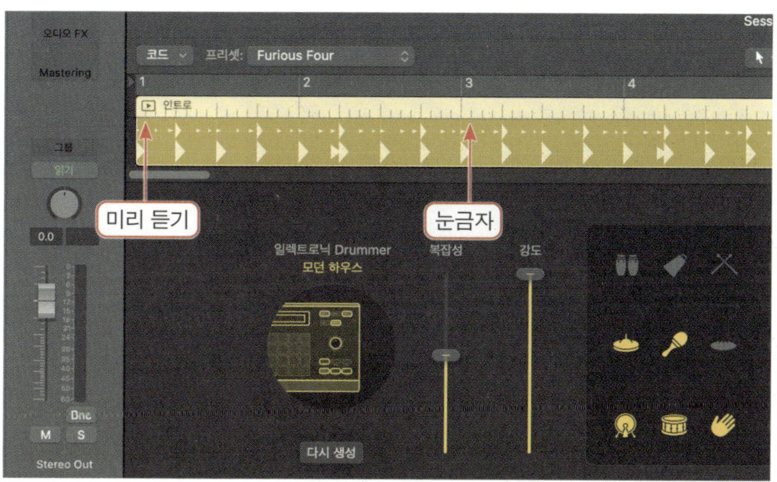

09 라이브러리 창의 드럼 아이콘이나 채널 스트립의 악기 슬롯을 클릭하면 실제 드럼 세트를 교체하듯 각 부품을 원하는 음색으로 재구성할 수 있는 Drum Kit Designer가 열립니다. 여기서 튜닝과 댐핑 등을 조절하여 곡에 딱 맞는 최적의 드럼 사운드를 직접 디자인할 수 있습니다.

Drum Kit Designer

01 드럼 키트에 포함된 각 악기를 클릭하면 해당 사운드를 개별적으로 들어볼 수 있습니다. 왼쪽에 나열된 다양한 드럼 모델 중에서 원하는 음색을 선택하여 현재 사용 중인 악기의 사운드를 손쉽게 변경할 수 있습니다.

02 오른쪽 Edit 영역에는 선택한 악기의 사운드를 조절할 수 있는 노브가 배치되어 있습니다. Tune은 음정을 조정하고, Dampen은 불필요한 오버톤을 줄여주며, Gain은 전체 볼륨을 조절하는 역할을 합니다.

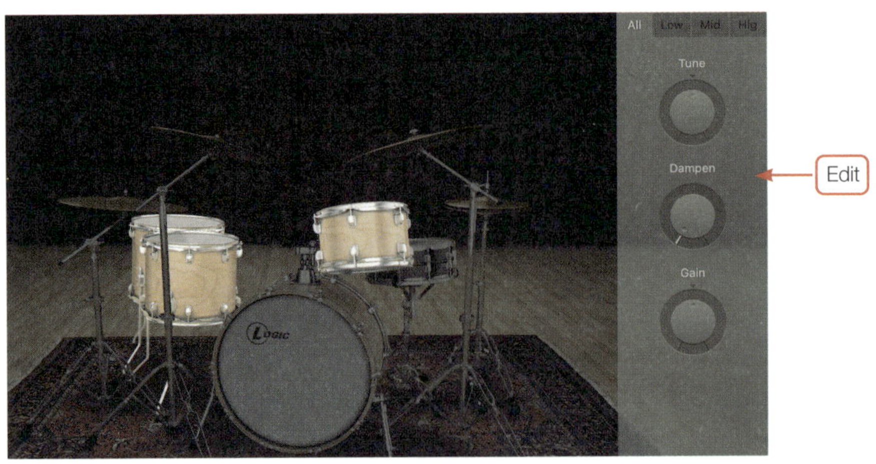

03 일반적으로 드럼은 각 악기를 개별적으로 조절하기 위해 멀티 트랙 방식으로 믹싱합니다. 패치 리스트 하단에 있는 Multi-Channel Kits에서 패치를 선택하면, 드러머 트랙이 멀티 아웃 으로 설정됩니다.

04 Multi-Channel Kits 패치를 선택하면 드러머 트랙이 서밍 트랙 구조로 변경되며, 킥, 스네 어, 하이햇 등 각 악기가 개별 채널로 분리되어 악기별로 믹싱 작업을 진행할 수 있게 됩니다.

05 Multi-Channel Kits을 사용하면 Leak, Overheads, Room 마이크 사운드를 함께 사용할 수 있는 옵션이 추가됩니다. Leak은 드럼 소리가 마이크에 자연스럽게 섞여 들어오는 현상을 재현한 것이며, Overheads는 드럼 전체를 위에서 수음한 마이크 사운드를 의미합니다. 또한 Room 마이크는 드럼이 연주되는 공간의 울림을 표현하며, A와 B 두 가지 스튜디오 환경을 시뮬레이션하여 서로 다른 공간감과 분위기를 선택할 수 있도록 제공합니다.

06 왼쪽 하단의 화살표 버튼을 클릭하면 확장 파라미터를 열거나 닫을 수 있습니다. 이 확장 영역에서는 드럼 맵을 선택할 수 있으며, Shaker, Tambourine, Claps, Cowbell, Sticks와 같은 퍼커션 요소의 레벨을 개별적으로 조절할 수 있습니다.

│ 일렉트로닉 드러머

01 드러머 유형은 기본적인 어쿠스틱 드럼뿐만 아니라 일렉트로닉 드러머와 타악기도 제공됩니다. 이러한 드러머 유형은 스타일 메뉴에서 자유롭게 변경할 수 있으며, 트랙을 생성할 때 표시되는 세부 사항 설정에서도 미리 선택할 수 있습니다.

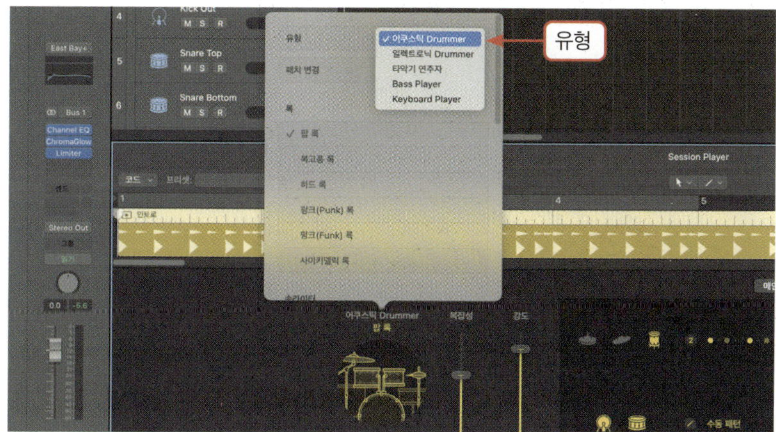

02 일렉트로닉 및 타악기 연주자의 편집 창은 어쿠스틱 드러머와 기본적인 구조가 크게 다르지 않습니다. 다만 각 악기별로 복잡성 범위를 개별 조절할 수 있고, 프레이즈에 변화를 줄 수 있는 슬라이더 등 보다 세밀한 조정 옵션이 제공된다는 차이점이 있습니다.

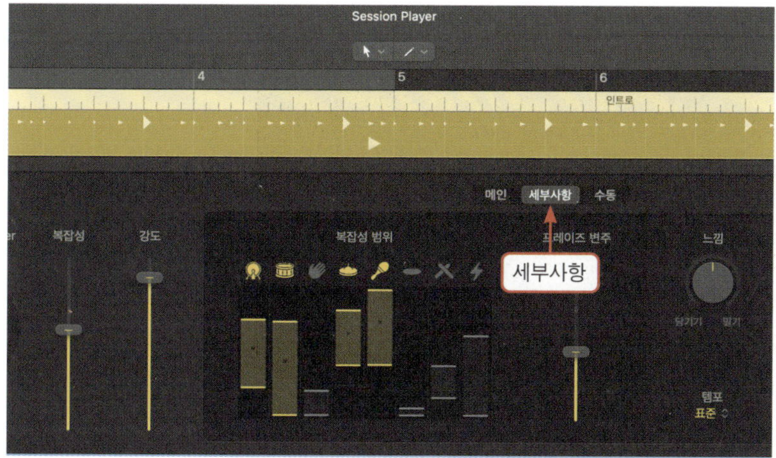

03 일렉트로닉 드러머는 드럼 머신 디자이너를 사용합니다. 이 기능을 활용하면 사용자가 원하는 오디오 샘플을 불러와 드럼 킷을 자유롭게 구성할 수 있어, 보다 개성 있는 리듬 사운드를 만들 수 있습니다.

▎타악기 드러머

01 타악기 연주자 트랙의 편집 창 역시 기본적인 구성은 크게 다르지 않습니다. 다만 이 경우에는 드럼 머신 디자이너 대신, 로직에서 제공하는 악기 중 최상급 샘플러인 Sampler를 사용한다는 점이 차이점입니다.

02 세션 플레이어에서 제공하는 편집 창만으로도 다양한 드럼 패턴을 만들 수 있지만, 보다 정밀한 연주 편집이 필요한 경우에는 MIDI 이벤트로 변환하여 직접 편집할 수 있습니다. 세션 플레이어 리전을 마우스 오른쪽 버튼으로 클릭하면 나타나는 단축 메뉴에서 변환의 MIDI 리전 으로 변환을 선택합니다.

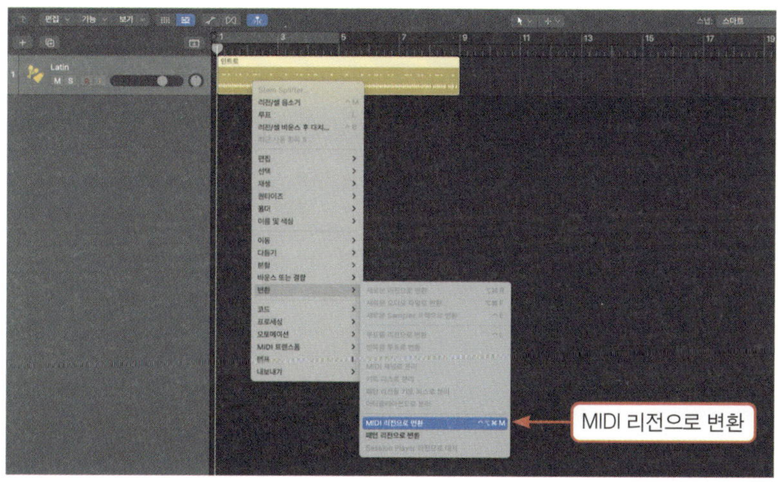

03 변환이 완료되면 세션 플레이어 리전은 일반 MIDI 리전으로 변경되며, 피아노 롤(Piano Roll) 편집기를 통해 각 노트를 직접 수정할 수 있습니다. 이 상태에서는 드럼의 타이밍, 벨로시 티, 길이 등을 세밀하게 조절할 수 있어 보다 의도적인 연주 표현이 가능합니다.

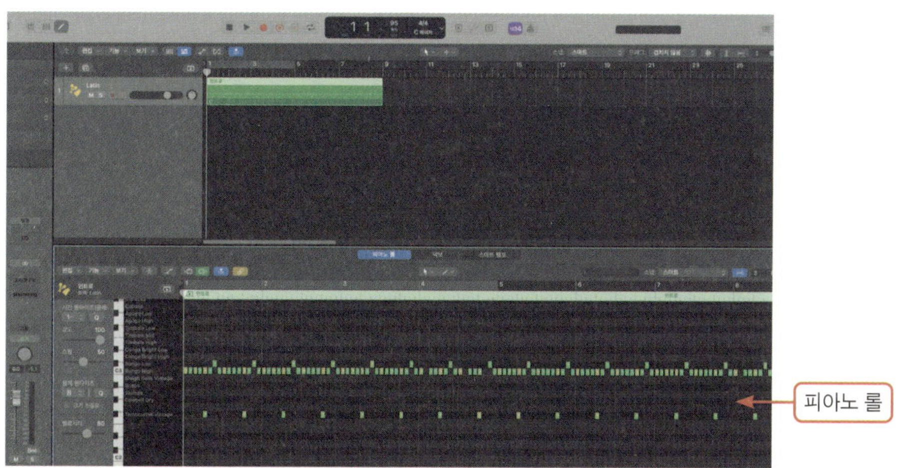

베이스 플레이어

베이스 및 키보드 플레이어는 자체적인 코드 패턴을 가질 수 있는데, 이를 리전 코드라고 합니다. 리전 코드는 코드 트랙과는 별개로 존재하며, 작업할 때는 보통 코드 트랙을 먼저 만들어 두고, 베이스 및 키보드 세션 플레이어의 리전이 코드 트랙을 따라 연주되도록 설정하는 것이 일반적입니다. 그러나 필요에 따라 리전 코드를 입력하여 코드 트랙과는 다른 리듬으로 연주되게 할 수도 있습니다. 이는 창의적인 음악 제작을 위한 유연한 선택 사항이며, 사용자의 취향과 작업의 목적에 따라 결정될 수 있습니다.

┃ 베이스 플레이어 추가하기

01 베이스 플레이어는 Session Player의 Bass Player를 선택하여 생성할 수 있습니다. 스타일에서는 일렉트릭 또는 신스플레이어를 선택할 수 있으며, 각 스타일은 서로 다른 연주 성향과 사운드를 제공하여 곡의 분위기와 장르에 맞는 베이스 라인을 손쉽게 구성할 수 있습니다.

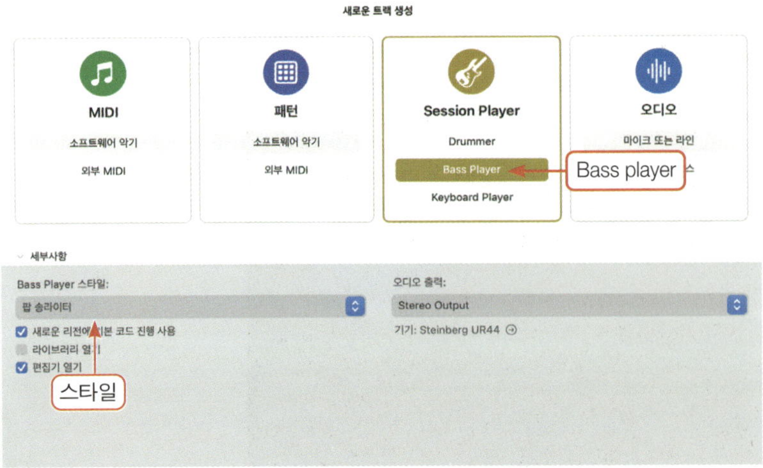

02 새로운 리전에 기본 코드 진행 사용 옵션을 체크하면 코드 트랙이 자동으로 생성되며, 옵션을 해제하면 코드 트랙은 생성되지 않습니다. 단, 이미 코드 트랙이 만들어져 있는 경우에는 해당 옵션의 사용 여부와 관계없이 기존 코드 트랙을 기준으로 연주됩니다.

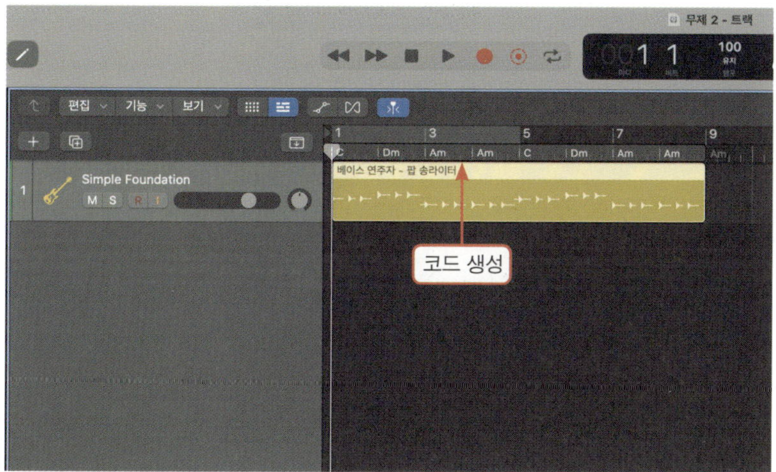

03 어쿠스틱 및 일렉트릭 스타일은 기본 악기로 Studio Bass를 사용하며, 신스 스타일은 Alchemy가 기본으로 설정됩니다. 필요에 따라 컨트롤 바의 라이브러리 버튼을 클릭하거나 Y 키를 눌러 라이브러리 창을 연 뒤, 원하는 프리셋을 선택하여 음색을 변경할 수 있습니다.

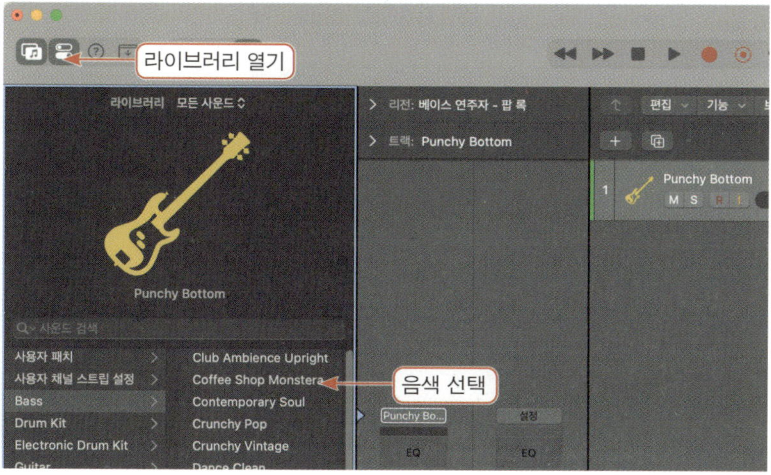

04 리전 오른쪽에 마우스를 올리면 + 버튼이 표시되며, 클릭하여 리전을 추가할 수 있습니다. 단, 이렇게 추가된 리전은 코드 트랙이 자동으로 반복되지 않습니다.

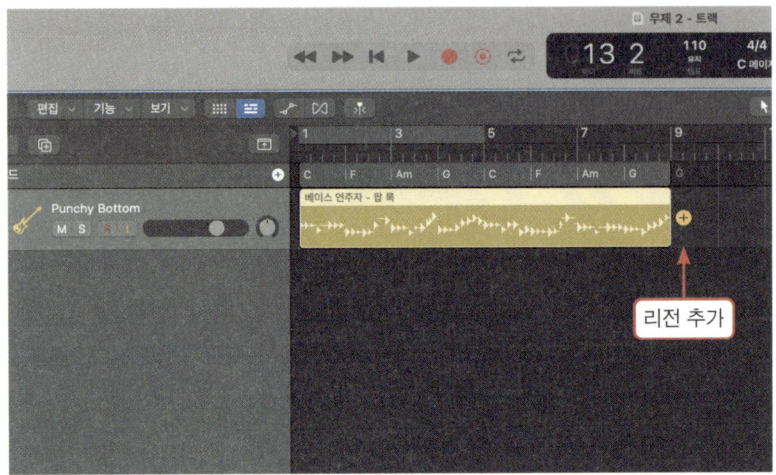

05 코드 트랙을 반복하려면 코드 그룹을 선택한 뒤 Command+R 키를 누릅니다. 이때 Shift 키를 사용해 리전과 코드 그룹을 함께 선택하면, 리전과 코드 트랙을 동시에 반복할 수 있어 작업이 더욱 편리합니다.

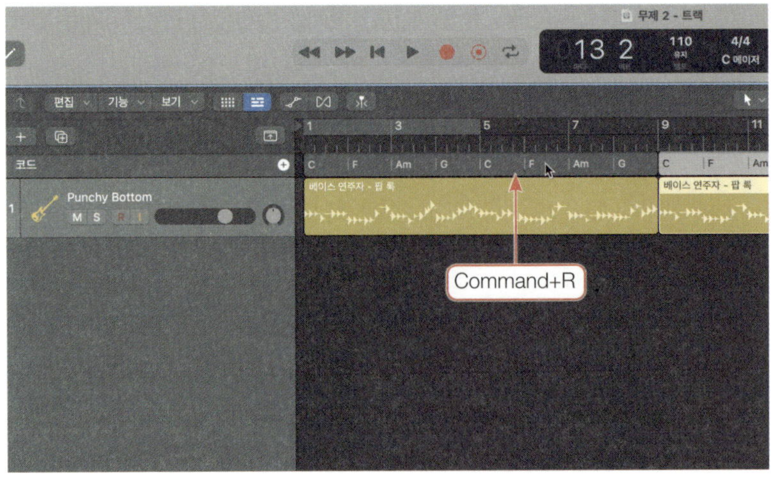

베이스 플레이어 편집 창

01 베이스 및 키보드 플레이어 리전은 코드 트랙과는 별도로 자체적인 코드 진행을 가질 수 있으며, 이를 리전 코드라고 합니다. 이러한 리전 코드는 세션 플레이어의 편집 창에 있는 코드 메뉴를 통해 생성하고 관리할 수 있습니다.

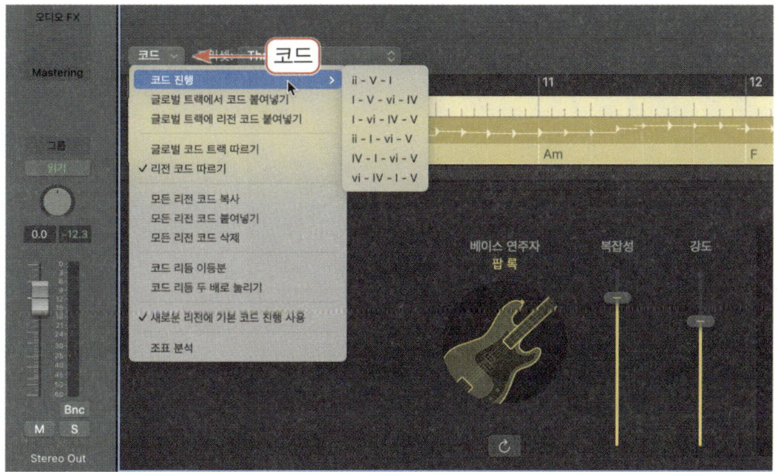

- **코드 진행** : 리전에 선택한 코드 진행을 생성합니다.
- **글로벌 트랙에서 코드 붙여넣기** : 코드 트랙의 코드를 리전에 적용합니다.
- **글로벌 트랙에 리전 코드 붙여넣기** : 리전 코드를 코드 트랙에 적용합니다.
- **글로벌 코드 트랙 따르기** : 코드 트랙으로 연주되게 합니다.
- **리전 코드 따르기** : 리전 코드로 연주되게 합니다.
- **모든 리전 코드 복사** : 리전 코드를 클립보드에 복사합니다.
- **모든 리전 코드 붙여넣기** : 클립보드에 복사된 코드를 붙여 넣습니다.
- **모든 리전 코드 삭제** : 리전 코드를 삭제합니다.
- **코드 리듬 이등분** : 한 마디 코드를 두 마디 길이로 늘립니다.
- **코드 리듬 두 배로 늘리기** : 한 마디 코드를 두 박자 코드로 줄입니다.
- **새로운 리전에 기본 코드 진행 사용** : 생성되는 리전에 기본 코드 진행을 사용합니다.
- **조표 분석** : 코드를 분석하여 조표를 결정하고 조표 및 박자표 트랙에 추가합니다.

02 도구를 사용하면 원하는 위치에 코드를 직접 입력하거나 편집할 수 있습니다. 연필 도구는 코드를 입력하고 수정할 때 사용하며, 포인터 도구는 코드의 위치를 이동하거나 더블 클릭을 통해 편집할 수 있습니다. 또한 지우개 도구를 사용하면 선택한 코드를 삭제할 수 있습니다.

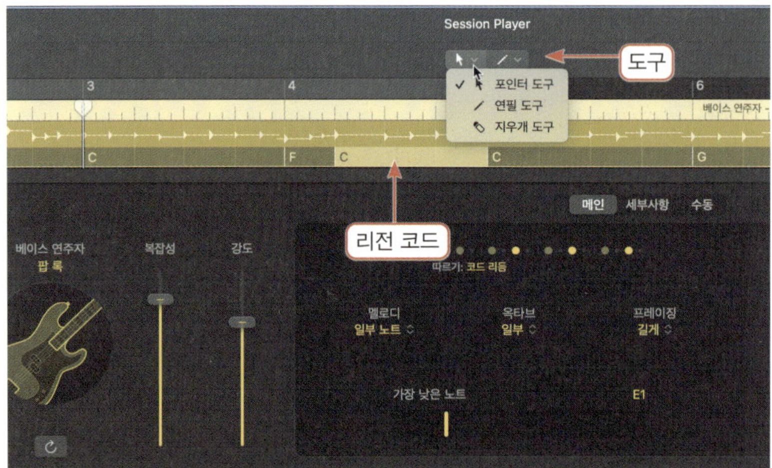

03 베이스 및 키보드 플레이어 리전의 파라미터에는 피치 소스 항목이 제공되어 연주가 코드 트랙을 따를지, 또는 리전 코드를 따를지를 선택할 수 있습니다. 이 설정은 리전 파라미터 창뿐만 아니라 리전을 마우스 오른쪽 버튼으로 클릭했을 때 나타나는 단축 메뉴의 코드 항목에서도 변경할 수 있습니다.

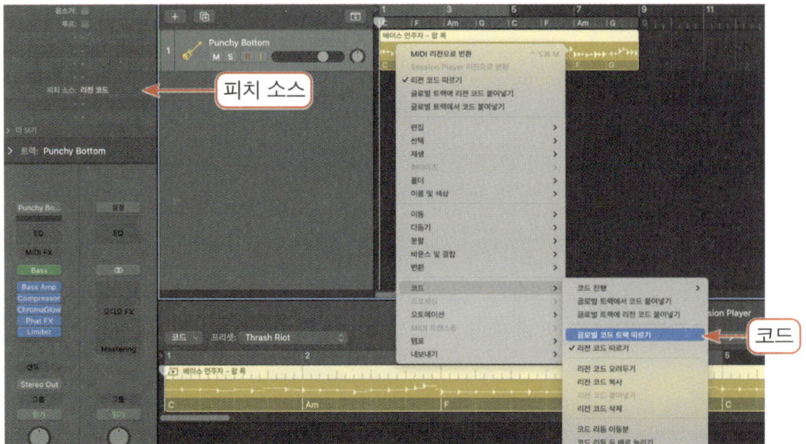

04 코드 메뉴에는 리전의 코드를 오리기, 복사하기, 붙여넣기 할 수 있는 서브 메뉴가 구성되어 있으며, 앞에서 살펴본 편집 창의 코드 메뉴와 동일한 기능을 제공합니다.

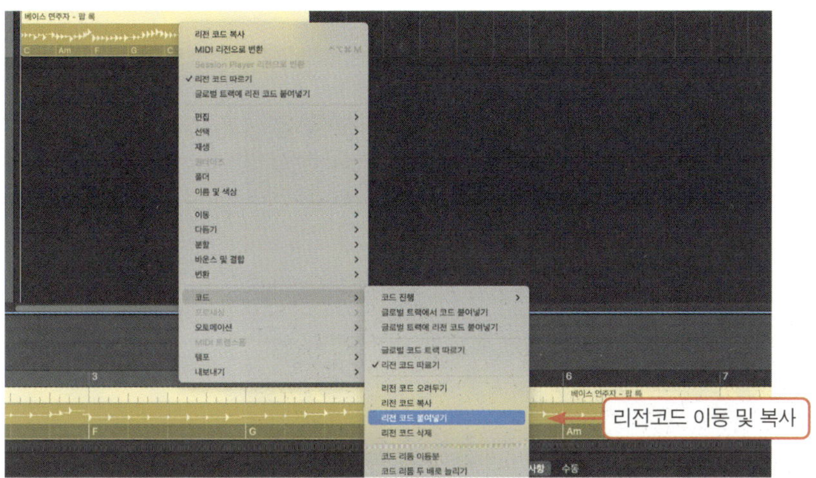

05 코드는 기본적으로 그룹으로 묶여 관리됩니다. 코드를 개별적으로 이동하거나 복사하는 등 세부 편집이 필요할 경우에는 단축 메뉴에서 코드 그룹화 해제를 선택하여 그룹을 나눌 수 있습니다. 이후 Shift 키로 여러 코드를 선택한 뒤 코드 그룹화 메뉴를 사용하면, 분리된 코드들을 다시 하나의 그룹으로 결합할 수 있습니다.

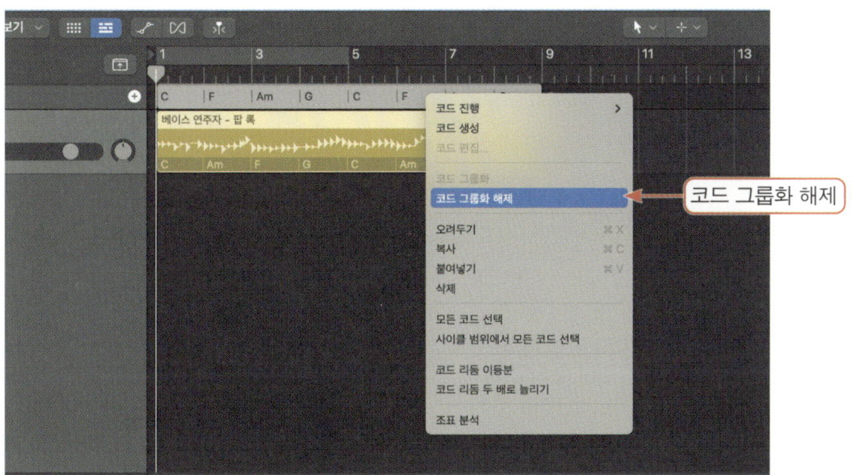

06 베이스 플레이어 편집 창의 메인 파라미터는 따르기, 멜로디, 옥타브, 프레이징, 음역 설정 등 연주의 전체적인 방향과 구조를 결정하는 항목들로 구성되어 있습니다. 이러한 파라미터를 통해 베이스 라인의 움직임과 역할을 설정할 수 있으며, 곡의 분위기와 스타일에 어울리는 기본적인 연주 성격을 만들어낼 수 있습니다.

● **멜로디:** 베이스 연주자가 재생할 노트의 성격을 결정합니다. 단순한 근음 위주의 연주부터 코드 톤을 활용한 보다 정교한 패시지까지 선택할 수 있으며, 사용 가능한 옵션은 선택한 스타일에 따라 다소 차이가 있습니다.

● **옥타브:** 옥타브 점프 연주가 발생하는 빈도와 확률을 설정합니다. 값이 높을수록 베이스 라인이 보다 역동적으로 변화합니다.

● **프레이징:** 노트를 얼마나 길게 연주할 수 있는지를 제한하여 전체 베이스 퍼포먼스의 프레이징과 리듬감을 결정합니다.

● **가장 낮은 노트:** 베이스 연주자가 연주할 수 있는 최저 음을 설정하여 음역대를 제어합니다.

07 세부사항에는 실제 베이스 연주에서 나타나는 다양한 표현과 뉘앙스를 조절하는 항목들로 구성되어 있습니다. 데드 노트, 슬라이드, 픽업 히트와 같은 옵션을 활용하면 연주에 자연스러운 변화를 더할 수 있으며, 이를 통해 보다 현실적이고 생동감 있는 베이스 퍼포먼스를 구현할 수 있습니다.

- **데드 노트** : 피치가 없는 퍼커시브 노트가 연주되는 빈도를 조절합니다.
- **픽업 히트** : 두 번째와 네 번째 박자에서 손바닥으로 현을 치는 퍼커시브 연주를 추가합니다.
- **슬라이드** : 노트 사이 또는 노트 시작 전에 슬라이드가 발생하는 빈도를 조절합니다.
- **근음 정렬** : 코드 진행에 따라 베이스 연주자가 근음에 더 가까운 음을 선택하도록 유도합니다.
- **음소거 오프셋** : 노트의 음소거 정도를 조정합니다. 이는 Studio Bass 플러그인의 음소거 슬라이더에 적용되는 오프셋 값으로, 0으로 설정하면 음소거 오프셋이 적용되지 않습니다.
- **동적 음소거** : 주변 음과 연주의 흐름을 기준으로 음소거가 자동으로 조절되도록 합니다.

※ 일부 스타일에서는 퍼포먼스 아티큘레이션을 보완하기 위한 추가 옵션이 제공됩니다.

〈모던 R&B, 복고풍 록, 팝 송라이터〉
- **더블 스톱** : 두 개의 음이 동시에 연주되는 더블 스톱의 발생 확률을 조절합니다.

〈모던 R&B〉

● **레이드 백** : 비트의 마지막 8분음표를 뒤로 밀어 연주하여 레이드 백 느낌을 만듭니다.

〈복고풍 록, 루트 업라이트〉

● **블루 노트** : 메이저 코드 진행에서 쿼터톤 슬라이드를 사용해 마이너 3도로 벤딩하는 블루 노트 표현을 추가합니다.

〈루트 업라이트〉

● **슬랩** : 퍼커시브한 슬랩 주법이 사용될 확률을 조절합니다.

08 슬라이드 탭은 신스 베이스에서 노트와 노트가 어떻게 연결되고 이동하는지를 조절하는 영역으로 베이스의 미끄러지는 느낌이나 타이트한 어택감을 만드는 역할을 합니다. 특히, 808 베이스나 일렉트로닉 음악에서 연주의 성격을 결정하는 핵심 파라미터들이 모여 있습니다.

● **레가토**: 노트 사이가 얼마나 부드럽게 이어질지를 결정합니다. 값을 높이면 이전 노트가 끊기지 않고 다음 노트로 자연스럽게 이어지며, 낮추면 각 노트가 분리되어 보다 또렷한 리듬감을 갖게 됩니다. 슬라이드가 많은 베이스나 부드러운 멜로디 라인에는 높은 값이 명확한 리듬이 필요한 시퀀스 베이스에는 낮은 값이 어울립니다.

● **커브:** 슬라이드가 진행되는 속도의 형태를 조절합니다. 값이 낮을수록 슬라이드가 천천히 시작해 빠르게 도착하며, 값이 높을수록 빠르게 시작해 천천히 마무리됩니다. 같은 슬라이드라도 Curve 설정에 따라 부드럽게 밀려오는 느낌이나 급격히 튀는 느낌을 만들 수 있습니다.

● **시작:** 슬라이드가 언제 시작되는지를 결정합니다. 값을 낮게 설정하면 노트 시작과 거의 동시에 슬라이드가 발생하고, 값을 높이면 노트가 어느 정도 유지된 뒤 슬라이드가 시작됩니다. 이를 통해 음을 먼저 찍고 나중에 미끄러지는 듯한 연출도 가능합니다.

● **슬라이드 시간:** 한 음에서 다음 음으로 이동하는 데 걸리는 시간을 설정합니다. 짧게 설정하면 빠르고 타이트한 슬라이드가 되고, 길게 설정하면 느리고 부드러운 포르타멘토 효과가 강조됩니다. 808 스타일처럼 늘어지는 베이스에는 긴 값이, 리듬이 분명한 일렉트로닉 베이스에는 짧은 값이 적합합니다.

● **정도:** 슬라이드 효과가 적용되는 강도와 빈도를 조절합니다. 값을 낮추면 슬라이드가 제한적으로 사용되고, 값을 높이면 대부분의 노트에서 슬라이드가 적극적으로 적용됩니다. 슬라이드를 포인트로만 사용하고 싶을 때는 낮게, 강한 캐릭터의 신스 베이스를 만들고 싶을 때는 높게 설정하는 것이 좋습니다.

... 점 3개로 표시된 메뉴 버튼을 클릭하면 접근할 수 있는 추가 설정 항목입니다. 이 메뉴를 통해 슬라이드와 피치 동작의 세부적인 작동 방식을 조절할 수 있습니다.

● **모드:** 슬라이드가 어떤 방식으로 동작할지를 결정합니다. 설정에 따라 슬라이드가 항상 적용되도록 하거나 특정 조건에서만 작동하도록 제한할 수 있어 연주의 캐릭터를 조절할 수 있습니다.

● **MIDI 모노 모드:** MIDI 입력이나 내부 연주 처리 시 모노포닉 동작 방식을 정의합니다. 이 옵션을 사용하면 한 번에 하나의 노트만 발음되도록 제한되어, 실제 아날로그 신스나 모노 신스 베이스와 유사한 연주 감각을 얻을 수 있습니다.

● **피치 벤드 범위:** 피치 벤드 휠이나 자동 슬라이드가 위아래로 이동할 수 있는 피치 변화의 최대 범위를 설정합니다. 값은 세미톤 단위로 지정되며, 범위를 넓히면 보다 과감한 피치 이동이 가능하고, 좁히면 섬세하고 안정적인 슬라이드 표현을 만들 수 있습니다.

09 LFO 탭은 주기적인 변화를 만들어 사운드에 움직임과 생동감을 더하는 역할을 합니다.
각 항목은 이 변화를 어떻게, 얼마나, 어떤 느낌으로 적용할지를 결정합니다.

● **파형**: LFO의 변화 형태를 결정합니다. 사인파는 부드럽고 자연스러운 변화를 만들어 비브라토나 은은한 모듈레이션에 적합하고, 삼각파는 일정한 속도로 상승과 하강을 반복해 균형 잡힌 움직임을 제공합니다. 사각파는 값이 갑자기 전환되는 특성 때문에 온·오프처럼 뚜렷한 변화를 만들며, 리드미컬하거나 게이트 같은 효과에 자주 사용됩니다. 톱니파는 한 방향으로 급격히 변화하는 느낌을 주고, 랜덤 파형은 예측할 수 없는 불규칙한 변화를 만들어 보다 실험적인 사운드를 연출합니다.

● **Phase**: LFO가 어느 지점에서 시작할지를 설정합니다. 같은 LFO 설정이라도 위상을 조절하면 모듈레이션이 시작되는 타이밍이 달라지며, 여러 트랙이나 여러 LFO를 함께 사용할 때 움직임이 서로 어긋나거나 맞물리도록 만들어 입체적인 사운드를 구성할 수 있습니다.

● **Symmetry**: LFO 파형의 균형을 조절하는 파라미터입니다. 기본값에서는 상승과 하강이 동일한 비율로 유지되지만, Symmetry를 조절하면 한쪽 구간이 더 길어지거나 짧아져 비대칭적인 움직임을 만들 수 있습니다. 이를 통해 일정한 반복 패턴에 미묘한 변형을 주거나 보다 그루브감 있는 모듈레이션을 연출할 수 있습니다.

● **속도**: LFO가 한 사이클을 반복하는 속도를 설정합니다. 값이 낮을수록 변화가 천천히 일어나 부드럽고 완만한 움직임을 만들며, 값이 높을수록 빠르고 진동감 있는 효과가 나타납니다. 트레몰로나 비브라토처럼 느껴지는 속도감은 이 파라미터의 영향을 크게 받습니다.

● **동기화**: LFO의 동작 기준을 무엇에 맞출지 결정합니다. 비트로 설정하면 프로젝트 템포에 동기화되어 1/4, 1/8, 1/16 노트와 같은 음악적인 단위로 변화가 발생해 리듬과 자연스럽게 어우러집니다. 리전이나 코드 기준은 해당 음악 구조에 맞춰 LFO가 동작하도록 하며, 무료는 템포와 무관하게 Hz 단위로 작동합니다. 무작위 옵션을 사용하면 반복되지 않는 변화를 만들어 보다 유기적인 움직임을 추가할 수 있습니다.

● **정도**: LFO가 대상 파라미터에 얼마나 큰 영향을 미칠지를 조절합니다. 낮게 설정하면 미세한 흔들림만 더해지고, 높게 설정하면 변화 폭이 커져 효과가 분명하게 드러납니다. 과도하게 설정할 경우 사운드가 불안정하거나 과장되게 들릴 수 있으므로, 곡의 분위기에 맞춰 조절하는 것이 중요합니다.

... 점 3개로 표시된 메뉴 버튼을 클릭하면 추가 설정 항목이 나타납니다.

● **CC 대상**: LFO가 어느 MIDI CC에 영향을 미칠지를 지정합니다. 예를 들어 필터 컷오프, 레조넌스, 볼륨, 패닝 등 특정 컨트롤을 선택하면, LFO가 자동으로 해당 대상의 값을 변조합니다.

● **오프셋**: LFO 변화의 시작 지점을 설정합니다. 값을 변경하면 LFO 파형이 시작하는 위치가 바뀌어 같은 속도와 파형이라도 변조가 다른 타이밍에서 시작되도록 조정할 수 있습니다.

● **벨로시티**: 노트의 세기에 따라 LFO의 영향력을 조절합니다. 세게 눌렀을 때는 LFO가 강하게 적용되고, 약하게 눌렀을 때는 영향이 줄어들어 보다 표현력 있는 변조를 만들 수 있습니다.

● **노트 길이**: 노트 길이가 LFO에 적용되는 시간을 조절합니다. 긴 노트일수록 충분히 반영되어 자연스러운 모듈레이션을 구현할 수 있습니다.

Stduio Bass

베이스 플레이어 트랙의 기본 악기는 실제 연주의 아티큘레이션을 사실적으로 표현할 수 있는 Studio Bass입니다. 파라미터 구성은 Classic, Rock, Modern 등 선택한 모델에 따라 조금씩 다르며, 각 스타일에 맞는 연주 표현을 세밀하게 조정할 수 있도록 설계되어 있습니다.

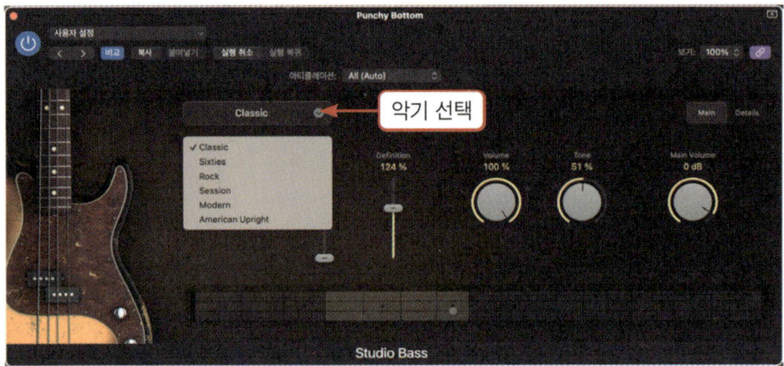

공동 파라미터

- **Playing Style**: 베이스 악기의 연주 스타일을 선택합니다. (American Upright 제외)

  Finger : 손가락으로 베이스를 연주합니다.

  Pick : 피크를 사용하여 베이스를 연주합니다.

  Slap : 펑키한 슬랩 주법으로 연주합니다. 슬랩 스타일은 Classic 및 Modern 베이스 악기에서만 사용할 수 있습니다.

- **Last Played**: 가장 최근에 사용된 아티큘레이션을 표시합니다. 상단의 아티큘레이션 항목에 표시된 내용과는 다른 항목이 나타날 수 있습니다.

- **Mute**: 베이스 스트링이 음소거되는 정도를 조절합니다. (American Upright 제외)

- **Definition**: 스트링의 트랜지언트 어택(어택감) 레벨을 조절합니다. (American Upright 제외)

- **Main Volume**: 악기의 전체 출력 레벨을 설정합니다.

Classic 파라미터

Classic 모델은 초기 컨트리 및 록 음악의 녹음에서 들을 수 있는 빈티지 일렉트릭 베이스 사운드를 기반으로 합니다.

- Volume: 픽업의 볼륨을 설정합니다.
- Tone: 픽업의 톤을 조절하여 사운드의 밝기와 질감을 설정합니다.

Sixties 파라미터

Sixties 모델은 플랫와운드 스트링을 사용한 할로우 바디 베이스로 풍부하고 부드러운 라운드 톤이 특징입니다.

- Neck Volume: 넥 픽업의 볼륨을 설정합니다.
- Bridge Volume: 브리지 픽업의 볼륨을 설정합니다.
- Rhythm: 저역대가 강조된 사운드를 재생합니다.
- Solo: 고역대가 강조된 사운드를 재생합니다.
- Bass: 저역대의 양을 조절합니다.
- Treble: 고역대의 양을 조절합니다.

Rock 파라미터

Rock 모델은 힘 있고 공격적인 사운드와 풍부한 배음이 특징인 베이스 사운드 모델입니다. 록, 팝, 얼터너티브 등 강한 존재감이 필요한 곡에 잘 어울립니다.

- Neck Volume: 넥 픽업의 볼륨을 설정합니다.
- Bridge Volume: 브리지 픽업의 볼륨을 설정합니다.
- Neck Tone: 넥 픽업의 톤을 조절합니다.
- Bridge Tone: 브리지 픽업의 톤을 조절합니다.
- Pickup: 베이스에서 사용할 픽업 구성을 선택합니다.

Neck : 넥 픽업의 사운드만 출력됩니다. 부드럽고 두터운 톤이 특징입니다.

Both : 넥 픽업과 브리지 픽업의 사운드를 혼합하여 출력합니다. 균형 잡힌 톤을 얻을 수 있습니다.

Bridge : 브리지 픽업의 사운드만 출력됩니다. 선명하고 공격적인 톤이 특징입니다.

Stereo : 넥 픽업은 왼쪽 채널, 브리지 픽업은 오른쪽 채널로 각각 출력됩니다.

Dual Mono 모드의 플러그인을 사용하면 각 채널에 서로 다른 이펙트를 적용하여 보다 입체적인 사운드 디자인이 가능합니다.

Session 파라미터

Session 모델은 넥 픽업과 브리지 픽업을 자유롭게 혼합할 수 있는 구조를 갖춘 스튜디오용 베이스로, 장르에 구애받지 않고 다양한 톤을 만들 수 있는 것이 특징입니다. 팝, R&B, 재즈, 미디엄 템포 곡 등 폭넓은 음악 스타일에 잘 어울립니다.

- **Neck Volume:** 넥 픽업의 볼륨을 설정합니다. 소리를 두껍고 부드럽게 만드는 역할을 합니다.
- **Bridge Volume:** 브리지 픽업의 볼륨을 설정합니다. 또렷한 어택을 강조할 수 있습니다.
- **Tone:** 픽업의 톤을 조절합니다. 고역 성분을 조절하여 밝거나 어두운 음색을 만들 수 있습니다.

Modern 파라미터

Modern 모델은 험버커 픽업과 2-Band EQ를 결합한 구조로 타이트하고 선명하면서도 폭넓은 사운드 조절이 가능한 현대적인 베이스입니다. 팝, 모던 R&B, 힙합, EDM 등 깔끔하고 정돈된 저역이 필요한 장르에 잘 어울립니다.

- **Volume:** 픽업의 전체 볼륨을 설정합니다.
- **Bass:** 저역 주파수를 높이거나 낮춥니다. 사운드의 두께와 묵직함을 조절할 수 있습니다.
- **Treble:** 고역 주파수를 높이거나 낮춥니다. 어택과 선명도를 조절하는 데 사용됩니다.

American Upright 파라미터

American Upright 모델은 풍부하고 자연스러운 울림을 가진 어쿠스틱 업라이트 베이스 사운드를 재현한 악기입니다. 재즈, 블루스, 어쿠스틱 팝 등에서 따뜻하고 클래식한 분위기를 표현하는 데 적합하며, 시대를 초월한 베이스 톤이 특징입니다.

- **Growl:** 지판에서 스트링이 공명하면서 생성되는 배음의 볼륨을 조절합니다. 값을 높일수록 거칠고 살아 있는 업라이트 특유의 질감이 강조됩니다.
- **Growl Attack:** 그로울 사운드가 들리기까지 걸리는 시간을 조절합니다. 노트가 길수록 그로울 어택은 느려지고, 노트가 높을수록 그로울 어택은 더 빠르게 나타납니다.
- **Noises:** 연주 강도와 연주되는 노트를 기준으로 악기에서 발생하는 자연스러운 노이즈의 발생 확률을 조절합니다.

이 파라미터는 Details 페이지에 있는 Rattles, Releases, Handling 파라미터를 하나로 묶은 서브 믹스 컨트롤로 값을 높일수록 실제 연주에 가까운 질감이 추가됩니다.

Studio Bass의 Details 보기에서는 노트 사이에서 발생하는 포르타멘토 슬라이드의 타이밍을 조절하거나 연주 시 나타나는 베이스 고유의 음질과 질감을 세밀하게 설정할 수 있는 다양한 파라미터를 제공합니다. 이를 통해 연주의 표현력을 한층 더 높이고, 실제 베이스 연주에 가까운 자연스러운 뉘앙스를 구현할 수 있습니다.

Portamento 파라미터

Portamento 파라미터는 노트와 노트 사이를 미끄러지듯 연결하는 슬라이드 동작의 성격을 조절합니다. 베이스 연주의 자연스러운 이동감과 표현력을 설정하는 데 사용됩니다.

● **Portamento:** 하나의 노트에서 다음 노트로 이동하는 데 걸리는 시간을 설정합니다. 값을 높일수록 슬라이드가 느리고 길어지며, 낮출수록 빠르게 이동합니다.

● **Tempo Sync:** 켜면 포르타멘토 시간이 밀리초(ms)가 아닌 노트 길이 값을 기준으로 설정됩니다. 곡의 템포에 맞춰 슬라이드 타이밍을 정확하게 맞추고 싶을 때 유용합니다.

Noise 파라미터

Noise 파라미터는 베이스 연주 시 자연스럽게 발생하는 부가적인 소리를 조절하는 항목입니다. 이러한 노이즈를 적절히 사용하면 연주가 더욱 사실적이고 생동감 있게 들립니다.

일렉트릭 베이스

● **Scrapes:** 스트링을 피크로 긁을 때 발생하는 사운드의 볼륨을 설정합니다. 이 컨트롤은 Main 보기의 Playing Style이 Pick으로 설정된 경우에만 사용할 수 있습니다.

● **String Noise:** 스트링 위에서 손가락이 움직일 때 발생하는 사운드의 볼륨을 설정합니다.

● **Hum & Hiss:** 전기 회로에서 발생하는 험(hum)과 히스(hiss) 노이즈의 볼륨을 설정합니다.

- Release Noise: 손가락으로 노트를 멈출 때 발생하는 사운드의 볼륨을 설정합니다.

American Upright

아래 파라미터들은 개별적으로 조절되지만, 최종 출력은 합쳐져 Main 보기의 Noises 파라미터로 전체 레벨이 제어됩니다.

- Rattles: 업라이트 베이스 특유의 공명과 진동으로 인해 발생하는 사운드의 볼륨을 설정합니다.
- Releases: 손가락이 노트를 감쇠할 때 발생하는 사운드의 볼륨을 설정합니다.
- Handling: 연주 중 손이나 악기의 위치 이동에서 발생하는 사운드의 볼륨을 설정합니다.

Pitch, Voice Mode 및 Open String 파라미터

이 파라미터들은 베이스 연주의 피치 변화 방식, 동시 발음 방식, 그리고 개방 스트링의 사용 여부를 제어하여 연주의 자연스러움과 현실감을 조절합니다.

- Pitchbend Up: 피치를 위쪽으로 휘어 올릴 수 있는 최대 범위를 세미톤 단위로 설정합니다.
- Pitchbend Down: 피치를 아래쪽으로 휘어 내릴 수 있는 최대 범위를 세미톤 단위로 설정합니다.
- Voice Mode: 악기가 동시에 재생할 수 있는 노트의 방식을 선택합니다.
- Polyphonic: 여러 개의 노트를 동시에 재생할 수 있습니다. 코드 연주나 더블 스톱 표현에 적합합니다.
- Monophonic: 한 번에 하나의 노트만 재생합니다. 일반적인 베이스 연주 방식에 가깝습니다.
- Mono per String: 각 스트링당 하나의 노트만 재생할 수 있으며, 최대 4개의 노트로 제한됩니다. 실제 베이스의 스트링 구조를 가장 사실적으로 재현합니다.
- Open Strings: 개방 스트링의 노트를 어떻게 사용할지를 설정합니다.
- Use: 현재 재생 위치 근처에 있는 경우 개방 스트링 노트를 사용합니다.
- Avoid: 가능한 경우 개방 스트링 노트를 사용하지 않습니다.
- Prefer: 사용 가능한 경우 개방 스트링 노트를 우선적으로 사용합니다.

- Mute Controller 파라미터: MIDI 컨트롤러를 지정하여 Main 보기의 Mute 파라미터를 실시간으로 조절할 수 있습니다. 이를 통해 연주 중 음소거 정도를 다이내믹하게 변화시킬 수 있으며, 보다 표현력 있는 베이스 퍼포먼스를 만들 수 있습니다. (American Upright 제외)

키보드 플레이어

키보드 플레이어는 실제 키보드 연주자를 섭외해 녹음하는 것과 유사한 방식으로, MIDI를 직접 입력하지 않아도 자동으로 키보드 연주를 생성하고 조정할 수 있는 기능입니다. 이를 통해 음악 작업을 보다 빠르고 효율적으로 진행할 수 있으며, 연주 스타일과 세부 표현을 직관적으로 설정할 수 있습니다. 또한 드럼이나 베이스와 같은 다른 세션 플레이어와 자연스럽게 어우러져 곡의 완성도를 높일 수 있어, 음악 제작이 처음인 초보자도 부담 없이 자신만의 음악을 만들어갈 수 있는 장점을 제공합니다.

키보드 플레이어 추가하기

01 키보드 플레이어는 Session Player의 Keyboard를 선택하여 생성할 수 있습니다. 연주자 스타일에서는 피아노 또는 신스 플레이어를 선택할 수 있으며, 각 스타일은 서로 다른 연주 성향과 사운드를 제공하여 곡의 분위기와 장르에 맞는 키보드 연주를 쉽게 구성할 수 있습니다.

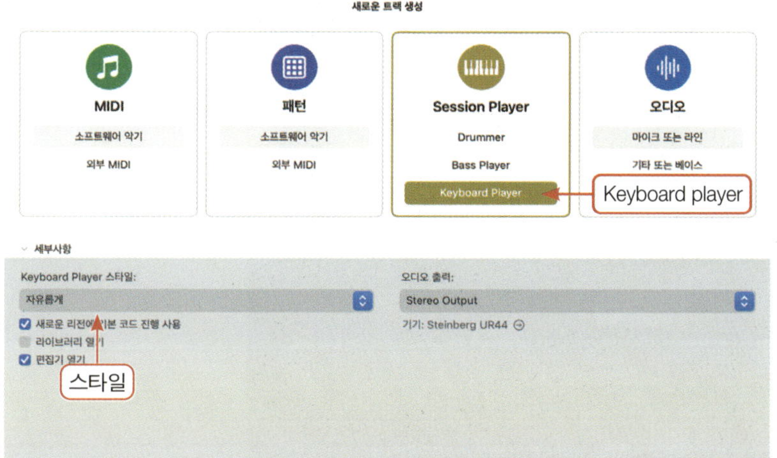

02 키보드 플레이어 트랙을 생성하면 8마디 길이의 피아노 연주 패턴이 포함된 리전과 함께 코드 트랙이 자동으로 만들어집니다. 또한 화면 하단에는 연주 스타일과 연주 성격을 조절할 수 있는 키보드 플레이어 에디터 창이 열려, 연주를 즉시 변경하고 다듬을 수 있습니다.

03 키보드 플레이어 트랙의 기본 악기는 Studio Piano이며, 연주자 스타일을 신스로 선택한 경우에는 Alchemy가 기본 악기로 사용됩니다. 음색은 컨트롤 바의 라이브러리 버튼을 클릭하거나 Y 키를 눌러 라이브러리 창을 연 뒤, 원하는 프리셋을 선택하여 변경할 수 있습니다.

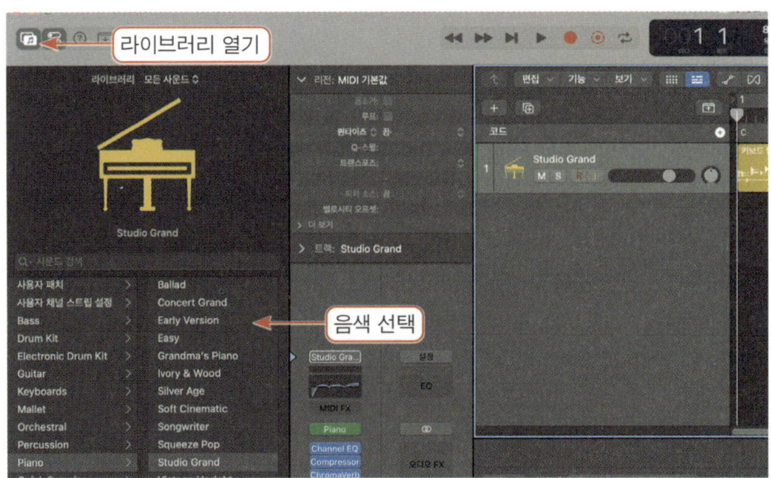

04 트랙을 만들기 전에 편곡 트랙을 먼저 생성한 경우, 각 섹션에 맞춰 모든 리전이 자동으로 생성됩니다. 다만, 이 경우 기본 코드는 자동으로 입력되지 않으므로 수동으로 추가해야 합니다. 기본 코드는 리전을 마우스 오른쪽 버튼으로 클릭하여 열리는 단축 메뉴에서 코드 생성을 선택해 마커를 만든 뒤, 다시 단축 메뉴의 코드 진행을 선택하여 입력할 수 있습니다.

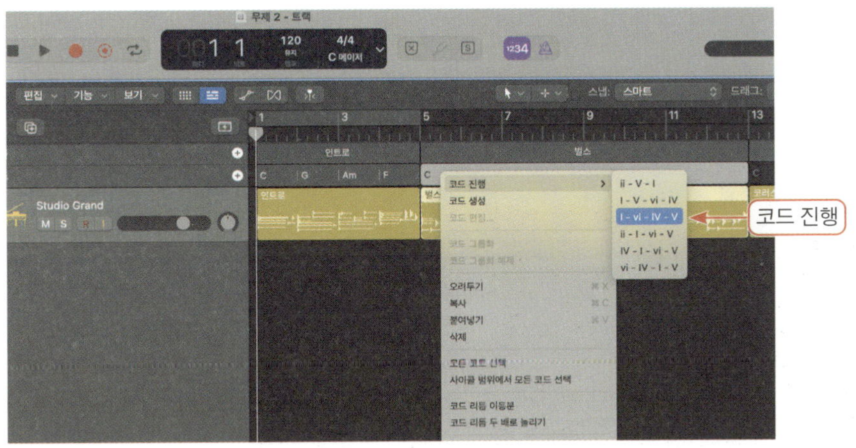

05 세션 플레이어의 드러머, 베이스, 키보드는 기본적으로 리전의 마지막 마디에서 필인이 연주되도록 설계되어 있습니다. 따라서 두 마디 이상에 걸친 빌드업이나 점진적인 전개가 필요할 경우에는 리전을 분할한 뒤, 각 리전마다 복잡성, 강도, 필의 양과 복잡성을 다르게 설정하여 연출하는 것이 효과적인 작업 방법입니다.

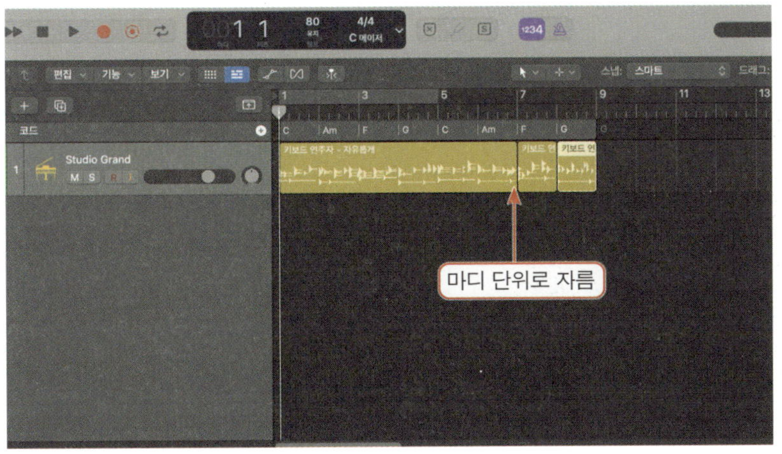

▎ 키보드 플레이어 편집 창

01 패턴 선택 항목 왼쪽에 있는 손 그림은 왼손과 오른손 연주를 켜거나 끄는 역할을 합니다. 왼손 연주를 끄면 오른손 보이싱이 자동으로 바뀌어, 한 손만으로도 자연스러운 연주를 만들 수 있습니다. 아래쪽에 있는 손 그림은 건반 연주하는 위치를 설정합니다. 중앙의 빈 공간을 드래그하면 왼손과 오른손 위치를 동시에 조정할 수 있습니다.

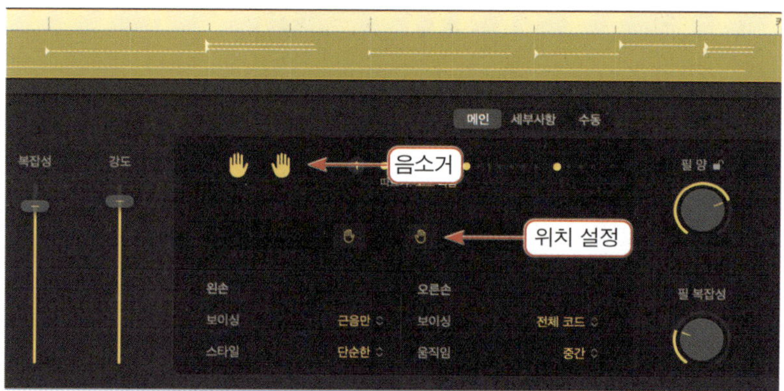

02 왼손에는 연주할 음을 결정하는 보이싱 메뉴와 연주의 복잡성을 설정하는 스타일 선택 메뉴가 있고, 오른손에는 보이싱 메뉴와 움직임 선택 메뉴가 있습니다. 보이싱 메뉴에서는 연주할 음의 수와 코드 확장 범위를 설정할 수 있고, 움직임 선택 메뉴에서는 실제로 건반 위에서 오른손이 연주하는 범위를 지정할 수 있습니다.

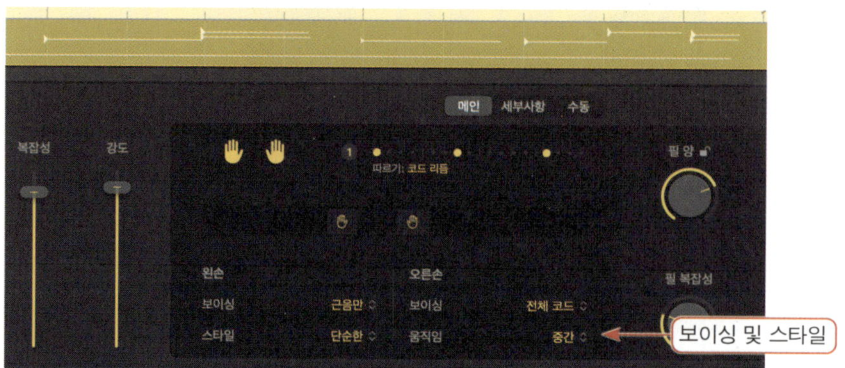

03 피아노 스타일의 세부사항에는 꾸밈음 연주 비율을 조절할 수 있는 옵션이 제공됩니다. 이를 통해 연주에 나타나는 트릴, 그레이스 노트 등 장식음을 얼마나 자주 사용할지를 설정할 수 있습니다. 그 외의 세부 옵션들은 드러머와 베이스 연주자에서 제공되는 것과 동일하게 구성되어 있어, 연주 타이밍, 속도, 강도, 인간적 뉘앙스 등을 조절할 수 있습니다.

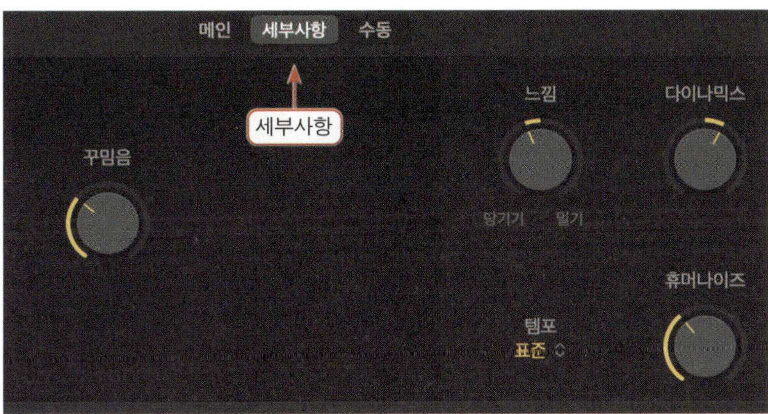

04 피아노 스타일의 기본 악기는 멀티 샘플링 기반의 Studio Piano입니다. 이 악기는 고품질 피아노 사운드를 제공하며, 댐퍼 페달과 레조넌스 같은 물리적 특성을 시뮬레이션합니다. 또한, Studio Grand, Concert Grand, Vintage Upright 등 다양한 모델을 제공하여 사용자가 곡의 분위기와 음악적 취향에 맞는 피아노 톤을 선택할 수 있습니다.

코드 트랙

베이스와 키보드 플레이어는 코드를 기반으로 연주되기 때문에, 코드 트랙을 다루는 것은 필수적입니다. 코드 입력 방식에는 자동 입력과 수동 입력 두 가지가 있습니다. 자동 입력은 미디나 오디오 리전을 분석하여 코드를 자동으로 생성하는 방식으로 기타나 피아노 연주가 가능한 사람들에게 유용할 뿐만 아니라, 히트곡을 레퍼런스로 공부하는 초보자에게도 매우 효과적인 기능입니다.

| 자동 입력 방식

사용자가 연주한 미디 리전이나 프로젝트에 가져온 오디오 리전을 코드 트랙으로 드래그하면, 자동으로 분석하여 해당 리전의 코드를 입력해 줍니다. 이를 통해 코드 작업을 빠르게 진행할 수 있으며, 연주 패턴과 코드 구성을 바로 확인할 수 있습니다.

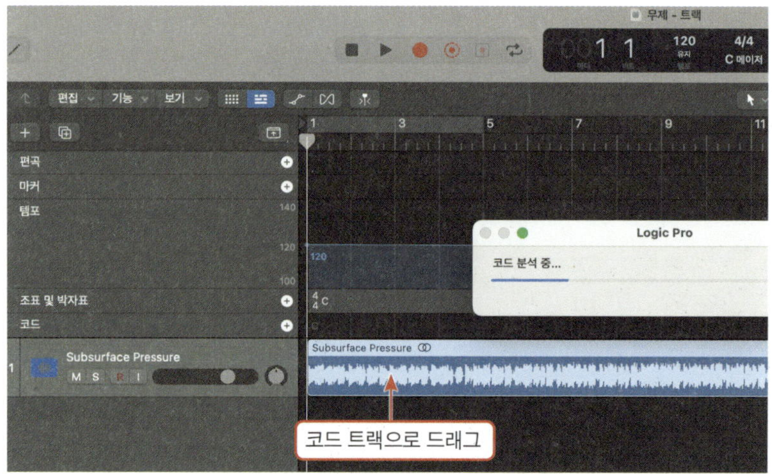

176

| 수동 입력 방식

01 코드 트랙은 생성 버튼이나 연필 도구를 이용해 수동으로 입력할 수 있습니다. 생성 버튼을 사용하면 마디 단위로 코드를 입력할 수 있고, 연필 도구를 사용하면 원하는 위치에 자유롭게 코드를 배치할 수 있어 보다 세밀한 코드 편집이 가능합니다.

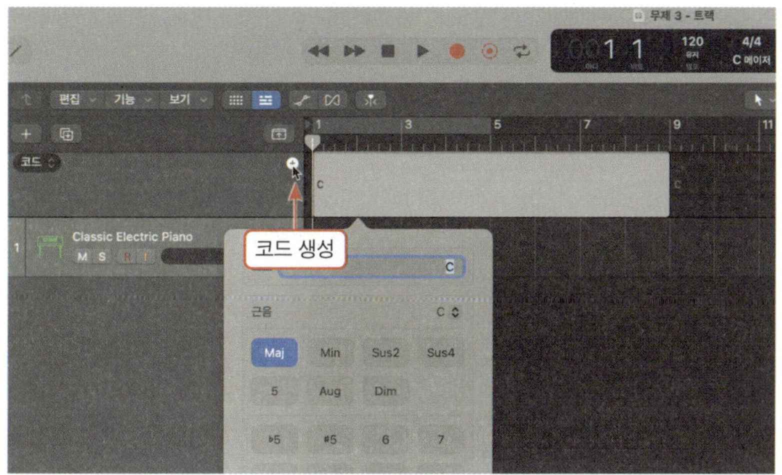

02 코드 항목에서는 코드를 직접 입력하거나, MIDI 입력 버튼을 활성화하여 마스터 건반을 눌러 입력할 수 있습니다. 이 외에도 근음, 코드 타입, 텐션, 베이스 음을 선택하여 코드를 만드는 방법이 있으며, 텐션은 두 가지 이상 조합할 수 있고, 음계는 자동으로 설정됩니다. 또한, Tab 키를 누르면 다음 마디로 이동하여 빠르게 코드 입력을 이어갈 수 있습니다.

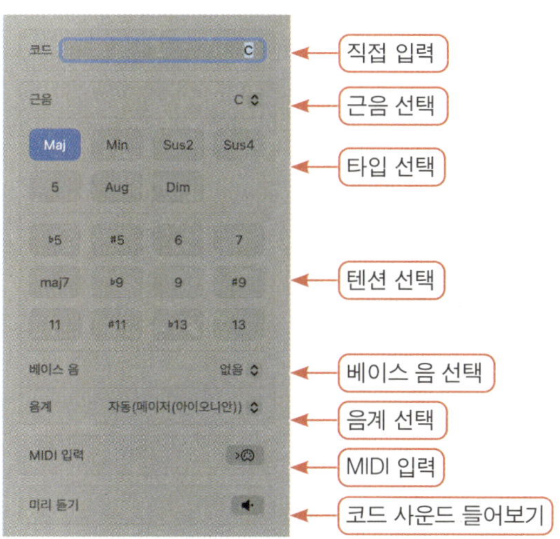

03 Tab 키를 이용해 코드를 순서대로 입력하고 Return 키를 눌러 완료하면, 입력된 코드들은 그룹으로 묶여 한 번에 이동, 복사 등 편집 작업을 할 수 있습니다. 개별 편집이 필요한 경우에는 단축 메뉴의 코드 그룹화 해제를 선택하여 각 코드를 개별 마커로 분리할 수 있습니다.

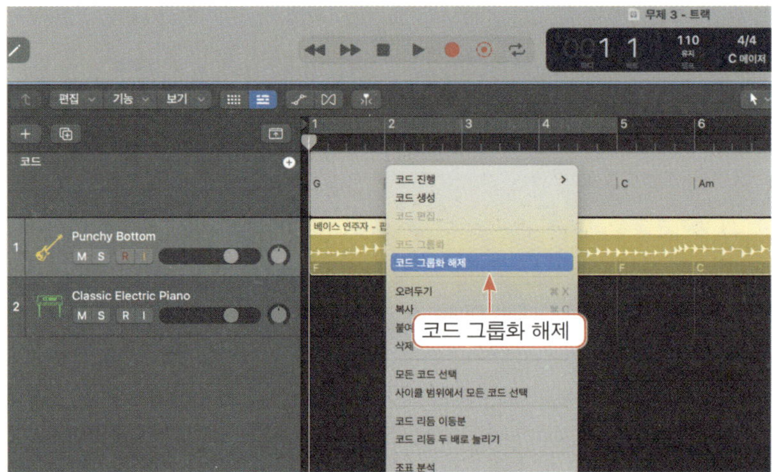

04 한 마디 간격으로 입력된 코드는 단축 메뉴의 코드 리듬 이등분을 선택하면 2마디 간격으로 늘릴 수 있으며, 코드 리듬 두 배로 늘리기를 선택하면 2박자 단위로 줄이는 조정이 가능합니다. 이를 통해 코드 진행의 길이와 리듬감을 곡에 맞게 쉽게 조절할 수 있습니다.

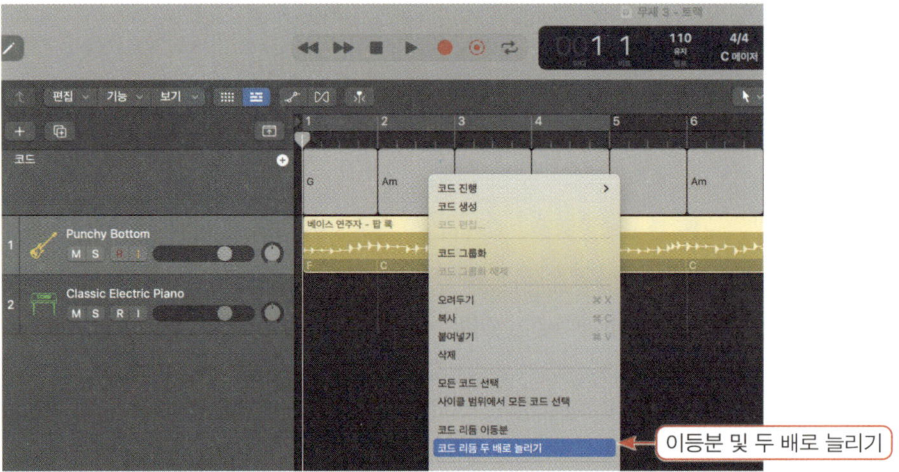

Stem Splitter

인터넷에서 다운로드한 음원 파일을 그대로 코드 트랙으로 드래그해 분석할 수도 있지만, 피아노나 기타 연주만 분리하여 가져오면 보다 정확한 코드 분석이 가능합니다. 이러한 악기 분리를 지원하는 Stem Splitter 기능은 코드 분석뿐만 아니라, 음악 리믹스 제작이나 유튜브 커버 영상용 반주 제작 등 다양한 용도로도 매우 유용하게 활용할 수 있습니다.

01 대부분의 음원 파일에는 라이브 연주가 포함되어 있어 템포가 일정하지 않은 경우가 많습니다. 따라서 코드를 분석하기 전에 템포를 추출해 두면 이후 작업을 훨씬 수월하게 진행할 수 있습니다. 프로젝트에 가져다 놓은 음원을 마우스 오른쪽 버튼으로 클릭하여 단축 메뉴를 열고, 템포의 프로젝트 템포에 리전 템포 적용을 선택합니다.

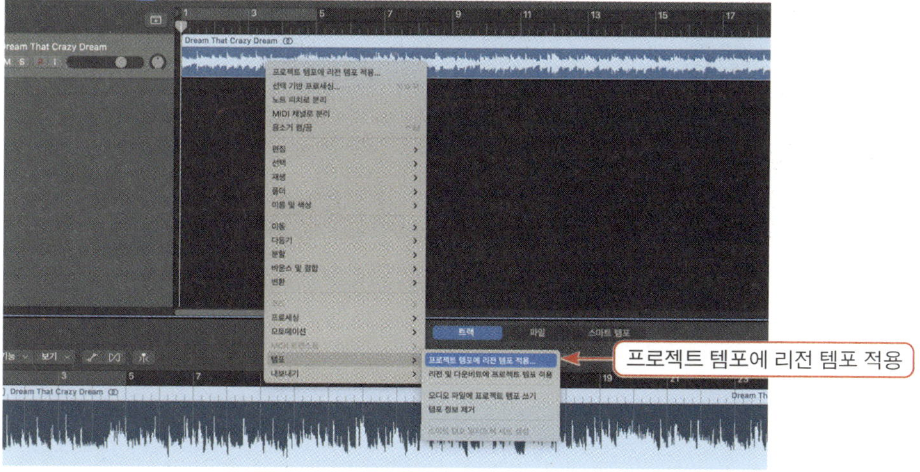

03 리전의 시작 비트를 그리드 라인에 정렬할 것인지를 묻는 창이 나타납니다. 옵션이 체크된 상태로 적용하면, 리전이 자동으로 그리드에 맞춰 정렬되어 이후 편집과 분석 작업이 보다 정확하게 이루어집니다.

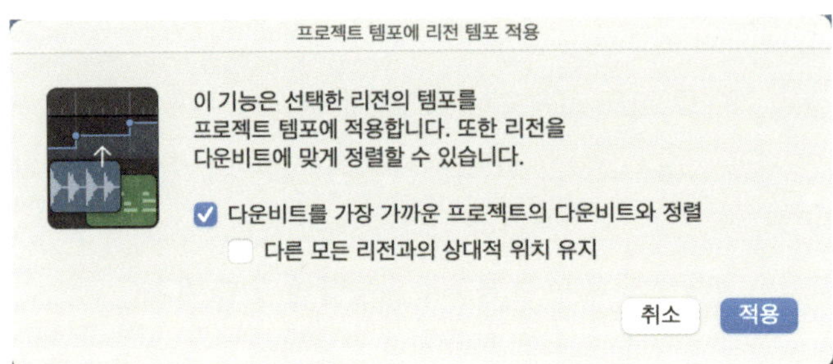

04 마디 단위로 템포가 추출되어 템포 트랙이 생성됩니다. 이제 음원 분리를 위해 리전을 마우스 오른쪽 버튼으로 클릭하여 단축 메뉴를 열고, 프로세싱의 Stem Splitter를 선택합니다.

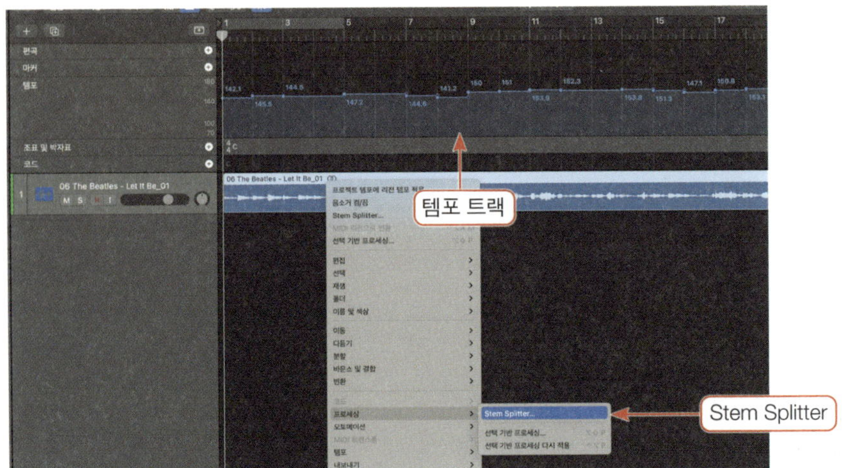

05 원음에서 추출할 소스를 선택할 수 있는 창이 열립니다. MR(Music Recording)용으로 제작하는 것이 목적이라면 보컬을 제외하고 분리할 수도 있지만, 일반적으로는 모두 추출 버튼을 클릭하여 모든 악기와 보컬을 분할하는 것이 좋습니다.

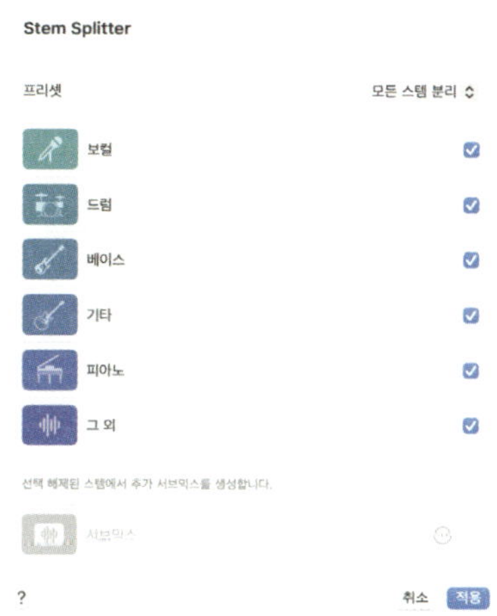

06 보컬, 드럼, 베이스, 기타, 피아노 소스 트랙이 각각 분할됩니다. 커버 송 제작이 목적이라면 보컬 트랙을 음소거하고, 자신의 목소리를 녹음하면 됩니다. 또한, 기타나 피아노 소스를 활용하여 코드를 분석하고, 세션 플레이어를 이용한 리믹스 작업을 진행하는 등 다양한 방식으로 활용할 수 있습니다.

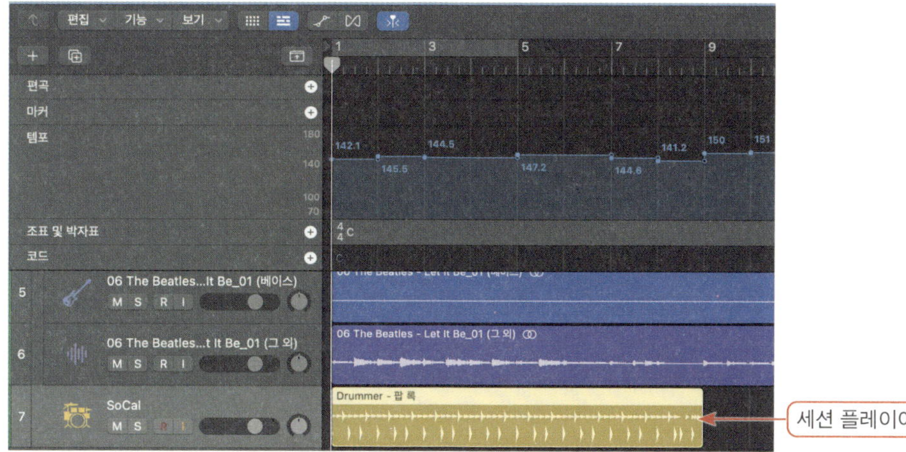

사운드 라이브러리

음악 제작은 무에서 유를 창조하는 과정이기도 하지만, 이미 존재하는 멋진 조각들을 조화롭게 배치하는 과정이기도 합니다. 루프 샘플은 전문가의 손길로 다듬어진 리듬, 선율, 질감의 조각들입니다. 이 조각들을 도화지에 붙여나가듯 배치하다 보면 어느새 하나의 완성된 흐름이 만들어집니다. 악기 하나하나를 다루는 기술 이전에 전체적인 소리의 조화를 설계하는 안목을 기르는 것이 루프 활용의 핵심입니다.

01 루프, 패치, 드럼 키트 등 음악 제작에 필요한 사운드 팩은 로직과 함께 설치됩니다. 설치가 제대로 되었는지, 또는 추가로 설치할 수 있는 팩이 있는지 확인하려면 Logic Pro 메뉴의 사운드 라이브러리를 선택합니다.

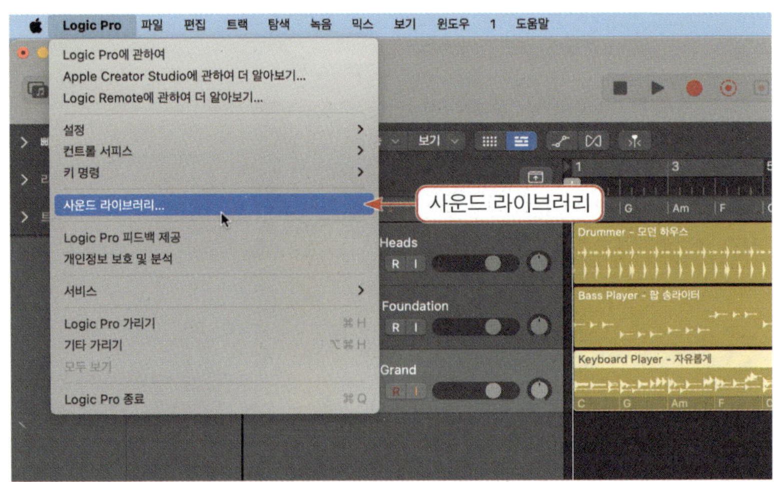

02 로직에서 제공하는 사운드 팩을 볼 수 있으며, 각 아이콘을 클릭하면 어떤 소리인지 미리 들어 보거나, 받기 및 업데이트 또는 삭제 작업을 개별적으로 진행할 수 있는 창이 열립니다.

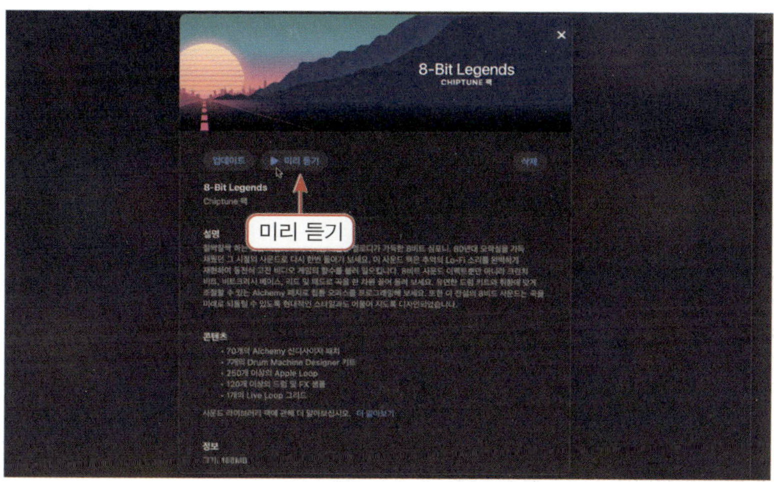

03 사운드 팩을 한 번에 관리하려면 상단의 팩 관리 메뉴를 클릭합니다. 설치된 팩과 업그레이드 가능한 팩을 한눈에 확인할 수 있으며, 모두 받기를 클릭하면 모든 팩을 한 번에 설치할 수 있습니다.

루프 유형

01 로직에서 제공하는 샘플은 루프 브라우저에서 관리됩니다. 컨트롤 막대의 루프 브라우저 버튼을 클릭하거나 O 키를 눌러 창을 열거나 닫을 수 있습니다.

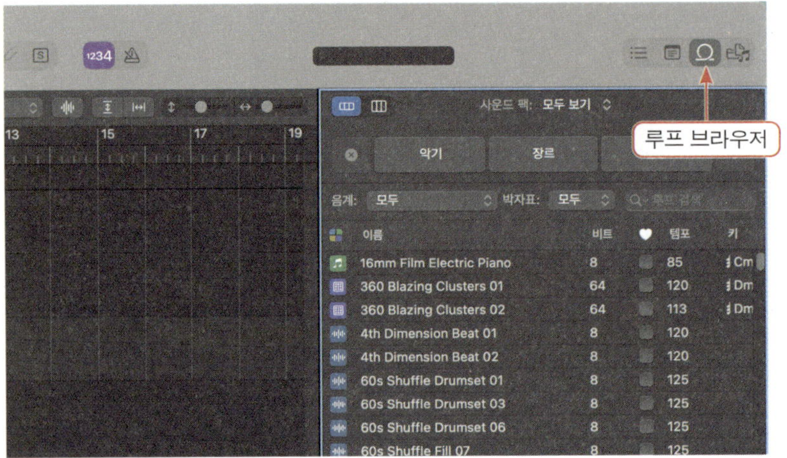

02 루프 샘플은 마우스로 선택해 미리 듣거나 정지할 수 있으며, MIDI 또는 오디오 트랙으로 드래그하여 사용할 수 있습니다. 빈 공간으로 드래그하면 루프의 유형에 따라 MIDI 트랙 또는 오디오 트랙이 자동으로 생성됩니다.

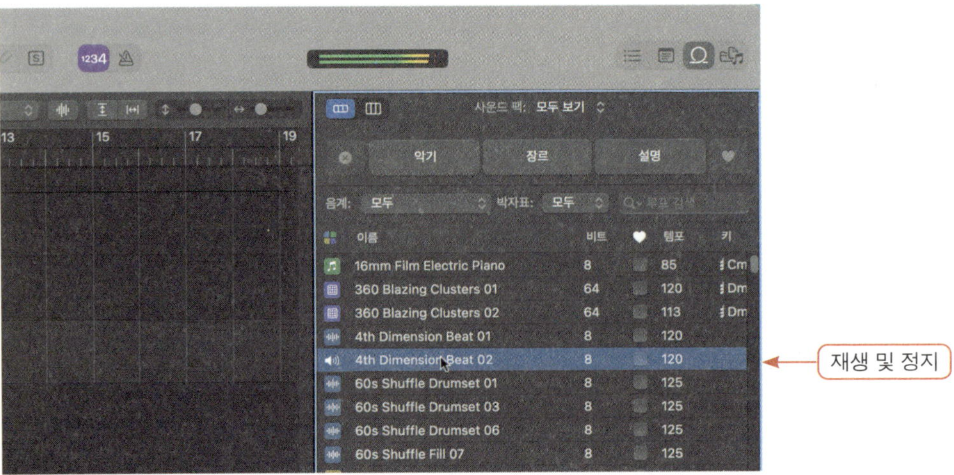

03 루프는 오디오와 MIDI 외에도 로직에서만 사용할 수 있는 패턴과 세션 플레이어 등을 포함해 총 5가지 유형을 제공합니다. 루프 유형 버튼을 클릭하면 원하는 유형의 루프만 표시할 수 있는 체크 옵션 창이 열립니다.

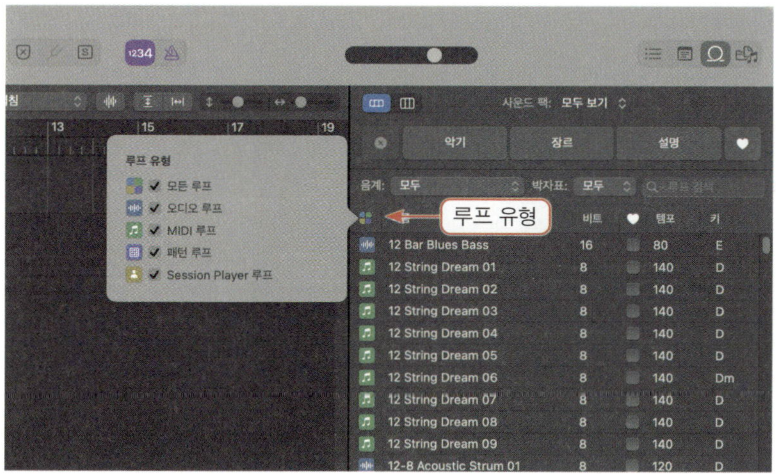

04 루프 브라우저 상단에는 악기, 장르, 설명, 즐겨찾기별 태그를 선택해 표시 범위를 줄일 수 있는 검색 기능이 제공됩니다. 재설정 버튼은 사용자의 선택을 초기화하며, 즐겨찾기 버튼은 목록에서 즐겨찾기 옵션이 체크된 항목이 있을 때만 활성화됩니다.

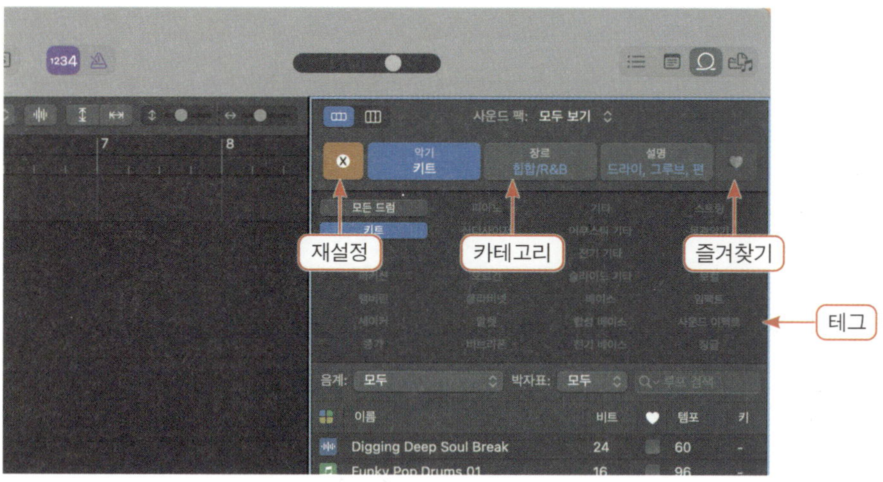

05 루프 브라우저에는 목록 또는 계층 구조로 표시 방식을 전환할 수 있는 보기 버튼과 루프가 저장된 폴더를 선택할 수 있는 사운드 팩 메뉴가 있습니다. 기본적으로 설치된 폴더는 큰 의미가 없지만, 사용자가 별도로 관리하는 폴더가 있는 경우에는 유용하게 활용할 수 있습니다.

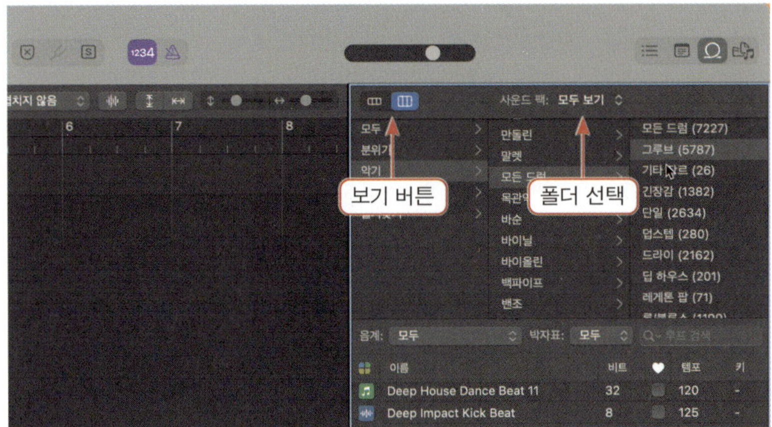

06 카테고리 아래쪽에는 루프를 메이저와 마이너로 구분하는 음계 옵션, 박자를 제한할 수 있는 박자표 옵션, 그리고 직접 이름을 입력해 검색할 수 있는 검색 필드가 제공됩니다. 물론 루프를 직접 들어보기 전까지는 정확한 느낌을 알기 어렵기 때문에, 입문자에게는 크게 의미가 없을 수 있습니다. 하지만 자신만의 샘플을 추가해 사용하는 단계가 되면, 이름을 입력해 검색하는 기능을 자주 활용하게 될 것입니다.

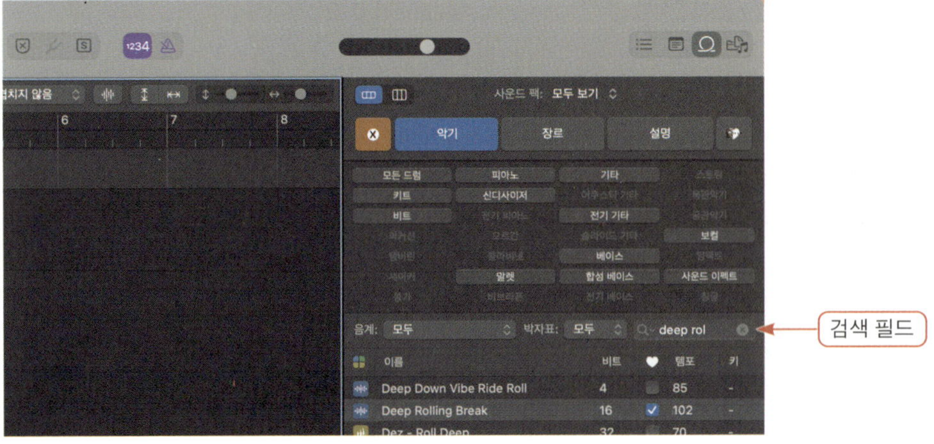

07 루프에는 제작 당시의 키 정보가 표시되지만, 재생 시에는 현재 프로젝트의 키에 맞춰 자동으로 변환되어 재생됩니다. 원래 키로 모니터링하고 싶다면 메뉴 버튼을 클릭해 메뉴를 연 뒤 원래의 키로 재생을 선택하면 됩니다. 또한 C부터 B까지 원하는 키를 직접 선택해 해당 키로 재생하는 것도 가능합니다.

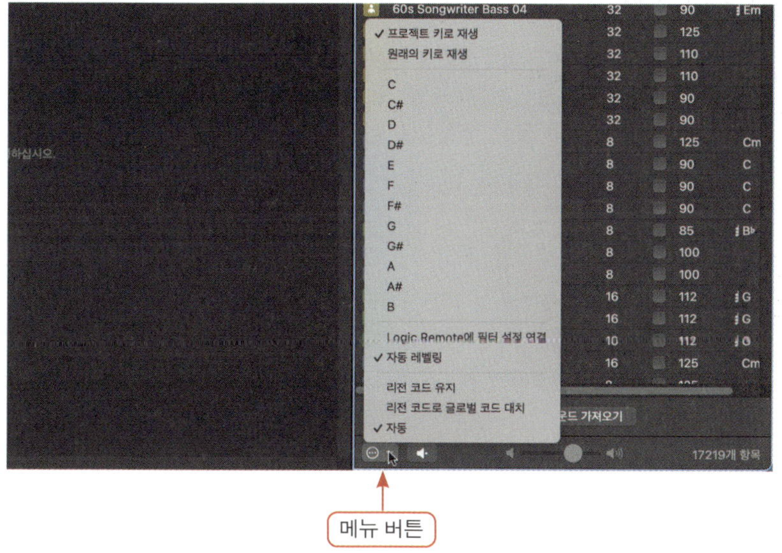

메뉴 버튼

● **프로젝트 키로 재생**: 루프를 현재 프로젝트의 키에 맞게 자동으로 변환하여 재생합니다.

● **원래의 키로 재생**: 루프가 제작된 원래 키로 재생합니다.

● **C~B**: 목록에서 선택한 특정 키로 변환하여 재생합니다.

● **Logic Remote에 필터 설정 연결**: iPad용 Logic Remote와 필터 설정을 연동합니다. 옵션이 활성화되면 로직 리모트에서 선택한 태그 및 필터가 맥의 루프 브라우저와 동기화됩니다.

● **자동 레벨링**: 서로 다른 루프를 미리 들을 때 음량 차이가 크지 않도록 자동으로 레벨을 보정해 줍니다. 여러 루프를 비교 청취할 때 유용합니다.

● **리전 코드 유지**: 루프가 가지고 있던 고유의 코드 정보를 변함없이 유지합니다.

● **리전 코드를 글로벌 코드로 대치**: 루프가 가진 코드 정보를 프로젝트의 글로벌 코드 트랙에 그대로 적용합니다.

● **자동**: 위의 코드 관련 옵션을 자동으로 처리하도록 설정합니다. 상황에 맞게 코드 정보와 재생 방식을 자동 판단하여 적용합니다.

08 메뉴 버튼 오른쪽에는 루프를 재생하거나 정지할 수 있는 모니터 버튼, 모니터 음량을 조절하는 레벨 슬라이더, 그리고 현재 검색된 루프 수를 표시하는 항목이 있습니다.

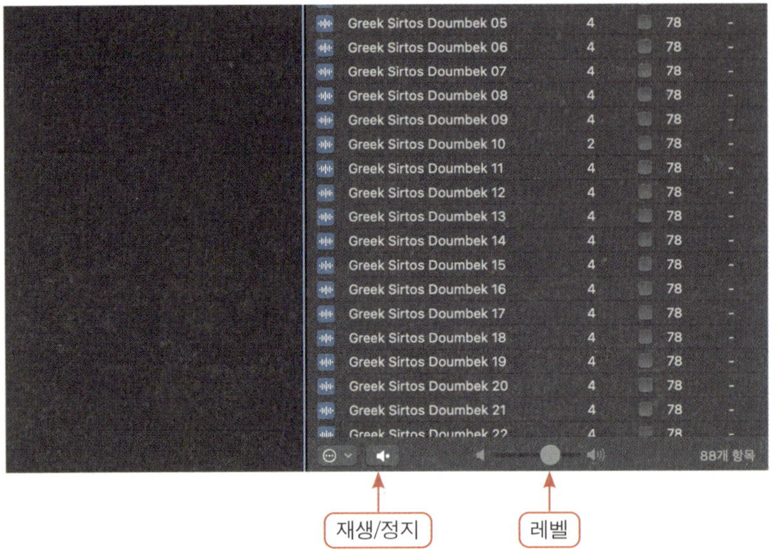

09 루프는 작업 공간으로 드래그해 자신의 음악 작업에 자유롭게 사용할 수 있습니다. 생성된 리전은 시작과 끝 부분을 드래그해 길이를 조정할 수 있으며, 오른쪽 상단을 드래그하면 원하는 만큼 반복하여 늘릴 수 있습니다.

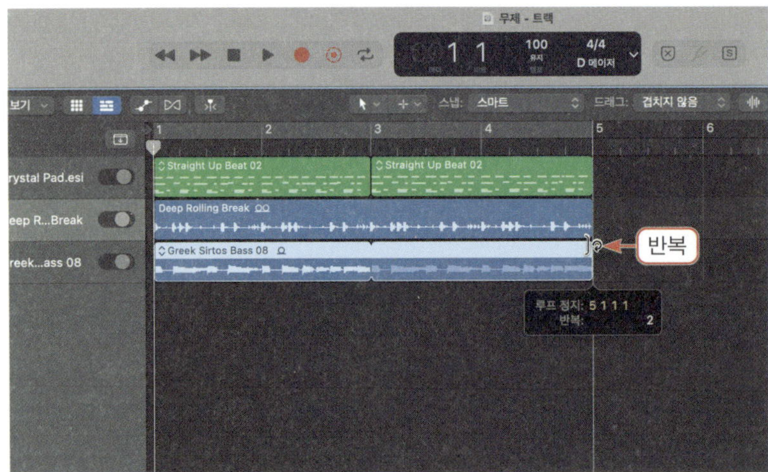

188

나의 루프

01 사용자가 녹음한 오디오 및 MIDI 리전은 루프 브라우저로 드래그하여 등록할 수 있습니다. 별도로 관리하는 오디오 샘플은 Finder에서 직접 드래그해 추가하는 것도 가능합니다.

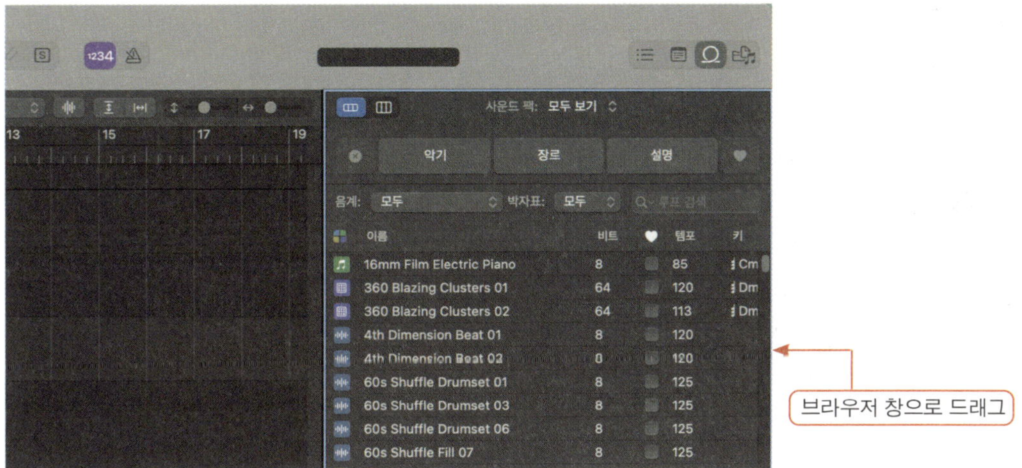

02 루프 브라우저 창에 리전이나 파일을 드래그하면, 태그 정보를 입력할 수 있는 창이 열립니다. 필요한 정보를 모두 입력한 뒤 생성 버튼을 클릭합니다.

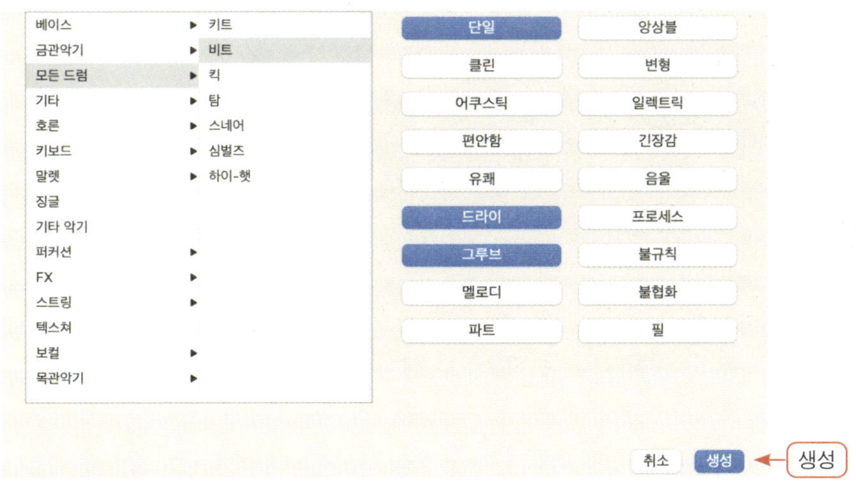

03 사운드 팩 메뉴에 나의 루프 폴더가 추가되며, 이를 통해 사용자만의 루프를 체계적으로 관리할 수 있습니다.

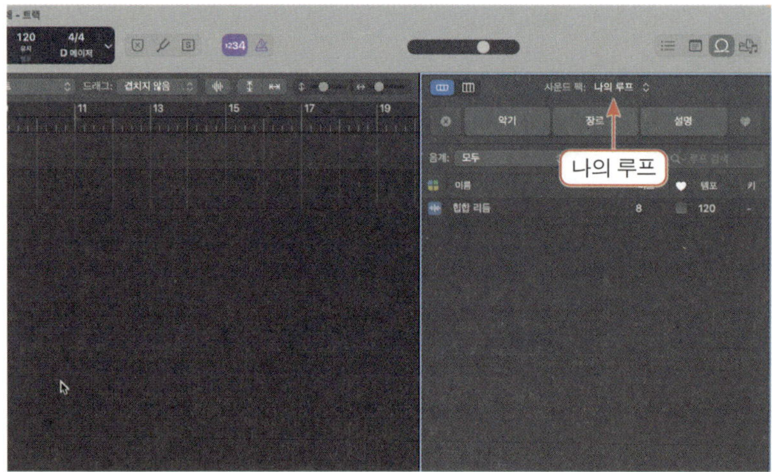

04 Finder에서 추가한 파일은 태그 없는 루프에 분류되며, 루프 브라우저에 태그 없는 루프 탭이 새로 생성됩니다.

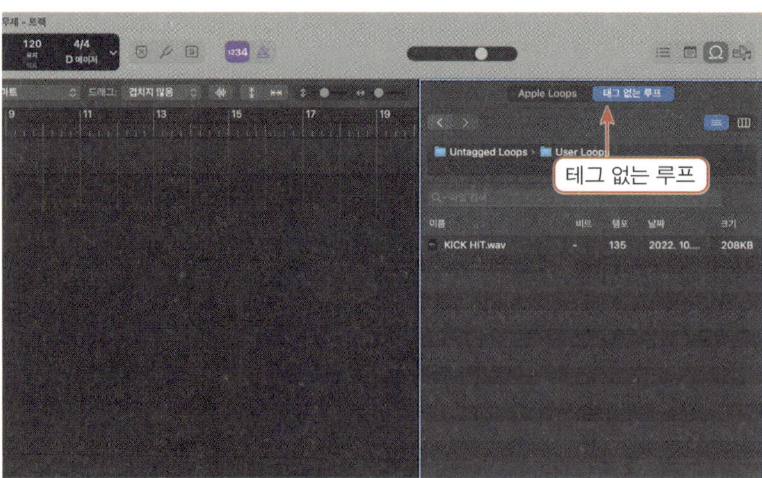

 태그 없는 루프는 마우스 오른쪽 버튼으로 클릭해 단축 메뉴를 연 뒤 Finder에서 보기를
선택하면, 해당 파일이 저장된 User Loops 폴더를 열 수 있습니다.

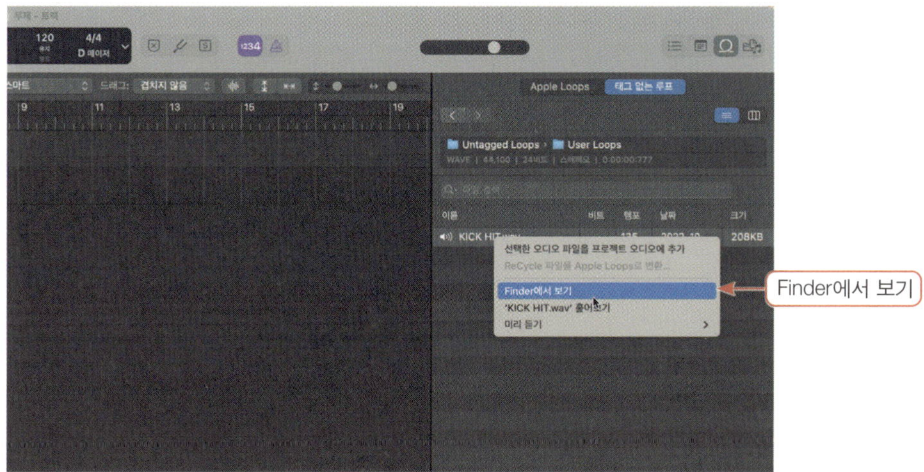

 User Loops 및 SingleFiles 폴더에 저장한 사용자 라이브러리 파일을 삭제한 경우에는 사
운드 팩 메뉴의 가장 아래쪽에 있는 모든 루프 다시 인덱스를 선택해 실제로 존재하는 파일만
목록에 표시할 수 있습니다.

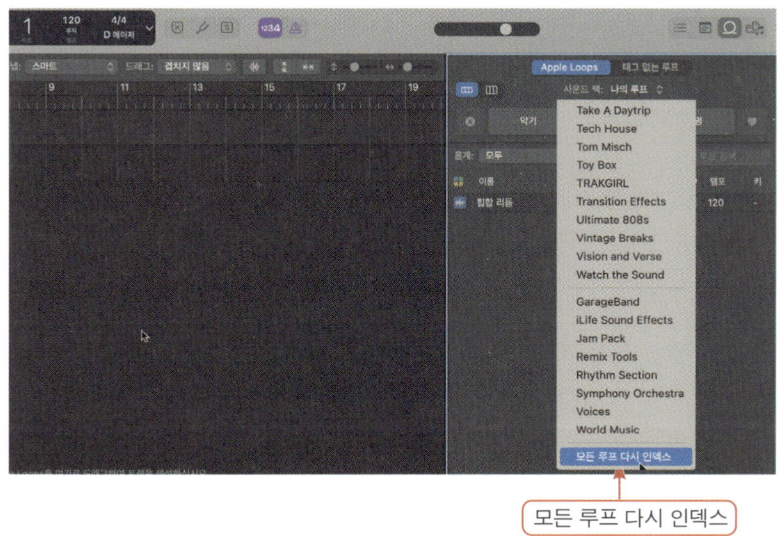

SECTION 02

미디 레코딩

소프트웨어 악기 또는 외부 MIDI 트랙을 만들고, 라이브러리에서 음색을 선택한 다음에 트랜스포트의 레코딩 버튼 또는 R 키를 눌러 녹음을 진행하는 과정은 오디오 레코딩과 크게 다르지 않습니다. 다만, 편집이 자유로운 미디 이벤트로 기록된다는 차이점만 있습니다.

뮤직 타이핑

미디 악기 연주를 위한 이벤트를 입력할 때 마우스와 키보드를 이용해도 상관없지만, 일반적으로 마스터 건반 또는 신디사이저와 같은 장치를 이용합니다. 하지만, 맥북 하나 달랑 들고 있는 야외에서는 어쩔 수 없이 키보드를 이용해야 하는데, 이때 좀 더 현실감 있는 연주를 할 수 있도록 제공되고 있는 것이 뮤직 타이핑입니다. 마치 건반을 이용해서 입력하는 것과 비슷한 효과를 얻을 수 있습니다.

01 로직은 소프트웨어 악기 연주를 위한 트랙과 하드 웨어 악기 연주를 위한 외부 MIDI 트랙을 제공합니다. 일반적으로 가장 많이 사용하는 소프트웨어 악기를 선택합니다.

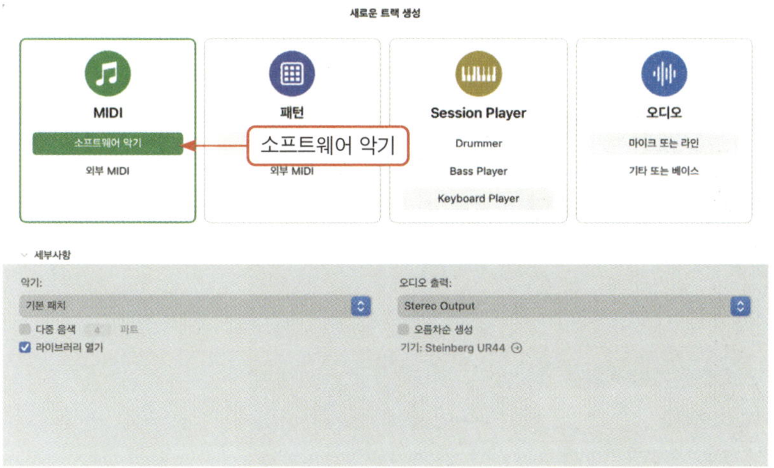

02 세부 사항에는 어떤 ① 악기를 로딩할 것인지 ② 라이브러리를 열 것인지를 선택할 수 있는 옵션이 있습니다. 악기는 트랙을 만든 후에 음색으로 선택하는 것이 일반적이므로 기본 옵션 그대로 트랙을 생성해도 좋습니다.

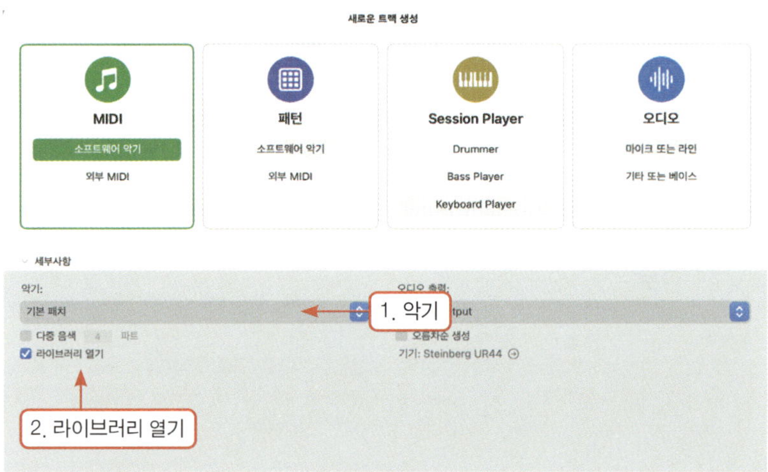

03 Default Patch는 ① Classic Electric Piano이지만, 컨트롤 막대의 ② 라이브러리 버튼을 클릭하거나 Y 키를 눌러 라이브러리 창을 열고 원하는 ③ 음색을 선택하여 변경할 수 있습니다.

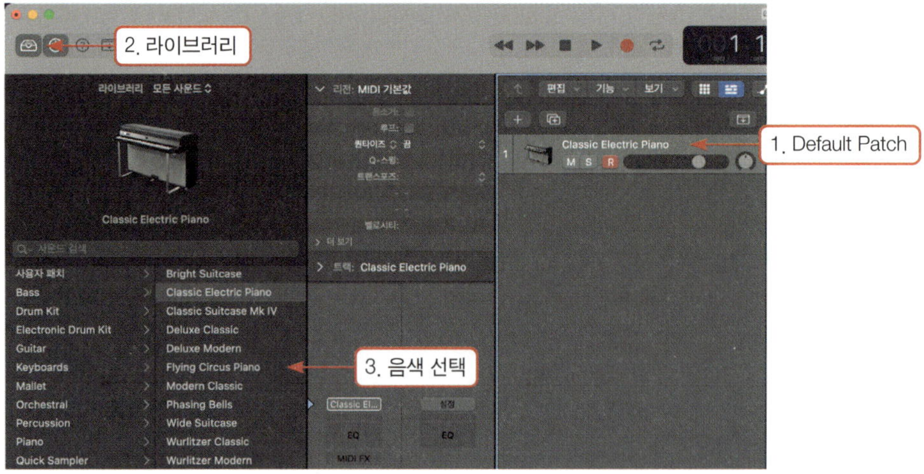

04 Default Patch는 사용자가 원하는 악기로 설정할 수 있습니다. 원하는 악기를 선택하고 메뉴 열기 버튼을 클릭하여 기본값으로 정의를 선택하면 됩니다. 필요하면 사용자 기본값 지우기를 선택하여 로직의 기본 악기로 복구할 수 있습니다.

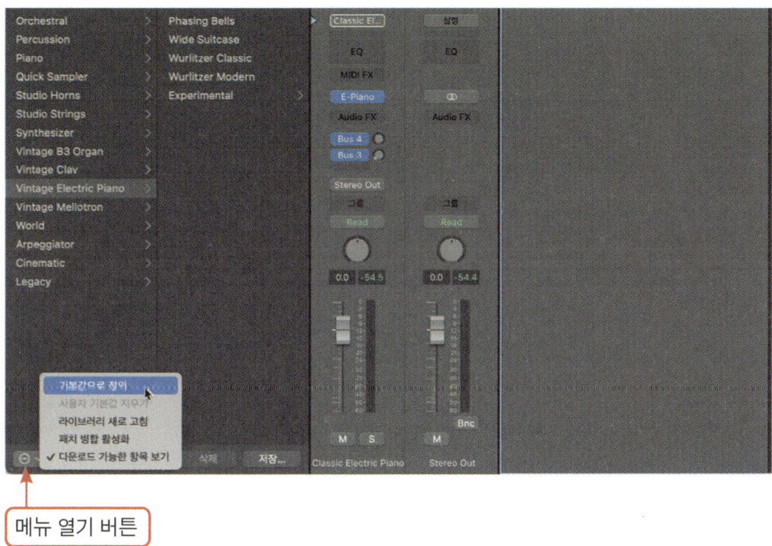

05 야외에서 키보드를 이용하여 악기를 연주할 수 있는 뮤지컬 타이핑은 윈도우 메뉴의 뮤직 타이핑 보기를 선택하거나 Command+K 키를 눌러 열 수 있습니다.

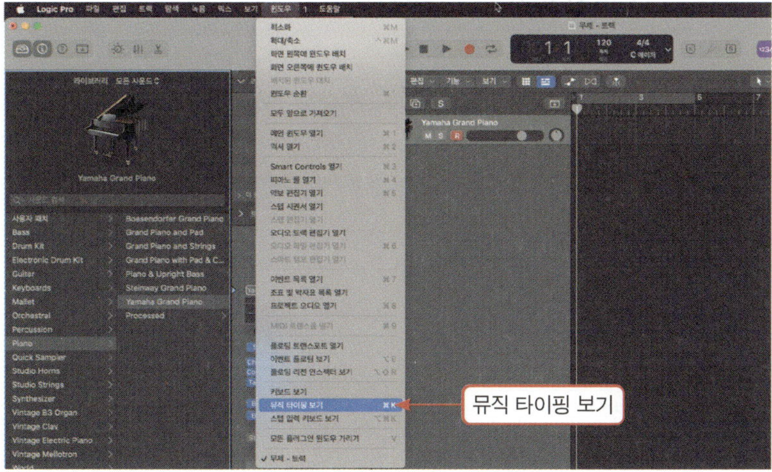

06 뮤직 타이핑은 매우 직관적이기 때문에 손쉽게 사용할 수 있습니다. 먼저 ① Z(ㅋ) 또는 X(ㅌ) 키를 눌러 연주할 음역을 선택하고, ② A(ㅁ) 부터 콤마(')키를 이용하여 연주 및 레코딩을 합니다. 익숙해지는데 다소 시간이 필요하겠지만, 야외에서 갑자기 떠오른 테마를 기록할 때 더 없이 좋은 선택입니다.

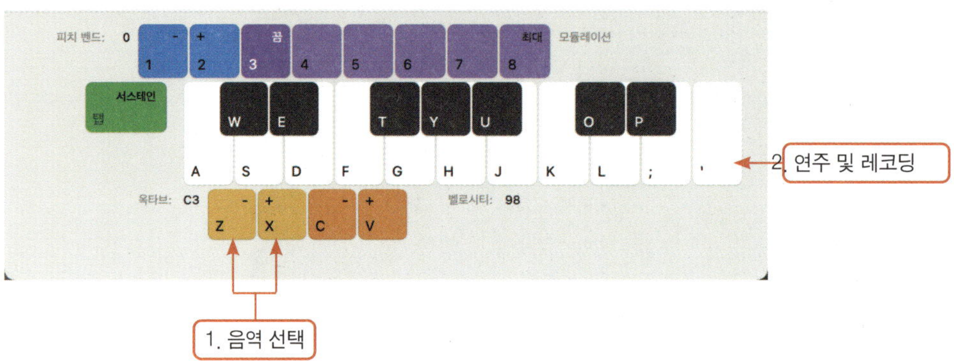

07 그 외, 별 의미는 없지만 벨로시티, 피치, 모듈레이션을 조정할 수 있는 키들도 제공합니다.

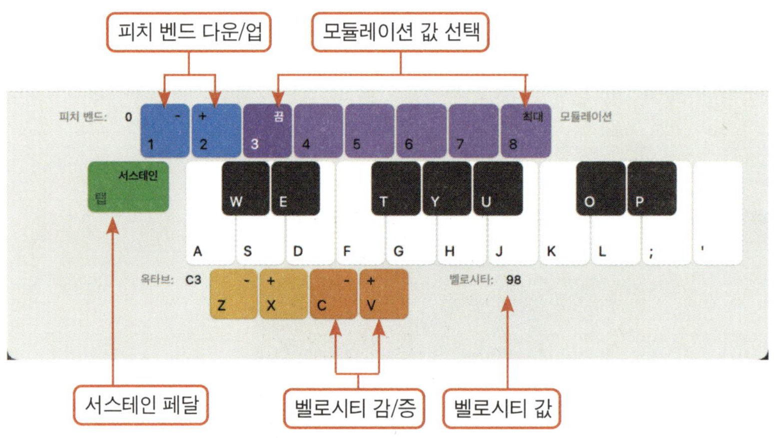

C(ㅊ)/V(ㅍ) 키 : 벨로시티 값을 감/증합니다. 선택 값은 오른쪽에 표시됩니다.

1/2 키 : 피치 벤드 다운/업 휠 역할을 합니다.

4-8키 : 모듈레이션 값을 선택합니다. 3번 키는 모듈레이션을 끄는 기능입니다.

Tab : 피아노 서스테인 페달 역할을 합니다.

08 왼쪽 상단의 키보드 버튼을 클릭하면 뮤직 타이핑을 키보드 타입으로 표시할 수 있습니다. 윈도우 메뉴의 키보드 보기를 선택하여 바로 열 수도 있습니다.

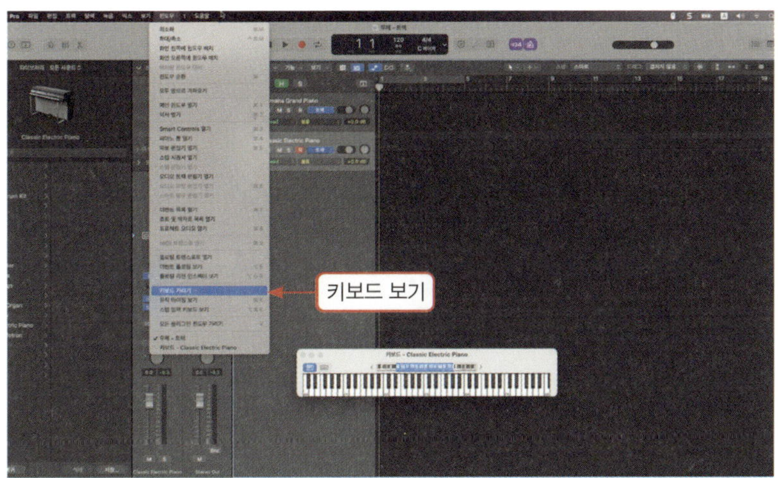

09 마우스를 이용하여 건반을 연주하거나 레코딩을 할 수 있지만, 실제로 그렇게 사용하지는 않고, 사용자 연주를 캡처할 때 응용할 수 있습니다. 키보드는 상단의 바를 드래그하여 표시 범위를 조정할 수 있고, 가장자리를 드래그하여 크기를 조정할 수 있습니다. 유튜브에서 피아노 강좌를 하는 유저에게 유용한 기능이 될 것입니다.

미디 신호 경로

앞에서 미디 이벤트를 키보드로 입력할 수 있는 뮤직 타이핑에 관해서 살펴보았지만, 이는 어쩔 수 없는 상황에서의 선택이고, 실제로 가장 많이 사용하는 것은 마스터 건반 또는 신디사이저입니다. 이러한 미디 입력 장치들의 대부분은 USB로 연결되며, 별도의 드라이버를 설치하지 않아도 자동으로 인식하여 바로 사용할 수 있습니다.

01 대부분의 마스터 건반은 정사각형 형태에 한쪽 모서리가 경사진 모습을 하고 있는 ① USB Type-B 형태가 많으며, 컴퓨터에는 직사각형 형태의 납작한 모습을 하고 있는 ② USB Type-A 형태로 연결됩니다. 하지만, 맥의 경우에는 USB Type-C 또는 Thunderbolt 이기 때문에 별도의 ③ USB B to C 케이블이나 ④ 허브 또는 ⑤ 젠더 등의 보조 장치가 필요합니다.

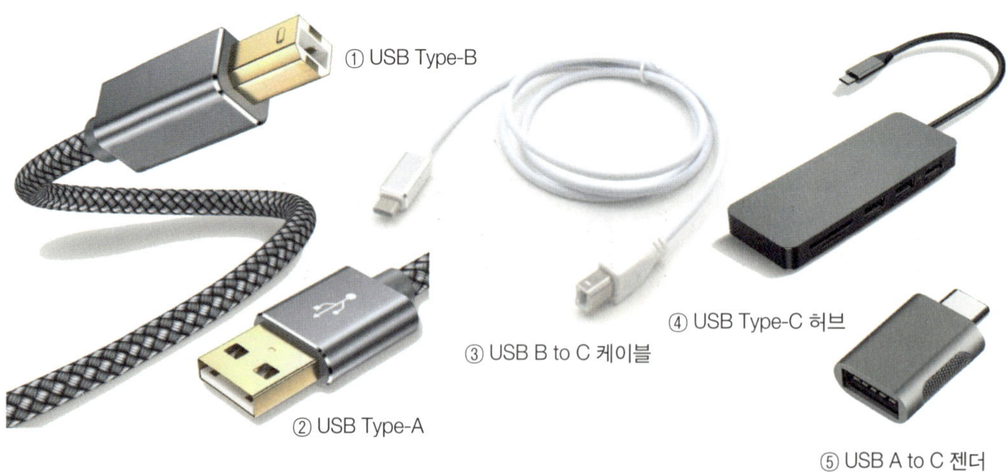

02 USB 장치가 마스터 건반 한 대 뿐이라면 몇 천원짜리 USB B to C 케이블이나 USB A to C 젠더로 충분하지만, 대부분 여러대의 장치를 연결할 수 있는 허브를 이용합니다. 허브를 맥에 연결하고, 마스터 건반은 제품에 포함되어 있는 케이블로 허브의 USB A 포트에 연결합니다.

03 로직을 실행합니다. 이미 실행 중이라면 파일 메뉴의 템플릿으로부터 신규를 선택하여 템플릿 창을 엽니다.

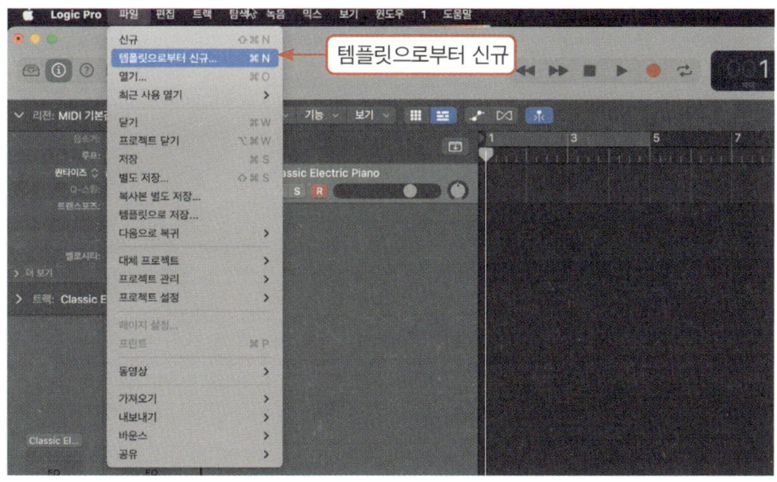

03 새로운 프로젝트의 비어 있는 프로젝트를 선택합니다. 그리고 세부사항을 클릭하여 열면 템포, 조표, 박자표 등을 설정할 수 있습니다. 물론 프로젝트를 만들고 작업을 하면서 필요한 경우에 설정하는 경우가 대부분이지만, 각 역할을 살펴보겠습니다.

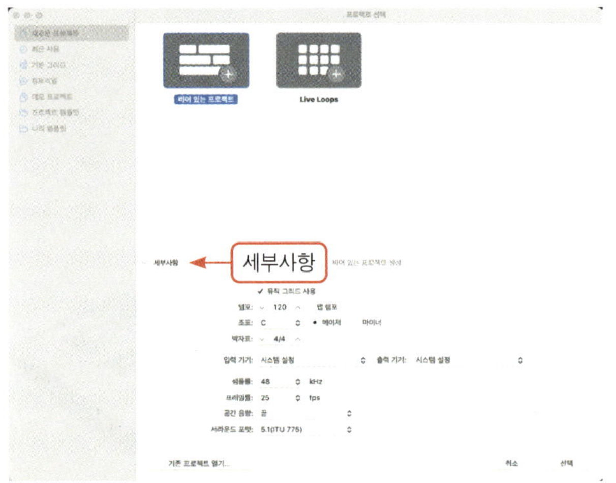

- 뮤직 그리드 사용 : 템포, 조표, 박자표를 설정할 수 있게 합니다.
- 템포 : 템포 값을 직접 입력하거나 탭 템포 버튼을 클릭하여 속도를 측정할 수 있습니다.
- 조표 : 키를 선택합니다.
- 박자표 : 더블 클릭하여 직접 입력하거나 위/아래 화살표 버튼을 클릭하여 설정할 수 있습니다.
- 입력/출력 기기 : 녹음 및 재생에 사용되는 오디오 인터페이스를 선택합니다.
- 샘플률 : 오디오 녹음 포맷을 선택합니다. 이는 오디오 녹음을 하기 전에 반드시 체크해야 하는 부분입니다.
- 프레임률 : 영상 타임을 의미하는 프레임률을 선택합니다. 방송은 29.97이고 영화는 24를 선택합니다. 영상 음악 작업을 하는 경우가 아니라면 무시해도 좋습니다.
- 공간 음향 : 돌비 애트모스(Dolby Atmos) 작업 여부를 선택합니다.
- 서라운드 포맷 : 서라운드 채널 수를 선택합니다.

04 소프트웨어 악기 트랙을 생성하고 프로젝트를 만들면 디스플레이 항목에서 템포, 박자, 조표를 확인할 수 있으며, 각 항목을 선택하여 변경할 수 있습니다. 즉, 뮤직 그리드는 프로젝트를 만들 때 설정할 수 있지만, 프로젝트를 만들고 난 후에 설정해도 상관없습니다.

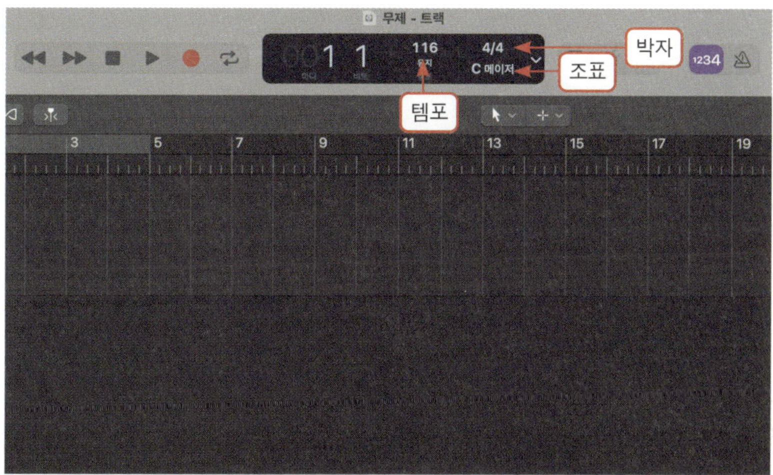

05 ① 라이브러리 버튼을 클릭하거나 Y 키를 눌러 창을 열고, 원하는 ② 악기 음색(패치)을 선택합니다. 그리고 마스터 건반을 눌러 정상적으로 연주되는지 확인합니다. 템포, 박자, 조표 항목에는 연주하는 ③ 코드 네임이 자동으로 분석되어 표시됩니다.

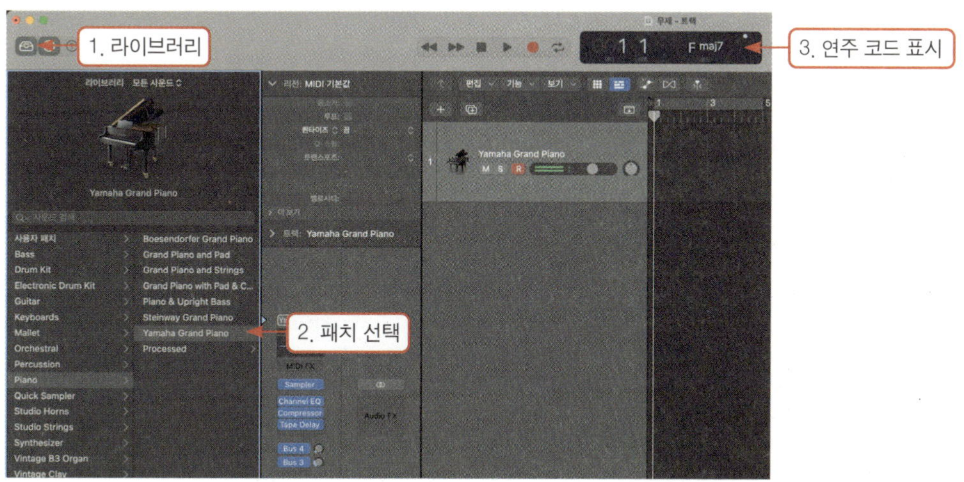

05 작업을 하다 보면 트랙 및 작업 공간을 확대/축소할 일이 많습니다. 툴 바의 ① 수직 확대/축소 또는 ② 수평 확대/축소 슬라이더를 드래그해도 좋지만, Option 키를 누른 상태에서 마우스 휠을 위/아래 또는 좌/우로 스크롤 하는 것이 편리합니다. 키보드를 이용할 때는 Command 키를 누른 상태에서 방향키를 이용합니다.

06 ① 카운트와 ② 메트로놈 버튼이 On으로 되어 있는지 확인하고, 트랜스포트 패널의 ③ 녹음 버튼을 클릭하거나 R 키를 누르면 4박자의 카운트 소리가 들리고, 메트로놈에 맞추어 사용자 연주를 녹음할 수 있습니다.

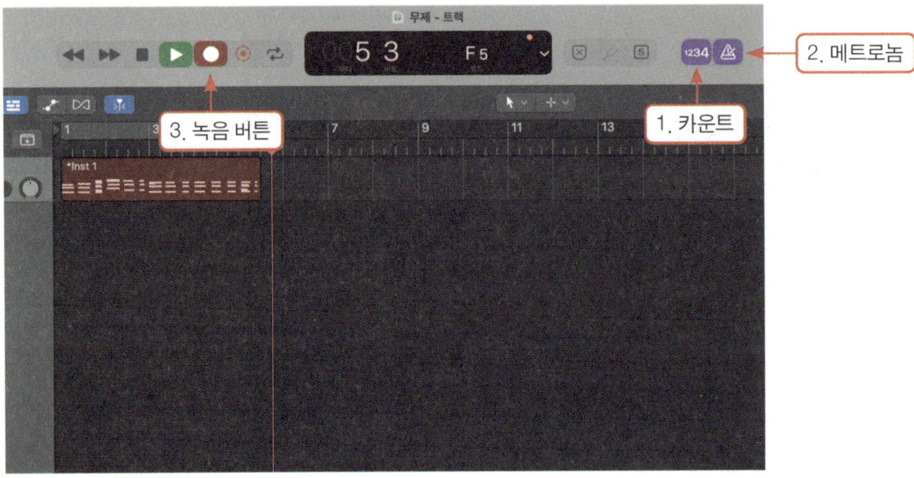

07 스페이스 바 키를 눌러 녹음을 마치고, 트랙 창에 생성된 리전을 더블 클릭하면 아래쪽에 피아노 롤이 열립니다. 여기서 서툰 연주를 프로 연주자처럼 바꾸거나 아예 사람이 연주할 수 없는 테크닉을 구사하는 등의 편집 작업을 진행할 수 있습니다.

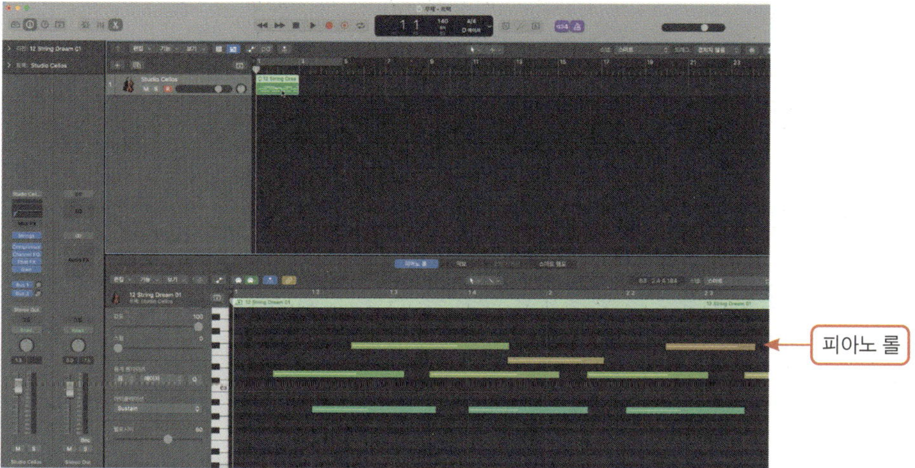

08 미디는 편집이 완료된 이벤트가 트랙에 로딩된 악기를 연주하는 것이므로, 이미 연주가 끝난 오디오와 다르게 얼마든지 수정이 가능하다는 장점이 있습니다. 그래서 컴퓨터 음악을 하겠다면 반드시 학습해야 하는 분야입니다.

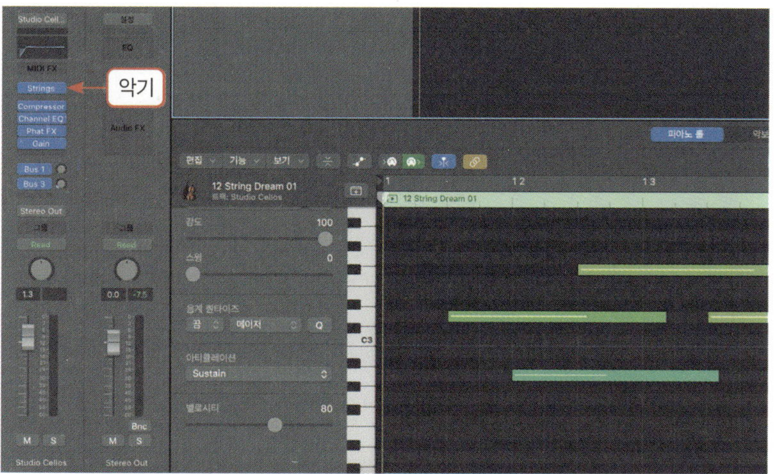

07 미디 악기 전에 연주를 다양하게 변조할 수 있는 ① MIDI FX를 적용할 수 있으며, 이후부터는 오디오 경로와 동일하게 ② Audio FX, ③ 볼륨과 패닝을 거쳐 ④ Stereo Out으로 출력됩니다.

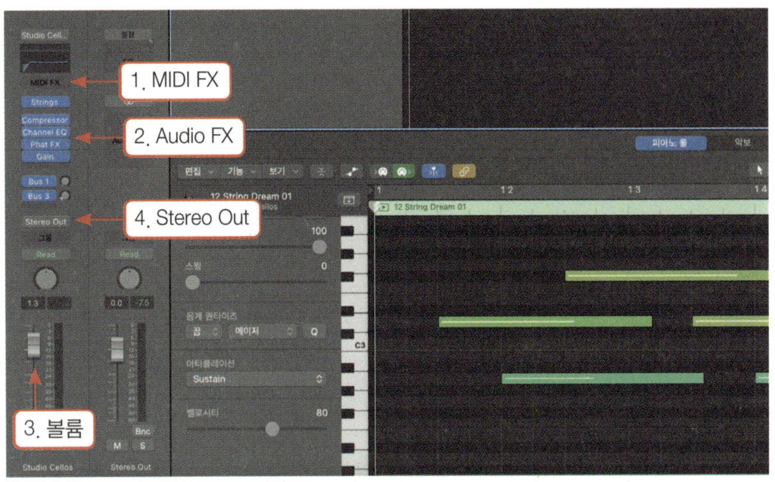

08 Aux 채널 역시 오디오와 동일하게 볼륨 전의 Pre Fader와 볼륨 이후의 Post Fader, 그리고 패닝 이후의 Post Pan으로 설정할 수 있습니다. 즉, 소프트웨어 악기까지는 미디 신호지만, 이후부터는 오디오 신호로 믹싱 및 바운싱 작업을 바로 진행할 수 있습니다.

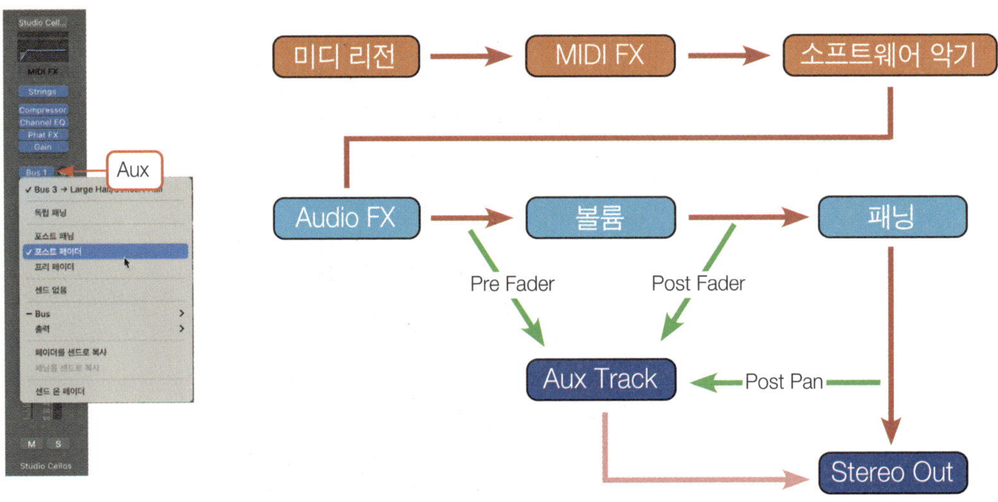

레코딩 옵션

프로젝트에 사용자 연주를 기록하는 레코딩 방식은 MIDI와 오디오에서 대부분 유사하게 동작합니다. 본격적인 레코딩 방식은 오디오 레코딩과 편집 장에서 자세히 다루기로 하고, 여기서는 레코딩을 위한 메트로놈과 카운트 설정, 그리고 MIDI 레코딩의 기본 설정인 병합 모드에 대해 살펴보겠습니다.

메트로놈 설정

메트로놈 버튼을 누르고 있으면 녹음 중 클릭 사운드 출력 옵션이 선택되어 있는 메뉴가 열립니다. 녹음을 할 때 메트로놈이 동작되도록 되어 있는 것입니다. 출력 옵션 외에는 거의 필요 없는 메뉴이지만, 사용자 마다 다를 것이므로, 각 옵션의 역할을 정리합니다.

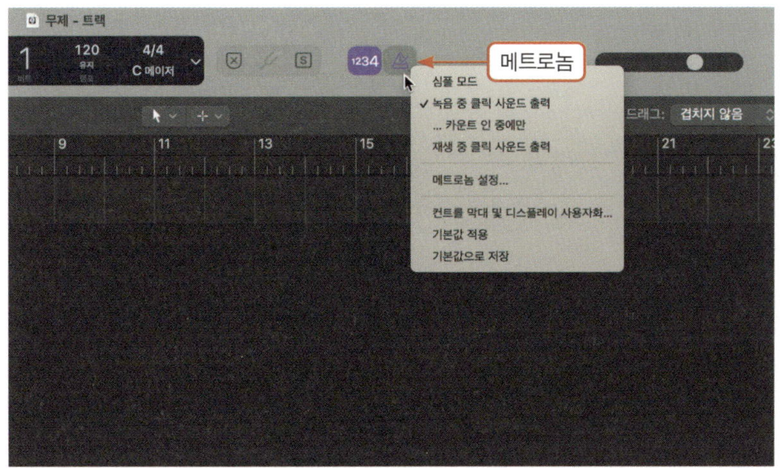

● **심플 모드** : 메트로놈 버튼을 수동으로 클릭하여 동작시킵니다. On/Off 단축키는 K 입니다.

● **녹음 중 클릭 사운드 출력** : 기본 옵션으로 녹음 중에 메트로놈이 동작됩니다.

● **카운트 인 중에만** : 녹음 시작 전 카운트가 진행될 때만 동작됩니다.

● **재생 중 클릭 사운드** : 재생 중에도 메트로놈이 동작됩니다.

● **메트로놈 설정** : 프로젝트 설정 창의 메트로놈 탭을 엽니다.

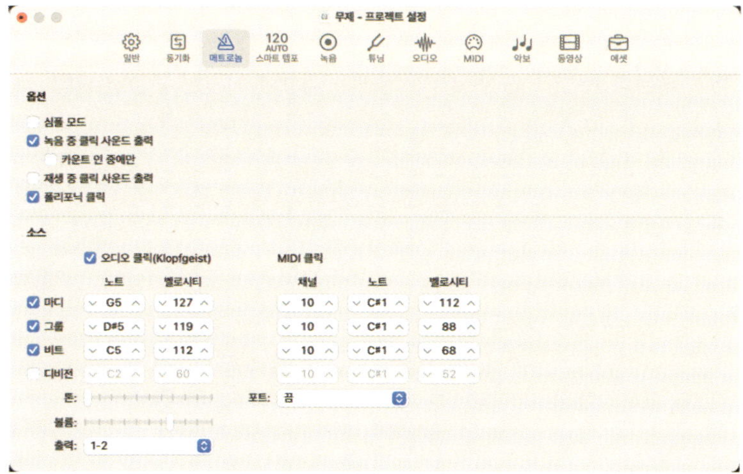

● **옵션** : 메트로놈 버튼의 메뉴와 동일합니다. 폴리포닉 클릭은 2개 이상의 노트를 출력할 수 있도록 합니다. 마디, 그룹, 비트, 디비전 마다 중복되는 노트가 사용될 수 있도록 하는 것입니다.

● **소스** : 메트로놈 사운드의 소스를 선택합니다. 오디오 클릭(Klopfgeist)과 MIDI 클릭이 있습니다. 오디오 클릭은 소프트 악기 Klopfgeist를 사용합니다. 만일, 음색을 변경하고 싶다면 X 키를 눌러 믹서 창을 열고, 모두 버튼을 선택합니다.

Click 채널의 ① 입력 항목을 보면 Klopfgeist가 로딩되어 있는 것을 확인할 수 있으며, 클릭하여 악기 패널을 열고, ② 프리셋에서 음색을 변경할 수 있습니다. 물론, 입력 항목의 Klopfgeist를 다른 악기로 변경하는 것도 가능합니다.

- **오디오 클릭** : 마디, 그룹, 비트, 디비전 마다 재생되는 노트와 벨로시티를 결정합니다.

  톤 : Klopfgeist의 Tonality 값을 조정하는 것으로 슬라이더를 오른쪽으로 이동시키면 클라베스와 유사한 퍼커션 사운드로 변경됩니다.

  볼륨 : 메트로놈 볼륨을 조정합니다.

  출력 : 메트로놈 사운드가 출력될 오디오 인터페이스 아웃 포트를 선택합니다. 연주자에게만 메트로놈 소리를 들려주고 싶은 경우에 해당 포트를 선택할 수 있습니다.

- **MIDI 클릭** : 포트에서 외부 미디 악기가 연결되어 있는 포트를 선택하고, 마디, 그룹, 비트, 디비전 마다 채널, 노트, 벨로시티 값을 설정할 수 있습니다.

❘ 카운터 설정

메트로놈 버튼 왼쪽에 1, 2, 3, 4로 표시되어 있는 카운트 버튼을 On으로 하면, 녹음을 할 때 4
박자의 클릭 소리를 듣고 시작할 수 있습니다. 카운트 버튼을 누르고 있으면 길이를 선택할 수
있는 메뉴가 열리며, 기본값 한 마디로 선택되어 있습니다.

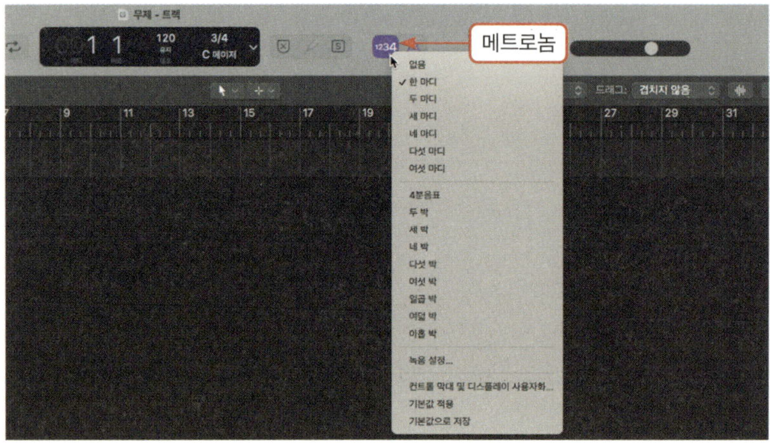

카운트 메뉴의 녹음 설정을 선택하면 카운트 대신에 프리롤 기능을 선택할 수 있는 프로젝트 설
정 창이 열립니다. 녹음을 진행할 때 재생 헤드가 프리롤에서 설정한 타임만큼 앞으로 이동하
여 재생되는 기능입니다.

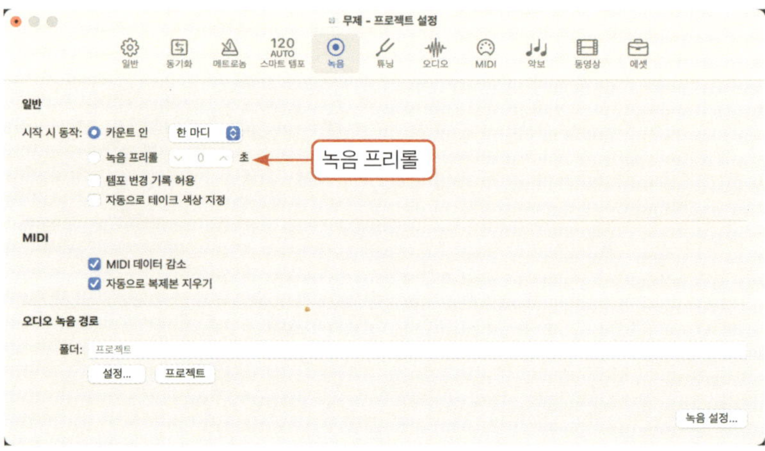

〈일반〉

● **카운트 인** : 카운트 길이를 설정합니다.

● **녹음 프리롤** : 녹음을 시작하는 지점의 몇 초 앞에서 재생되게 할 것인지를 설정합니다. 곡의 시작 위치가 아니라면 대부분 카운트보다 프리롤 기능을 더 선호합니다.

● **템포 변경 기록 허용** : 외부 장치 및 프로그램 또는 내부 Environment의 템포 페이더를 이용한 템포 변경 값을 기록합니다. 외부 장치를 사용하려면 ① 동기화 탭의 ② 동기화 모드에서 수동을 선택하고, ③ 외부 동기화 및 탭 템포 자동 활성화 옵션을 체크합니다.

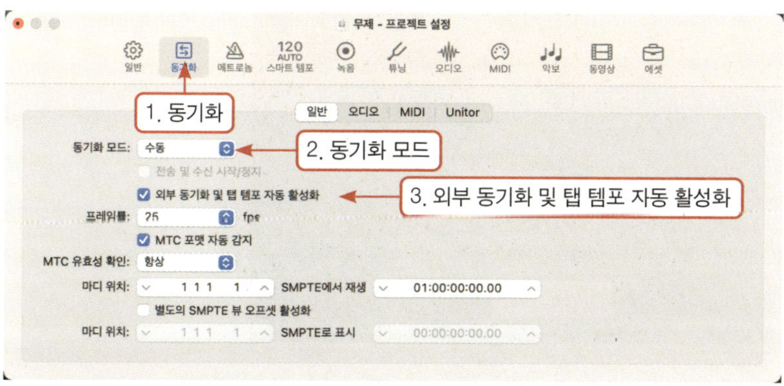

● **자동으로 테이크 색상 저장** : 테이크 레코딩을 진행할 때 새로 생성되는 테이크의 색상이 자동으로 변경되게 합니다.

〈MIDI〉

● **MIDI 데이터 감소** : 미디 컨트롤 정보가 너무 촘촘하게 기록되지 않게 합니다. 너무 촘촘한 기록은 미디 에러가 발생할 확률이 높기 때문에 좋지 않습니다.

● **자동으로 복제본 지우기** : 테이크 녹음 또는 병합 등으로 노트가 겹칠 때 기존 노트를 삭제합니다. 노트가 겹치면 사운드가 변조되기 때문에 좋지 않습니다.

〈오디오 녹음 경로〉

설정 버튼을 클릭하여 레코딩하는 오디오 파일이 저장될 위치를 지정할 수 있습니다. 하지만, 오디오 파일은 프로젝트마다 저장되게 하는 것이 좋으므로 기본 설정을 변경할 이유는 없습니다. 폴더를 지정한 경우에는 프로젝트 버튼을 클릭하여 기본값으로 복구할 수 있습니다.

❘ 겹쳐지는 트랙 녹음

01 미디는 기본적으로 리전 위에 새로운 연주를 녹음하면 기존의 리전과 새로 녹음되는 리전이 하나로 병합됩니다. 그래서 드럼 노트를 분리하여 녹음하거나 어려운 프레이즈를 나누어 녹음하는 등의 작업이 가능합니다.

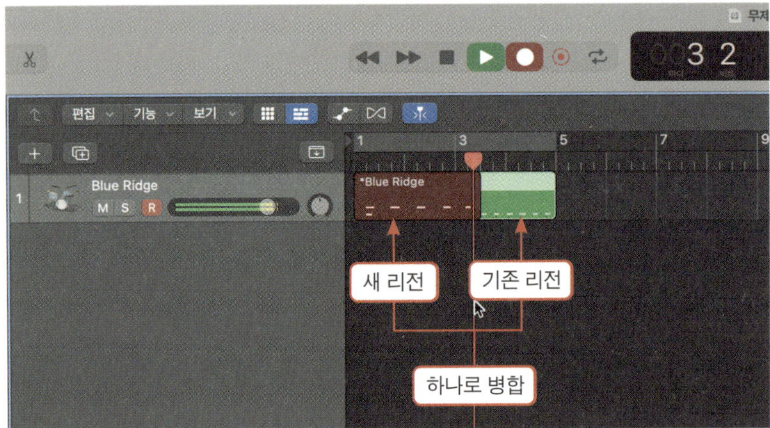

02 하지만, 몇 가지 프레이즈를 녹음하고 마음에 드는 연주를 선택하는 테이크 방식이 필요할 때도 있습니다. Logic Pro 메뉴의 설정에서 녹음을 선택합니다.

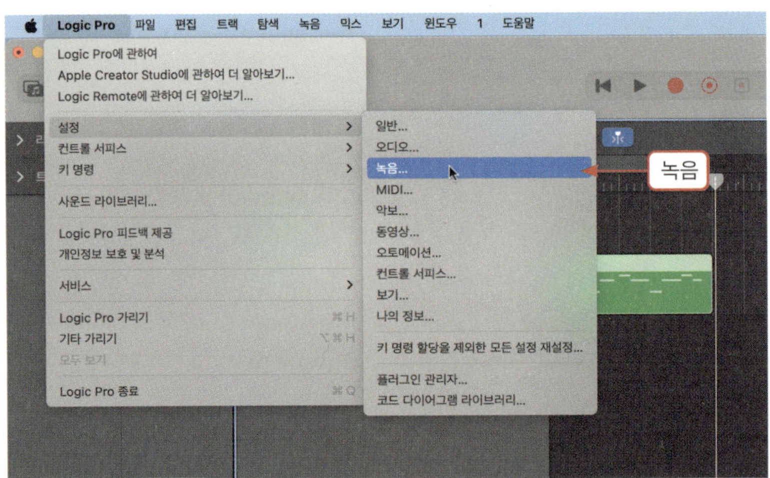

03 겹쳐지는 트랙 녹음 항목의 MIDI에서 겹치 및 병합으로 설정되어 있는 것을 테이크 폴더 생성으로 바꿉니다. 메뉴는 사이클 버튼이 Off 되었을 때 적용되는 사이클 끔과 On 되었을 때 적용되는 사이클 켬이 있습니다.

04 새로 녹음하는 리전이 테이크 폴더로 생성되는 것을 확인할 수 있습니다. 테이크 폴더의 편집과 선택 및 평탄화 등의 작업은 오디오 레코딩과 편집 편에서 다루겠습니다.

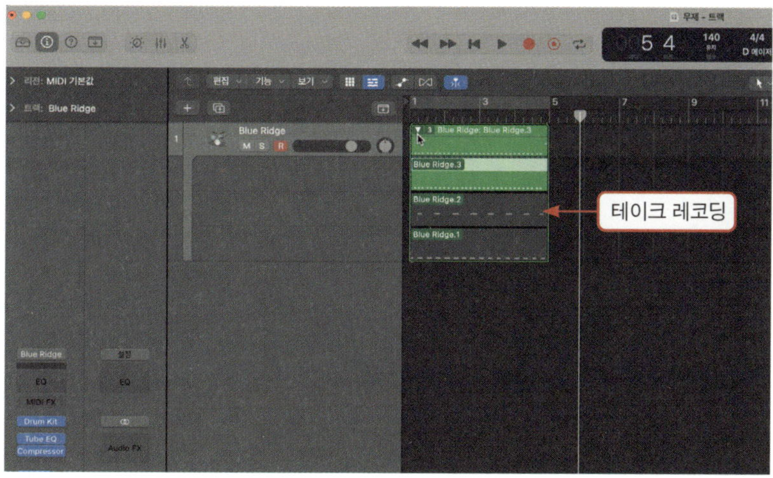

| 다음으로 대치

01 미디 레코딩 시 대치 버튼을 활성화하면 기존 리전을 삭제하고 새로 연주되는 이벤트로 바꿀 수 있습니다. 대치 버튼을 길게 누르면 나타나는 메뉴에서 리전 지우기, 리전 펀치 등 세부 옵션을 선택할 수 있습니다.

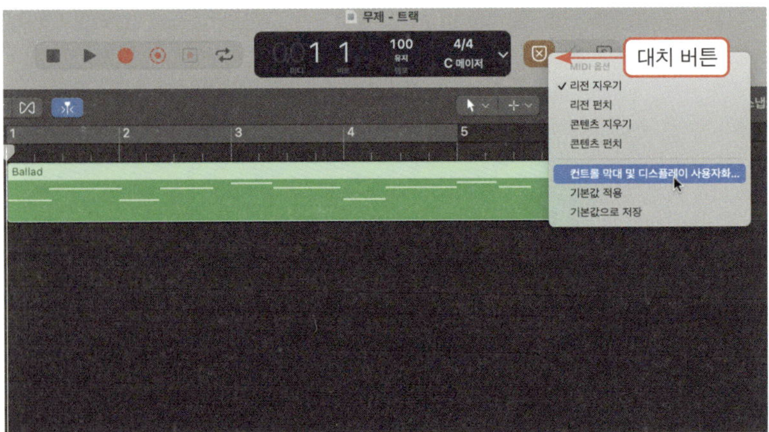

02 리전 지우기는 녹음 시작부터 종료까지의 범위를 수정하는 방식이며, 리전 펀치는 지정된 오토펀치 구간 내의 데이터만 수정하는 방식입니다. 오토펀치는 컨트롤 막대 및 디스플레이 사용자화 메뉴를 선택하면 열리는 창에서 오토펀치 옵션을 체크하여 표시할 수 있습니다.

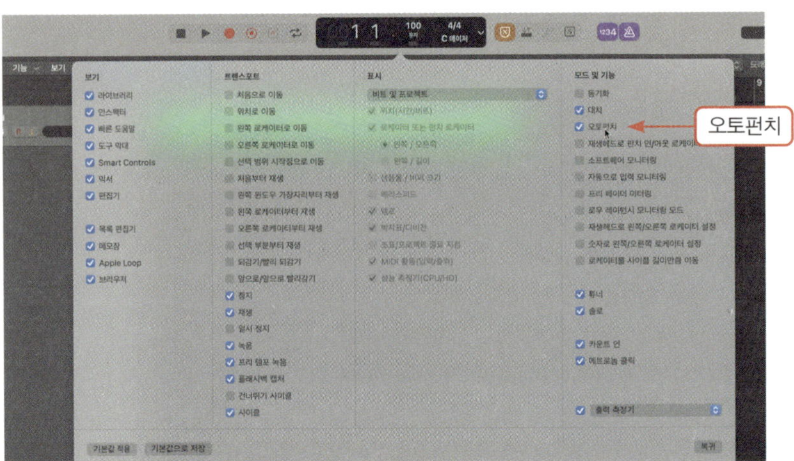

03 오토펀치 버튼을 켜면 룰러 영역에 빨간색 오토펀치 바가 생성되며, 이를 드래그하여 수정이 필요한 범위를 설정할 수 있습니다.

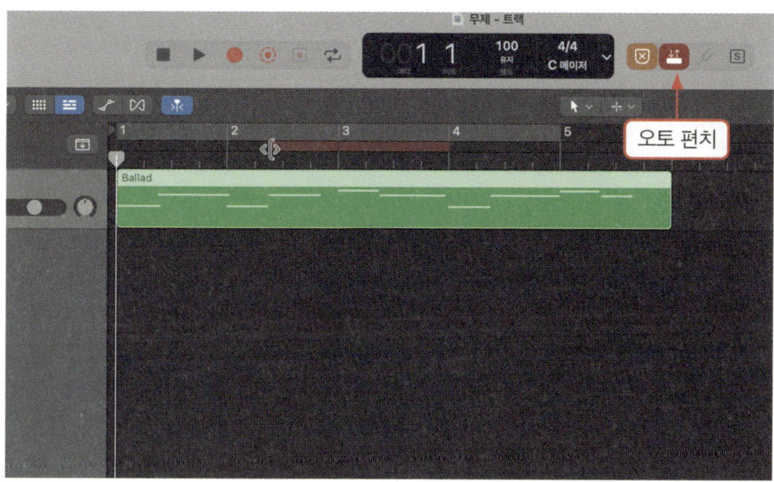

04 대치 버튼과 오토펀치 버튼을 켜고 녹음을 시작하면 오토펀치로 설정한 범위 내에서만 새로운 연주로 대치되는 것을 확인할 수 있습니다. 콘텐츠 지우기 및 콘텐츠 펀치 옵션은 리전의 전체 틀은 그대로 유지하면서 내부의 이벤트만 수정합니다.

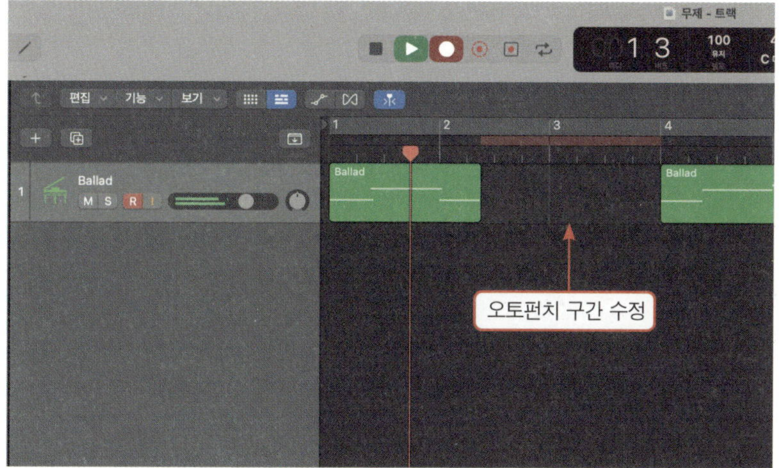

| 프리 템포 및 플레시백

01 로직은 실제로 녹음을 진행하지 않아도 재생 또는 정지 상태에서 자유롭게 연주한 내용을 기록할 수 있는 플래시백 캡처 기능을 제공합니다. 트랜스포트 바의 캡처 버튼을 클릭하거나 Shift+R 키를 누르면 방금 연주한 내용을 리전으로 생성할 수 있습니다. 오디오의 경우에는 트랙의 녹음 활성화 버튼이 켜져 있어야 캡처 기능을 사용할 수 있습니다.

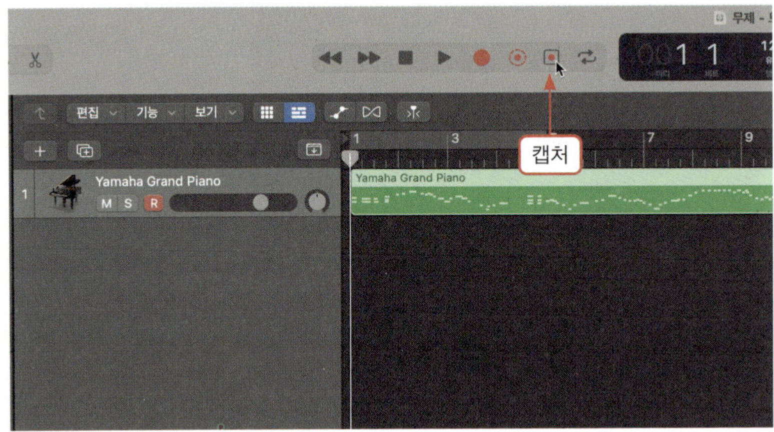

02 프리 템포 녹음 기능을 사용하면 사용자가 느린 속도로 연주하더라도 연주 타이밍이 자동으로 보정되어 프로젝트 템포에 맞게 이벤트를 기록할 수 있습니다.

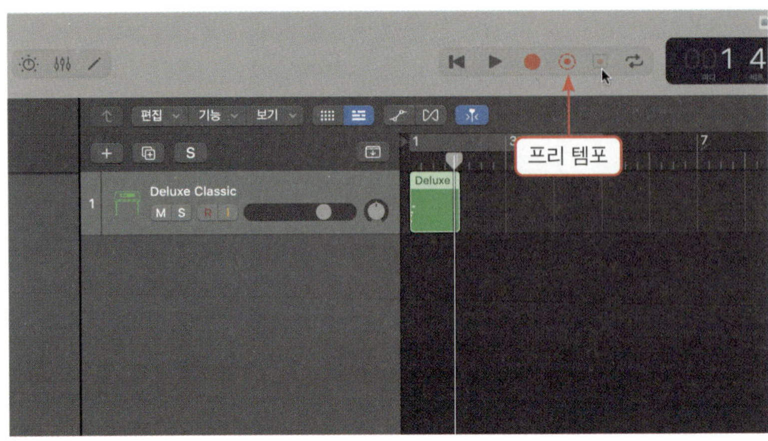

03 프리 템포 녹음을 마치면 연주를 기준으로 프로젝트 템포를 어떻게 처리할 것인지 선택할 수 있는 창이 표시됩니다.

프리 템포 녹음

프로젝트 템포 또는 리전 템포를 변경할지, 아니면 녹음된 리전의 템포를 분석하지 않고 진행할지를 선택합니다.

- ● 프로젝트에 리전 템포 적용
- ○ 프로젝트에 평균 리전 템포 적용
- ○ 리전에 프로젝트 템포 적용
- ○ 리전 템포를 분석하거나 프로젝트 템포를 변경하지 않음

□ 다시 표시 안 함   적용

● **프로젝트에 리전 템포 적용**: 녹음된 리전의 템포 변화를 분석하여 프로젝트 템포를 연주에 맞게 변경합니다. 즉, 연주의 속도 변화에 따라 프로젝트에 템포 맵이 생성되어 전체 프로젝트가 연주의 흐름을 따라가게 됩니다. 메트로놈 없이 자유롭게 연주한 곡이나 자연스러운 템포 변화를 유지하고 싶은 경우에 적합합니다.

● **프로젝트에 평균 리전 템포 적용**: 녹음된 리전의 템포를 분석하여 평균 BPM을 계산하고 프로젝트 템포를 그 값으로 설정합니다. 연주에 포함된 세부적인 템포 변화는 반영되지 않으며, 프로젝트는 하나의 고정된 템포로 설정됩니다. 자유롭게 연주했지만 이후 작업을 일정한 템포로 진행하고 싶은 경우에 사용할 수 있습니다.

● **리전에 프로젝트 템포 적용**: 현재 프로젝트 템포를 유지하면서 녹음된 리전의 타이밍을 프로젝트 템포에 맞게 보정합니다. 즉, 연주가 프로젝트 BPM에 맞도록 정렬되며, 프로젝트의 기존 템포 구조는 변경되지 않습니다. 이미 프로젝트 템포가 설정되어 있는 상태에서 연주를 템포에 맞게 정리하고 싶을 때 유용합니다.

● **리전 템포를 분석하거나 프로젝트 템포를 변경하지 않음**: 녹음된 리전을 템포 분석 없이 그대로 유지하며 프로젝트 템포도 변경하지 않습니다. 이 옵션을 선택하면 연주와 프로젝트 템포 사이에 별도의 보정이나 분석이 적용되지 않습니다. 단순한 아이디어 스케치나 템포 분석이 필요 없는 경우에 사용할 수 있습니다.

SECTION 03

미디 편집

로직은 피아노 롤, 악보 편집기, 스텝 시퀀서, 스텝 편집기, 이벤트 목록 등 미디 이벤트를 편집할 수 있는 다양한 창을 제공합니다. 여기서 가장 많이 사용되는 것이 노트를 막대 모양으로 표시하고 있는 피아노 롤입니다.

피아노 롤

피아노 롤은 노트를 수평 막대 모양으로 입력하거나 편집할 수 있고, 각종 컨트롤 정보를 그림 그리듯이 작업할 수 있는 미디 편집 창입니다. 주요 사용 목적은 사용자가 녹음한 이벤트를 편집하는 것이지만, 연주 자체가 안 되는 사람도 마우스를 이용하여 화려한 연주 테크닉을 구사할 수 있습니다. 하지만, 최소한 한 손으로 멜로디 정도는 연주할 수 있도록 피아노 연습을 함께 할 것을 권장합니다.

| 구성

01 피아노 롤은 미디 리전을 더블 클릭하거나 컨트롤 막대의 편집기 버튼을 클릭하여 메인 윈도우 아래쪽에 열 수 있습니다. 단축키는 E 입니다.

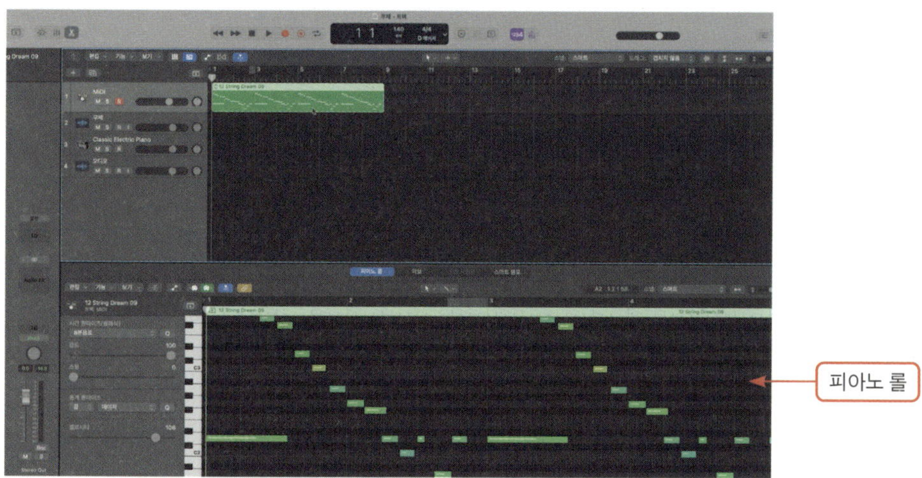

02 피아노 롤의 작업 공간은 메인 윈도우와의 경계선을 드래그하여 수직으로 확대/축소 할 수 있습니다.

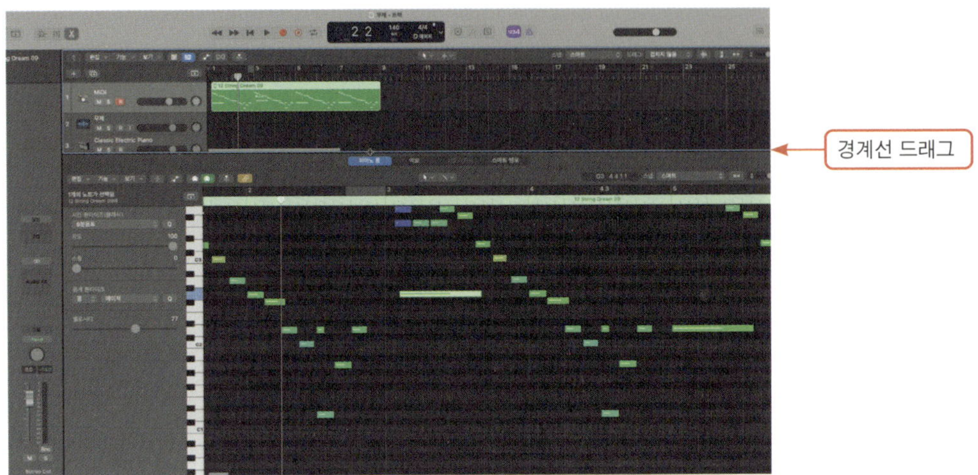

03 피아노 롤을 별도의 창으로 열고 싶은 경우에는 윈도우 메뉴의 ① 피아노 롤 열기를 선택하거나 Command+4 키를 누릅니다. 피아노 롤 ② 이름을 메인 윈도우로 드래그해도 됩니다.

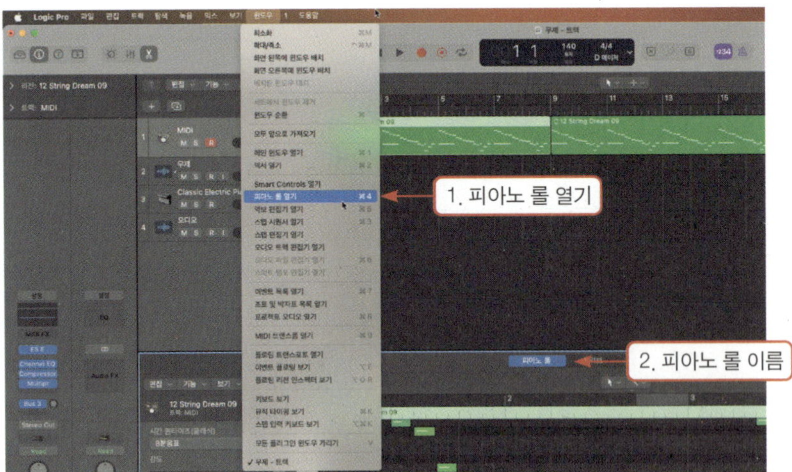

04 피아노 롤은 ① 노트를 막대 모양으로 표시하며, 상단에는 위치를 나타내는 ② 눈금자가 있고, 왼쪽에는 피치를 나타내는 ③ 건반이 있습니다. 건반을 누르면 해당 피치의 노트를 모두 선택할 수 있습니다.

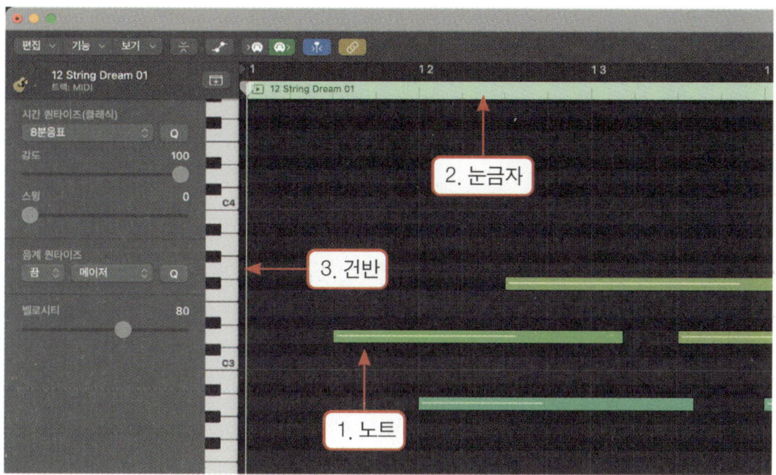

05 눈금자 위쪽에는 편집, 기능, 보기 등의 메뉴와 기능 버튼을 제공하고 있는 ① 메뉴 바가 있고, 피아노 왼쪽에는 퀀타이즈 및 벨로시티 값을 조정할 수 있는 ② 인스펙터 창이 있습니다.

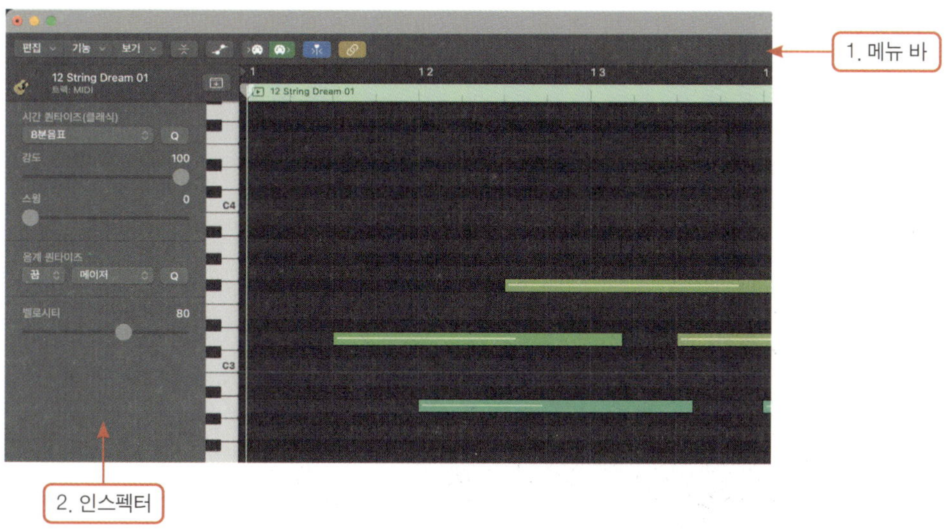

● 축소 모드

메뉴 바의 첫 번째 기능 버튼인 축소 모드 버튼은 건반 대신에 실제로 입력되어 있는 노트에 해당하는 피치만 표시합니다. 여러 노트를 편집하거나 드럼을 입력할 때 편리합니다.

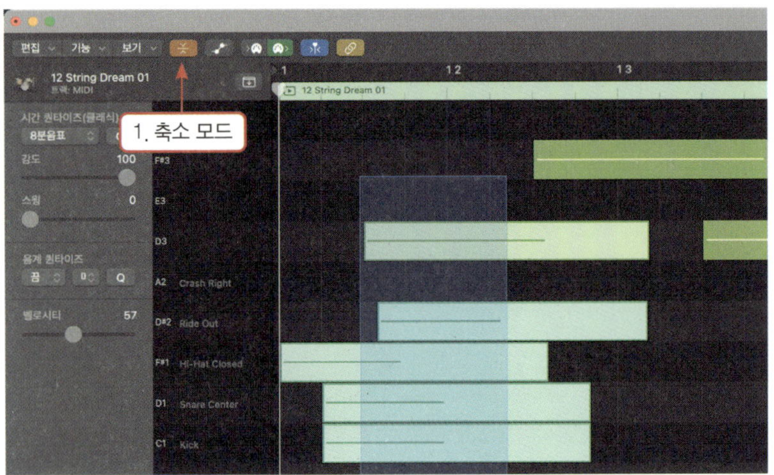

● 미디 인/아웃

① MIDI 인 버튼은 마스터 건반을 이용하여 재생헤드 위치에 노트를 입력할 수 있게 하며, 더블 클릭하면 선택한 노트의 피치와 벨로치티를 마스터 건반으로 수정할 수 있게 합니다. 그리고 ② MIDI 아웃 버튼은 노트를 선택하거나 편집할 때 소리가 들리도록 합니다.

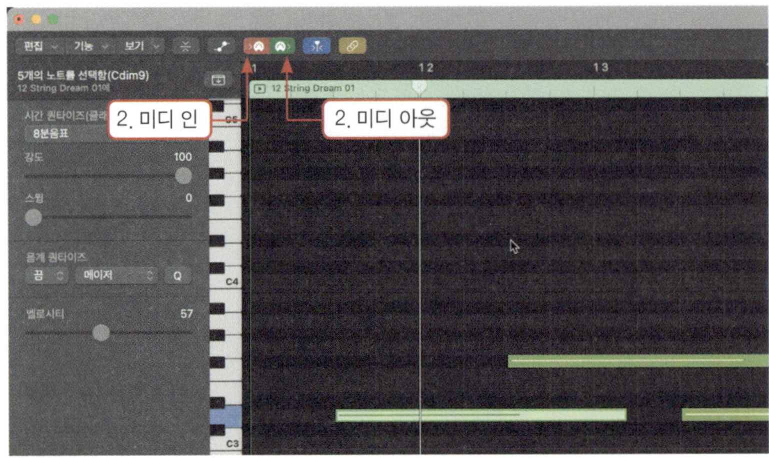

● 캐치 버튼

재생 헤드의 위치를 화면에 표시합니다. 재생 헤드와 상관 없이 화면을 고정시켜 놓고 편집할 필
요가 있을 때 버튼을 Off 합니다.

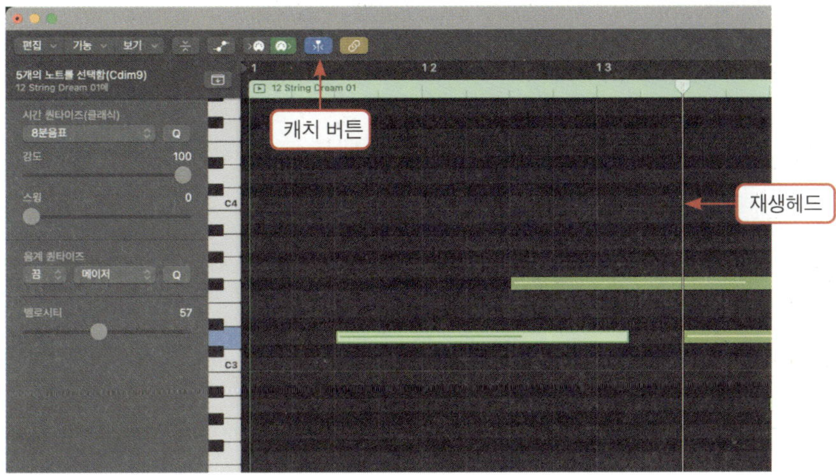

● 링크 버튼

트랙 창에서 선택한 리전이 표시되게 합니다. 이것 역시 재생 위치에 상관없이 특정 리전을 열어
놓고 편집할 필요가 있을 때 버튼을 Off 합니다.

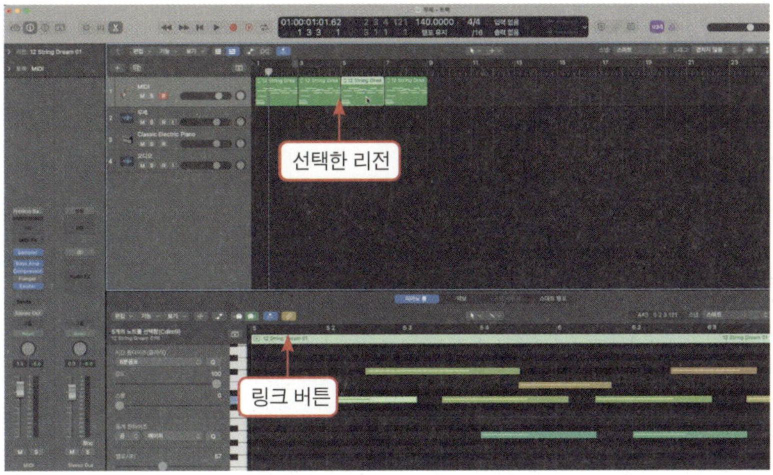

● 도구 메뉴

도구는 메인 창에서 살펴본 역할과 동일합니다. 단지 편집 대상이 리전이 아니라 노트라는 차이
만 있습니다. 도구의 역할은 이미 살펴보았으므로 생략합니다.

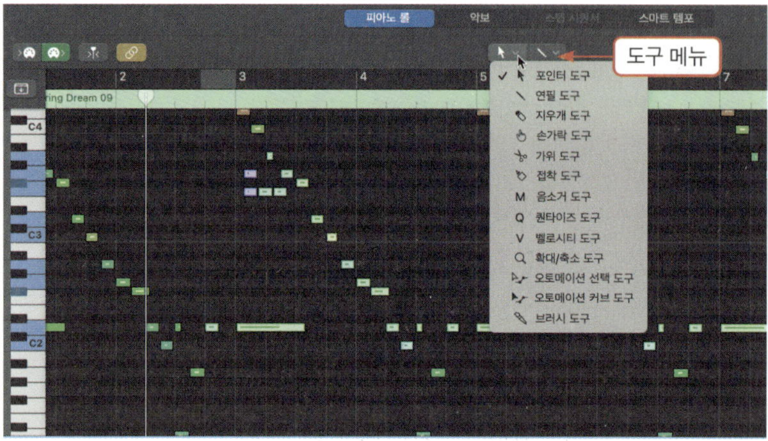

● 정보 디스플레이

마우스 위치의 피치와 타임 정보를 표시합니다. 피치와 타임 위치는 익숙해지면 피아노 건반과
눈금자로 판단할 수 있기 때문에 연필 도구로 노트를 입력할 때 정보 디스플레이를 참조하는
경우는 거의 없습니다. 특히, 노트를 선택하면 위치, 길이, 피치 정보가 팝업 창으로 표시되기 때
문에 편집을 할 때도 거의 필요 없지만, 입문자에게는 유용한 정보일 수 있습니다.

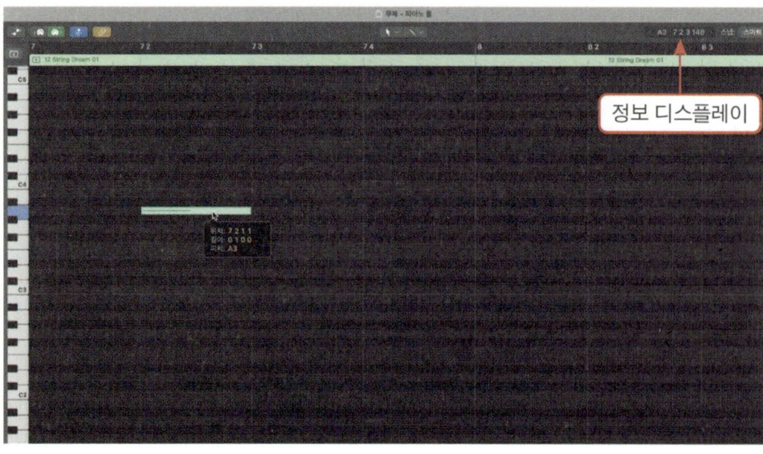

노트를 편집할 때 마디 및 비트, 또는 음표 단위로 맞출 수 있게 합니다. 단위는 버튼 오른쪽의 메뉴에서 선택하며, 기본적으로 선택되어 있는 스마트는 작업 공간 크기에 따라 자동으로 조정되는 그리드 라인에 맞춥니다. 미세한 편집이 필요한 경우에는 스넵 버튼을 Off 하거나 Control+Shift 키를 누른 상태로 드래그합니다.

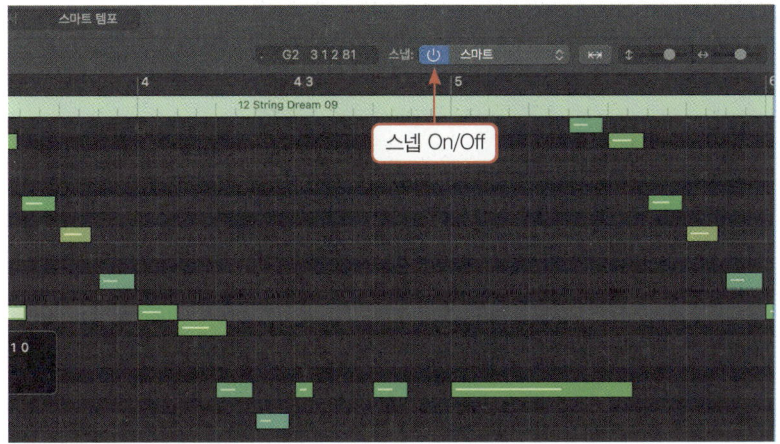

스넵 기능은 기본적으로 상대값으로 설정되어 있습니다. 그리드 라인에 일치되어 있지 않은 노트를 편집할 때 공백을 그대로 유지하는 것입니다.

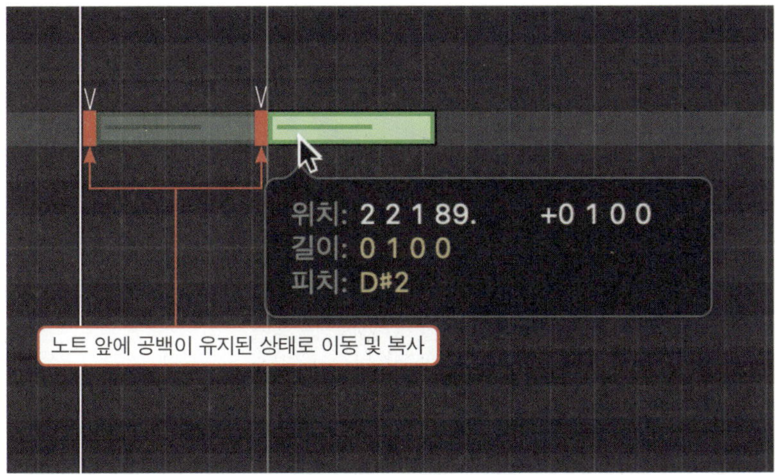

스냅 메뉴에서 노트를 절대값으로 스냅을 선택하면 공백이 무시되고 그리드 라인에 일치되게 편집됩니다. 상황에 따라 필요한 옵션이므로 기억해두기 바랍니다.

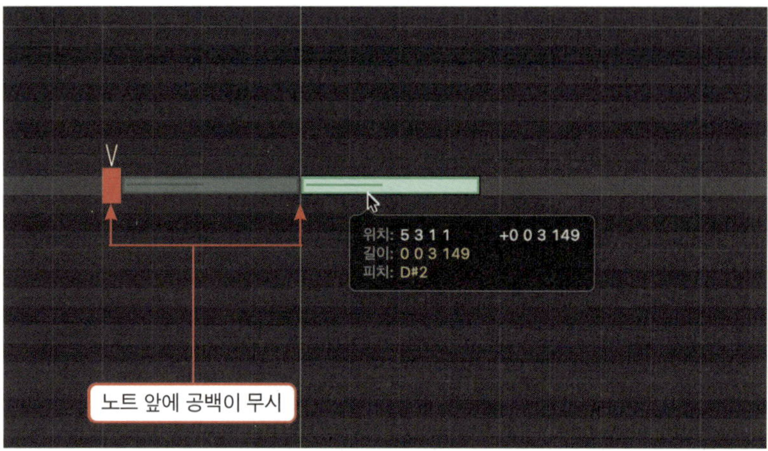

● 줌 슬라이더

편집을 하다 보면 작업 공간의 크기를 확대/축소할 일이 많습니다. 메뉴 바의 수직 및 수평 확대/축소 슬라이더를 이용하거나 마우스 휠을 이용합니다. Option키를 누른 상태에서는 수직, Option+shift 키를 누른 상태에서 수평 크기를 조정할 수 있습니다. 수평 자동 확대/축소 버튼을 클릭하면 리전 크기에 맞추며, Z 키로 선택 범위를 확대/축소할 수 있습니다.

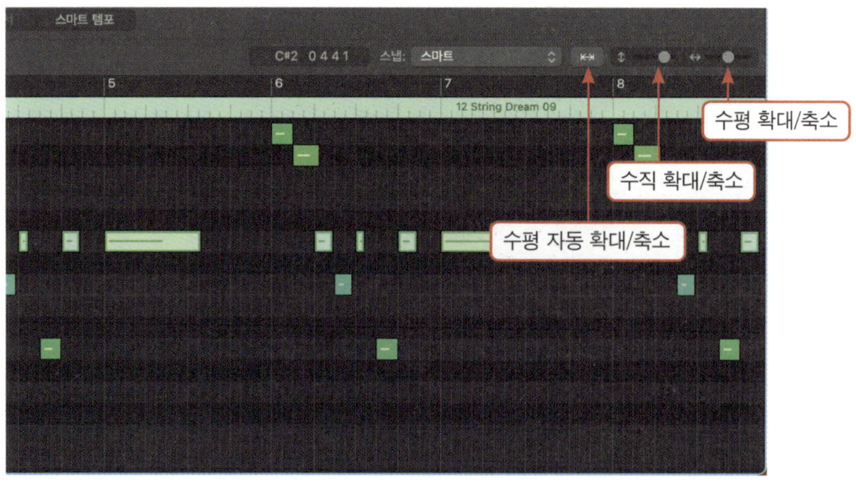

| 스텝 입력

01 연주가 어려운 프레이즈는 연필 도구를 이용하여 노트를 입력할 수 있습니다. 노트의 길이는 좌/우로 드래그하여 조정할 수 있으며, 피치는 위/아래로 드래그합니다.

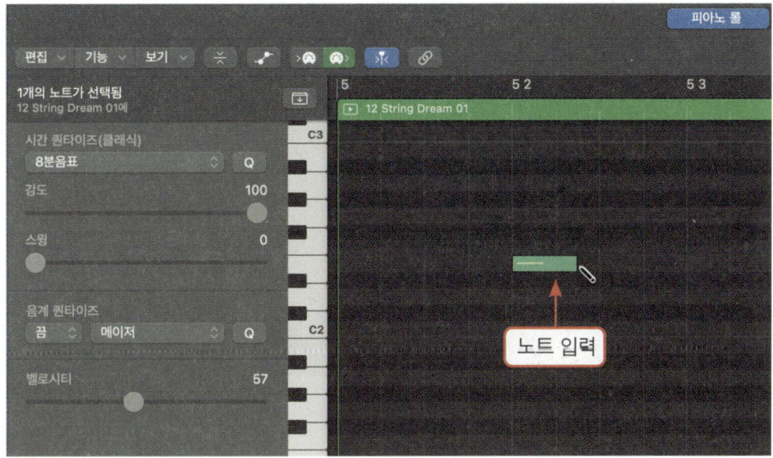

02 브러시 도구를 이용하면 마우스 드래그로 연속 적인 노트를 입력할 수 있습니다. 드래그하는 동안 Shift 키로 피치 이동 기능을 On/Off 할 수 있습니다. 입력한 노트는 브러시 도구로 삭제할 수 있습니다.

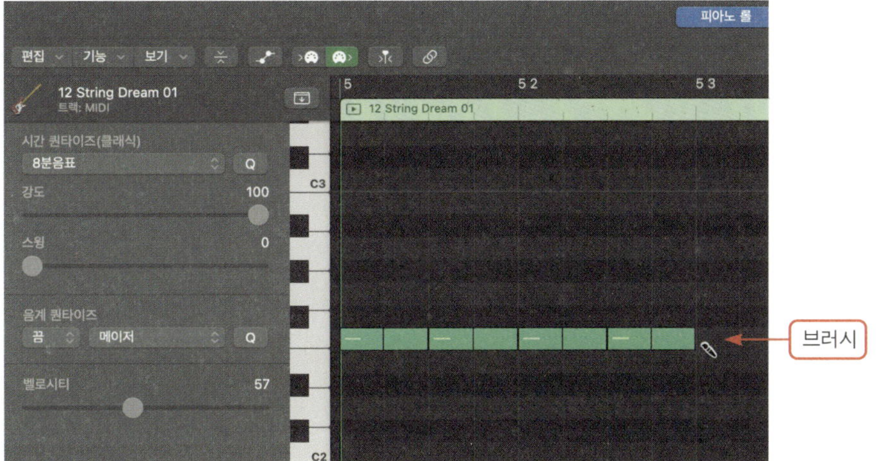

03 피아노 롤에서 노트를 입력할 때 마우스 외에 마스터 건반이나 뮤직 타이핑을 이용할 수 있습니다. 윈도우 메뉴의 스텝 입력 키보드 보기를 선택합니다.

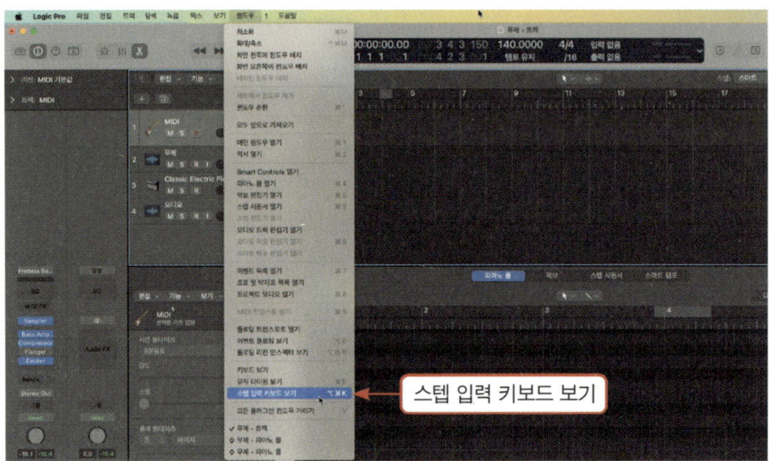

04 노트의 길이와 벨로시티를 결정하고, 노트 입력 건반을 갖춘 창이 열립니다.

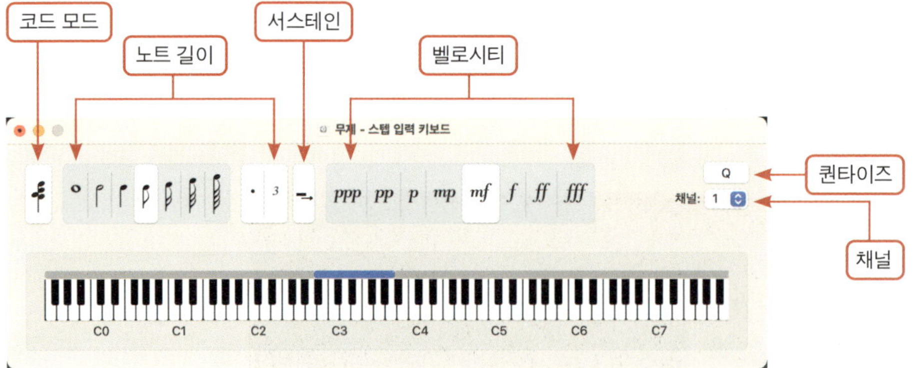

● **코드 모드**

코드 모드 버튼을 On으로 하면 재생 헤더가 이동하지 않고 고정됩니다. 건반을 하나씩 클릭하여 코드를 만들 수 있습니다.

● 노트 길이

입력할 노트의 길이를 선택합니다. 오른쪽에 점 음표 및 3 잇단음표는 선택된 노트를 기준으로 합니다.

● 서스테인

노트 길이를 연장합니다. 피아노 롤 작업 공간을 클릭하여 선택 노트를 해제한 경우에는 쉼표로 입력되며, 뮤직 타이핑 및 마스터 건반의 서스테인 페달로 동작시킬 수 있습니다.

● 벨로시티

입력 노트의 세기를 선택합니다. 벨로시티 16의 ppp부터 127의 fff까지 제공합니다.

● 퀀타이즈

점 음표 및 3 잇단음표 입력으로 재생 헤드가 마디 및 비트에서 벗어난 경우에 버튼을 클릭하여 맞출 수 있습니다.

● 채널

노트의 채널을 선택합니다. 악보에서 성부를 구분할 때 사용합니다.

05 뮤직 타이핑 및 마스터 건반을 이용할 때는 피아노 롤 메뉴 바의 미디 인 버튼을 On으로 합니다. 스텝 입력 키보드는 연주가 서툰 사람에게 매우 유용한 기능이 될 것입니다.

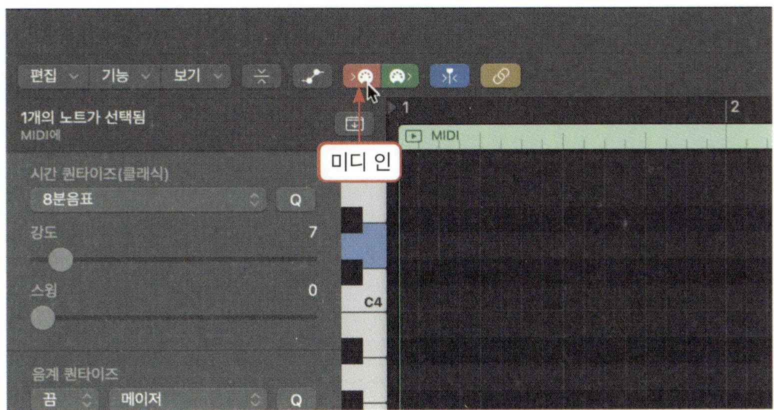

퀀타이즈

퀀타이즈는 노트를 정렬하는 기능입니다. 피아노 롤 인스펙터에는 박자를 정렬할 수 있는 시간 퀀타이즈, 피치를 정렬할 수 있는 음계 퀀타이즈와 벨로시티를 조정할 수 있는 슬라이더를 제공합니다. 서툰 연주를 정확하게 보정할 수 있지만, 잘못 사용하면 기계적인 연주가 될 수 있기 때문에 적절히 활용할 수 있어야 합니다.

| 시간 퀀타이즈

01 퀀타이즈는 그리드 라인에서 벗어난 노트를 끌어당겨 맞춰주는 기능입니다. 여기서 주의해야 할 사항은 그리드 라인에서 가까운 노트를 맞춘다는 것입니다. 즉, 너무 늦게 연주된 노트는 뒤에 있는 라인에 정렬되어 원하지 않는 결과가 될 수 있습니다. 입문자들이 가장 많이 착각하는 부분입니다. 로직은 뛰어난 퀀타이즈 기능을 제공하지만, 어느 정도의 연주 실력은 필요합니다.

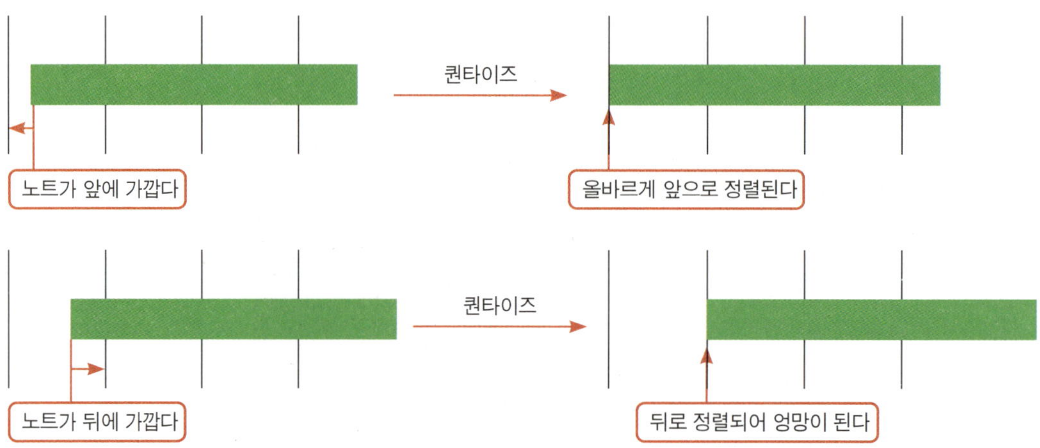

02 퀀타이즈의 정렬 기준은 시간 퀀타이즈 메뉴에서 선택하며 Q 버튼을 클릭하거나 Q 키를 눌러 선택한 노트를 정렬할 수 있습니다. 모든 노트를 퀀타이즈 하겠다면 Command+A 키를 눌러 모든 노트를 선택합니다.

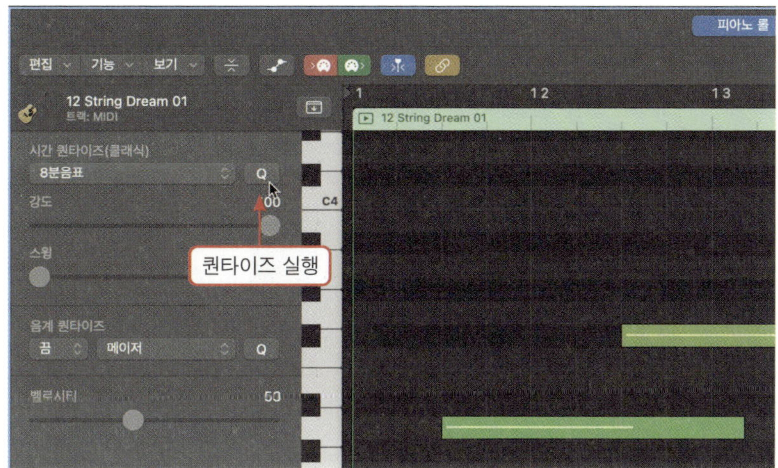

03 리전에 입력되어 있는 모든 노트를 퀀타이즈 할 때는 리전 인스펙터의 파라미터를 이용해도 됩니다. 2개 이상의 선택된 리전에 퀀타이즈를 적용할 수 있습니다.

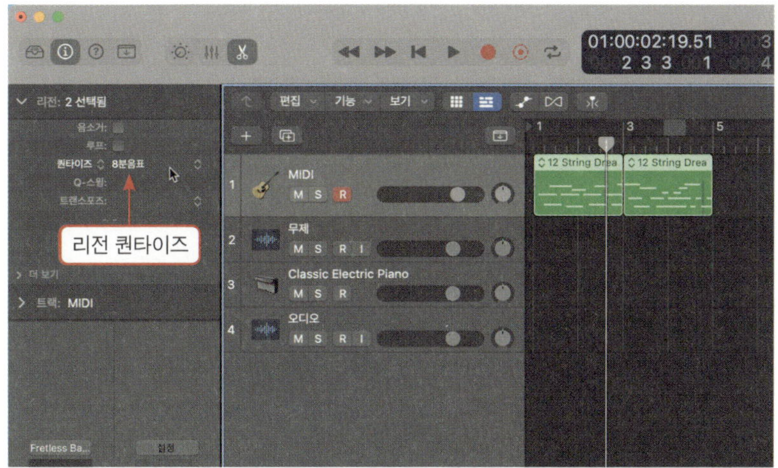

04 기본적으로 퀀타이즈 강도는 100으로 설정되어 있습니다. 노트를 그리드 라인에 정확하게 맞추는 것입니다. 하지만, 너무 정확한 연주는 기계적으로 들리기 때문에 조금 느슨하게 설정하는 것이 좋습니다. 50으로 설정하면 반만 끌어 맞추기 때문에 자연스러움을 유지할 수 있습니다.

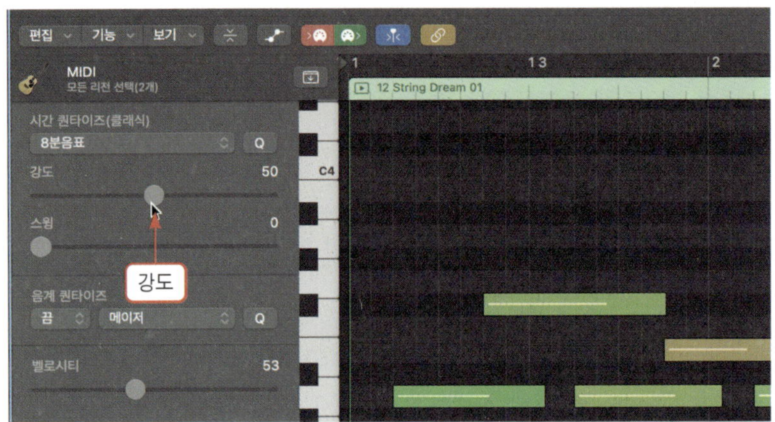

05 잇단음이나 스윙 리듬을 퀀타이즈 할 때는 퀀타이즈 메뉴에서 셋잇단음 또는 스윙을 선택합니다. 인스펙터의 스윙 슬라이더는 메뉴에서 제공하는 스윙 A-F 외의 값이 필요할 때 수동으로 설정할 수 있습니다. 잇단음과 정박이 혼합되어 있는 연주는 퀀타이즈 메뉴 아래쪽에 있는 16분 또는 8분음표 및 셋잇단음을 선택하거나 노트를 각각 선택하여 적용합니다.

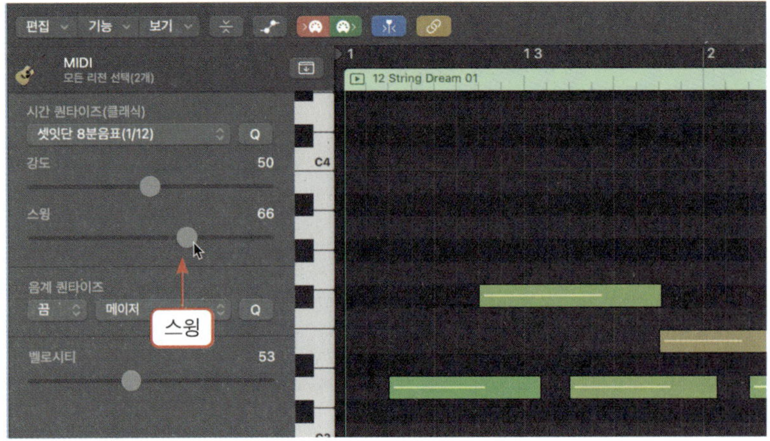

다듬기

노트의 시작 타임 외에 길이를 정렬해야 하는 경우도 있습니다. 편집 메뉴의 다듬기를 선택하면 겹쳐진 부분과 끝점을 정렬할 수 있는 메뉴를 볼 수 있습니다.

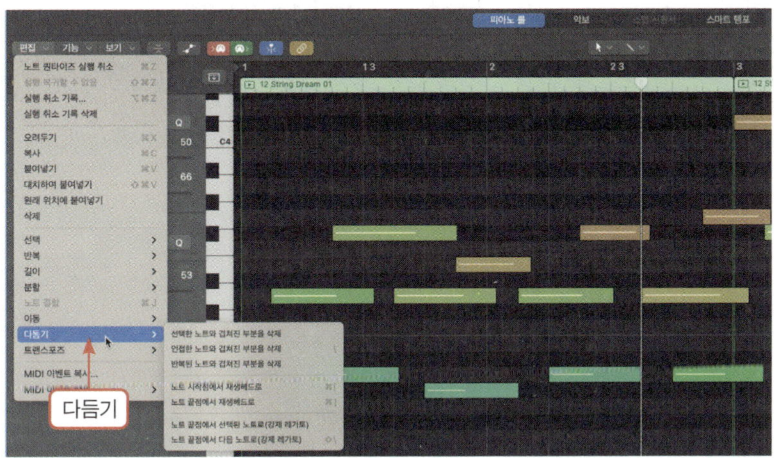

● 선택한 노트와 겹쳐진 부분을 삭제

겹쳐진 부분을 삭제합니다. 선택한 노트에만 적용됩니다.

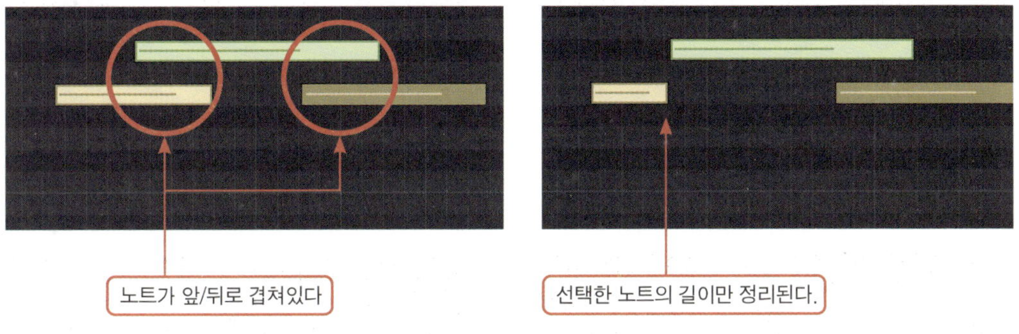

● 인접한 노트와 겹쳐진 부분을 삭제

겹쳐진 부분을 삭제합니다. 인접한 노트까지 적용됩니다.

● 반복된 노트와 겹쳐진 부분을 삭제

중복되어 있는 노트를 정리합니다. 정확한 타임으로 중복된 노트는 눈으로 확인하기 어렵지만, 사운드가 변조되는 현상이 발생하기 때문에 반드시 정리할 필요가 있습니다.

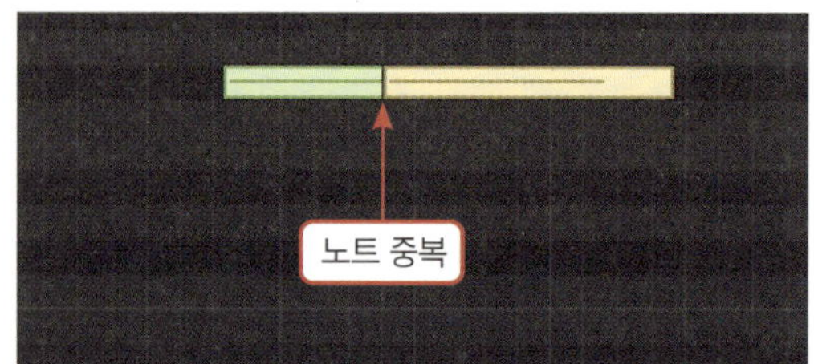

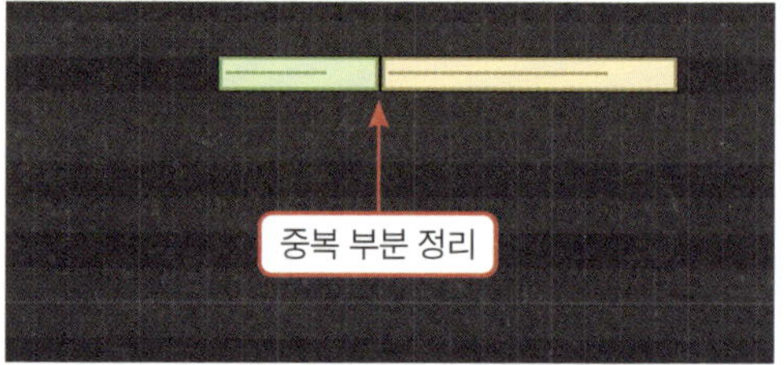

● 노트 시작/끝점에서 재생헤드로

노트의 시작 또는 끝 지점을 재생헤드가 있는 위치까지 줄입니다.

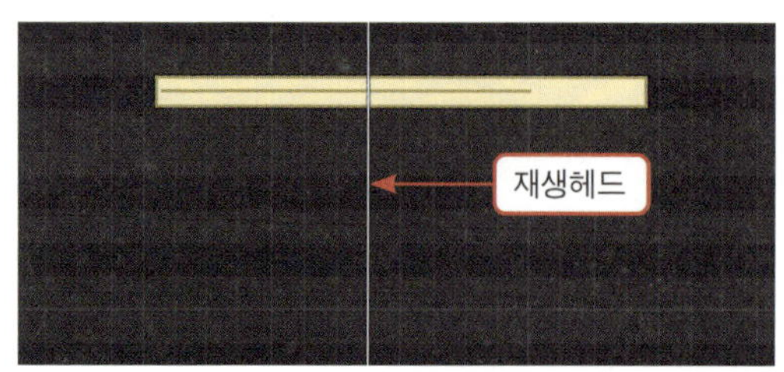

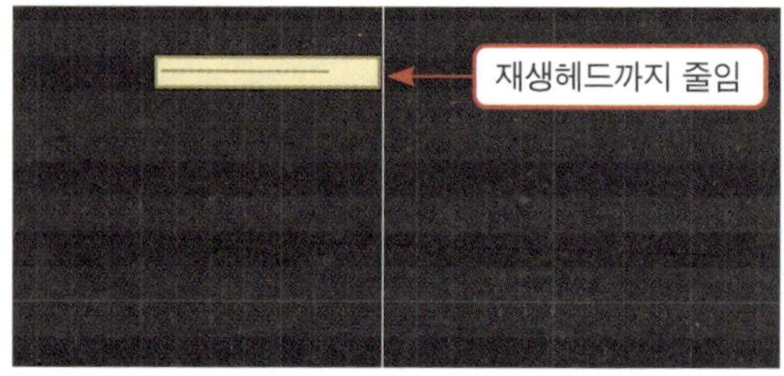

● **노트 끝점에서 선택된 노트로(강제 레가토)**

선택한 노트의 길이를 정리합니다.

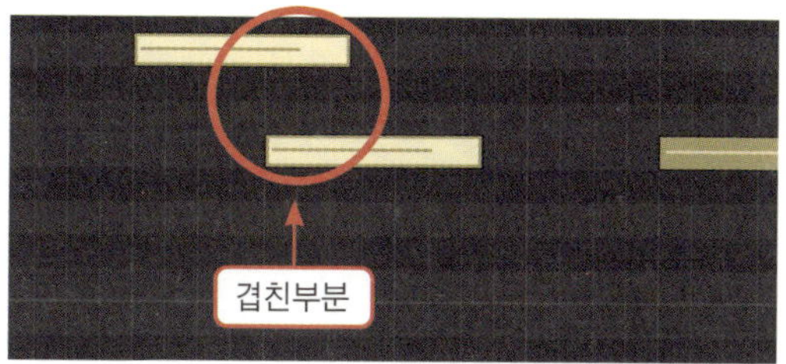

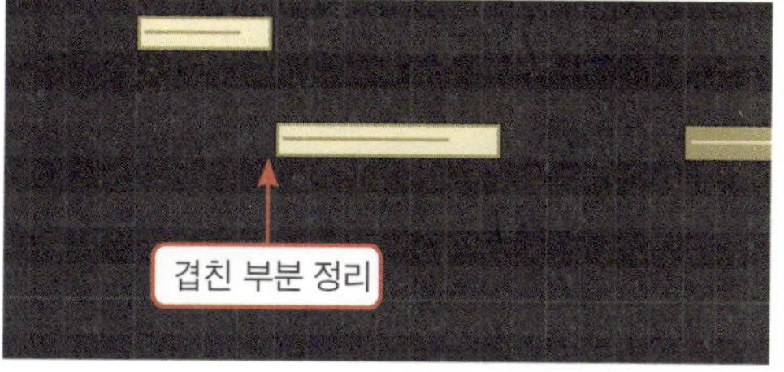

● **노트 끝점에서 다음 노트로(강제 레가토)**

선택한 노트의 길이를 다음 노트 시작점까지 늘리거나 줄입니다.

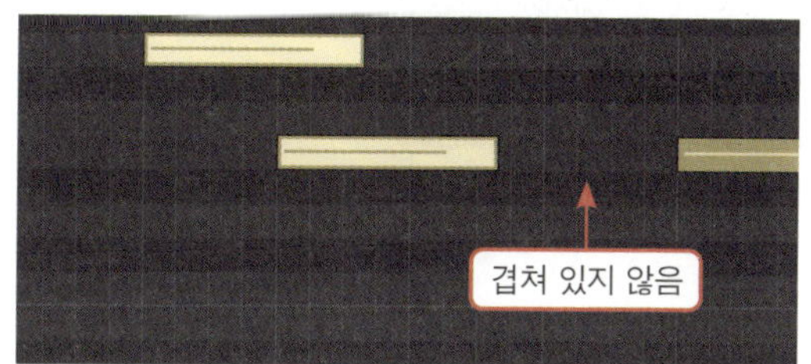

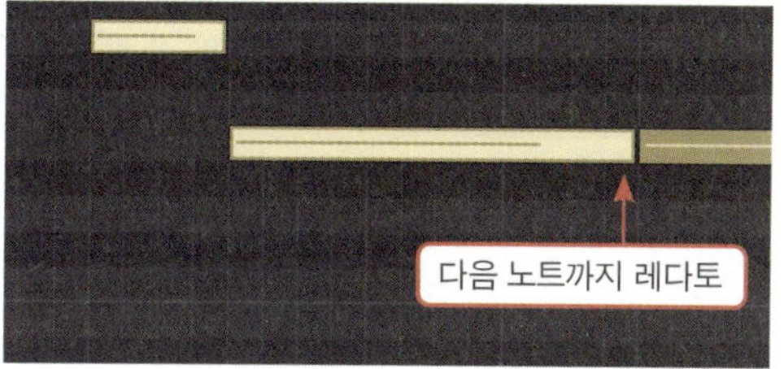

겹쳐있는 노트가 2음 이상인 경우에는 상위 노트를 어떻게 처리할 것인지를 묻는 창이 열립니다.

● **줄이기** : 모든 노트를 정리합니다.
● **삭제** : 상위 노트를 삭제합니다.
● **유지** : 상위 노트를 유지합니다.

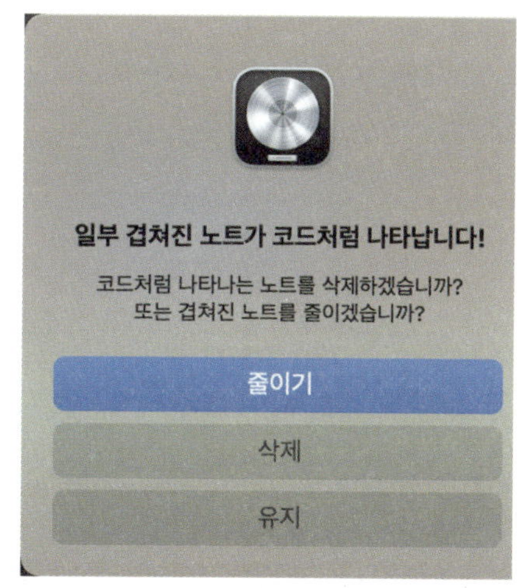

그루브 템플릿

01 노트를 로직에서 제공하는 퀀타이즈 그리드에 맞추는 것이 아니라 선택한 리전 리듬에 맞출 수 있습니다. 예를 들어 드러머 리전에 사용자 연주를 맞추겠다면 드러머 리전을 미디로 변경하고, 퀀타이즈 파라미터에서 그루브 템플릿 만들기를 선택하여 등록합니다.

02 사용자가 연주한 리전을 선택하고, 퀀타이즈 목록에 등록된 그루브 템플릿을 선택하면 드러머 트랙에 맞춰지는 것을 확인할 수 있습니다. 그루브 템플릿은 리전 이름으로 생성되므로, 템플릿을 만들기 전에 리전 이름을 변경하는 좋습니다. 템플릿을 목록에서 제거할 때는 제거할 템플릿을 선택하고, 그루브 템플릿 제거를 선택합니다.

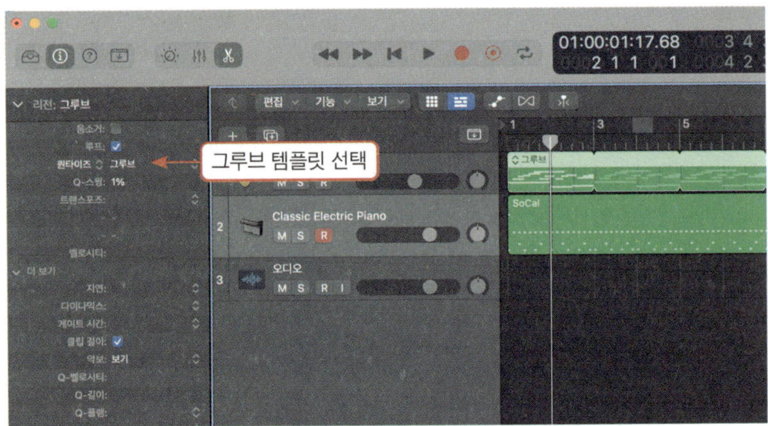

03 그루브 템플릿을 적용할 때의 범위는 더 보기 항목의 Q 파라미터를 이용하여 설정할 수 있습니다. Q 파라미터는 벨로시티, 길이, 플램, 범위, 강도 등이 있습니다.

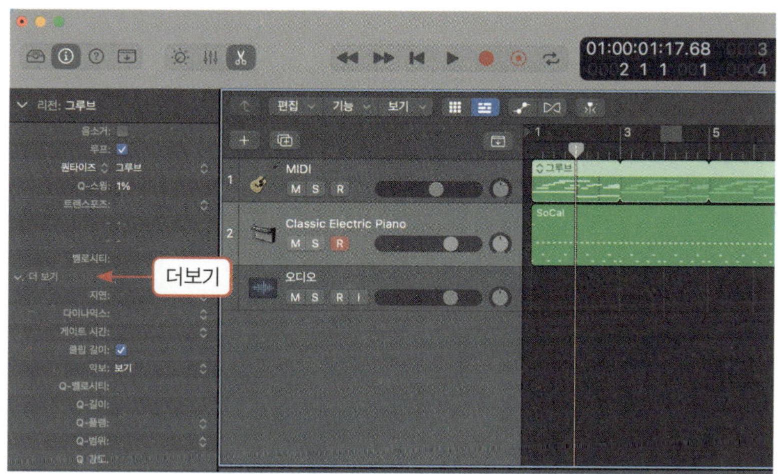

● **Q-벨로시티 :** 벨로시티의 적용 범위를 퍼센트 단위로 설정합니다. 그루브 템플릿을 사용할 때 연주 노트의 벨로시티 값이 얼마나 적용되게 할 것인지를 결정하는 것입니다.

● **Q-길이 :** 길이 적용 범위를 퍼센트 단위로 설정합니다. 그루브 템플릿을 사용할 때 연주 노트의 길이가 얼마나 적용되게 할 것인지를 결정하는 것입니다.

● **Q-플램 :** 코드 연주를 상행 또는 하행으로 만듭니다. 블록 코드를 상행 또는 하행 아르페지오로 연주되게 하거나 기타 스트로크 연주를 만들 수 있습니다.

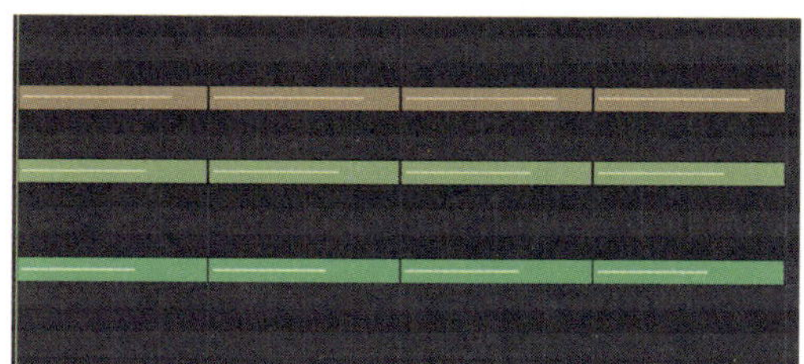

▲ 블록 코드 연주

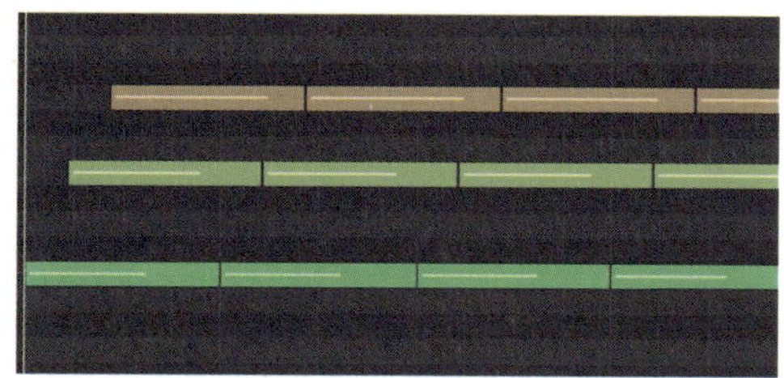

▲ Q-플램으로 상행 아르페지오 연출

● **Q-범위 :** 퀀타이즈 적용 범위를 설정합니다. 여기서 설정한 범위 밖의 노트만 퀀타이즈를 하기 때문에 그리드에 가까운 노트를 그대로 유지할 수 있습니다.

● **Q-강도 :** 퀀타이즈의 적용 강도를 설정합니다. 여기서 설정한 퍼센트만큼만 퀀타이즈 하는 것입니다. Q-범위와 함께 자연스러운 퀀타이즈를 적용하는 핵심 파라미터입니다.

| 스마트 퀀타이즈

퀀타이즈의 기본 유형은 클래식이며, 퀀타이즈 파라미터 이름 오른쪽의 삼각형 부분을 누르고 있으면 스마트 유형으로 변경할 수 있는 메뉴가 열립니다. 유형을 스마트로 변경하면 Q-벨로시티, 길이, 플램 대신에 Q-안티플램 파라미터가 제공됩니다.

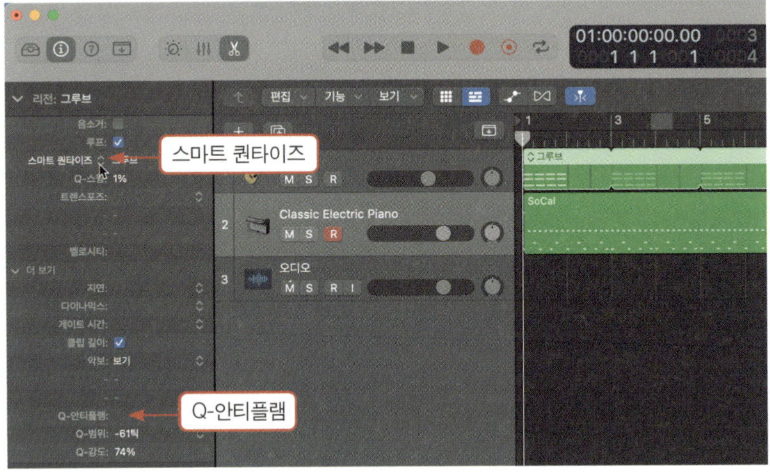

스마트 유형은 노트 주변의 미디 정보를 분석하여 상대적 위치가 유지될 수 있도록 합니다. 서스테인 페달과 같은 컨트롤 정보가 포함된 연주나 드럼의 롤 및 플램과 같이 비트에 맞춰 재생되지 않는 노트를 그대로 유지하여 자연스러운 퀀타이즈를 적용할 수 있습니다. Q-안티플램은 주변 이벤트의 처리 범위를 설정하는 것으로 값을 높이면 퀀타이즈되는 범위가 넓어집니다.

예를 들어 노트 타이밍이 일치하지 않는 피아노 연주가 있다고 가정합니다. 실제로 연주를 하면 당연한 현상입니다.

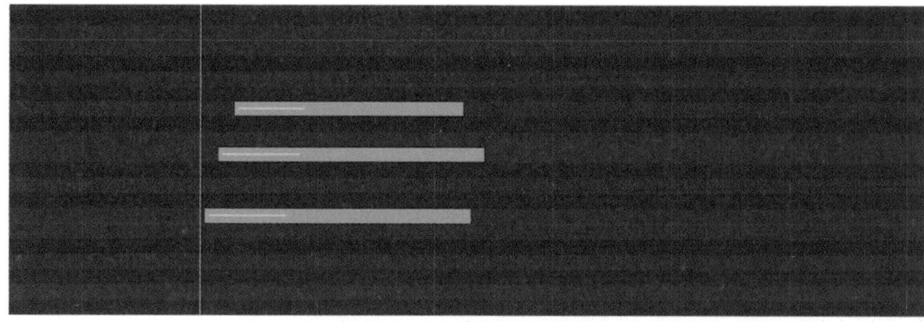

클래식 유형의 퀀타이즈를 적용하면 모든 노트가 그리드에 정렬됩니다. 이론적으로 완벽하지만 기계적인 연주가 되기 때문에 좋지 않습니다.

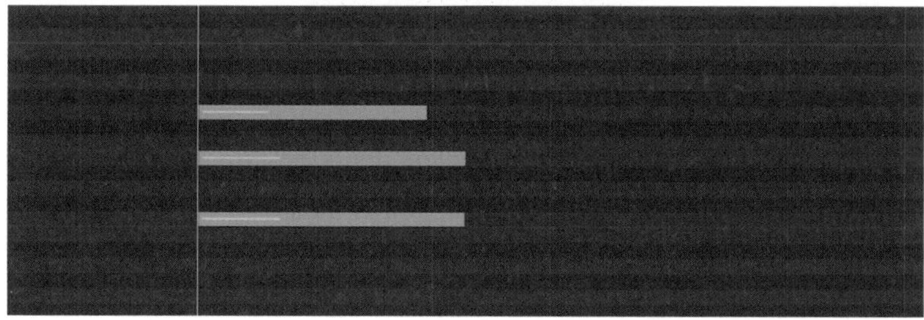

하지만, 퀀타이즈를 스마트 유형으로 적용하면 중심 노트를 기준으로 주변 노트의 간격이 유지 된 상태로 정렬되기 때문에 자연스럽습니다. 여기서 좀 더 타이트하게 정렬하고 싶다면 Q-안티 플램 값을 증가시켜 간격을 줄입니다.

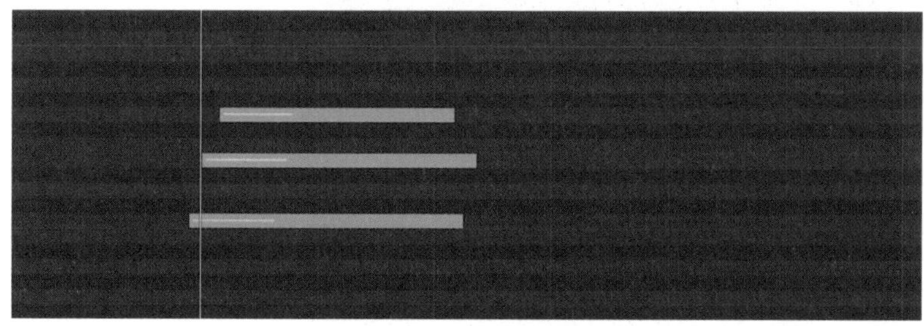

음계 퀀타이즈

피아노 롤 인스펙터에는 스케일을 정렬할 수 있는 음계 퀀타이즈를 제공합니다. 메이저 곡을 마이너로 바꿔보거나 키를 바꿔보는 등의 다양한 실험이 가능하며, 메인 트랙을 복사하여 하모니를 만들 때 많이 사용합니다.

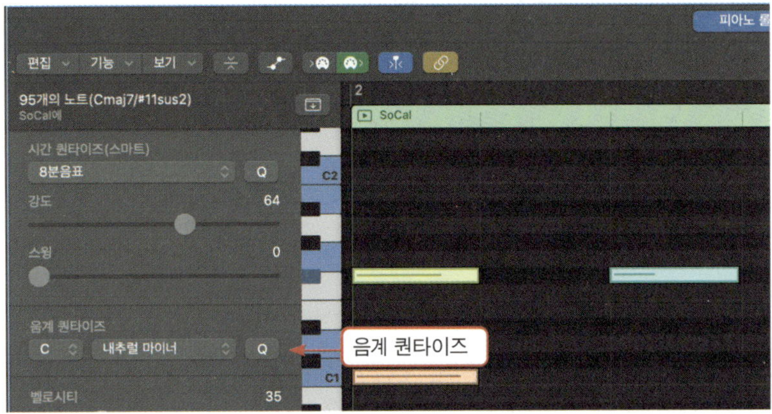

벨로시티

벨로시티 슬라이더는 선택한 노트의 벨로시티를 증가시킵니다. 벨로시티는 연주 세기를 말하는 것으로 0에서 127까지의 범위를 갖고, 127을 넘지는 않습니다.

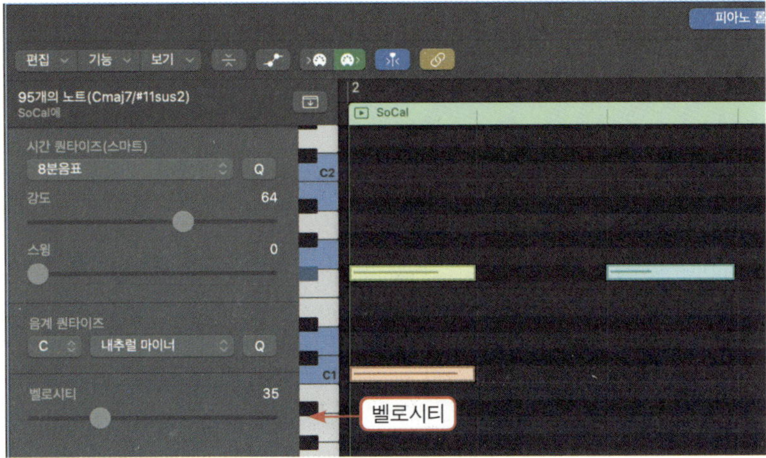

컨트롤 정보

미디는 노트 외에 서스테인 페달, 모듈레이션, 피치 벤드 등의 컨트롤 정보가 함께 기록되며, 서툴게 입력된 노트를 편집하듯이 컨트롤 정보 또한 자유롭게 편집할 수 있습니다. 노트가 입력되어 있는 리전은 가로 흰색 라인으로 표시가 되듯이 컨트롤 정보가 입력되어 있으면 회색 세로줄로 표시가 되며, 노트와 마찬가지로 피아노 롤에서 편집할 수 있습니다.

| 오토메이션 도구

01 피아노 롤 메뉴 바의 오토메이션 보기 버튼을 클릭하면 작업 공간 아래쪽에 건반을 연주하면서 밟은 서스테인 페달을 비롯하여 모듈레이션 및 피치 벤드 휠의 움직임을 기록한 모든 컨트롤 정보를 볼 수 있는 오토메이션/MIDI 창이 열립니다.

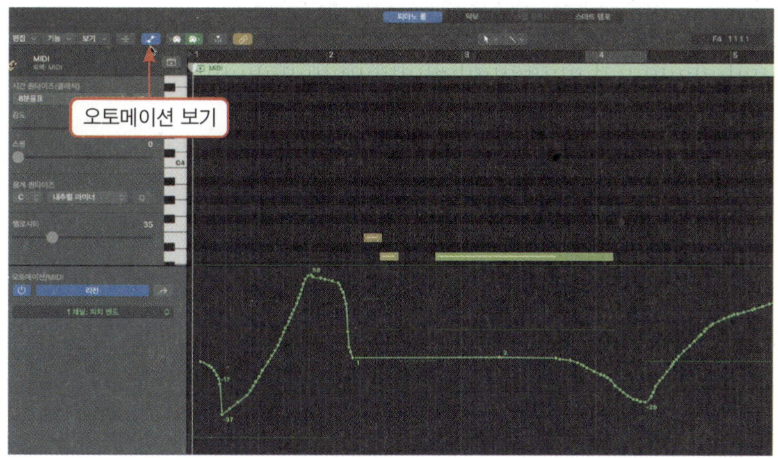

02 오토메이션/MIDI 창은 ① On/Off 버튼, 리전 및 트랙 오토메이션을 선택하는 ② 전환 버튼, 기록되어 있는 오토메이션을 순차적으로 선택할 수 있는 ③ 순환 버튼, 그리고 오토메이션을 선택할 수 있는 ④ 메뉴로 구성되어 있으며, 오른쪽에는 선택한 ⑤ 컨트롤 정보를 표시합니다.

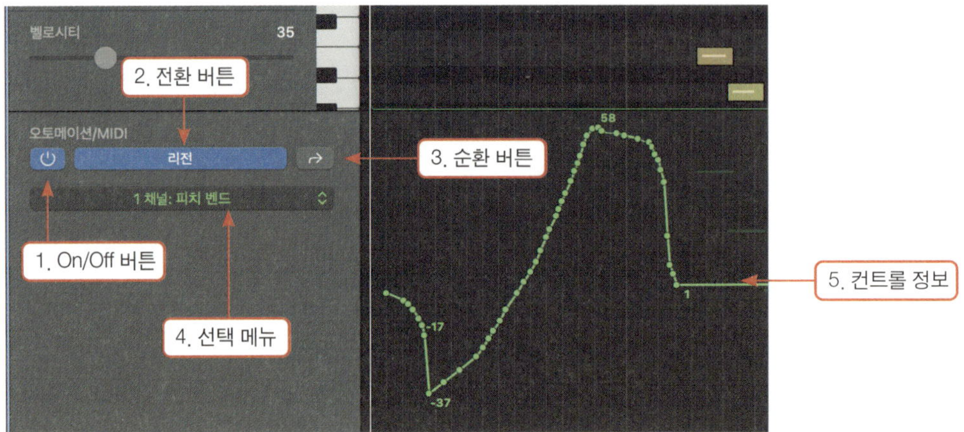

03 메뉴를 클릭하면 아래쪽에서 ① 사용됨 목록을 볼 수 있습니다. 리전에 기록되어 있는 컨트롤 정보 목록이며 ② 순환 버튼을 클릭할 때 마다 이 목록을 순서대로 선택합니다. 그러므로 많은 정보가 기록되어 있는 경우라면 목록에서 직접 선택하는 것이 빠릅니다.

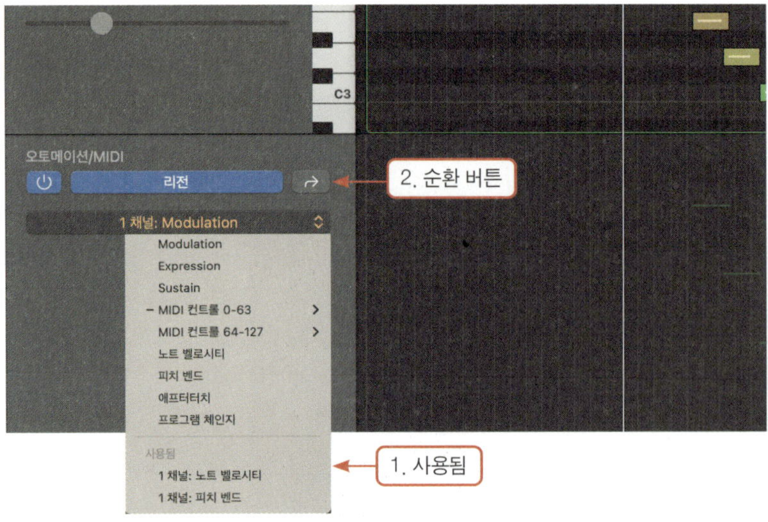

04 미디 컨트롤 정보는 포인트를 드래그하여 값을 수정하거나 라인을 클릭하여 포인트를 추가하는 등의 편집 작업이 가능합니다.

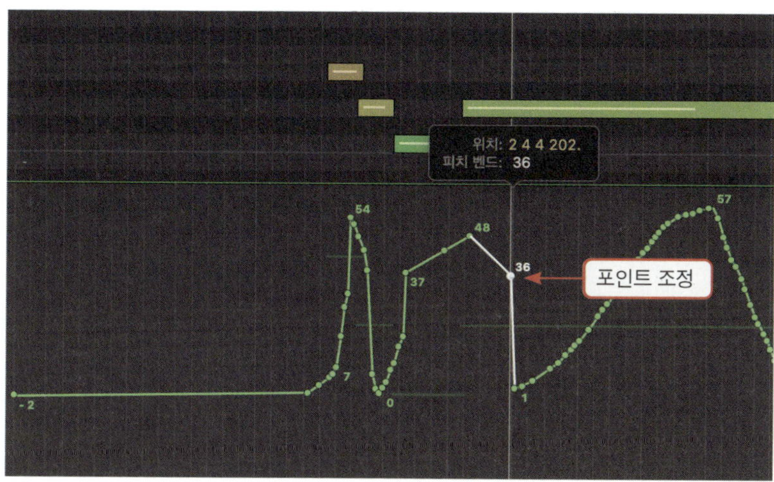

05 미디 컨트롤 정보는 원하는 범위를 선택하고, 드래그 또는 Option 키를 누른 상태로 드래그하여 이동하거나 복사할 수 있습니다. 삭제할 때는 백스페이스 키를 누릅니다.

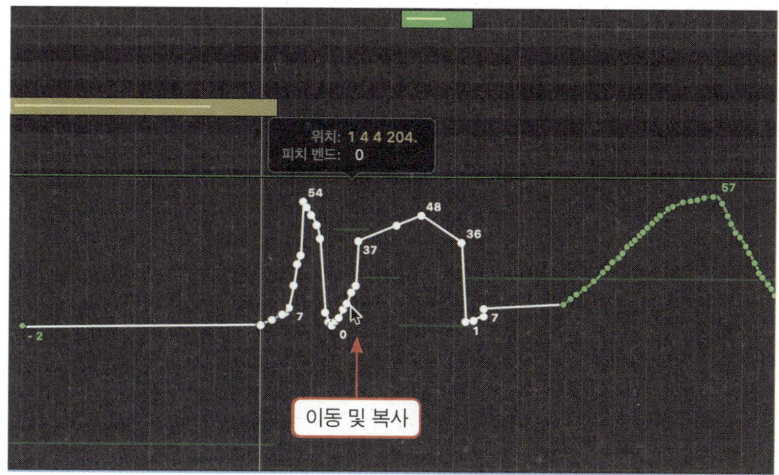

 노트를 마우스로 입력하듯이 미디 컨트롤 정보 역시 연필 도구를 이용하여 그림을 그리듯이 마우스로 입력할 수 있습니다.

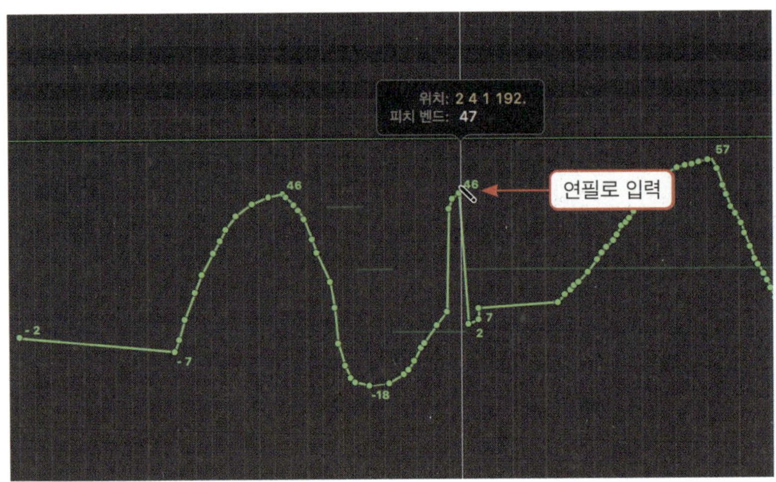

 피아노 롤은 컨트롤 정보를 선택하고 이동 및 복사 등의 작업을 할 수 있는 오토메이션 선택 도구와 컨트롤 정보 라인을 곡선 타입으로 편집할 수 있는 오토메이션 커브 도구를 제공합니다.

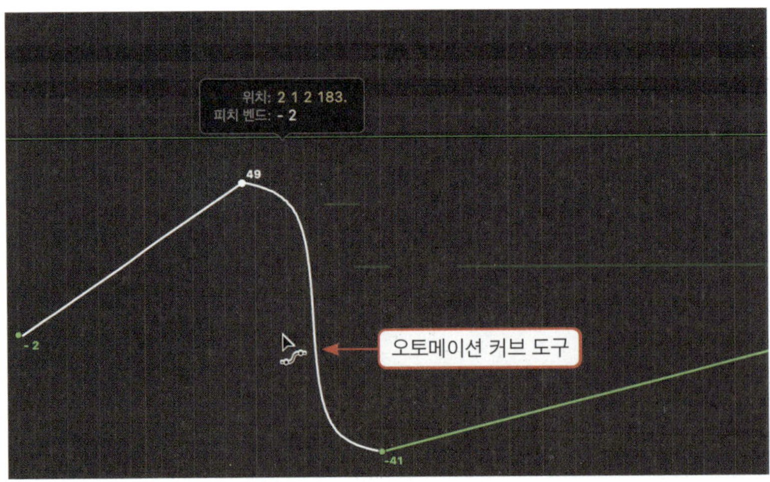

| 미디 목록

입문자를 위한 본서에서 미디 컨트롤 정보를 모두 살펴보는 것은 큰 의미가 없습니다. 오토메이션 메뉴에서 기본적으로 제공되는 MIDI 목록의 Modulation, Expression, Sustain, 피치 벤드, 애프터터치 정보만 살펴보겠습니다. 채널 정보는 악기 제어보다 악보를 만들 때 주로 사용하며, 볼륨과 패닝은 트랙 오토메이션으로 제어하는 경우가 대부분입니다.

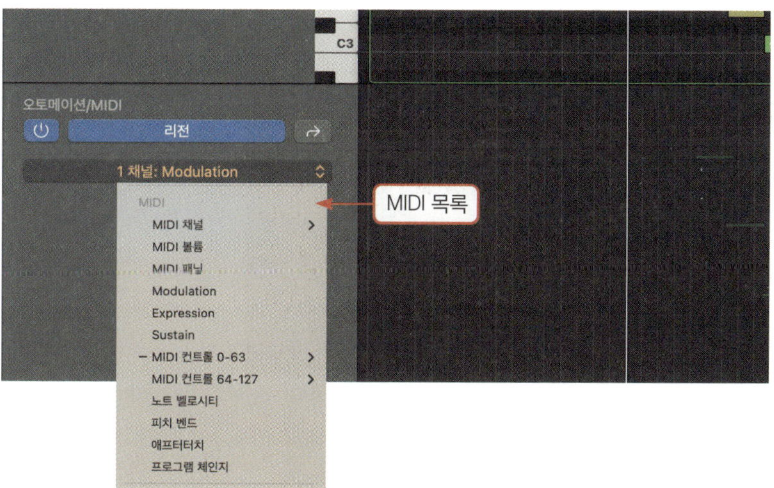

● 모듈레이션(Modulation)

악기의 모듈레이션 휠을 제어합니다. 악기마다 차이는 있지만, 대부분 비브라토 효과를 만듭니다.

● 익스프레션(Expression)

익스프레션은 상대적인 볼륨 값을 말합니다. 여기서 상대적인 볼륨 값이란 트랙 볼륨 값을 최대 값으로 하는 볼륨 값을 말합니다. 즉, 트랙 볼륨이 -12dB이고, 익스프레션이 최대 값 127이라면, 귀에 들리는 것은 실제로 -12dB입니다. 이러한 익스프레션은 바이올린이나 트럼펫과 같은 악기의 특징인 연주 중에 미세하게 변하는 볼륨 값을 표현하거나 점점 세게(Crescendo) 또는 점점 여리게(Decrescendo)와 같은 연주의 셈 여림을 표현할 때 많이 사용합니다.

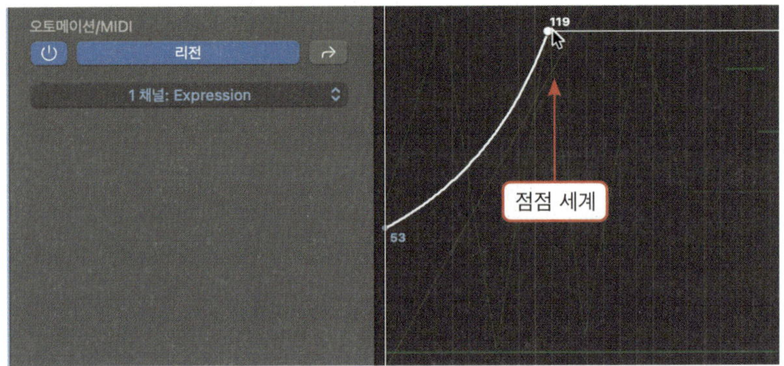

● 서스테인(Sustain)

피아노의 서스테인 페달을 제어합니다. 페달은 밟았을 때의 값은 64에서 127까지이고, 페달은 떼었을 때의 값은 0에서 63까지의 범위에서 아무 값이나 사용해도 되지만, 일반적으로 밟았을 때는 127, 떼었을 때는 0으로 입력합니다. 어설프게 입력된 피아노 서스테인 페달은 편집할 때도 필요하지만, Guitar 주법을 만들 때도 많이 사용합니다.

● 피치 벤드

악기의 피치 벤드 휠을 제어합니다. 0은 피치 휠을 움직이지 않은 상태이고, 63이 최대로 올린
상태, -64가 최대로 내린 상태의 값입니다. 일반적으로 온 음 범위로 컨트롤되지만, 악기에서 옥
타브로 설정한 경우에는 한 옥타브 범위로 컨트롤 됩니다. 피치 범위 설정 방법은 악기마다 차
이가 있으며, 로직의 대표적인 Sampler의 경우에는 Mod Matrix에서 설정할 수 있습니다.

● 애프터터치

애프터터치란 건반을 누른 상태에서 다시 한번 힘을 주어 건반을 누르는 행위를 말하는 것으로
음색이 변조되거나 비브라토가 걸리는 등의 효과가 연출됩니다. 다만, 저가의 마스터 건반에서
는 애프터터치 기능을 지원하지 않는 경우가 많기 때문에 실시간 녹음이 어려울 수 있는데, 마
우스로 입력하여 악기에 애프터터치 정보를 전송할 수 있습니다. 애프터터치 정보로 제어되는
효과는 악기마다 다르며, Smapler와 같이 사용자가 원하는 효과를 지정할 수 있는 경우도 있습
니다.

01 미디 컨트롤 정보는 트랙에서도 제어할 수 있습니다. 트랙 메뉴 바의 ① 오토메이션 버튼을 클릭하여 열고, 트랙의 ② 전환 버튼을 클릭하여 리전으로 바꾸면 됩니다. 컨트롤 정보는 ③ 파라미터 메뉴에서 선택합니다.

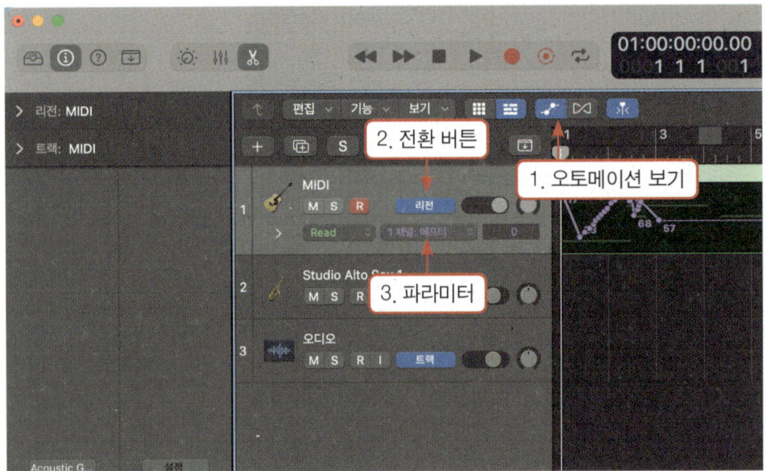

02 마스터 건반의 컨트롤러를 이용하여 악기 파라미터를 제어하는 것도 가능합니다. Logic Pro 메뉴의 컨트롤 서피스에서 컨트롤 할당을 선택합니다.

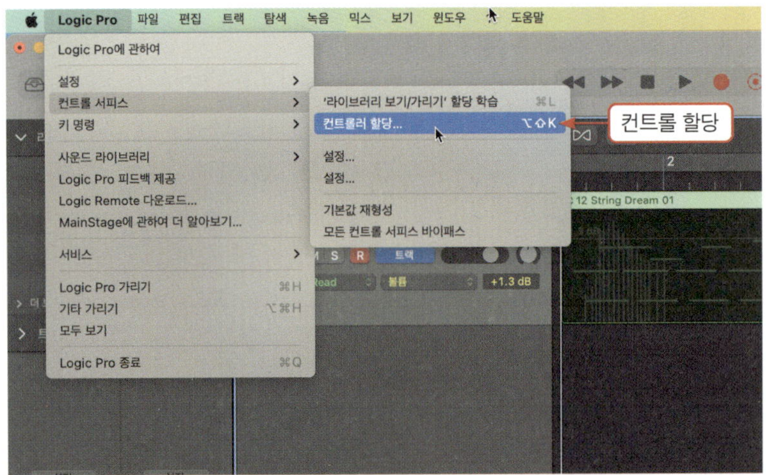

 컨트롤 할당 창이 열리면 학습 버튼을 클릭하여 On으로 합니다.

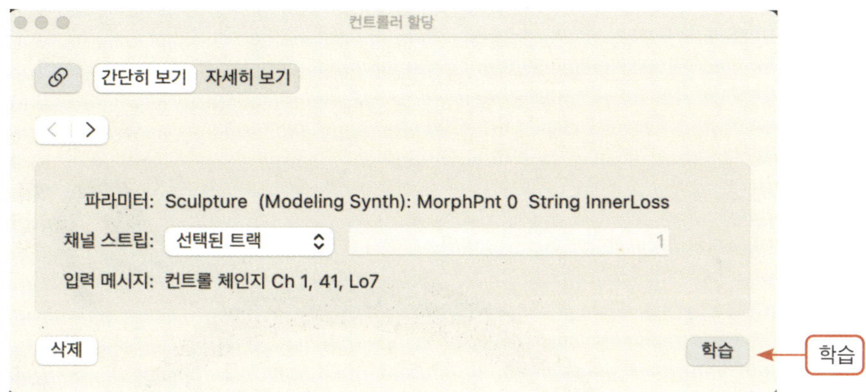

04 악기에서 제어할 ① 파라미터를 선택하고, 마스터 건반의 ② 슬라이더 및 노브를 움직여 인식시킵니다. 그러면 해당 컨트롤러를 이용하여 악기 파라미터를 제어할 수 있고, 오토메이션 정보로 기록하거나 편집할 수 있습니다.

PART
03
오디오 레코딩과 편집

SECTION 01

오디오 레코딩 준비

작곡과 편곡이 완성된 상태에서 음악 제작 과정은 녹음, 믹싱, 마스터링으로 구분할 수 있습니다. 여기서 가장 중요한 것은 녹음입니다. 아무리 믹싱과 마스터링 기술이 뛰어나다고 해도 녹음이 엉망이면 방법이 없습니다. 로직의 녹음 기능을 익히기 전에 좋은 품질의 레코딩을 위한 기본 지식을 살펴보겠습니다.

녹음 품질 설정하기

녹음 품질을 결정하는 샘플 레이트와 비트는 작업을 시작하기 전에 결정을 해야 합니다. 이미 레코딩을 한 오디오의 샘플 레이트와 비트는 작업 도중에 변경할 수 없기 때문입니다. 물론, 로직은 오디오 포맷을 변경할 수 있는 기능을 제공하고 있지만, 낮은 포맷의 오디오를 높은 포맷의 오디오로 변경하는 것은 파일 크기만 커질 뿐 음질이 좋아지는 것은 아니기 때문에 의미 없습니다.

| 디지털 사운드

디지털 사운드는 소리의 진동을 0과 1이라는 디지털 신호로 바꿔서 기록하거나 재생하며, 파형으로 표시되는 소리를 눈으로 보고, 편집할 수 있다는 장점을 가지고 있습니다. 파형은 베이스 라인을 기준으로 시간의 흐름에 따라 변하는 주파수와 진폭을 나타냅니다.

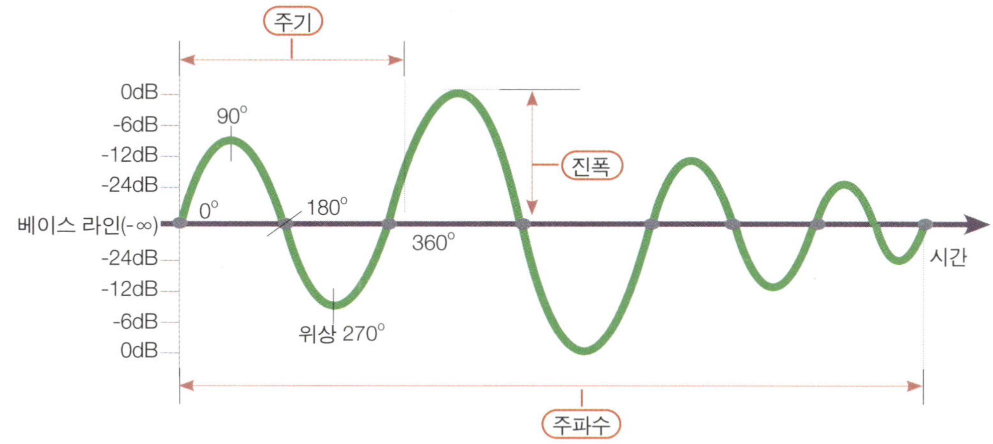

● **주파수(Frequency)** : 베이스 라인을 0°로 보고, 최대 진폭인 90°로 올라갔다가 360°로 한 바퀴 돌아서 베이스 라인에 도착하는 사이클을 주기하고 하며, 1초 동안에 발생하는 주기의 수를 주파수라고 합니다. 주파수는 소리의 높낮이를 결정하며, 단위는 헤르츠(Hz)를 사용합니다. Piano 또는 Guitar의 음정을 조율할 때 사용하는 장치를 보면, A=440Hz라고 표시되어 있는데, 이것은 1초 동안 440번의 주기가 발생하는 소리이며, A 음에 해당된다는 의미입니다.

● **진폭(Amplitude)** : 베이스 라인을 기준으로 파형의 위/아래 폭을 말하며, 사운드의 레벨을 의미합니다. 단위는 데시벨(dB)을 사용하며, 디지털의 최대 레벨은 0dB이고, 그 이하의 레벨은 마이너스(-) 기호를 사용합니다. 베이스 라인에 해당하는 무음은 무한대 기호(-∞)로 표시합니다.

| 샘플 레이트

디지털은 0과 1의 2진수로 동작을 합니다. 즉, 연속적인 아날로그 신호가 그대로 기록되는 것이 아니라 1에서만 기록이 되기 때문에 그림과 같이 일정한 간격이 발생합니다. 이때 주파수를 1초에 몇 번 기록할 것인지를 결정하는 것이 샘플 레이트(Sample Rate)입니다. 이 값이 크면 클수록 간격이 촘촘하기 때문에 아날로그 사운드의 손실을 최소화할 수 있습니다. 하지만, 인간이 들을 수 있는 최대 주파수 대역이 20,000Hz(20KHz)이기 때문에 그 두배에 해당하는 44,100Hz(44.1KHz)로 기록을 하면 충분하다는 것이 학자들의 이론입니다. 그래서 디지털 미디어의 시초인 CD 포맷이 44,1KHz로 규정된 것입니다.

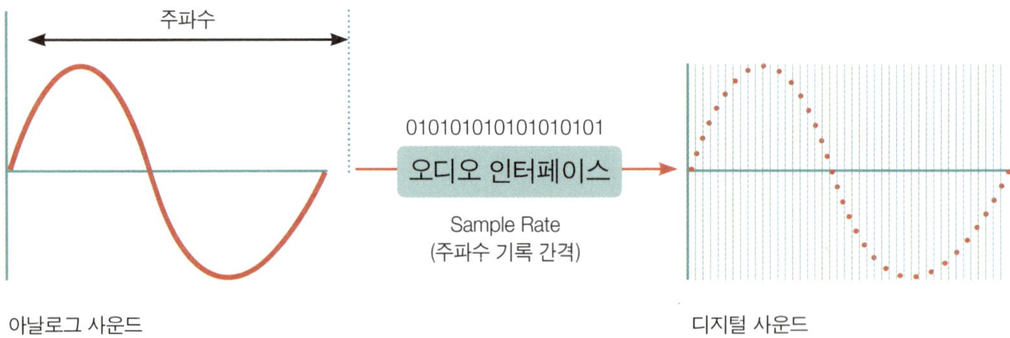

그러나 오디오 CD는 고정 패닝이 확보되어 있는 탑 클래스의 가수가 아니라면 거의 제작을 하지 않는 유물이 되었고, 그 뒤로 LD, DVD, DAT 등, 48,000Hz(48KHz)를 기록할 수 있는 미디어 시대를 지나 192,000Hz(192KHz)가 일반화되고 있는 시대에 살고 있으며, 현재는 384,000Hz(384KHz)까지 지원하는 장치들이 출시되고 있는 시점입니다.

192KHz나 384KHz는 원음에 가까운 디지털 기록이 가능하기 때문에 믹싱과 마스터링 작업을 할 때 용의하지만, 용량이 크고 높은 시스템을 요구한다는 단점이 있어서 전문 스튜디오에서도 잘 사용하지 않는 샘플 레이트입니다. 일반적으로 96KHz나 48KHz를 많이 사용하는데, 개인 사용자라면 온라인에서 가장 많이 사용하는 48KHz면 충분합니다. 대부분의 오디오 인터페이스는 48KHz를 지원하기 때문에 특별히 구입을 할 때 체크할 필요는 없지만, 96KHz나 192KHz로 녹음이 필요한 경우라면 제품을 구입할 때 지원 여부를 확인할 필요가 있습니다.

| 샘플 레이트 설정

샘플 레이트는 파일 메뉴의 프로젝트 설정에서 ① 오디오를 선택하여 창을 열고, ② 샘플률 목록에서 결정합니다. 44.1KHz에서부터 192KHz까지 선택할 수 있지만, 일반적으로 48KHz를 많이 사용합니다.

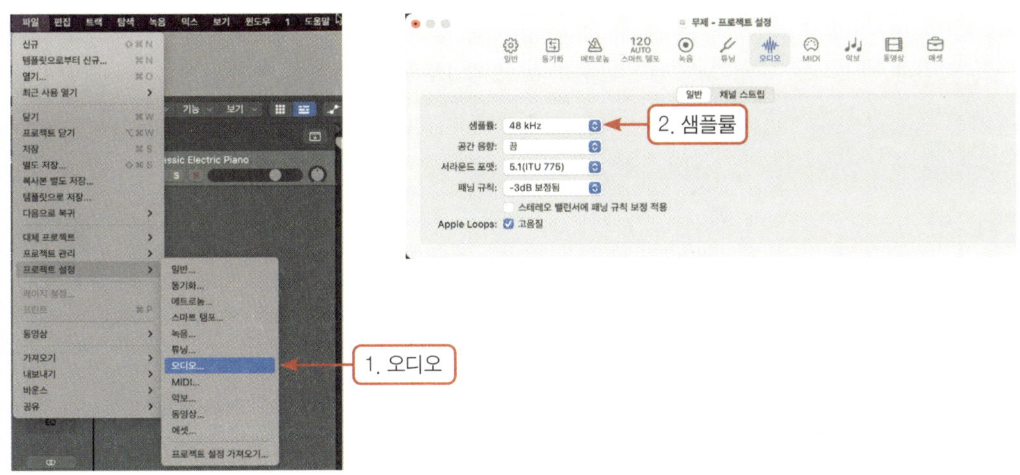

❙ 비트 뎁스

사운드는 가로 축의 주파수와 세로 축의 진폭으로 이루어져 있으며, 가로 축의 주파수를 디지털로 기록하는 단위를 샘플 레이트라고 하고, 세로 축의 진폭을 디지털로 기록하는 단위를 비트 레이트(Bit Rate) 또는 비트 뎁스(Bit Depth)라고 합니다.

그림을 보면 알 수 있듯이 샘플 레이트와 마찬가지로 비트 값이 클수록 기록 오차의 폭이 작게 발생합니다. 특히, 디지털 사운드는 오차를 아예 인식하지 못하거나 에러가 발생하는 경우가 있기 때문에 Bit Depth는 음질에 큰 영향을 줍니다. CD는 최대 96dB의 진폭을 기록할 수 있으며, 이것을 처리하는데 필요한 비트 값은 16Bit입니다. 그래서 오디오 CD의 표준 Bit Depth가 16Bit로 규격화된 것입니다.

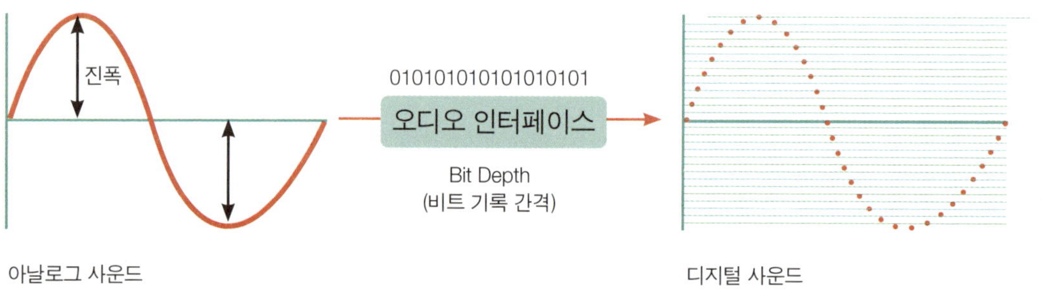

아날로그 사운드

디지털 사운드

16Bit는 2의 16제곱을 의미하는 것으로 65,536 간격으로 처리되며, 프로 스튜디오에서 많이 사용하는 24Bit는 16,777,216 간격으로 144dB의 진폭을 처리하고, 새롭게 선보이고 있는 32Bit는 192dB의 진폭을 처리할 수 있습니다. 물론, 32Bit를 지원하는 오디오 인터페이스는 가격이 비싸고, 아직은 보편화 되어 있지 않기 때문에 제품을 구입할 때 고려해야 할 사항은 아닙니다. 16Bit 및 24Bit를 지원하는 제품이면 충분하며, 로직은 24Bit로 레코딩을 지원합니다.

❙ 샘플 비트 설정

샘플 비트는 Logic Pro 메뉴의 환경설정에서 ① 녹음을 선택하여 창을 열고, ② 비트 심도로 결
정합니다. 로직은 16비트, 24비트, 32비트 부동소수를 지원하지만, 일반적으로 기본값인 24비트
를 많이 사용합니다.

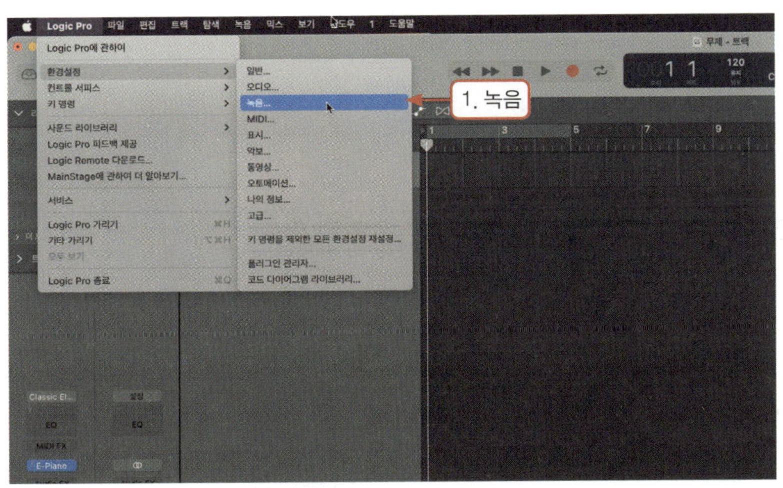

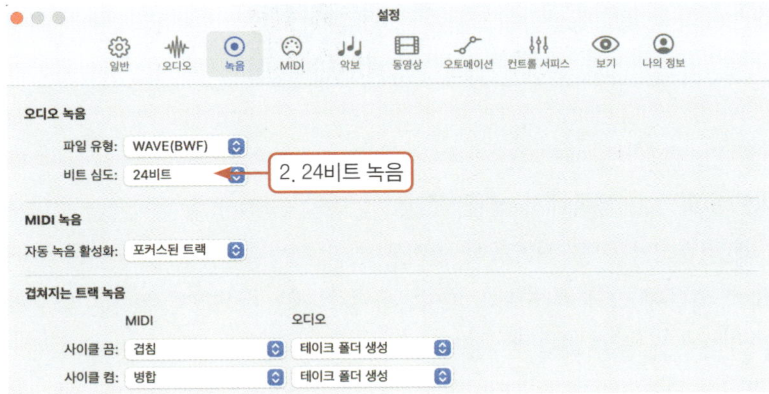

참고로 샘플 비트를 결정하는 환경설정 설정은 한 번만 해두면 됩니다. 그러나 샘플 레이트를
결정하는 프로젝트 설정은 프로젝트마다 확인할 필요가 있습니다. 다만, 기본값 48KHz를 변경
할 이유가 없다면 매번 확인하는 번거로움은 피할 수 있습니다.

┃ 버퍼 크기 설정

01　오디오 신호가 입력되면 로직은 자체 프로세싱 과정을 거쳐서 프로젝트에 기록하고, 기록된 오디오는 또 다시 복잡한 프로세싱 과정을 거쳐서 출력합니다. 즉, 오디오 신호가 바로 입/출력되는 것이 아니라 컴퓨터가 이를 처리하는 시간이 걸린다는 것입니다. 이것을 레이턴시(Latency)라고 하는데, 이 시간이 길면 입력되는 소리와 출력되는 소리 간에 시간차가 발생하기 때문에 녹음을 할 때 매우 불편합니다. 이 시간차를 줄이려면 컴퓨터가 오디오를 처리하는데 필요한 시간을 짧게 설정해야 하며, 이 처리 시간을 결정하는 것이 버퍼 크기입니다. Logic Pro 메뉴의 환경설정에서 오디오를 선택하여 창을 엽니다.

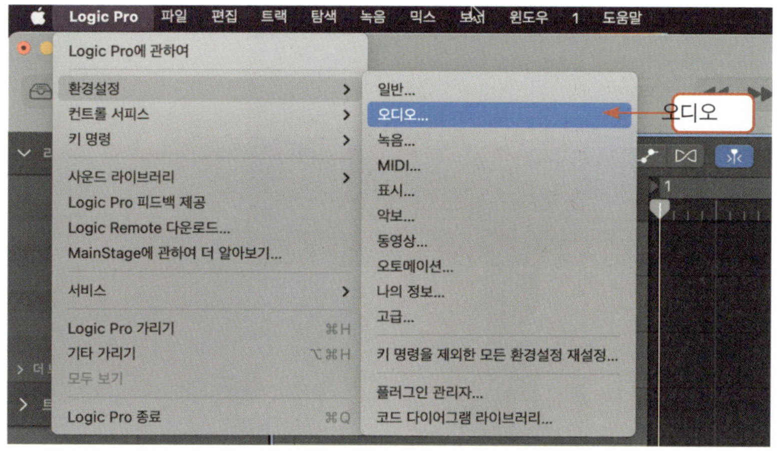

02　버퍼 크기는 ① I/O 버퍼 크기 목록에서 샘플 단위로 선택할 수 있으며, 입력되는 오디오 샘플의 양이 얼만큼 일 때 컴퓨터가 이를 처리하여 출력할 것인지를 결정합니다. 당연히 양이 적을 수록 빠르게 처리하기 때문에 입력 사운드가 지연되어 출력되는 레이턴시 현상은 발생하지 않습니다. 다만, 양이 적으면 그 만큼 빠르게 처리할 수 있는 CPU 성능이 필요합니다. 만일, CPU가 감당할 수 있는 양보다 작게 설정하면 입력되는 사운드를 놓치거나 힘들어 포기하는 일이 발생합니다. 사운드에 잡음이 발생하거나 시스템이 정지되는 일이 생길 수 있다는 의미입니다. 일반적으로 ② 발생 레이턴시 값이 30ms 이하이면 입/출력 차이를 느낄 수 없습니다. 하지만 작업 트랙과 플러그인 수에 따라 CPU가 할 일이 더 많아 지기 때문에 같은 성능이라도 개인마다 달라질 수밖에 없습니다.

일단 ② 발생 레이턴시 값이 30ms 이하가 되게 ① I/O 버퍼 크기를 설정하고, 문제가 발생했을 때 변경하거나 업그레이드를 고려합니다. 간혹, 녹음을 할 때는 줄이고, 작업을 할 때는 출력 타임만 필요하기 때문에 버퍼 크기를 늘려서 사용하는 해결책을 찾는 경우도 있지만, 상당히 귀찮은 일입니다.

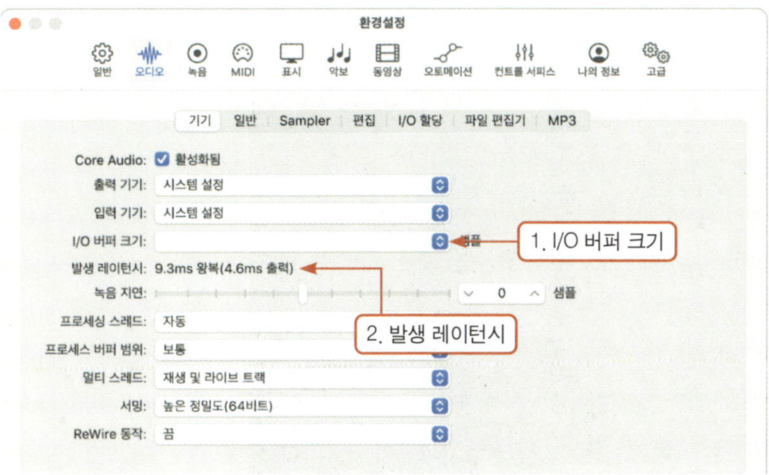

파일 유형

레코딩 되는 오디오 파일의 포맷은 Logic Pro 메뉴의 환경설정에서 녹음을 선택하면 열리는 창의 녹음 파일 유형 목록에서 결정할 수 있습니다. 맥의 기본 포맷인 Aif 또는 윈도우의 기본 포맷인 Wav 파일 중에서 선택할 수 있으며, 두 파일의 음질과 호환성은 동일하기 때문에 어떤 포맷을 선택해도 상관없습니다. 단, 애플 전용의 CAF 포맷은 호환성이 떨어지기 때문에 특별한 경우가 아니라면 사용하지 않습니다.

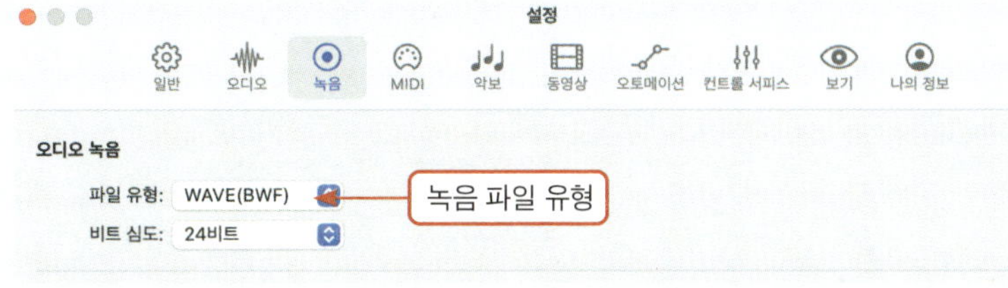

| 템플릿 만들기

01　샘플 비트는 기본 환경으로 설정되지만, 샘플 레이트는 프로젝트를 만들 때마다 설정을 해야 하기 때문에 매우 불편합니다. 그래서 사용자가 원하는 프로젝트 설정을 템플릿으로 만들어 사용할 수 있는 기능을 제공합니다. 파일 메뉴의 템플릿으로 저장을 선택합니다.

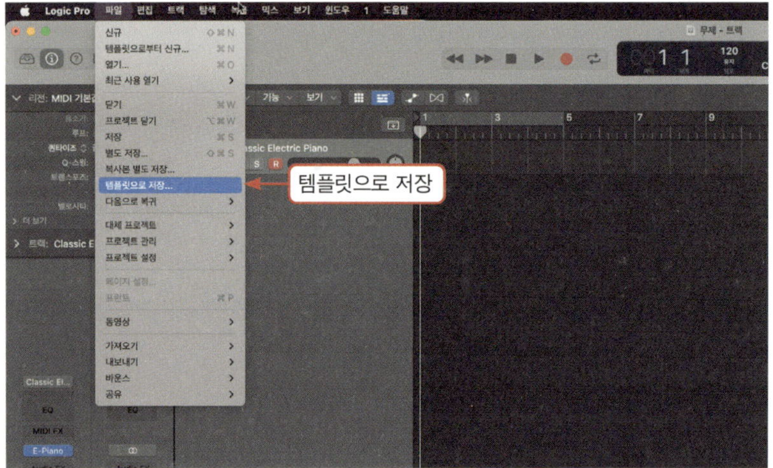

02　템플릿은 프로젝트 설정 외에도 트랙, 악기, 이펙트 등의 모든 설정을 기록할 수 있기 때문에 자신만의 작업 스타일이 결정되었을 때 매우 유용한 기능입니다. 별도 저장 항목에 프로젝트 설정을 쉽게 구분할 수 있는 이름을 입력하여 저장합니다.

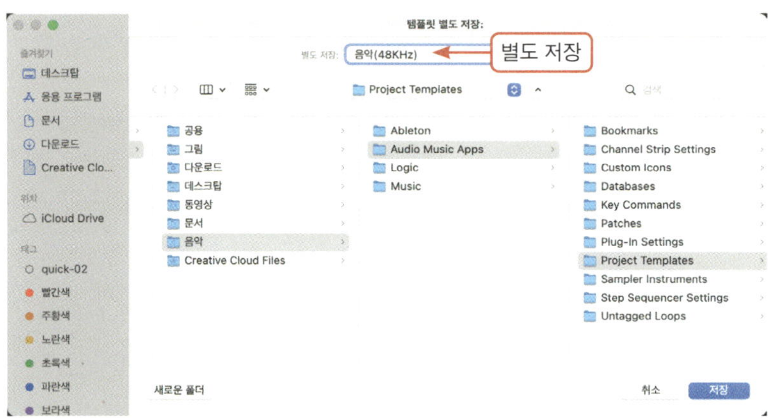

03 로직을 종료하고 다시 실행하거나 파일 메뉴의 템플릿으로부터 신규를 선택합니다.

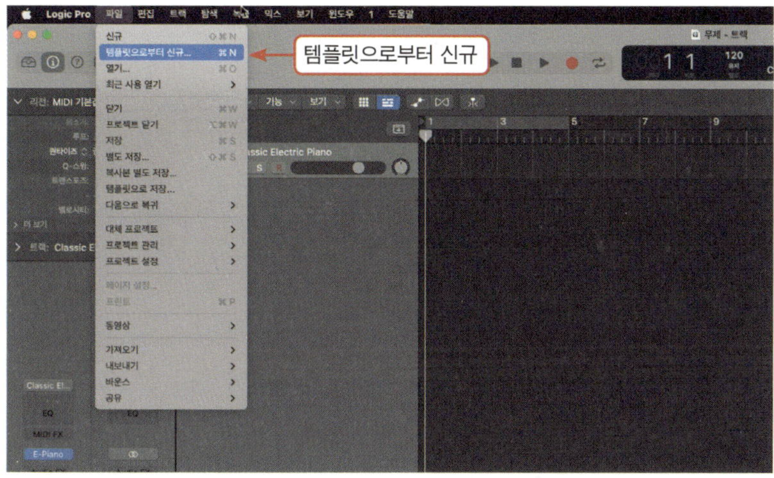

04 나의 템플릿 항목에서 저장했던 자신만의 템플릿을 선택할 수 있습니다. 프로젝트 템플릿 항목은 로직에서 기본적으로 제공하는 템플릿이며, 어떻게 만들어졌는지 확인을 해보면 자신만의 템플릿을 만들 때 도움이 될 것입니다.

프로젝트를 백업하거나 여러 명과 공동 작업을 할 때 손실되는 오디오 파일이 없게 하려면 평소에 프로젝트를 관리하는 습관이 중요합니다. 오디오 파일은 프로젝트 폴더에 저장하거나 하나의 패키지 파일로 저장하는 방법이 있고, 네크워크 작업을 위한 폴더 지정 방법이 있습니다.

01 프로젝트는 녹음 작업을 시작하기 전에 저장하는 습관을 갖는 것이 좋습니다. 파일 메뉴의 ① 저장를 선택하여 창을 엽니다. ② 별도 저장 항목에 곡의 제목을 입력하고, 사용자의 프로젝트를 다음으로 구성에서 ③ 폴더 옵션을 선택합니다. 별도 저장 항목에 입력한 곡 제목으로 폴더를 만들고, 녹음되는 오디오 파일은 Aduio Files라는 서브 폴더에 저장되게 하는 것입니다.

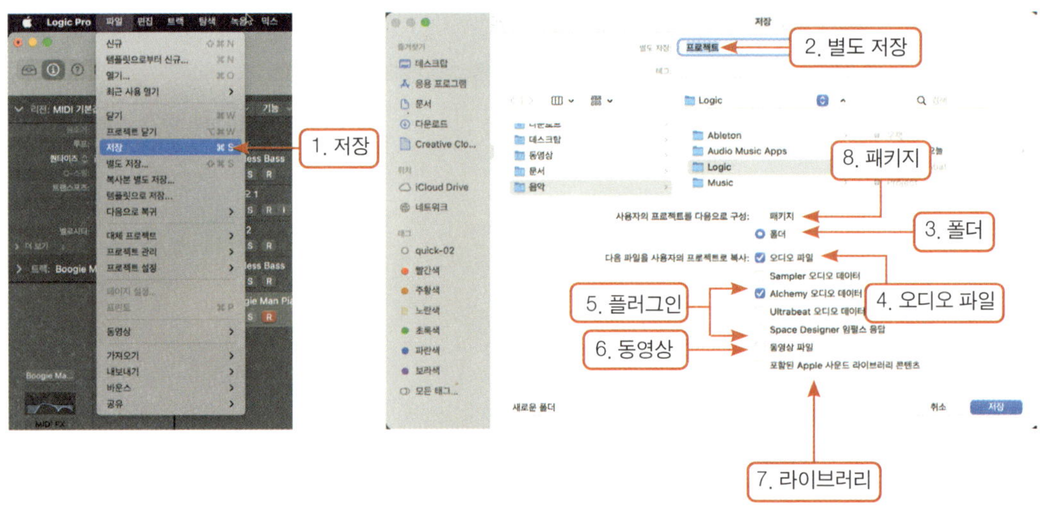

02 단, 다음 파일을 사용자의 프로젝트로 복사의 ④ 오디오 파일 옵션이 체크되어 있어야 합니다. 그 외, ⑤ Sampler, Alchemy, Ultrabeat, Space Designer 플러그인에 사용한 오디오 파일이나 ⑥ 동영상 파일 및 ⑦ Apple 사운드 라이브러리 콘텐츠를 포함시킬 수 있습니다. 작업을 할 때 로직에서 기본적으로 제공하는 샘플 이외의 오디오 파일을 사용한 플러그인이 있다면 반드시 체크하여 프로젝트 폴더에 복사되게 하는 것이 좋습니다.

03 사용자의 프로젝트를 다음으로 구성에서 ⑧ 패키지 옵션을 선택하면 하나의 패키지 파일로 저장할 수 있습니다. 패키지 파일은 마우스 오른쪽 버튼으로 클릭하여 단축 메뉴를 열고, ⑨ 패키지 내용 보기를 선택하면 볼 수 있습니다.

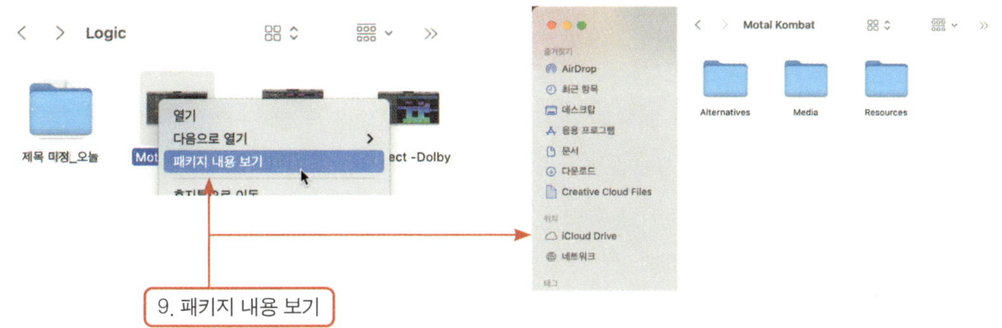

04 프로젝트의 오디오 파일을 네트워크 폴더에 저장되게 할 수 있습니다. 외부 작업이 많거나 온라인 공동 작업을 할 때 사용할 수 있는 기능입니다. 파일 메뉴의 프로젝트 설정에서 ① 녹음을 선택하여 창을 열고, 오디오 녹음 경로 항목의 ② 설정 버튼을 클릭하여 폴더를 지정하면 됩니다. 폴더 지정을 취소하려면 ③ 프로젝트 버튼을 클릭합니다.

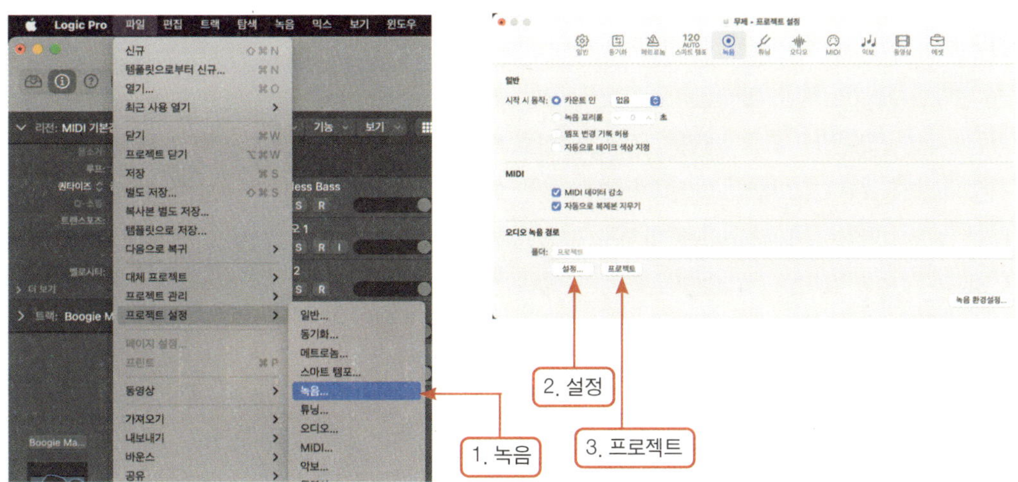

오디오 신호 경로

Lesson
02

마이크로 입력되는 아날로그 신호는 오디오 인터페이스를 통해 디지털로 변환되어 로직 프로젝트의 오디오 리전으로 기록됩니다. 그리고 오디오 리전은 해당 트랙의 채널 스트립을 거쳐 마스터 트랙으로 전송되고, 마스터 트랙의 신호는 또 다시 오디오 인터페이스를 통해 아날로그로 변환되어 스피커로 출력되는 것이 오디오 신호의 입/출력 경로입니다. 다만, 대부분의 음악 프로그램은 채널 스트립의 신호가 위에서 아래 또는 왼쪽에서 오른쪽으로 진행하는데, 로직은 반대로 아래에서 위로 진행을 하기 때문에 로직 입문자들이 혼동하는 경우가 많습니다.

01 프로젝트 왼쪽에 표시되는 인스팩터 창에는 선택한 채널의 볼륨 및 패닝 등을 컨트롤할 수 있는 채널 스트립과 모든 채널의 오디오 신호가 전송되는 Stereo Out 채널 스트립이 있습니다. 오디오 신호 경로는 아래서 위쪽 방향으로 ① M/S 버튼 ② 볼륨 페이더 ③ 패닝 노브를 거쳐서 ④ Stereo Out으로 출력됩니다.

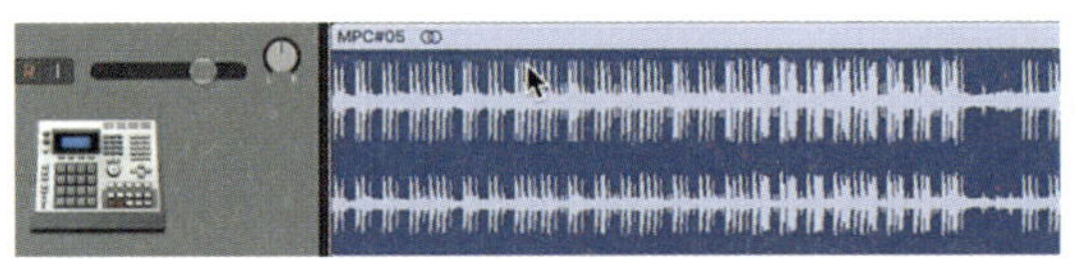

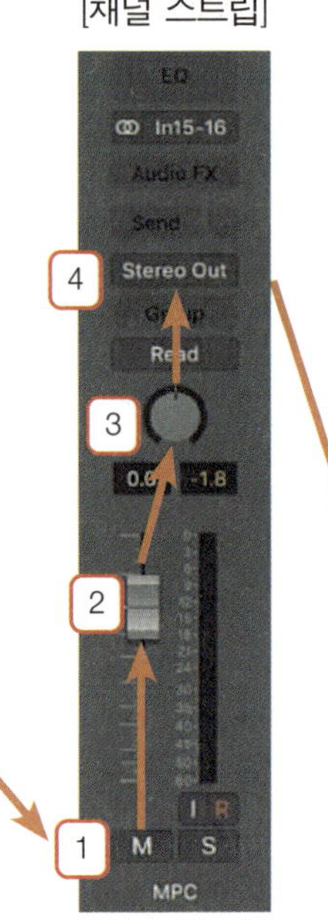

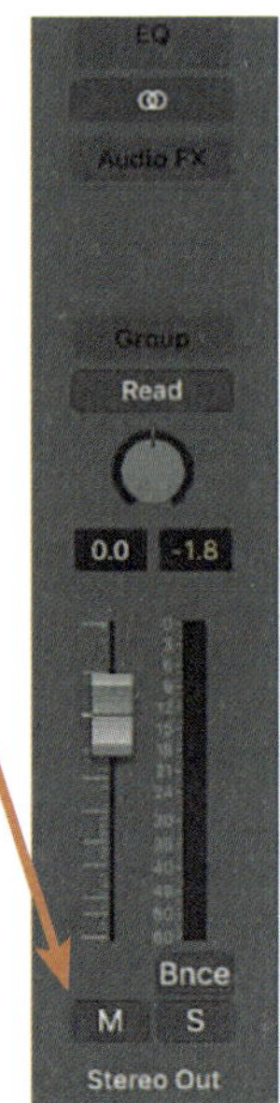

02 ① Audio FX 슬롯에 이펙트를 적용하면 오디오 신호는 이곳을 먼저 통과하며, 슬롯에 장착한 이펙트는 위에서 아래로 적용됩니다. 예를 들어 Audio FX 슬롯에 Channel EQ, Compressor, AdLimit를 차례로 장착하면 오디오 신호는 ② Channel EQ ③ Compressor ④ AdLimit가 순차적으로 적용된 후에 M/S로 진행합니다. 이것을 인서트 방식이라고 합니다.

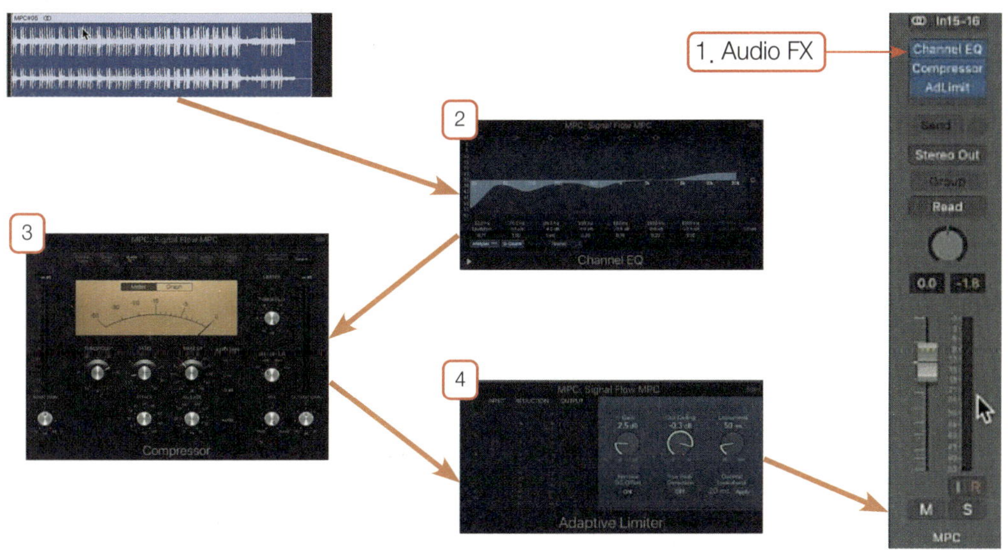

03 이펙트를 센드 방식으로 사용하는 경우도 있습니다. Audio FX 슬롯 아래쪽의 ① Sends 슬롯에서 버스(Bus#)를 선택하면 ② 억스(Aux#) 채널이 생성되며, 해당 채널은 억스 채널의 출력과 병합되어 ③ Stereo Out으로 전송됩니다. 억스 채널의 양은 ④ 센드 레벨로 결정합니다.

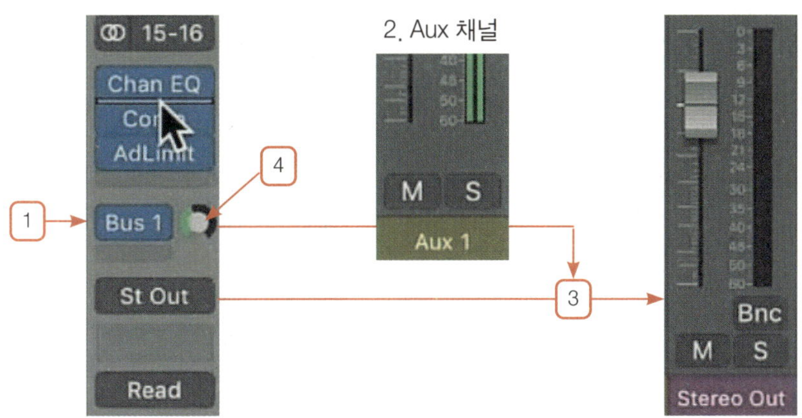

04 억스 채널로 전송되는 오디오 신호의 경로는 Sends 슬롯에서 포스트 패닝, 포스트 페이더, 프리 페이더로 변경할 수 있습니다.

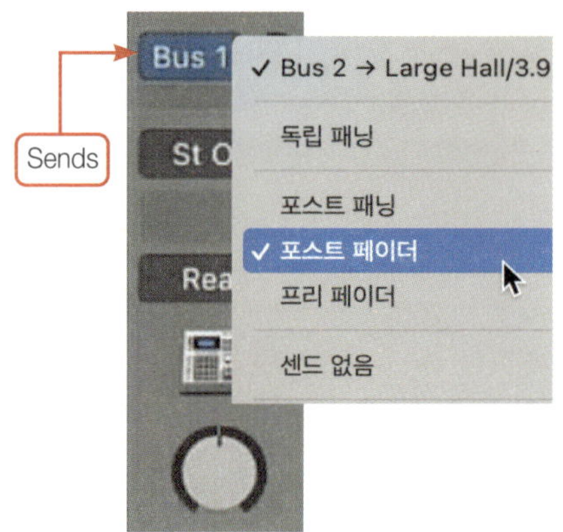

05 포스트 페이더는 볼륨 페이더 ① 이후의 신호를 전송하는 것이고, 프리 페이더는 ② 볼륨 페이더 이전 신호를 전송하는 것입니다. 즉, 해당 채널의 볼륨 값을 적용할 것인지의 여부를 결정합니다. 일반적으로 포스트 페이더를 사용하지만, 채널 볼륨에 상관없이 억스 채널의 이펙트를 컨트롤할 필요가 있을 때 프리 페이더를 사용하는 경우가 있습니다.

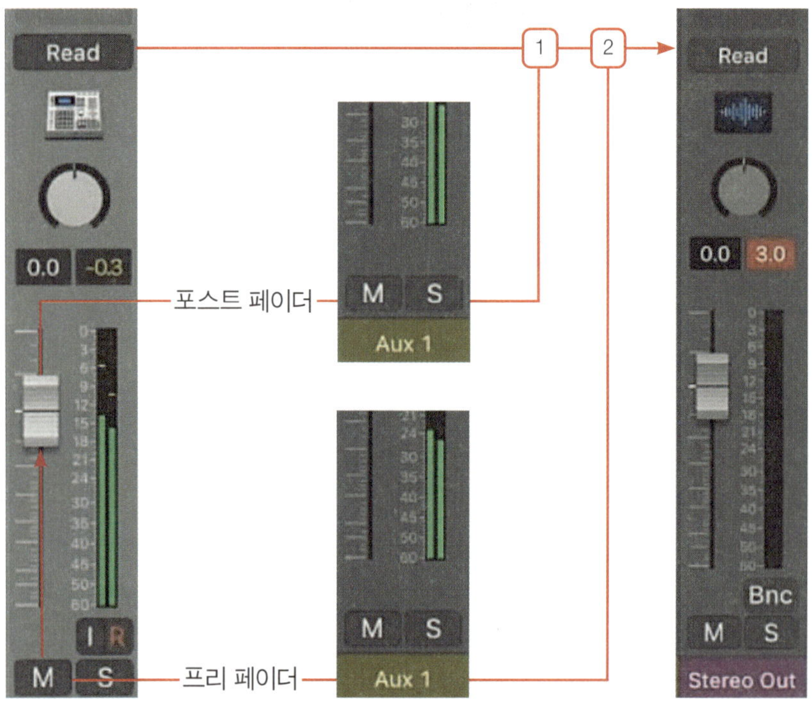

일반적으로 리버브와 딜레이와 같은 타임 장치들을 센드 방식으로 사용합니다. 그 이유가 시스템을 절약하기 위해서라는 오해가 있습니다. 그래서 요즘에는 "시스템 성능이 좋기 때문에 인서트 방식으로 사용해도 된다. 굳이 센드 방식으로 사용할 필요가 없다"라는 오해가 발생하기도 하며, 센드 방식을 과거 유물로 취급하는 경우도 있습니다.

물론, 타임 장치를 무조건 센드 방식으로 사용해야 한다는 규칙은 없습니다. 실제로 인서트 방식으로 사용해야 하는 경우도 많습니다. 다만, 인서트로 사용하는 타임 장치는 센드로 적용되는 트랙과 다른 효과가 필요하거나 별도의 공간 디자인이 필요한 경우입니다. 즉, 목적에 따라 사용해야 하는 것이지 시스템 절약을 위해 센드 방식으로 사용하는 것이 아닙니다.

센드 방식으로 사용하는 목적은 모든 트랙에 같은 공간감을 만들 수 있다는 것과 무엇보다 리버브와 딜레이 사운드만 디자인할 수 있기 때문입니다. 인서트로 사용하면 채널에 영향을 주지 않는 개별 디자인은 불가능합니다. 그래서 공간 연출을 위한 타임 장치들을 센드 방식으로 사용하는 것입니다. 특별한 경우가 아니라면 센드 방식으로 사용하는 타임 장치들은 효과 사운드만 병합할 수 있게 Dry를 0%, Wet를 100%로 설정하여 사용합니다.

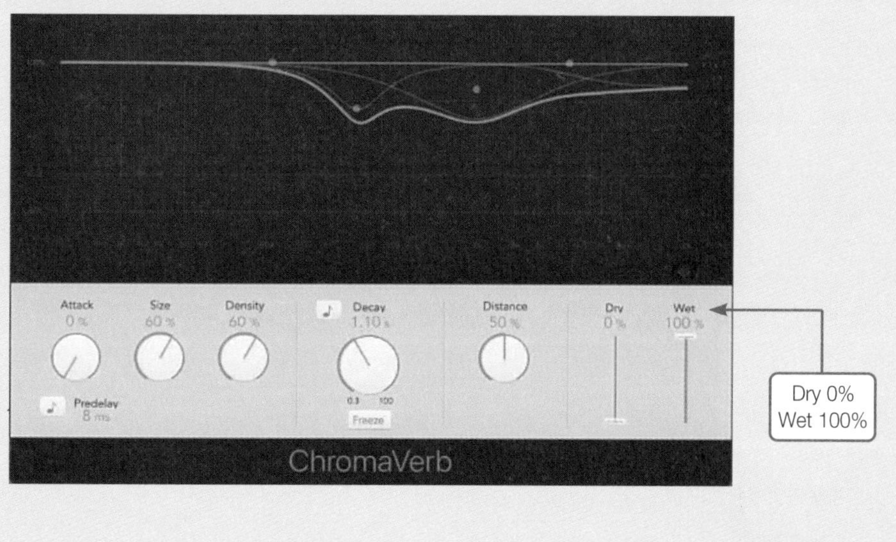

SECTION 02

오디오 레코딩

로직은 한 번에 하나의 트랙을 녹음하는 '싱글 트랙 레코딩', 한 번에 여러 트랙을 녹음하는 '멀티 트랙 레코딩', 여러 차례 반복 녹음하는 '테이크 레코딩', 녹음한 내용을 빠르게 수정할 수 있는 '펀치 인/아웃 레코딩', 그리고 여러 차례 반복 녹음한 데이크에서 가장 좋은 부분을 선별하여 하나의 테이크로 연결할 수 있는 '컴프' 등의 다양한 레코딩 옵션을 제공합니다.

싱글 및 멀티 레코딩

오디오를 녹음할 때 얼만큼의 레벨로 받아야 좋은지를 묻는 학생이 많습니다. 정답은 가능한 크게 녹음하는 것입니다. 레벨을 100으로 받아 놓고, 믹싱을 할 때 70으로 감소시키는 것은 문제가 없지만, 레벨을 50으로 받아 놓고, 70으로 증가시키는 것은 잡음, 간섭음, 공진음 등 레코딩 할 때 듣지 못했던 잡음이 함께 커지는 문제가 발생할 수 있기 때문입니다.

▎싱글 트랙 레코딩

01 새로운 프로젝트를 만들고 ① 마이크 또는 라인 트랙을 선택합니다. 세부사항의 ② 오디오 입력 목록에서 녹음 소스가 연결되어 있는 오디오 인터페이스의 인풋 단자를 선택합니다.

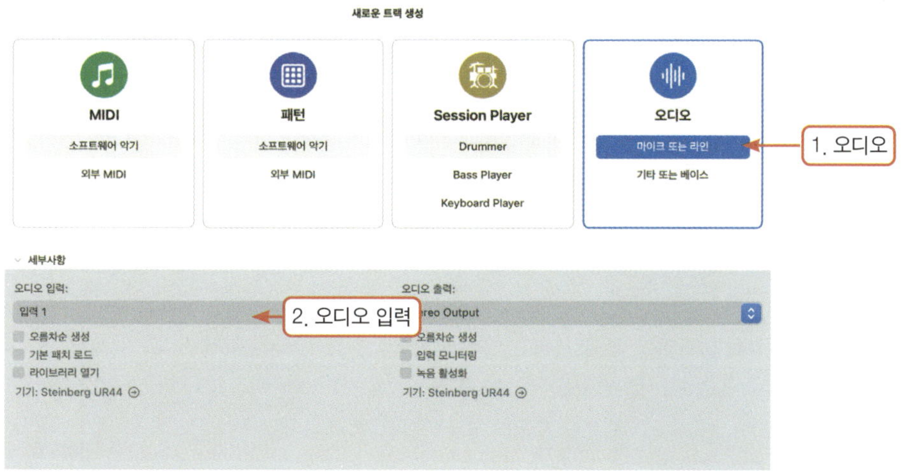

02 트랙을 이미 만든 경우에는 채널 스트립의 Input 항목에서 오디오 인터페이스의 인풋 단자를 선택할 수 있습니다.

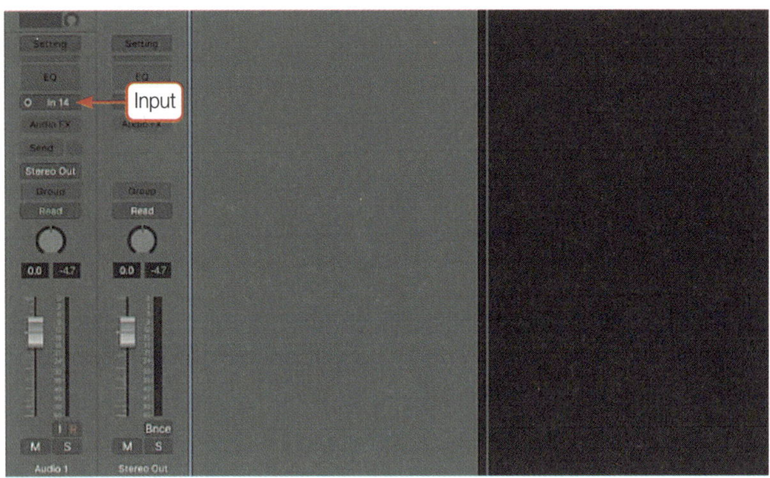

03 작업을 진행하기 전에 프로젝트는 저장을 하는 것이 좋습니다. 파일 메뉴의 ① 저장를 선택하여 프로젝트를 곡 제목으로 저장합니다. 이때 레코딩 되는 오디오가 프로젝트 하위 폴더(Audio Files)에 저장될 수 있도록 다음 파일을 사용자의 프로젝트로 복사 옵션에서 ② 오디오 파일이 체크되어 있는지 확인합니다.

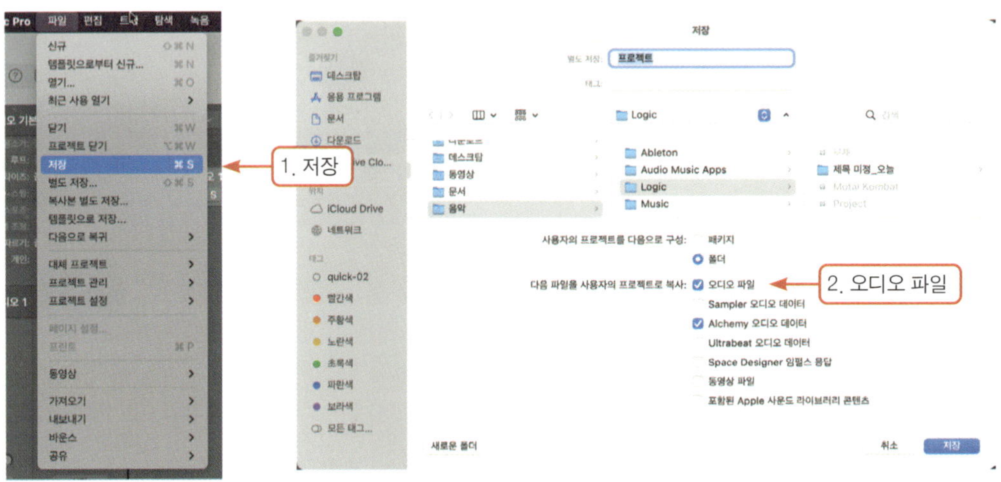

04 프로젝트/Audio Files 폴더에 저장되는 레코딩 파일은 트랙 이름으로 생성됩니다. 그러므로 녹음을 하기 전에 트랙 이름을 지정하는 것이 좋습니다. 트랙 이름 항목을 더블 클릭하여 녹음 소스를 쉽게 구분할 수 있는 이름을 입력합니다.

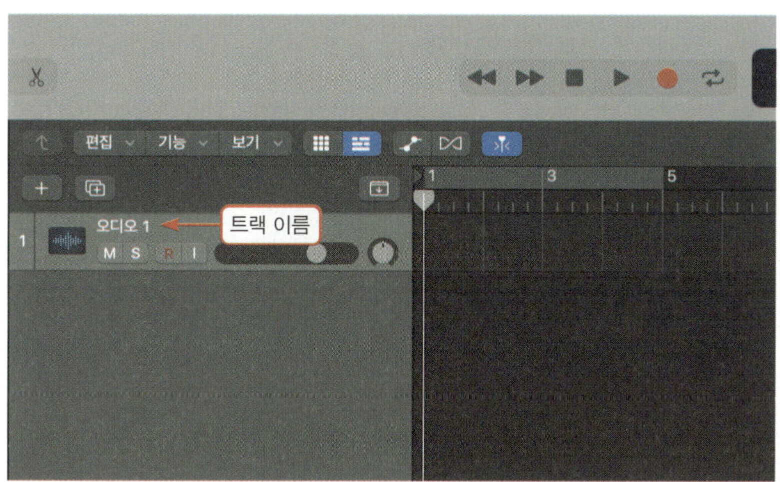

05 트랙 또는 채널 스트립의 ① 녹음 활성화 버튼을 On으로 하고, 노래 및 연주를 해보면서 레벨을 체크합니다. ② 피크 레벨 디스플레이를 보면서 가장 크게 노래하거나 연주하는 부분이 -6dB에서 -3dB를 넘지 않게 오디오 인터페이스의 ③ Input Gain을 조정합니다.

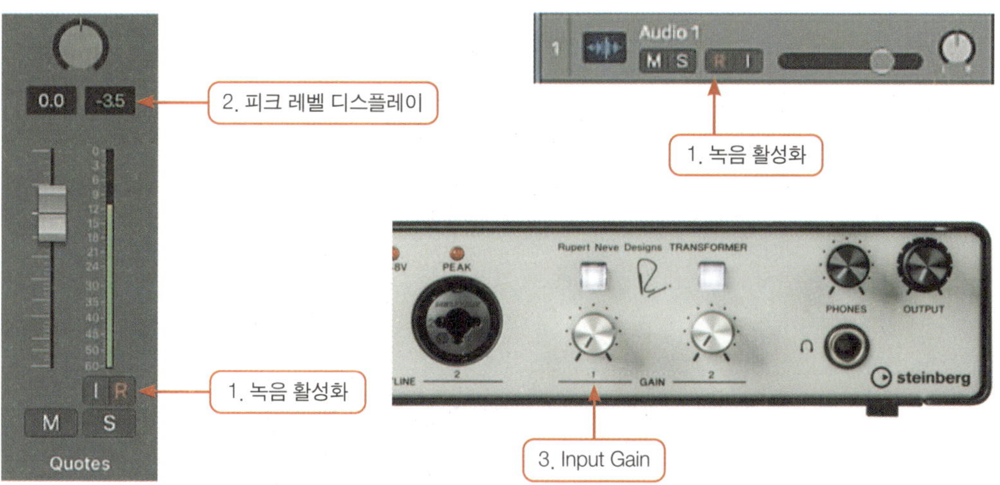

06 로직은 녹음을 한 후에 오디오 템포를 자유롭게 조정할 수 있지만, 녹음 소스의 품질을 유지하기는 어렵습니다. 그러므로 작업할 곡의 템포는 미리 결정하는 것이 좋습니다. 템포 항목을 더블 클릭하여 템포 값을 입력합니다.

07 메트로놈이 필요하다면 ① 메트로놈 버튼을 On으로 하고, 카운트가 필요하다면 ② 카운트 버튼도 On으로 합니다. 그리고 ③ 녹음 버튼을 클릭하거나 R 키를 누르면 녹음이 시작됩니다. 녹음을 마칠 때는 스페이스 바 키를 눌러 정지합니다.

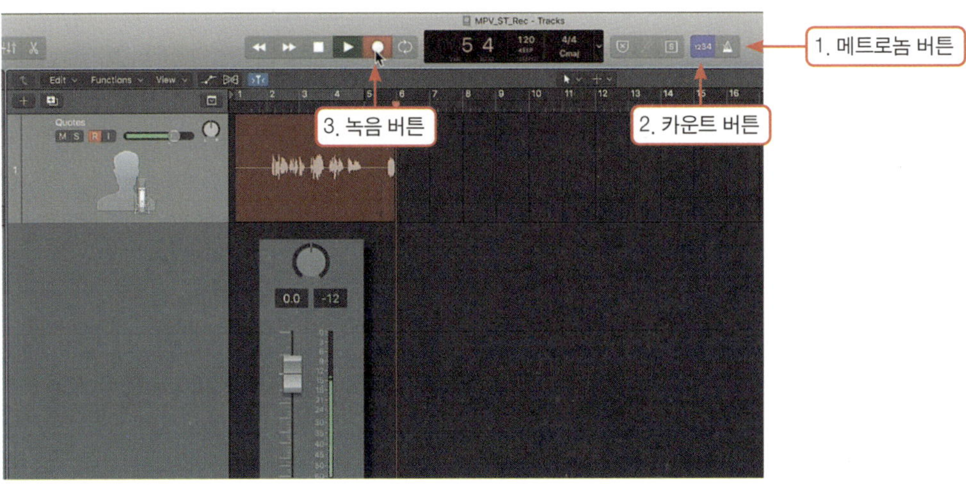

녹음 버튼은 기본적으로 클릭했을 때 녹음을 시작하며, 정지할 때는 정지 및 재생 버튼을 눌러야 합니다. 하지만, 필요에 따라 녹음 버튼을 이용해서 On/Off 하거나 취소되게 할 수 있습니다. 녹음 버튼을 누르고 있으면 모드를 변경할 수 있는 메뉴가 열리며 기본적으로 녹음으로 선택되어 있습니다.

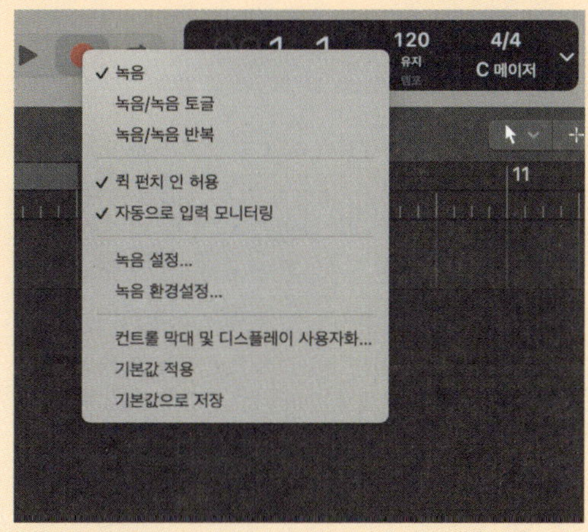

● 녹음

기본 모드입니다. 녹음을 시작하며 정지 및 시작 버튼을 클릭해야 Off 됩니다.

● 녹음/녹음 토글

녹음 버튼으로 On/Off 되게 합니다. 녹음을 진행하면서 노래 및 연주를 하고 있지 않을 때 R 키를 눌러 Off 했다가 다시 녹음이 필요한 위치에서 R 키를 눌러 On 할 수 있습니다.

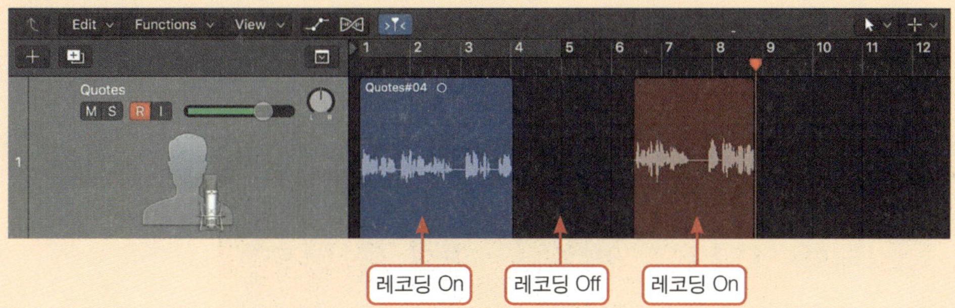

● 녹음/녹음 반복

녹음을 취소하고 시작했던 위치로 돌아가 다시 녹음을 진행합니다. 마음에 드는 프레이즈가 녹음될 때까지 다양한 시도를 해보고 싶을 때 유용한 모드입니다.

┃ 멀티 트랙 레코딩

01 Guitar를 연주하며 노래하거나 친구들과 밴드 연주를 녹음할 때는 각각의 소스가 서로 다른 트랙으로 기록되게 하는 멀티 트랙 녹음 방법입니다. 트랙 유형 선택 창의 ① 생성할 트랙의 수 항목에서 원하는 트랙 수를 입력하고, ② 오디오 입력 항목의 오름차순으로 생성 옵션을 체크합니다. 트랙 1번에 Input 1, 트랙 2번에 Input 2 순서로 설정해주는 옵션입니다.

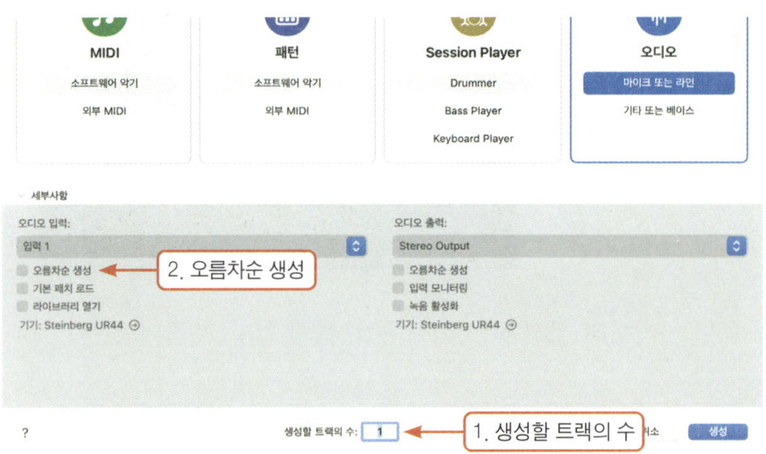

02 Input이 자동으로 설정된 트랙이 만들어집니다. 모노 및 스테레오 채널 타입을 변경할 필요가 있다면 ① 포맷 선택 버튼을 클릭하여 변경합니다. 트랙을 모노로 만들고, 채널을 스테레오로 변경한다면, 그 다음 트랙에서부터 ② 입력 포트를 다시 선택해야 합니다.

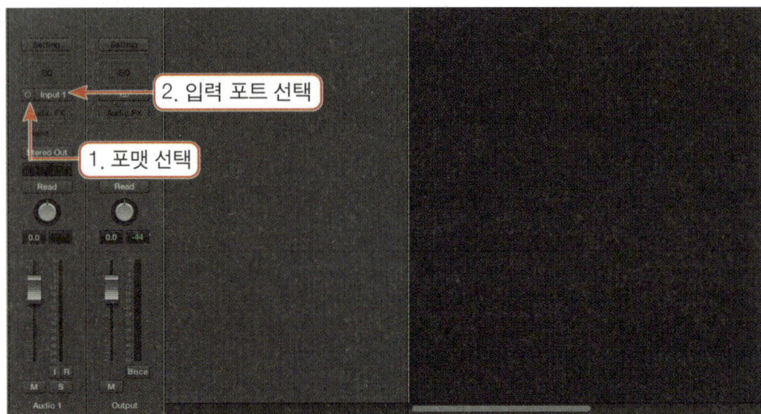

03 각 트랙에 녹음될 소스를 쉽게 구분할 수 있는 ① 이름을 입력하고, ② 녹음 활성화(R) 버튼을 On으로 합니다. 싱글 트랙 녹음을 할 때는 R 키를 눌러 녹음을 진행할 때, 선택된 트랙의 녹음 활성화 버튼이 자동으로 On 되지만, 멀티 녹음을 할 때는 수동으로 On 시켜야 합니다.

04 템포를 입력하고 녹음 버튼을 클릭하거나 R 키를 눌러 녹음을 진행합니다. 녹음 활성화 버튼(R)이 On으로 되어 있는 모든 트랙에 동시 녹음이 진행됩니다. 각 트랙의 인풋을 서로 다르게 선택한다는 것 외에는 싱글 녹음과 차이가 없습니다.

테이크 레코딩

테이크 녹음은 같은 프레이즈를 반복 녹음한 후에 잘 된 연주만 골라내는 기법입니다. 영화에서 같은 씬을 반복해서 촬영한 다음에 최종 편집을 할 때 가장 마음에 드는 씬을 골라 사용하는 기법을 테이크 촬영이라고 하는데, 이것과 같은 의미입니다. 특히, 보컬 녹음을 할 때는 수 차례 반복하여 녹음하는 테이크 녹음 기법을 아주 많이 사용합니다.

▎테이크 폴더

01 녹음을 마치고 삭제할 정도는 아닌데 뭔가 아쉬워 다시 녹음하는 경우가 있습니다. 로직은 기존에 녹음되어 있는 오디오 리전 위에 새로운 녹음을 얼마든지 반복할 수 있습니다. 단, 가장 마지막에 녹음한 오디오가 재생됩니다.

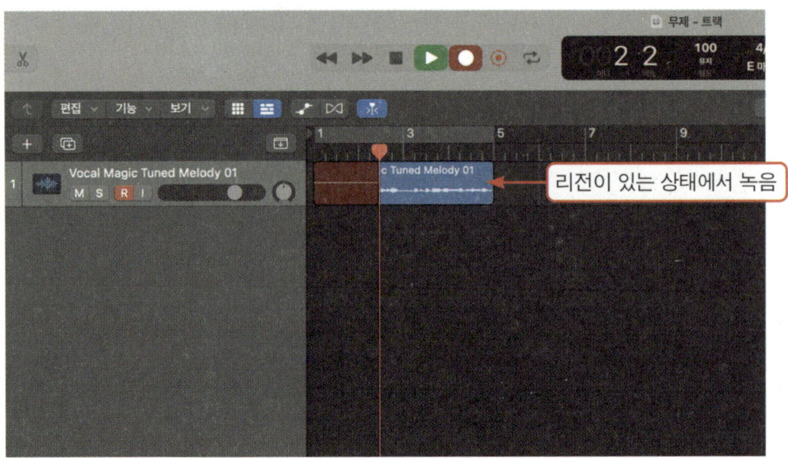

02 오디오 리전 위에 새로운 녹음을 시도하면 각각의 리전은 테이크라는 이름의 폴더로 생성되며, 최근에 녹음한 것이 가장 위에 배치됩니다.

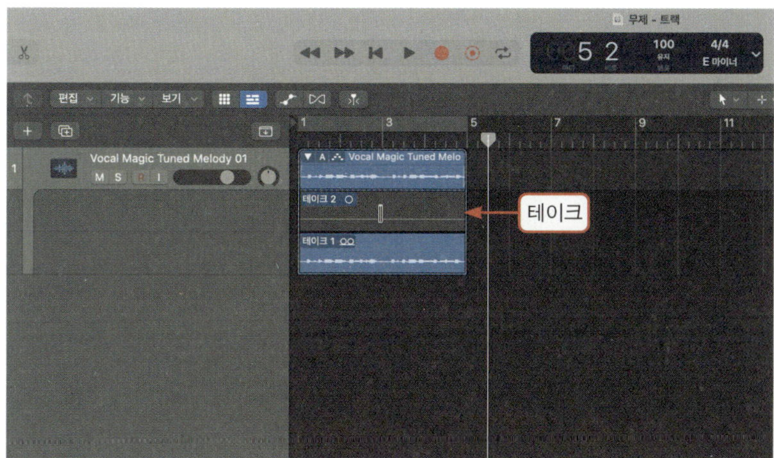

03 테이크 레코딩의 장점은 몇 차례 녹음을 한 후에 마음에 드는 것을 클릭하여 선택할 수 있으며, 각각의 테이크마다 마음에 드는 구간을 마우스 드래그로 지정할 수 있다는 것입니다. 가수가 "아름다운 우리 강산"이라는 노래를 3번 불렀는데, "아름다운"은 처음에 노래한 것이 마음에 들고, "우리"는 두 번째, "강산"은 3번째 노래한 것이 마음에 든다고 가정했을 때 각각의 테이크에서 골라낼 수 있다는 것입니다. 능숙해지면 한 글자씩 골라내는 것도 가능합니다.

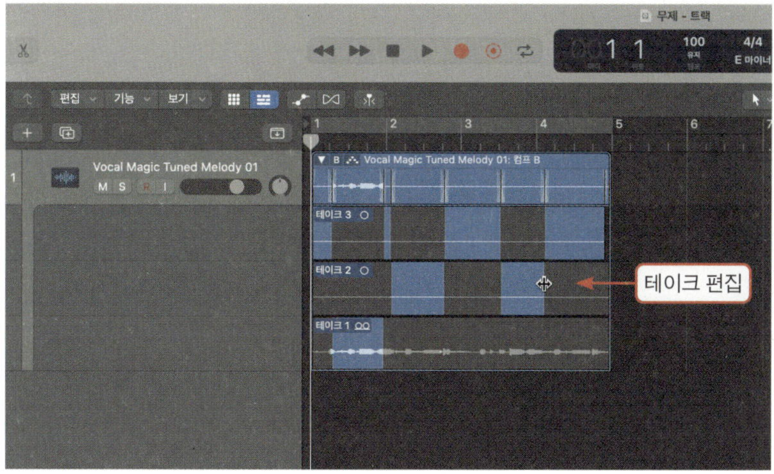

04 테이크에서 마음에 드는 구간을 골라내면 재생 구역은 리전 색상으로 표시되고, 해당 구간을 드래그하여 위치를 이동하거나 시작 및 끝 부분을 드래그하여 범위를 수정할 수 있습니다.

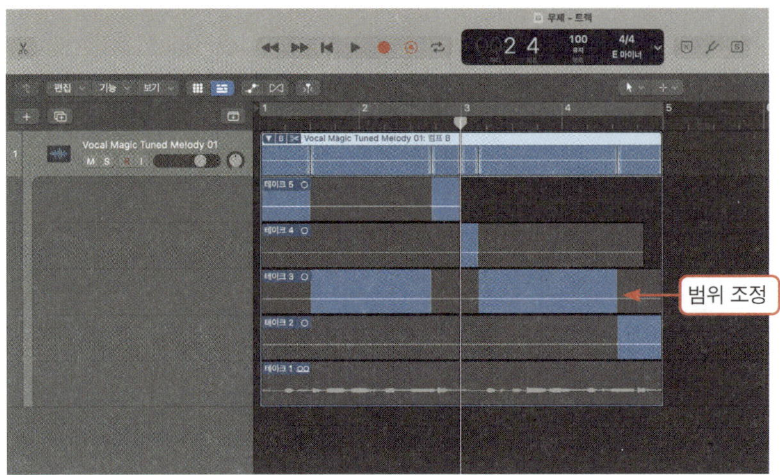

05 테이크 폴더 왼쪽 상단에 작은 삼각형 모양 버튼을 클릭하거나 테이크 폴더를 더블 클릭하여 테이크 폴더를 열거나 닫을 수 있습니다.

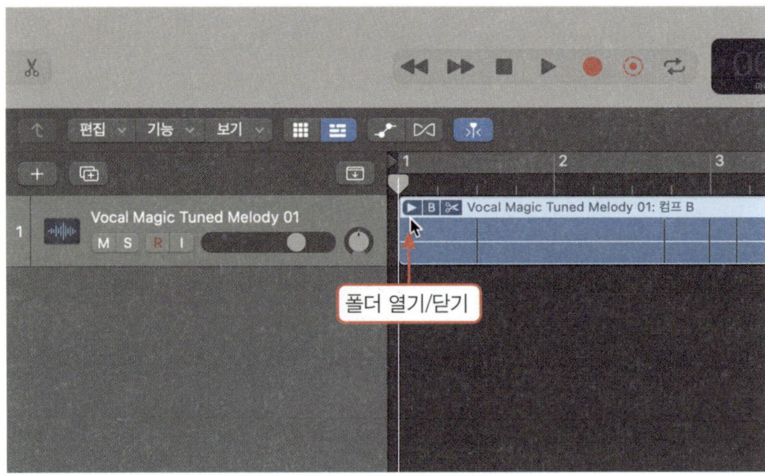

06 두 번째 A라고 표시되어 있는 버튼은 메뉴를 엽니다. 처음에 레코딩을 하면 테이크 숫자가 표시되며, 편집을 하면 A로 변경됩니다. 이것을 컴프(Comp)라고 하며 사용자가 원하는 만큼 컴프 B, 컴프 C… 순서로 만들 수 있고, 각각의 컴프마다 서로 다른 편집을 하고, 원하는 것을 선택할 수 있습니다.

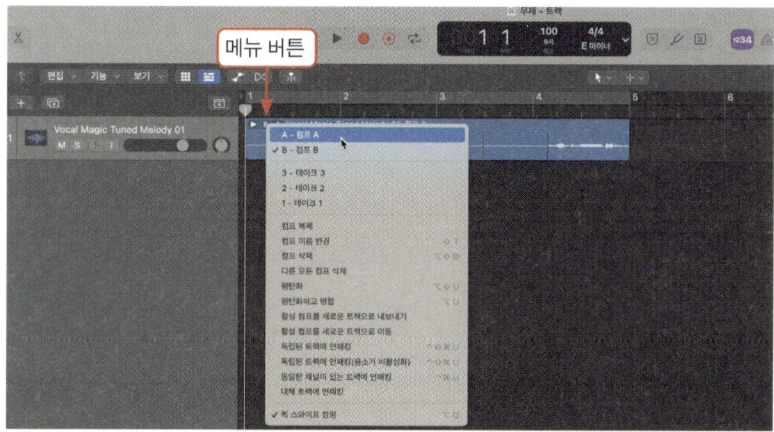

● **컴프** : 편집을 하면 컴프 A가 생성되며, 이를 복제하여 B, C… 순서로 만들고 각 컴프마다 서로 다른 편집을 진행할 수 있습니다. 그리고 원하는 컴프를 선택하여 재생합니다.

● **테이크** : 반복 녹음한 수만큼 테이크가 만들어지며, 선택하여 재생합니다.

● **컴프 복제** : 컴프 테이크를 복사하여 컴프 B, C…만듭니다.

● **컴프 이름 변경** : 선택한 컴프의 이름을 구분하기 쉬운 것으로 변경할 수 있습니다.

● **컴프 삭제** : 선택한 컴프를 삭제합니다.

● **다른 모든 컴프 삭제** : 두 개 이상의 컴프를 만든 경우에만 볼 수 있는 메뉴입니다. 선택한 컴프 이외의 나머지 컴프를 모두 삭제합니다.

● **평탄화** : 편집한 테이크를 제외한 나머지를 제거합니다.

● **평탄화하고 병합** : 평탄화를 하고, 테이크를 하나의 리전으로 만듭니다.

● **활성 컴프를 새로운 트랙으로 내보내기** : 새로운 트랙을 만들어 평탄화합니다.

● **활성 컴프를 새로운 트랙으로 이동** : 새로운 트랙을 만들어 이동시킵니다.

● **독립된 트랙에 언패킹** : 각 테이크를 트랙으로 만듭니다.

● **독립된 트랙에 언패킹(음소거 비활성화)** : 각 테이크를 트랙으로 만들고 뮤트합니다.

● **동일한 채널이 있는 트랙에 언패킹** : 각 테이크를 동일한 채널 스트립 트랙으로 만듭니다.

● **대체 트랙에 언패킹** : 각 테이크를 대체 트랙으로 만듭니다. 대체 트랙은 두 개 이상의 트랙이 하나로 통합된 형태이며, 트랙 이름 오른쪽에 꺾쇠 모양의 버튼을 클릭하여 재생 테이크를 선택할 수 있습니다. 동일한 채널 스트립 환경에서 여러 연주를 비교해볼 때 유용한 트랙입니다.

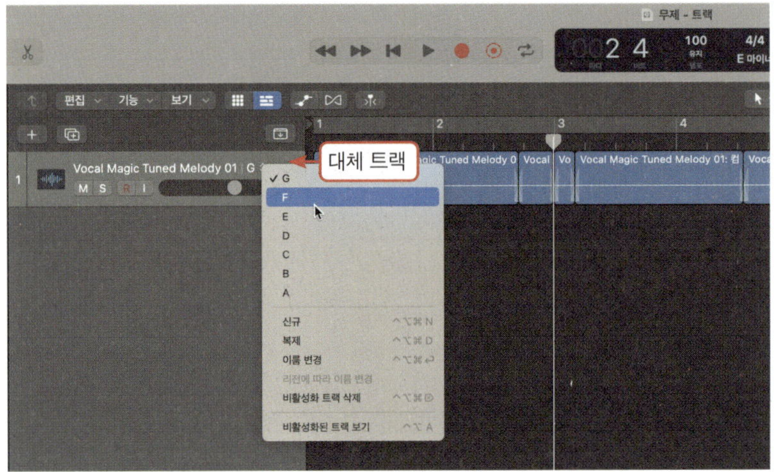

● **퀵 스와이프 컴핑** : 테이크를 편집할 수 있는 스와프 컴핑 버튼을 On/Off 합니다. 테이크 폴더 메뉴 버튼 오른쪽에 있는 것이 퀵 스와이프 컴핑 버튼입니다. 클릭하면 퀵 스와이프 기능이 Off 되며, 가위 모양으로 표시됩니다. 테이크가 실수로 편집되는 것을 방지합니다.

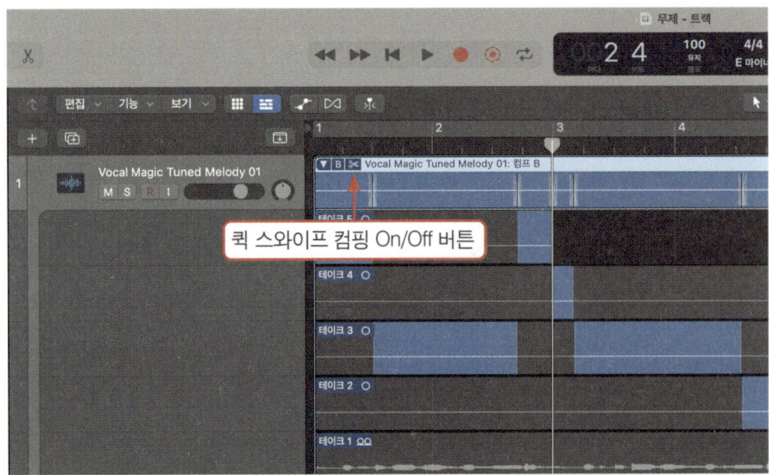

사이클 레코딩

01 아이디어를 얻기 위해 처음부터 몇 차례 반복해서 녹음을 해볼 경우에는 사이클 기능을 이용하여 테이크를 만들 수 있습니다. 사이클 구간은 눈금자를 드래그하여 설정합니다.

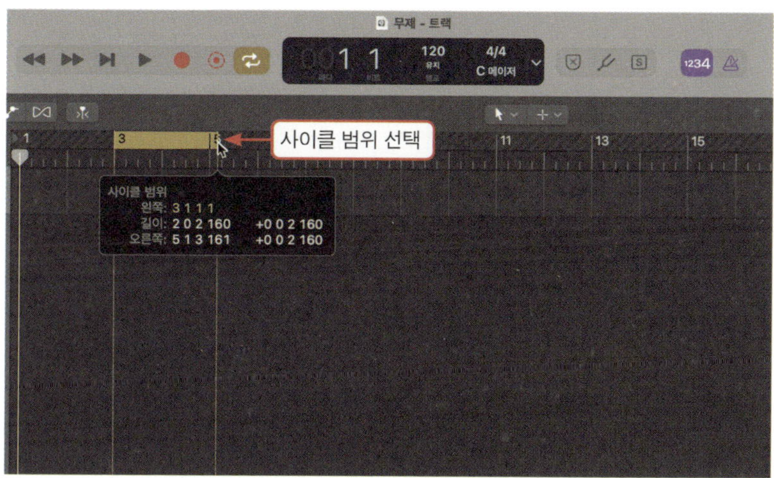

02 녹음을 진행하면 사이클 구간이 반복되면서 테이크를 만들기 시작합니다. 녹음이 끝나면 컴핑 작업을 통해 마음에 드는 연주 범위를 골라냅니다.

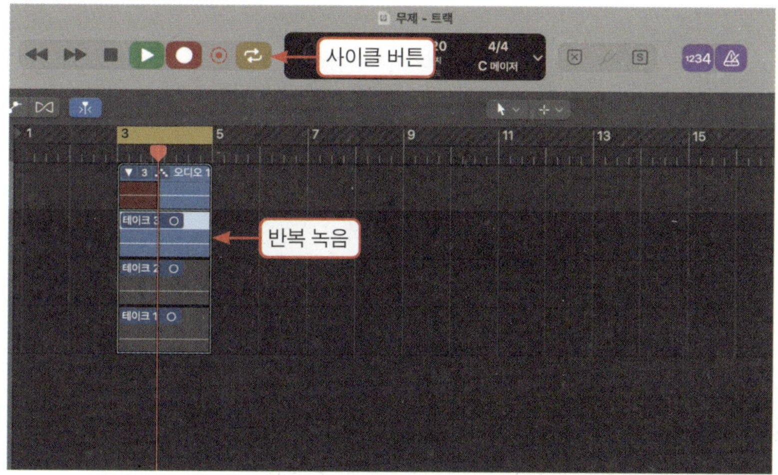

펀치 레코딩

작업을 하다 보면 언제나 다시 녹음을 해야 하는 경우가 발생합니다. 전체 트랙을 다시 해야 하는 경우에는 테이크로 덮어씌우거나 새로운 트랙을 만들어 진행하면 되지만, 일부분을 수정할 때는 자연스러운 연결이 필요합니다. 그래서 이전에 녹음한 트랙을 보컬이나 연주자에게 들려주면서 수정할 범위에서 티가 안 나게 레코딩을 진행해야 하는데, 이러한 기법을 펀치 레코딩이라고 합니다.

| 수동 펀치

01 녹음 버튼을 누르고 있으면 열리는 메뉴에서 녹음/녹음 토글을 선택하여 R 키로 녹음을 On/Off 할 수 있게 모드를 변경합니다.

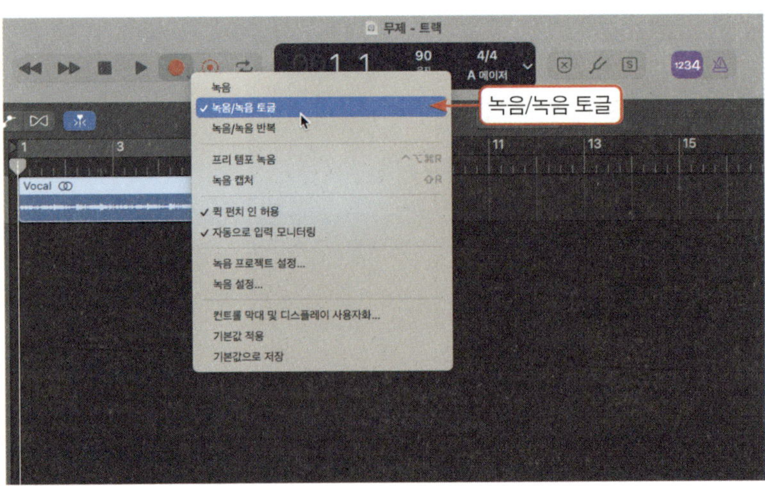

02 카운트 버튼이 Off 되어 있는지 확인합니다. 메트로놈도 필요 없다면 Off 합니다. 이제 곡을 재생하면서 필요한 순간에 R 키를 눌러 녹음을 On/Off 합니다.

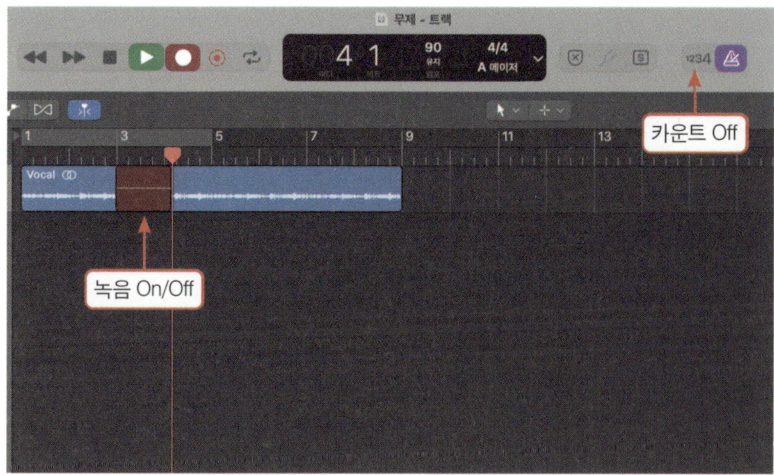

03 이것이 아날로그 시절부터 사용하던 펀치 레코딩 기법입니다. 과거에는 이것으로 엔지니어의 실력이 평가받던 시절도 있었지만, 로직은 수정 전의 오디오가 남아있는 테이크로 진행이 되기 때문에 실수를 해도 큰 문제가 되지는 않습니다.

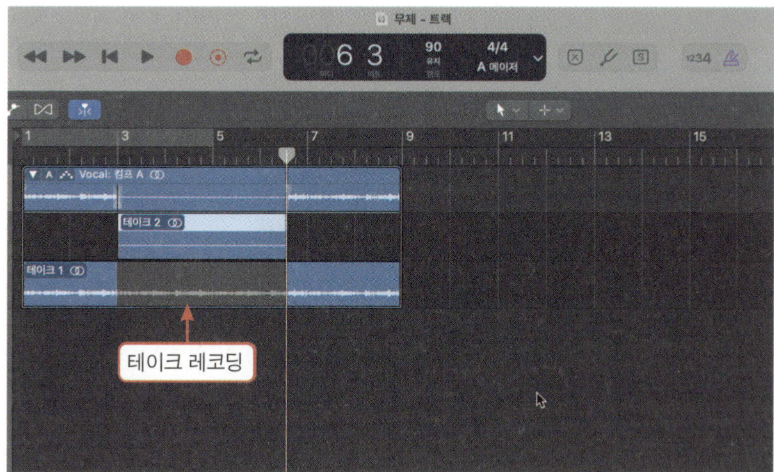

04 만일, 테이크로 생성되어 복잡해지는 것이 싫은 경우에는 컨트롤 막대의 대체 버튼을 On 으로 하고 진행합니다. 그러면 이전 오디오를 지우면서 새로운 오디오로 수정할 수 있습니다.

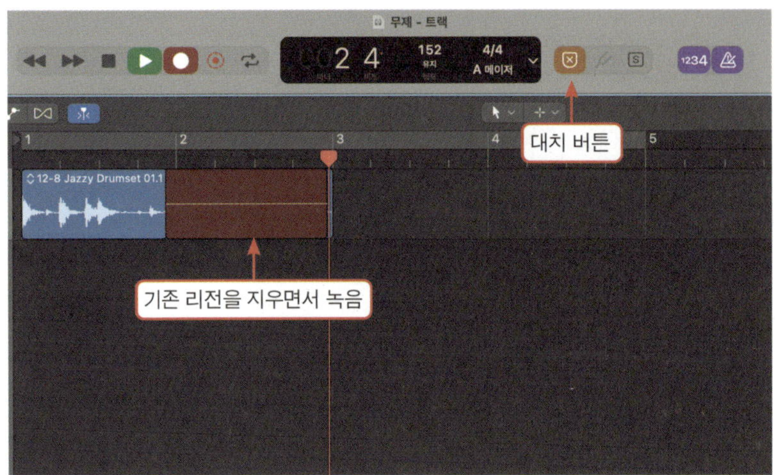

05 대체 모드로 녹음을 진행해도 오디오가 실제로 지워지는 것은 아니기 때문에 안심해도 됩니다. 언제든 기존의 리전 길이를 원래대로 변경하면 복구할 수 있습니다.

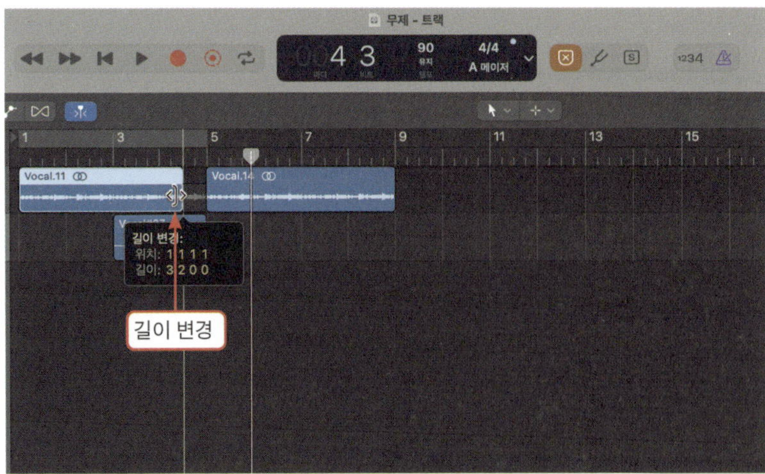

오토 펀치

01 사용자가 R 키를 수동으로 누르는 것이 아니라 원하는 범위에서 자동으로 레코딩이 진행되게 할 수 있습니다. 컨트롤 막대에서 마우스 오른쪽 버튼을 클릭하여 메뉴를 열고, 컨트롤 막대 및 디스플레이 사용자화를 선택합니다.

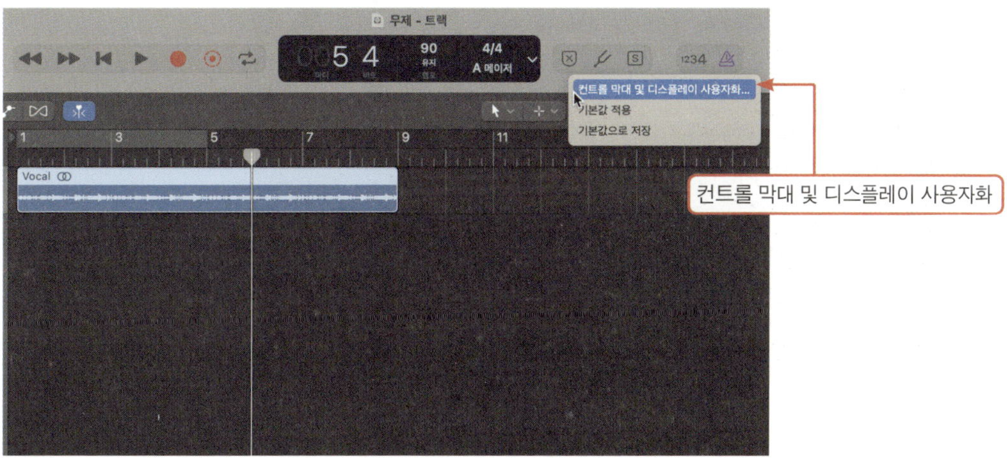

02 모드 및 기능 목록에서 오토펀치 옵션을 체크하면 컨트롤 막대에 오토펀치 버튼을 표시할 수 있습니다.

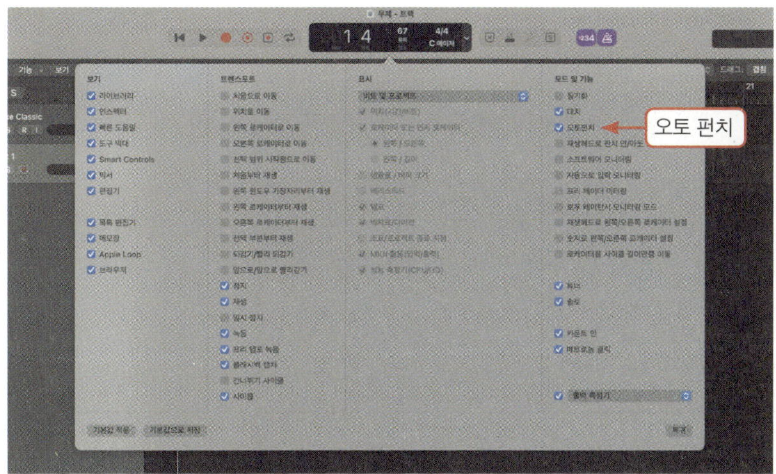

03 컨트롤 막대에 표시되는 오토펀치 버튼을 On으로 하면 눈금자에 빨간색 바가 표시됩니다. 바는 마우스 드래그로 위치를 이동하거나 시작 및 끝 부분을 드래그하여 범위를 조정할 수 있습니다. 수정하고자 하는 범위를 설정합니다.

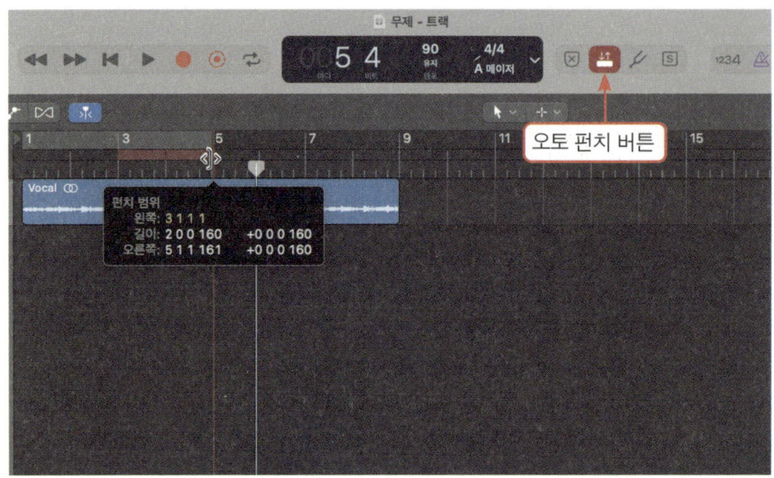

04 R 키를 눌러 녹음을 진행하면 빨간색 바의 오토펀치 범위 이전에서는 오디오가 재생되다가 오토펀치 범위에서 자동으로 녹음이 진행되어 수동으로 진행하는 것 보다 자연스러운 연결이 가능합니다.

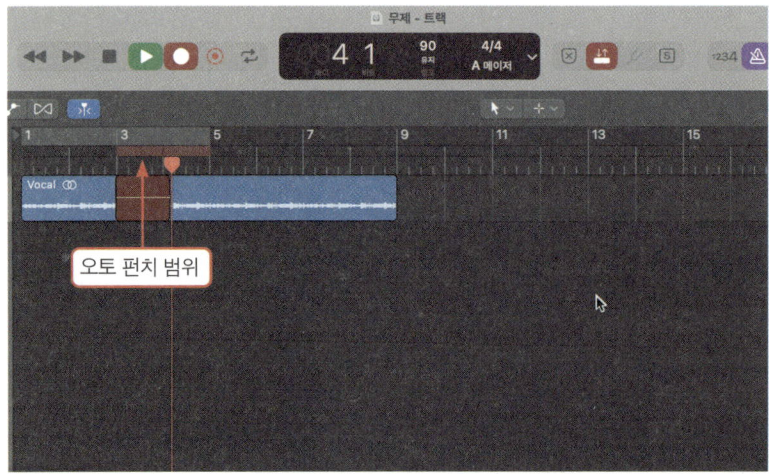

05 오토펀치 기능은 마키 도구로도 진행할 수 있습니다. 오토펀치 버튼을 누르고 있으면 열리는 메뉴에서 기본적으로 체크되어 있는 오토펀치 녹음을 사용하는 마키의 선택 범위를 해제하고, 오토펀치 녹음을 사용하는 마키 라인을 선택합니다.

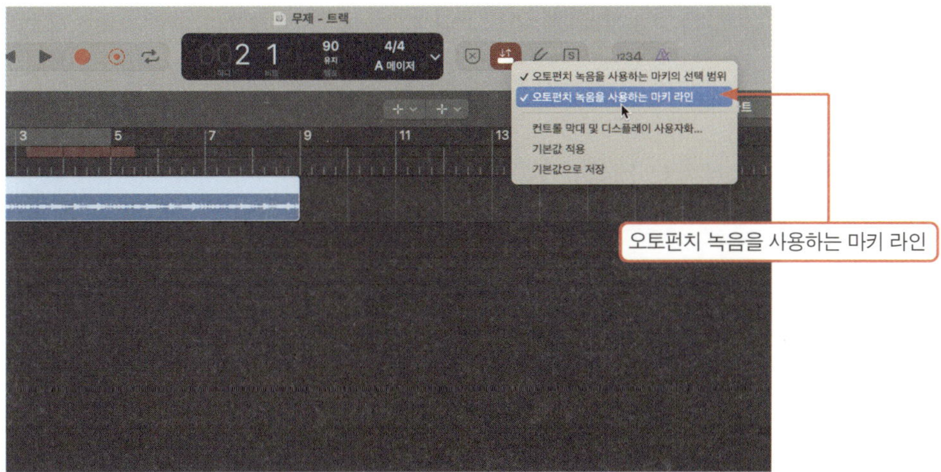

06 마키 도구를 이용하여 수정할 범위를 선택하고, R 키를 누르면 선택 범위에서 오토펀치 기능이 동작되는 것을 확인할 수 있습니다. 좀 더 정확한 범위를 선택할 수 있기 때문에 실제로 가장 많이 사용하는 방법입니다.

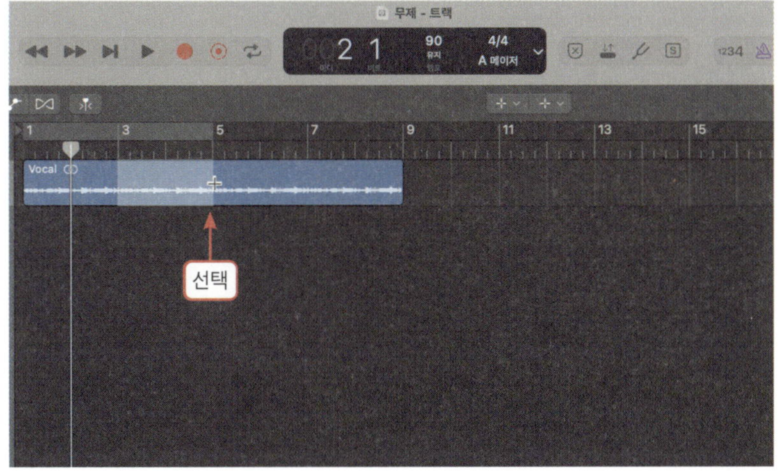

SECTION 03

오디오 편집

로직은 오디오 이벤트를 편집할 수 있는 에디터 창을 제공하며, 에디터 창은 리전을 편집하는 트랙 창과 오디오 파일을 편집할 수 있는 파일 창으로 구성되어 있습니다. 오디오의 타임과 피치를 보정하고, 작업 퀄리티를 높이기 위해서는 반드시 다룰 수 있어야 합니다.

오디오 트랙 편집기

오디오 트랙 편집기는 단순히 트랙의 리전들을 확대해서 표시하는 창입니다. 리전의 길이를 다듬거나 이동 및 복사 등의 편집을 할 때 파형을 크게 확대해서 볼 수 있기 때문에 정밀한 편집이 가능합니다. 특히, 오디오의 피치와 비트를 맞추기 위한 Flex Time 및 Flex Pitch 마커를 편집할 때 유용합니다.

리전 편집

01 트랙 편집기는 오디오 리전을 더블 클릭하여 열 수 있습니다. 작업 공간은 Control+Option 키를 누른 상태에서 마우스 휠을 돌려 수평으로 확대/축소하거나 Control+Shift 키를 누른 상태로 마우스 휠을 돌려 위치를 이동시킬 수 있습니다.

트랙 편집기

02 메뉴 바의 ① 파형 버튼을 클릭하면 창 크기에 맞춰 파형의 크기가 조정되며, 버튼을 누르고 있으면 크기를 조정할 수 있는 슬라이더가 열립니다. 오른쪽의 ② 수평 자동 확대/축소 버튼을 클릭하면 트랙 전체의 리전을 한 화면에 표시할 수 있습니다.

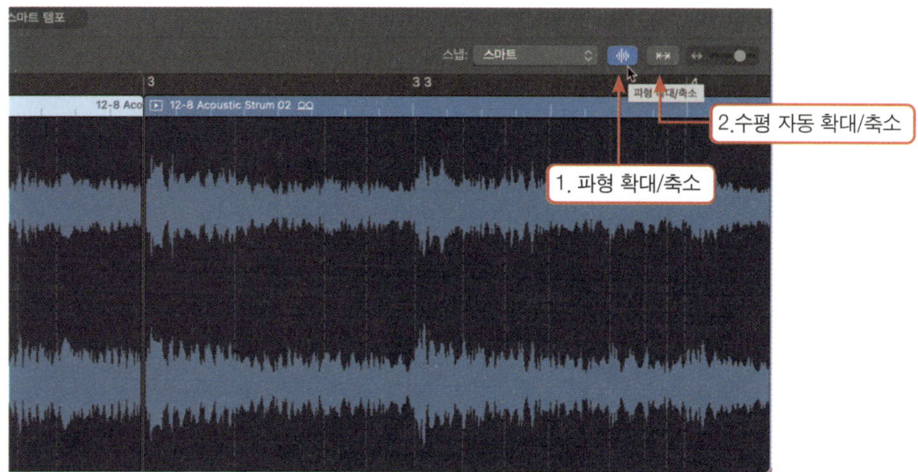

03 재생 헤드는 눈금자를 클릭하여 위치시킬 수 있으며, 더블 클릭을 하면 해당 위치에서 바로 재생되어 오디오를 모니터할 수 있습니다.

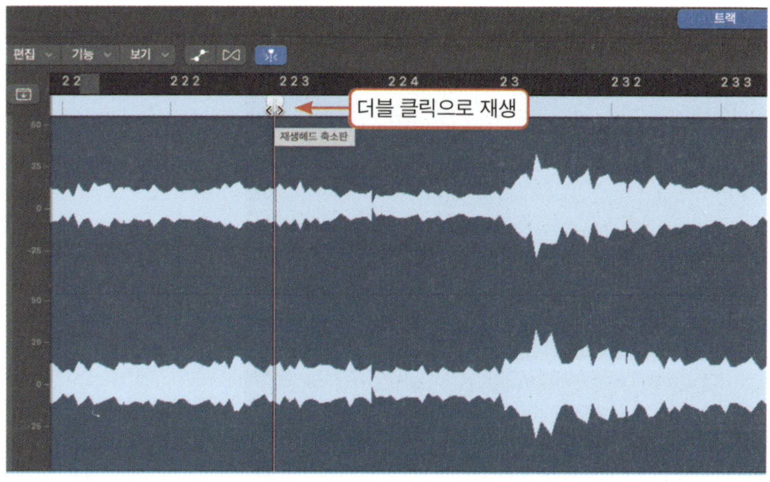

04 트랙 편집기는 파형을 보면서 리전의 일부분을 정밀하게 편집하기 위해서 사용합니다. 포인터 도구가 선택되어 있는 상태에서 파형 아래쪽에 마우스를 가져가면 마키 도구를 사용할 수 있으며, 파형의 일부분을 드래그하여 선택할 수 있습니다.

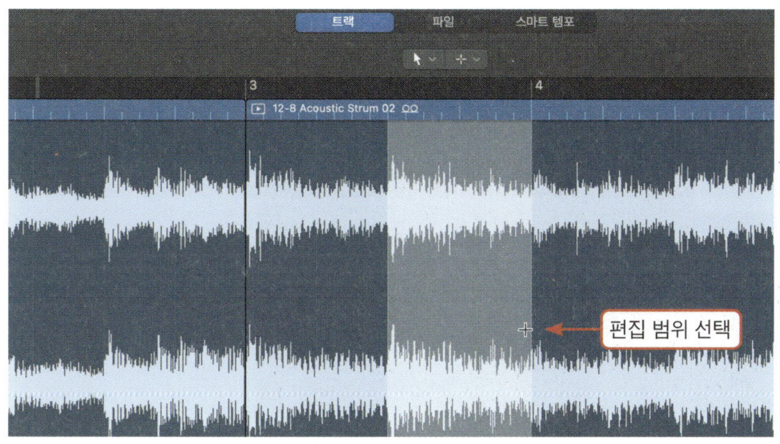

05 파형 상단으로 마우스를 가져가면 포인트 도구로 사용할 수 있으며, 선택한 구간을 드래그하여 이동하거나 Option 키를 누른 상태로 드래그하여 복사하거나 백 스페이스 키로 삭제하는 등 메인 윈도우에서 리전을 편집하는 것과 동일한 방식으로 편집 작업을 진행할 수 있습니다. 단지, 파형을 크게 보면서 리전의 일부분을 정밀하게 편집할 수 있다는 차이만 있습니다.

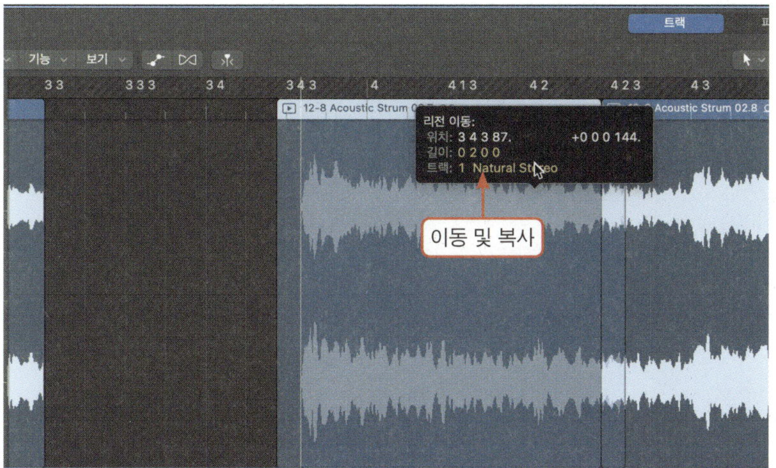

Flex 편집

01 트랙 편집기를 이용하는 가장 큰 이유는 플렉스 마커를 정밀하게 편집하기 위해서 입니다. 메뉴 바의 Flex 보기 버튼을 클릭합니다.

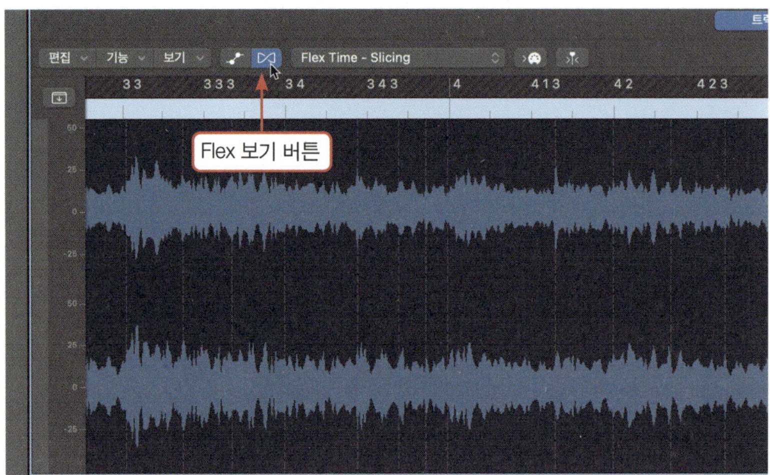

02 Flex 기본 모드는 파형을 잘라서 타임을 조정할 수 있는 ① Flex Time-Slicing 입니다. 파형을 클릭하면 Flex ② 마커 라인이 추가되며 드래그하여 타임을 조정할 수 있습니다.

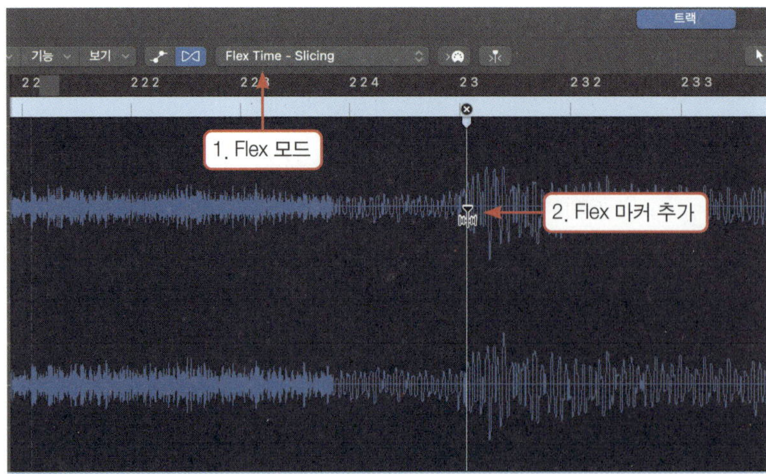

03 파형 아래쪽을 클릭하면 3개의 Flex 마커를 한 번에 추가할 수 있으며, 앞/뒤가 고정된 상태에서 필요한 비트의 타임만 조정할 수 있습니다.

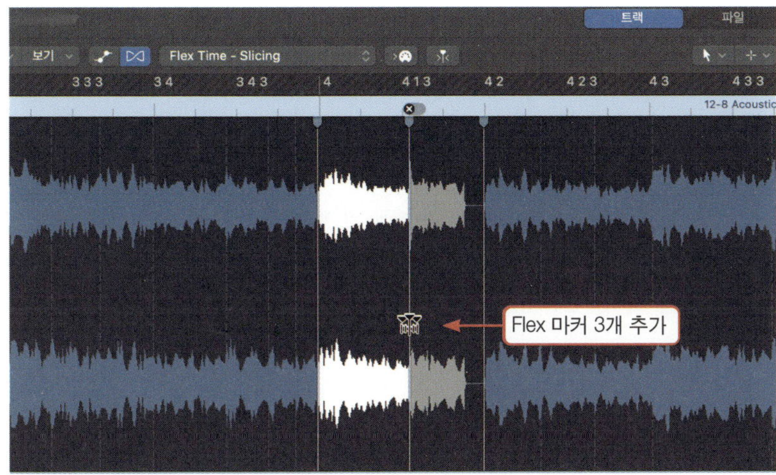

04 참고로 Flex 모드에서는 리전 끝 부분의 상단을 드래그하여 전체 타임을 조정할 수 있습니다. 길이를 조정할 필요가 있을 때는 하단에서 드래그합니다.

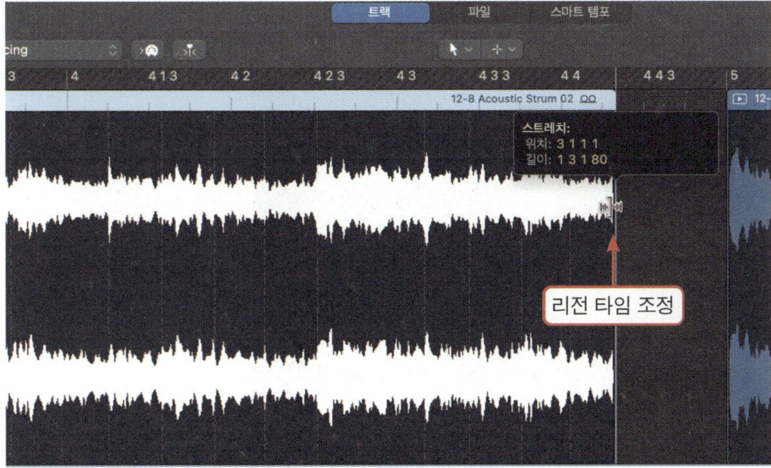

오디오 파일 편집기

로직은 자체적으로 오디오 파일을 편집할 수 있는 기능을 제공합니다. 유튜버들이 많이 사용하는 Adobe Audition이나 포스트 프로덕션에서 많이 사용하는 iZotope RX와 같은 전문적인 편집 작업은 어렵지만, 간단한 프로세싱은 얼마든지 가능합니다. 단, 파일 편집기는 실제 오디오 파일에 적용되는 것이므로, 저장을 하면 되돌릴 수 없기 때문에 주의가 필요합니다.

새 파일 만들기

01 파일 편집기는 리전을 더블 클릭하면 열리는 트랙 편집기에서 메뉴 바 상단에 있는 파일 탭을 선택하여 접근할 수 있습니다.

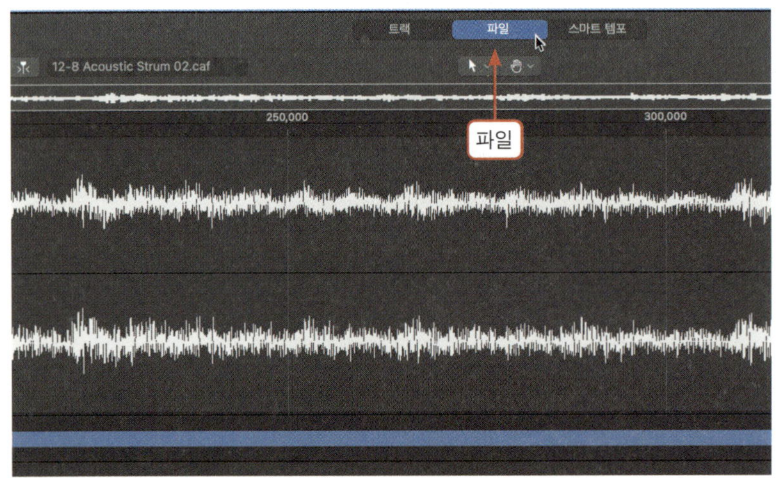

02 파일 편집기에서 진행하는 프로세싱은 오디오 파일의 원본에 적용되기 때문에 프로젝트를 저장하면 되돌릴 수 없습니다. 만일을 위해 새로운 파일을 만들어 원본을 보존하는 것이 좋습니다. 가장 많이 사용하는 것이 바운스입니다. 리전을 마우스 오른쪽 버튼으로 클릭하여 단축 메뉴를 열고, 바운스 후 대치를 선택하거나 Command+B 키를 누릅니다.

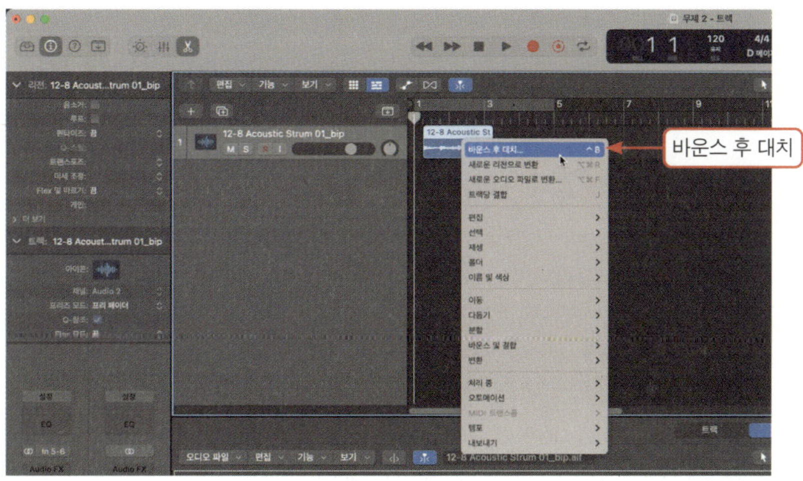

03 바운스는 플러그인을 오디오 파일에 적용하여 시스템을 확보하거나 미디 리전을 오디오로 전환할 때 사용하는 것이 목적이지만, 파일 편집 전의 원본 보존용으로 사용할 수도 있습니다. 트랙 전체를 바운스 할 때는 파일 메뉴의 바운스에서 트랙 바운스 후 대치를 선택하거나 Control+Command+B 키를 누릅니다.

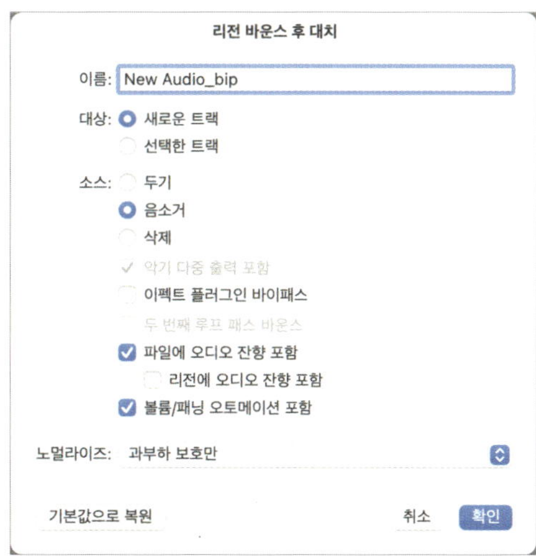

● **이름** : 새로 생성되는 리전 이름을 입력합니다. 기본적으로 원본 이름 끝에 _bip가 붙습니다.

● **대상** : 새로 생성되는 리전을 새로운 트랙으로 배치할 것인지, 선택된 트랙에 배치할 것인지를 선택합니다. 파일 편집이 목적이라면 선택된 트랙으로 원본 자리에 배치되게 합니다.

● **소스** : 원본 리전을 어떻게 처리할 것인지를 선택합니다. 그대로 두기, 뮤트시키기, 삭제하기 중에서 선택할 수 있으며, 선택된 트랙으로 배치할 때는 어떤 옵션을 선택해도 결과는 동일합니다. 삭제를 선택해도 프로젝트에는 보관이 되기 때문에 언제든 브라우저에서 프로젝트로 드래그하여 복구 할 수 있습니다. 브라우저 창은 컨트롤 막대의 브라우저 버튼으로 열 수 있습니다.

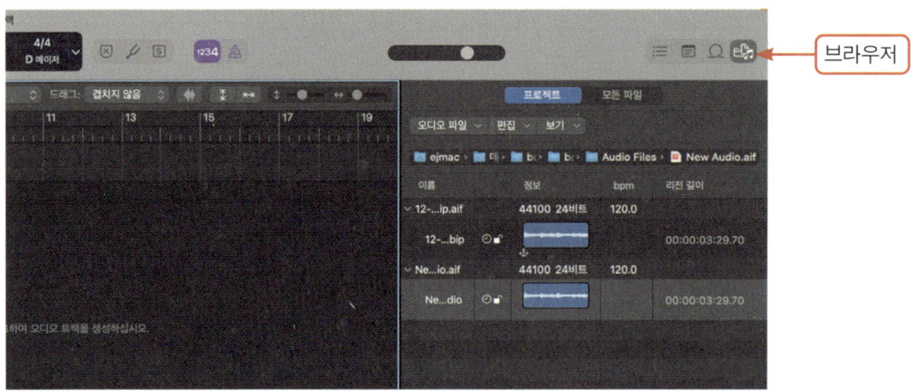

● **악기 다중 출력 포함** : Aux 채널 스트립의 플러그인이 적용된 파일을 만듭니다.

● **이펙트 플러그인 바이패스** : 채널의 플러그인을 모두 바이패스 시킵니다.

● **파일/리전에 이펙트 잔향 추가** : 잔향이 있는 신호를 끝까지 처리합니다.

● **볼륨/패닝 오토메이션 포함** : 볼륨 및 패닝 오토메이션을 적용합니다.

● **노멀라이즈** : 피크 볼륨을 0dB까지 올려 생성합니다. 기본값 과부하 보호만은 0dB을 초과하는 레벨만 0dB로 내리며, 초과 레벨이 없으면 변함없습니다.

04 파일 편집 창에서 작업 전에 백업 및 오디오 파일을 만드는 방법도 있습니다. 오디오 파일 메뉴의 백업 생성을 선택하면 편집 전의 파일을 보존할 수 있고, 언제든 백업으로 복귀를 선택 하여 편집 전 파일로 되돌릴 수 있습니다.

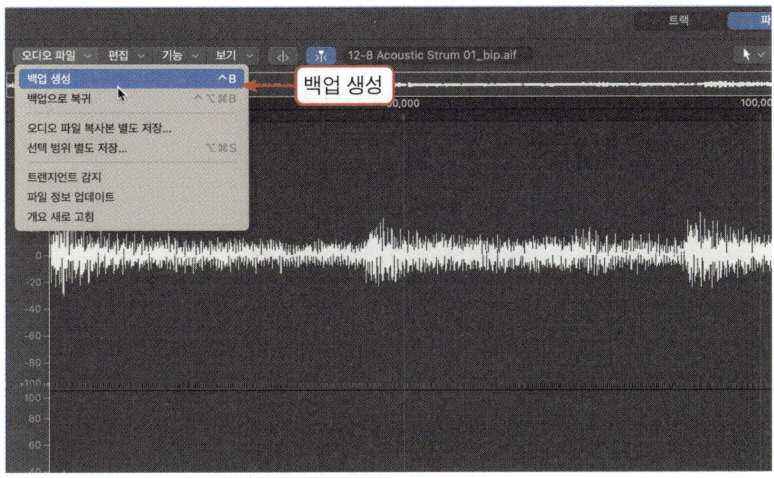

05 편집 창의 오디오 파일 메뉴에서 오디오 파일 복사본 별도 저장을 선택하여 원본을 보존 하는 방법도 있습니다. 이때는 파일 이름과 경로를 지정할 수 있습니다.

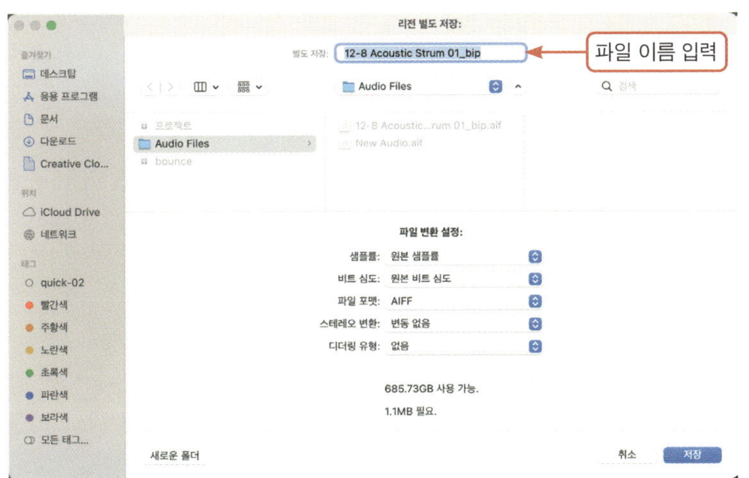

프로세싱

선택 범위를 자르거나 붙이는 등의 편집 작업은 리전과 다르지 않으므로 생략하고, 기능 메뉴를 선택하면 보이는 노멀라이즈, 게인 변경 등의 프로세싱 기능을 살펴보겠습니다. 기능은 선택 범위에 적용되므로 전체 파일에 적용할 때는 Command+A 키로 모두 선택합니다.

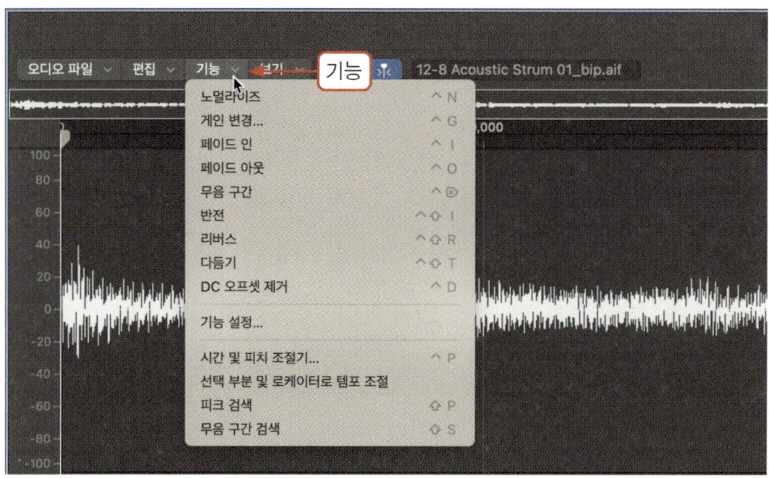

● 노멀라이즈

볼륨을 클리핑이 발생하지 않는 0dB까지 올려줍니다. 기본값 0dB을 변경하고 싶은 경우에는 기능 메뉴에서 기능 설정을 선택하여 창을 열고, 노멀라이즈의 피크 설정 항목에서 원하는 값을 % 또는 dB 단위로 설정할 수 있습니다.

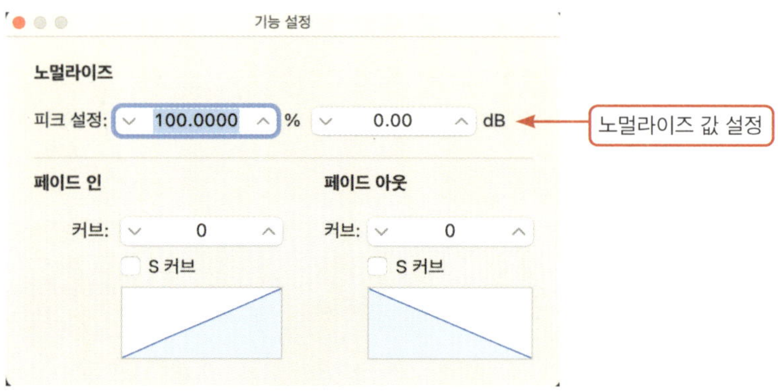

● 게인 변경

오디오 볼륨을 조정합니다. 메뉴를 선택하면 열리는 창에서 최대값 검색 버튼을 클릭하면 현재 오디오 파일의 피크 볼륨이 측정되며, 상대값 또는 절대값으로 변경할 수 있습니다.

상대값 변경 : 현재 오디오 파일의 볼륨에서 여기서 입력한 값 만큼 증/감합니다.

절대값의 결과 : 현재 오디오 파일의 볼륨을 여기서 입력한 값으로 변경합니다.

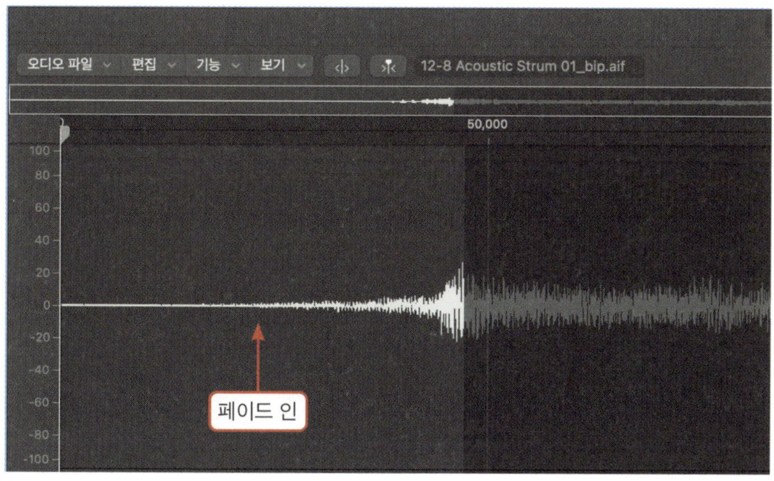

● 페이드 인 또는 아웃

소리가 점점 커지는 페이드 인 또는 소리가 점점 작아지는 페이드 아웃 효과를 적용합니다. 페이드 인/아웃 라인은 노멀라이즈 값을 설정했던 기능 설정 창에서 결정할 수 있습니다.

● **무음 구간**

선택 범위를 무음으로 만듭니다. 녹음 중에 유입된 잡음을 제거할 때 사용할 수 있습니다.

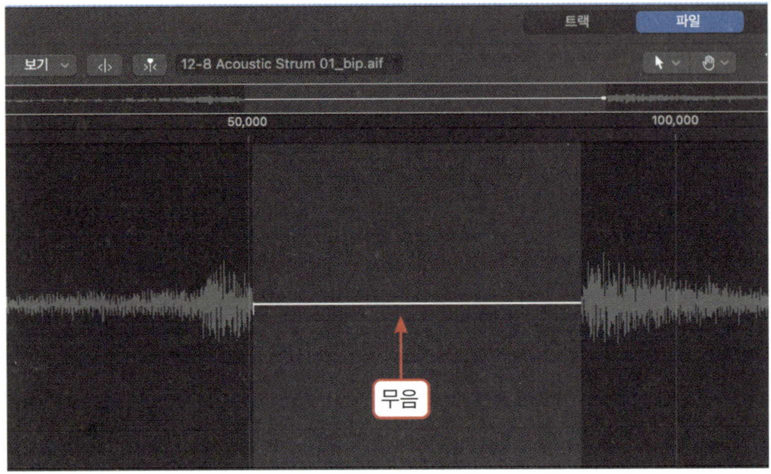

● **반전**

위상을 반전시킵니다. 위상은 파형의 각도를 말하는 것으로 이론적으로 동일한 위상이 겹치면
레벨은 2배가 되고, 반대 위상이 겹치면 무음이 됩니다. 물론, 한 곡이 연주되는 동안 정확하게
위상이 반대로 겹치는 경우는 없기 때문에 무음 현상을 경험할 수는 없겠지만, 왠지 소리가 작
아지고, 답답해지는 것을 느낄 수는 있습니다. 위상이 반대로 겹치는 현상은 연주자의 위치, 공
연장의 구조 등 여러 가지 원인이 있을 수 있지만, 반전 기능을 적용하여 해결할 수 있습니다.

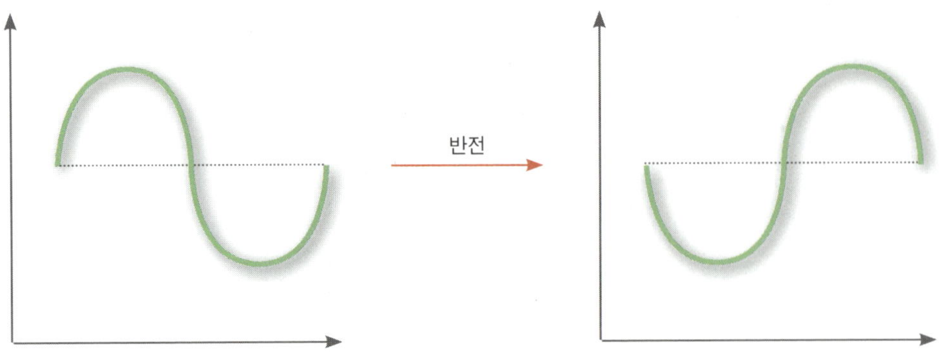

● 리버스

재생 방향을 거꾸로 바꿉니다. 리버스 심벌이나 라이징 사운드를 만들 때 사용할 수 있습니다.

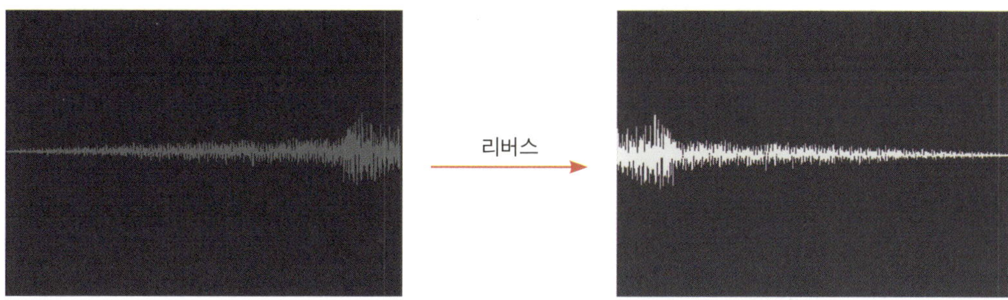

● 다듬기

선택 범위를 제외한 나머지를 삭제합니다. 파일을 복구할 수 없다는 경고 창이 열립니다.

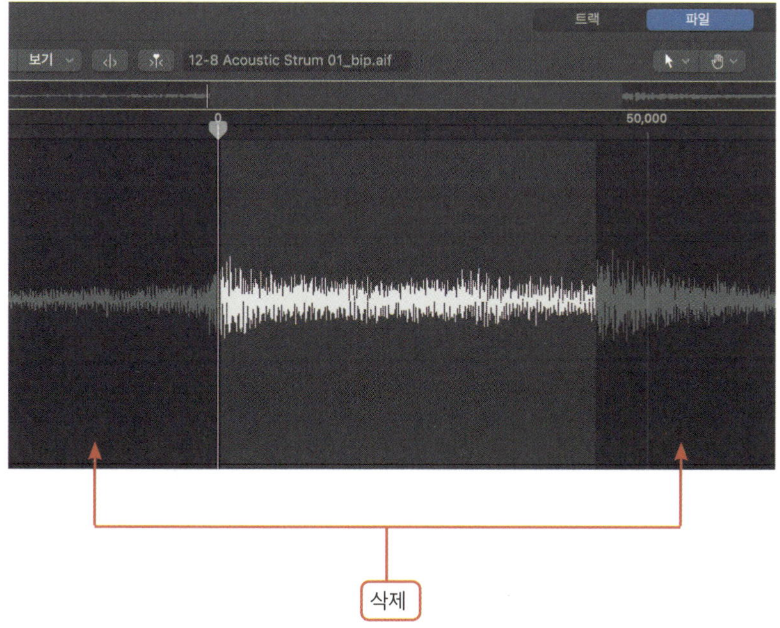

● DC 오프셋 제거

파형 주기의 중간을 베이스 라인이라고 하며, 녹음 중에 안정적인 전원 공급이 되지 않으면, 베이스 라인을 벗어나는 현상이 발생합니다. 이것을 DC 잡음이라고 하며, 이를 제거합니다. 사실 컴퓨터를 비롯한 모든 오디오 장비가 전기로 구동되기 때문에 어느 정도의 DC 잡음은 발생하기 때문에 크게 문제가 되는 경우는 없습니다.

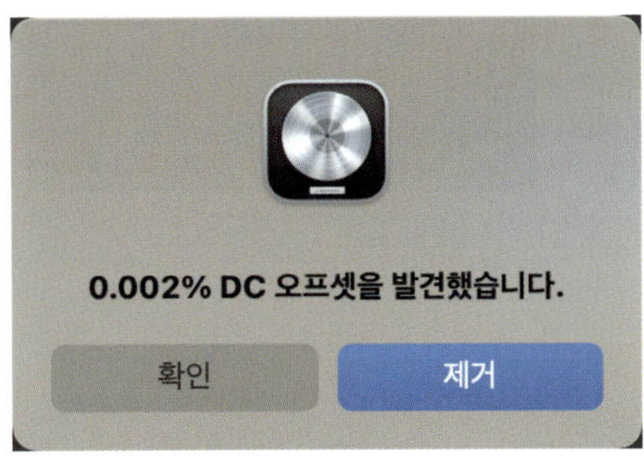

● 시간 및 피치 조절기

오디오 템포와 피치를 조정할 수 있습니다.

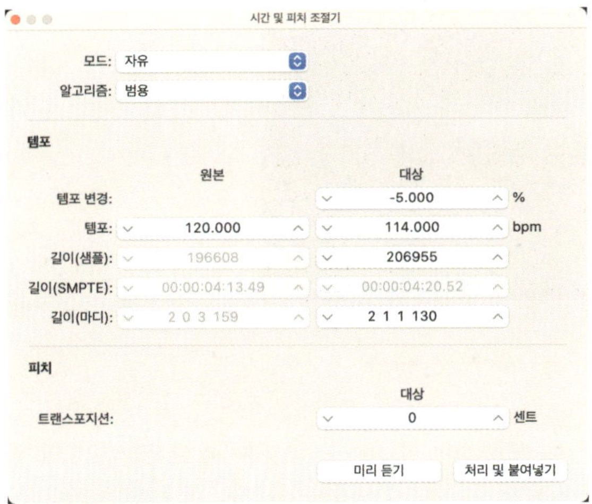

모드 : 템포와 음정을 구분해서 조정하는 자유와 음정 변화에 따라 템포가 함께 조정되는 클래식의 두 가지를 제공합니다.

알고리즘 : 템포와 음정을 조정할 때 사용되는 알고리즘을 선택합니다. 베이스와 같은 모노 악기라면 Monophonic, 드럼과 같은 비트 악기라면 비트만 등 샘플 소스에 어울리는 알고리즘을 선택하여 음질 변화를 최소화하는 것입니다. 모든 소스에 적합한 것은 범용입니다.

템포 : 왼쪽이 원본이고, 오른쪽이 변경 값을 의미하는 대상입니다. 단위는 템포, 샘플 길이, SMPTE 길이, 마디 길이를 사용할 수 있습니다.

피치 : 단위는 100이 반 음에 해당하는 센트입니다. 피치만 변경하려면 템포 변경 항목을 0%로 설정합니다.

● **선택 부분 및 로케이터로 템포 조절**

마키 도구로 선택한 범위 또는 사이클 선택 범위에 맞추어 오디오 템포를 조정합니다. 외부 파일을 프로젝트 템포에 맞추거나 프로젝트를 외부 파일 템포에 맞출 때 사용합니다. 프로젝트의 눈금자를 드래그하여 사이클 범위를 선택합니다.

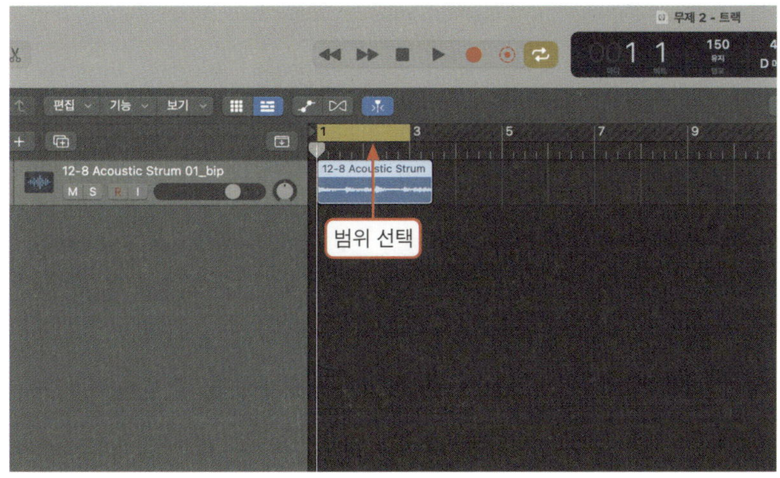

사이클 범위와 오디오 파일의 길이를 비교하여 템
포가 설정됩니다. 생성 버튼을 클릭하면 사이클 범
위 시작 위치에 분석된 템포가 삽입되며, 글로벌 적
용 버튼을 클릭하면 프로젝트 템포가 변경됩니다.

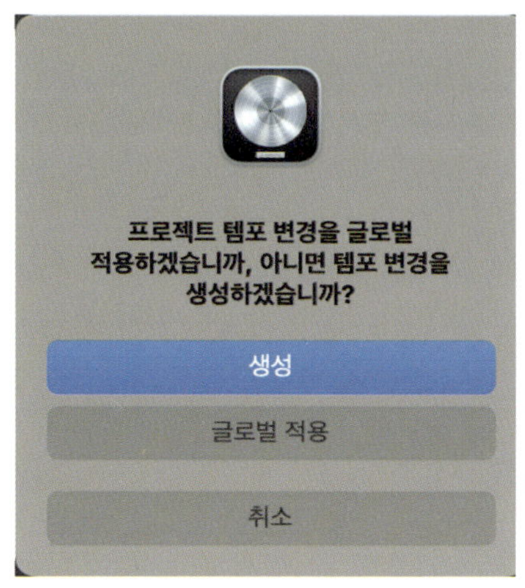

● 피크/무음 구간 검색

피크 및 무음 구간을 찾아 줍니다. 클리핑 구간을 연필 도구로 다듬거나 무음 구간을 찾아 제거
하는 등의 작업을 진행할 수 있습니다.

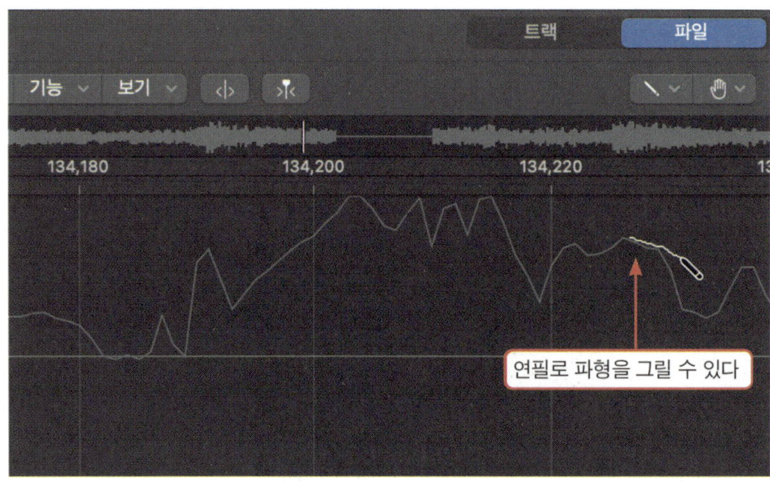

로직에서 제공하는 파일 편집기는 전문적인 작업을 진행하기에는 다소 부족합니다. 하지만, 로직은 외부 프로그램을 연결하여 사용할 수 있는 기능을 제공합니다. Logic Pro 메뉴의 설정에서 오디오를 선택하여 창을 열고, 파일 편집기 탭의 외부 샘플 편집기 항목에서 선택을 클릭합니다. 그리고 응용 프로그램에서 사용하고자 하는 편집 프로그램을 선택합니다.

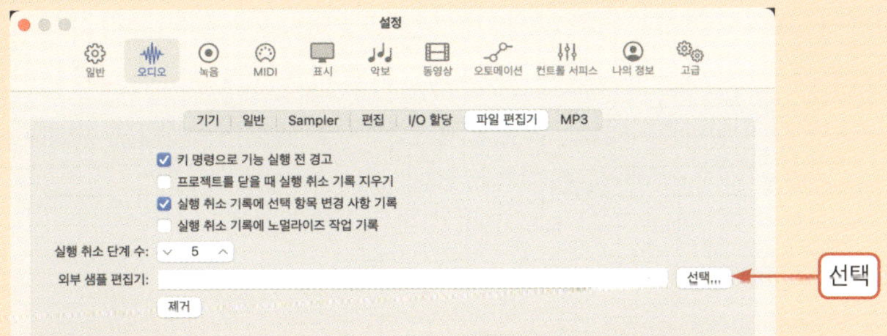

외부 편집기가 연결되면 메인 윈도우나 트랙 창 또는 트랙 편집기의 편집 메뉴에 등록되며 선택하여 실행할 수 있습니다. Adobe Audition과 잡음 제거 툴로 유명한 iZotope RX에 관한 학습이 필요한 사용자는 〈오디오 콘텐츠 집에서 만들기〉 서적을 참조하기 바랍니다.

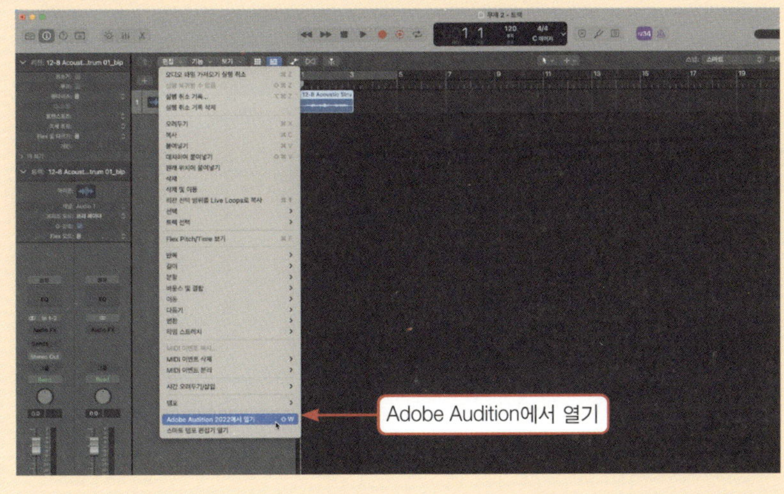

AI와 협업하기

최근 AI 기술의 발전으로 음악 제작 환경에도 많은 변화가 일어나고 있습니다. 이제 음악가는 단순히 소프트웨어 도구를 사용하는 것을 넘어, AI와 협업하며 새로운 아이디어를 얻고 창작의 폭을 넓힐 수 있게 되었습니다. 특히 Logic Pro에서는 Apple Intelligence의 글쓰기 도구를 통해 ChatGPT와 같은 AI를 활용할 수 있습니다. 이를 활용하면 코드 진행에 대한 아이디어를 얻거나 가사를 작성하고 수정할 수 있으며, 음악 제작 과정에서 생기는 다양한 질문에 대한 답을 빠르게 찾을 수도 있습니다.

| AI를 작곡가로 활용하기

01 Logic Pro에서 AI 기능을 사용하려면 Apple Silicon(M1 이상) Mac과 macOS Sequoia 15.4 이상이 필요하며, 시스템 설정에서 Apple Intelligence가 활성화되어 있어야 합니다.

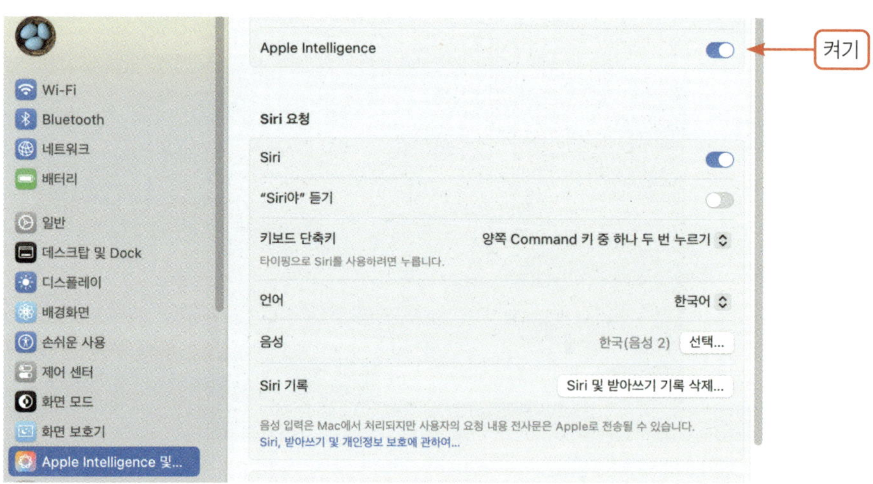

02 도구 막대의 ① 메모장을 클릭하거나 Control+Option+P 키를 눌러 창을 열고, ② 글쓰기 도구를 클릭합니다.

03 질문을 입력할 수 있는 창이 열립니다. 예를 들어 "감성적인 발라드에 어울리는 코드 진행을 제안해 주세요."라고 입력한 다음 Return키를 눌러 질문을 전송합니다.

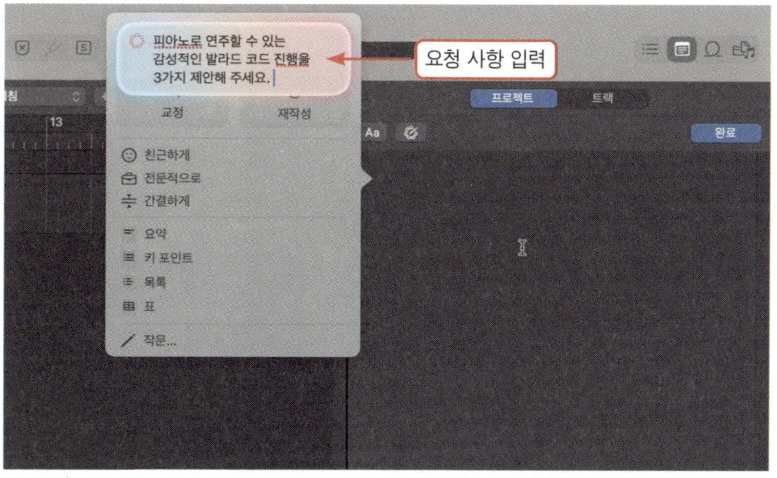

04 글쓰기 도구가 ChatGPT를 사용하여 작문을 진행하려고 하면, ChatGPT 사용 여부를 묻는 창이 나타납니다. ChatGPT 사용 버튼을 클릭하거나 Return 키를 누릅니다.

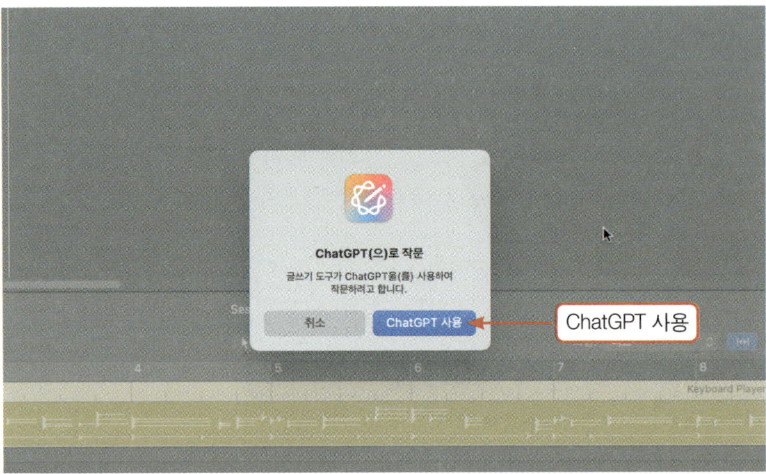

05 ChatGPT가 제시한 내용이 마음에 든다면 Command+A 키를 눌러 전체를 선택한 다음 Command+C 키를 눌러 복사합니다. 내용이 마음에 들지 않는다면 Esc 키를 눌러 취소한 후 다시 질문합니다.

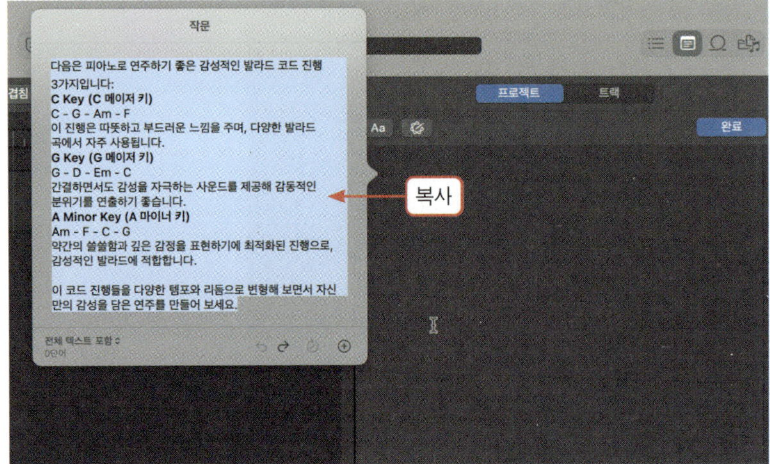

06 복사한 내용을 Command+V 키를 눌러 메모장에 붙여넣습니다. 그런 다음 이를 참조하여 코드 트랙에 코드를 입력합니다.

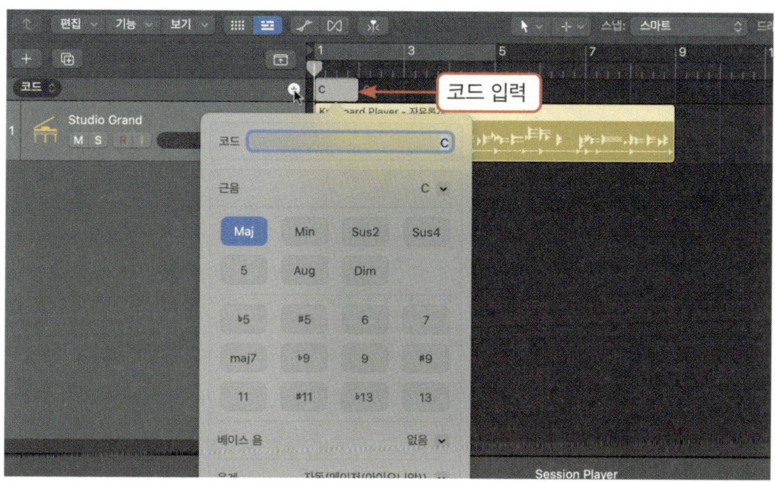

07 Keyboard Player 리전 파라미터에서 피치 소스가 코드 트랙으로 설정되어 있는지 확인한 다음, 입력한 코드를 모니터합니다. 이와 같은 방식으로 ChatGPT가 제시한 코드 진행 가운데 가장 마음에 드는 것을 선택하여 곡 작업에 활용할 수 있습니다.

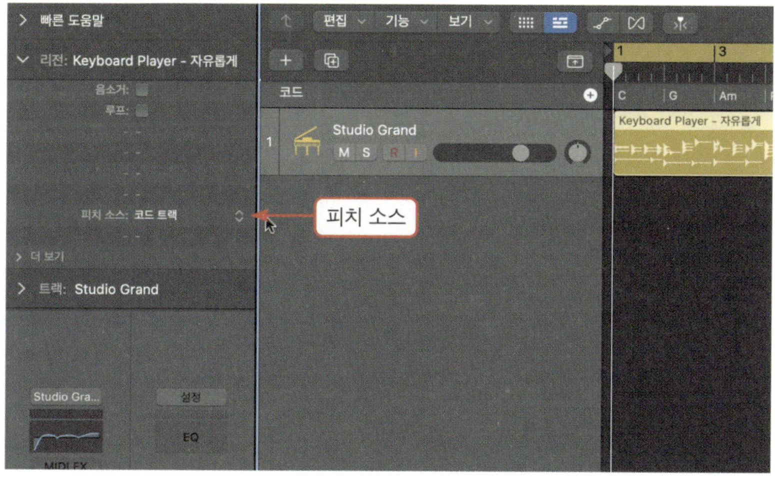

코드 진행에 익숙하지 않은 경우에도 AI를 활용하면 다양한 음악 아이디어를 쉽게 얻을 수 있습니다. ChatGPT와 같은 AI는 사용자가 입력한 질문을 바탕으로 음악 스타일에 맞는 코드 진행을 제안해 줍니다. 따라서 간단한 질문만으로도 새로운 음악적 아이디어를 얻을 수 있으며, 작곡 과정에서 막힌 부분을 해결하는 데에도 도움이 됩니다.

이때 질문을 조금 더 구체적으로 작성하면 보다 적절한 결과를 얻을 수 있습니다. 예를 들어 음악의 장르, 분위기, 사용할 악기, 난이도와 같은 정보를 함께 알려 주면 AI가 상황에 맞는 코드 진행을 제안하기 쉬워집니다. 이러한 정보를 추가하면 AI가 사용자의 의도를 더 정확하게 이해할 수 있기 때문입니다.

특히 코드에 익숙하지 않은 사용자라면 "초보자가 연주하기 쉬운 코드" 나 "간단한 코드 진행" 과 같이 난이도를 함께 설명하는 것이 도움이 됩니다. 이렇게 하면 실제 연주나 곡 작업에 바로 활용할 수 있는 코드 진행을 얻을 가능성이 높아집니다.

또한 이러한 질문은 반드시 영어로 작성할 필요가 없습니다. AI는 한국어 질문도 충분히 이해할 수 있으므로, 사용자가 편한 언어로 자연스럽게 질문해도 됩니다. 중요한 것은 완벽한 문장이 아니라 어떤 음악을 만들고 싶은지에 대한 정보를 전달하는 것입니다.

예를 들어 다음과 같은 방식으로 질문할 수 있습니다.
- 밝고 경쾌한 분위기의 팝 음악에 어울리는 코드 진행을 제안해 주세요.
- 피아노 발라드에 어울리는 감성적인 코드 진행을 알려 주세요.
- 초보자가 연주하기 쉬운 팝 음악 코드 진행을 몇 가지 제안해 주세요.
- 어쿠스틱 기타로 연주하기 좋은 간단한 코드 진행을 알려 주세요.

이처럼 장르나 분위기, 악기 등의 정보를 함께 제공하면 AI는 보다 다양한 코드 진행을 제안할 수 있습니다. 사용자는 제안된 코드 진행을 그대로 사용하기보다는 참고하여 자신의 음악에 맞게 수정하거나 발전시키는 것이 좋습니다. 이러한 과정은 새로운 음악적 아이디어를 얻는 데 도움이 되며, 창작의 방향을 넓히는 데에도 유용하게 활용될 수 있습니다.

▎AI를 작사가로 활용하기

01 AI 기능을 이용하면 가사도 손쉽게 작성할 수 있습니다. 글쓰기 도구 버튼을 클릭하여 창을 연 다음, "이별 후의 감정을 표현한 발라드 가사를 만들어 주세요."와 같이 원하는 스타일의 가사를 요청합니다.

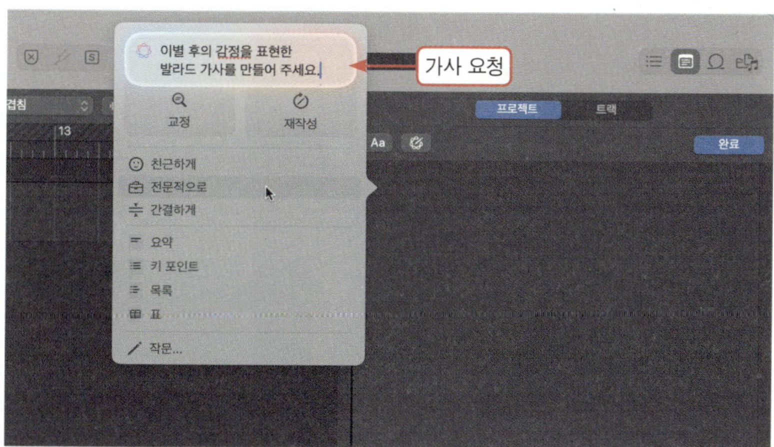

02 계속해서 ChatGPT 사용을 클릭하면 요청한 분위기에 맞는 가사를 제안합니다. 답변이 블록 형태로 표시될 경우 복사 버튼이 나타나기도 하며, 이를 클릭하여 가사를 쉽게 복사할 수 있습니다.

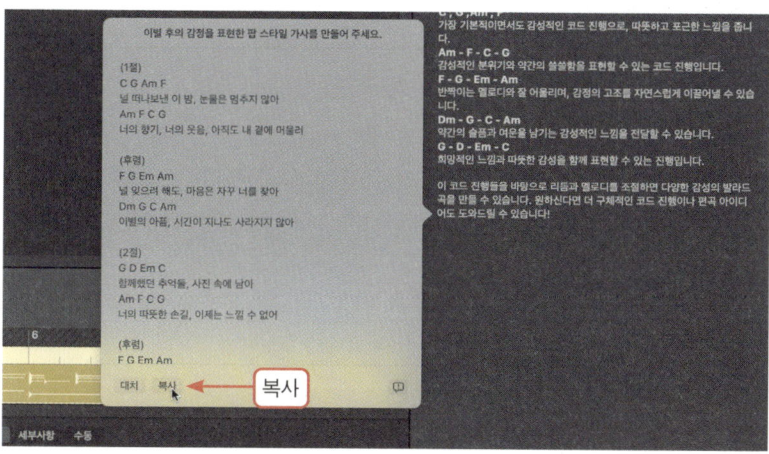

03 작업자의 스타일에 따라 다를 수 있지만, 일반적으로 가사는 곡이 어느 정도 완성된 후에 붙이는 경우가 많습니다. 따라서 AI가 제안한 가사는 멜로디와 정확히 맞지 않을 수 있어 일부 수정이 필요할 수 있습니다. 수정하고 싶은 부분을 드래그하여 선택한 뒤, 마우스 오른쪽 버튼을 클릭하고 글쓰기 도구의 작문을 선택합니다.

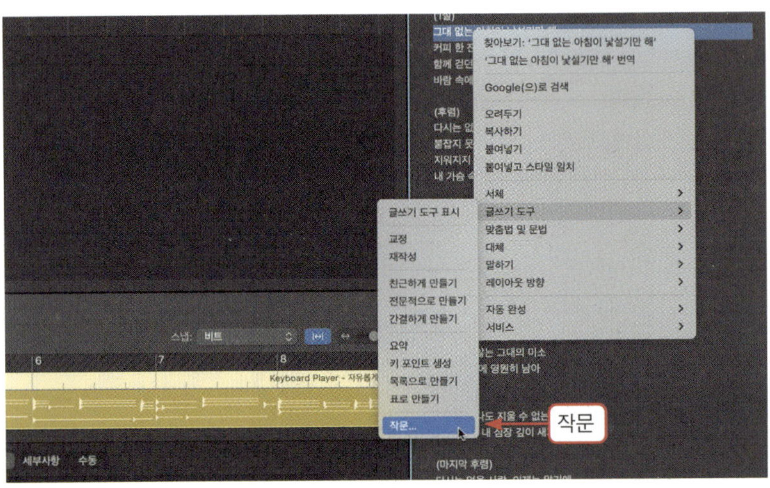

04 텍스트 입력 창이 열리면 "12음절로 수정해줘", "이 부분을 더 밝고 경쾌하게 바꿔줘" 등 원하는 조건을 직접 입력합니다.

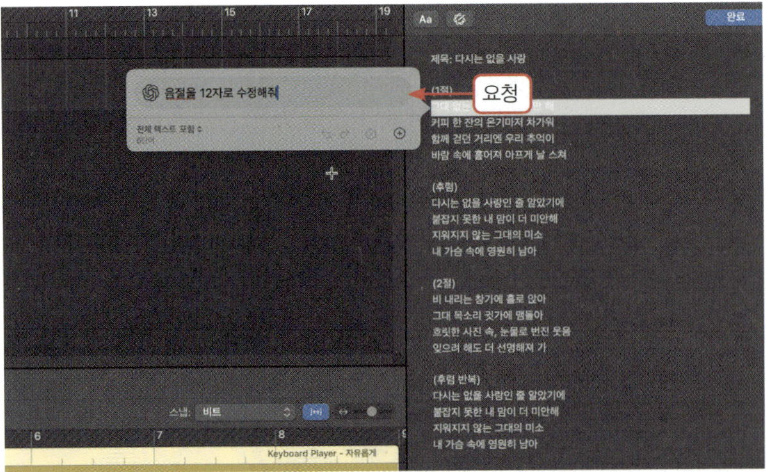

05 ChatGPT가 제시한 수정 내용이 마음에 들면, 대치 버튼을 클릭하여 메모장에 있는 내용을 바로 바꿀 수 있습니다.

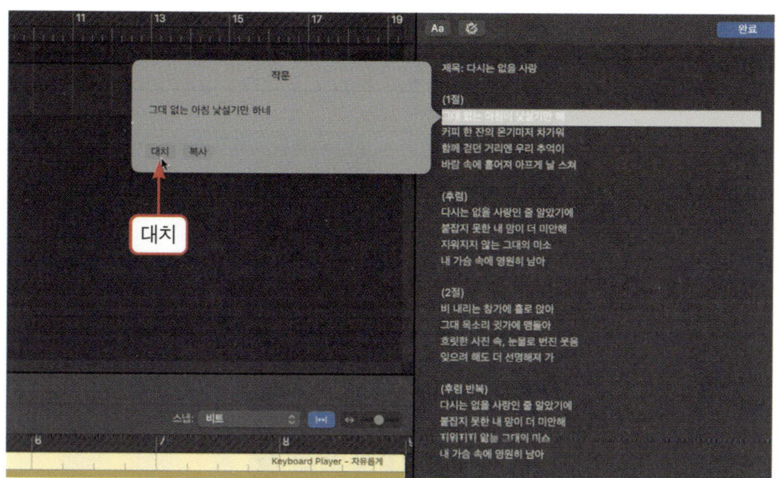

알아 두면 좋아요! 가사 수정을 요구할 때의 요령

● 조건을 구체적으로 입력하기

- 가사 길이: "각 줄을 12음절로 수정해줘"

- 분위기/감정: "이 부분을 더 밝고 경쾌하게 바꿔줘"

- 단어/표현: "이 단어를 더 쉬운 표현으로 바꿔줘"

- 스타일/리듬: "랩 스타일에 맞춰 빠른 리듬으로 수정해줘"

● 직접 입력하는 표현 사용

- "~로 수정해줘" , "~로 바꿔줘" 처럼 명령형 문장으로 요청

- "요청합니다" 보다 "입력합니다" 가 자연스럽고 실행 지향적

● 한 번에 한 가지 조건씩 적용

여러 요구사항을 동시에 입력하면 혼동될 수 있으므로, 길이, 분위기, 단어 선택 등은 단계별로 수정

| AI를 엔지니어로 활용하기

01 로직의 AI 기능을 가장 효과적으로 활용하는 방법은 기술적인 문제에 부딪혔을 때 해결 방법을 찾는 것입니다. 기능 안내는 도구 막대의 도움말 버튼을 활성화한 상태에서 마우스를 원하는 도구 위로 올리면, 해당 도구에 대한 설명과 사용법을 바로 확인할 수 있습니다.

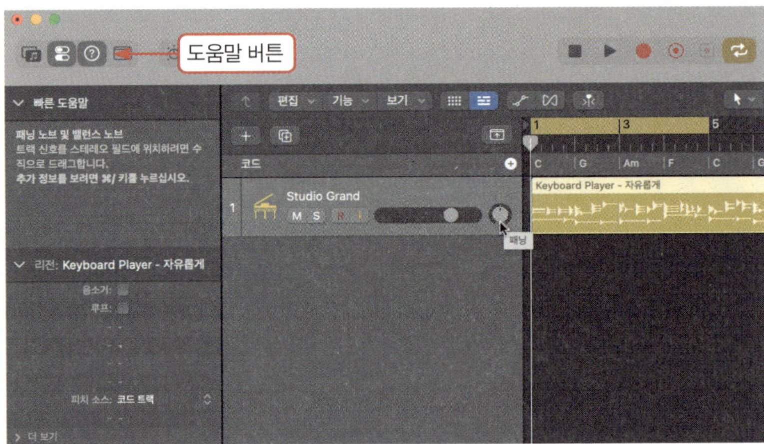

02 도움말을 좀 더 자세히 보고 싶다면 Command+/ 키를 누르면 됩니다. 또한, 도움말 버튼을 누르고 있으면, 도움말을 플로팅 윈도우로 띄울지, 아니면 풍선 도움말 형태로 띄울지를 선택할 수 있습니다.

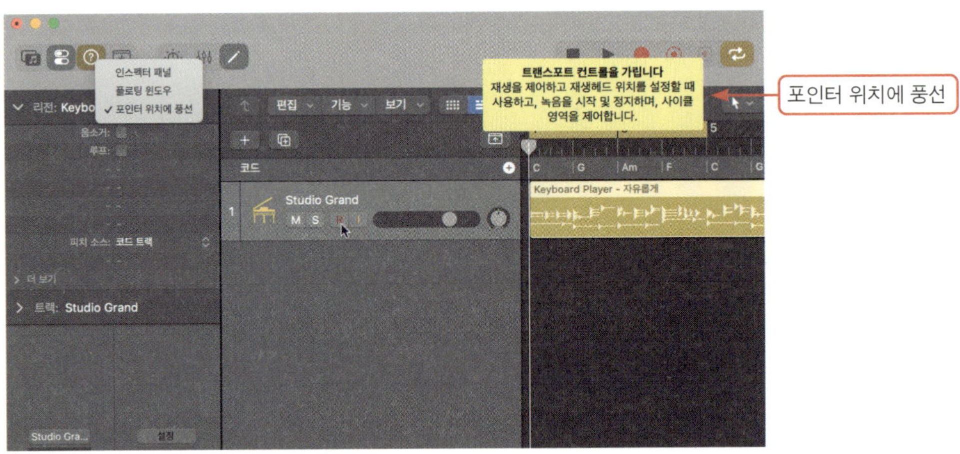

03 하지만 AI를 이용하면 단순한 기능 설명을 넘어서, 실제 프로젝트 작업에 바로 활용할 수 있는 도움을 얻을 수 있습니다. 예를 들어, 입력 창에 "더블 보컬 만드는 방법 알려줘"처럼 구체 적으로 질문을 합니다.

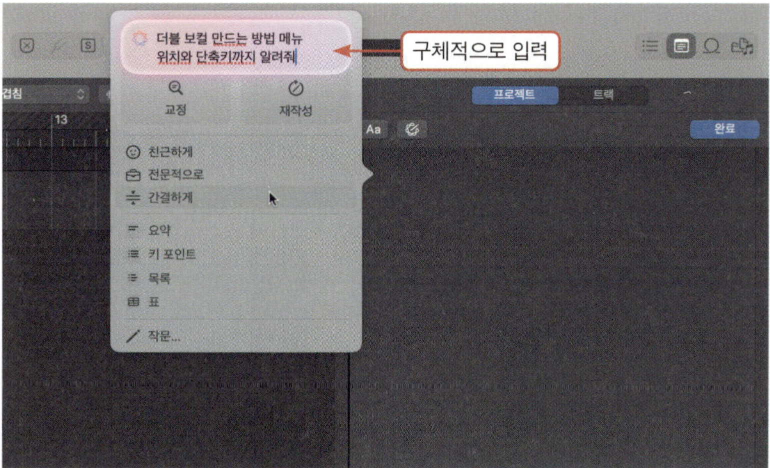

04 AI가 단계별 실습 방법과 단축키, 메뉴 위치까지 자세히 안내해 줍니다. 안내받은 내용을 활용하려면, Command+A 키로 전체를 선택하고, Command+C 키로 복사한 뒤, Command+V 키를 눌러 메모장이나 원하는 문서에 붙여넣습니다.

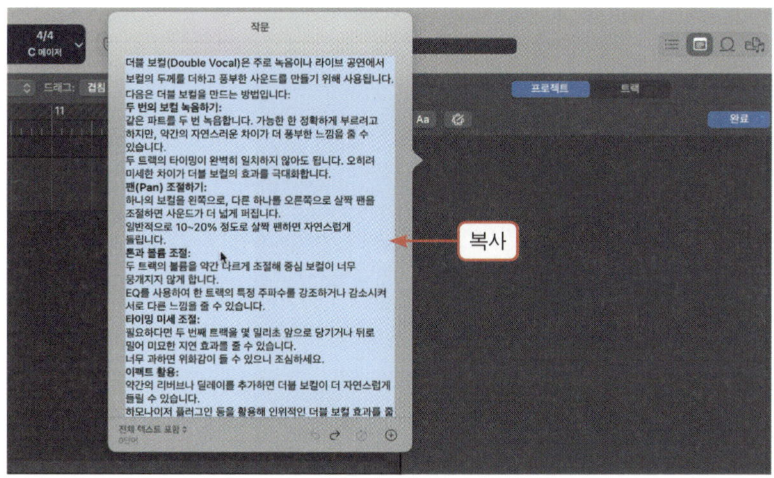

05 본서의 학습을 여기까지 따라왔다면 큰 문제는 없겠지만, 만약 잘 모르는 기능이 설명되어, 어디서 어떻게 적용해야 할지 모르겠다면, 해당 내용을 선택한 후 마우스 오른쪽 버튼을 클릭하고, 글쓰기 도구의 글쓰기 도구 표시를 선택합니다.

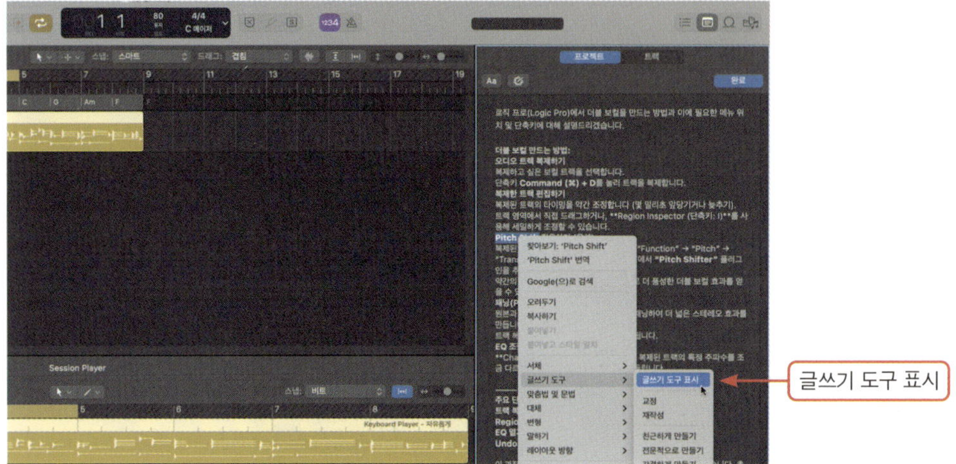

06 글쓰기 도구 표시 창이 열리면, "메뉴 위치와 단축키를 알려줘"라고 입력하여, 해당 기능을 사용하는 데 필요한 도움을 요청합니다. AI가 안내하는 내용을 따라 단계별로 확인하면서 실무에 적용할 수 있습니다.

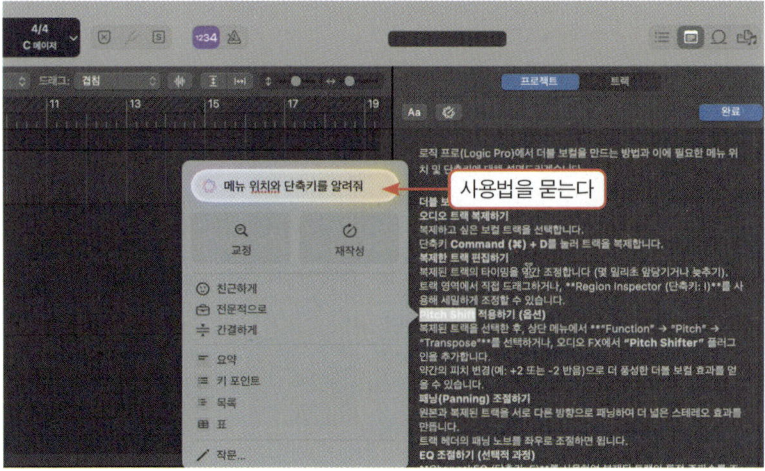

07 만약 해당 기능에 사용되는 장치에 대해 좀 더 깊이 있는 학습이 필요하다면, 도움말 메뉴의 검색 항목에 메모장에서 복사한 내용을 Command+V 키로 붙여넣어 검색합니다.

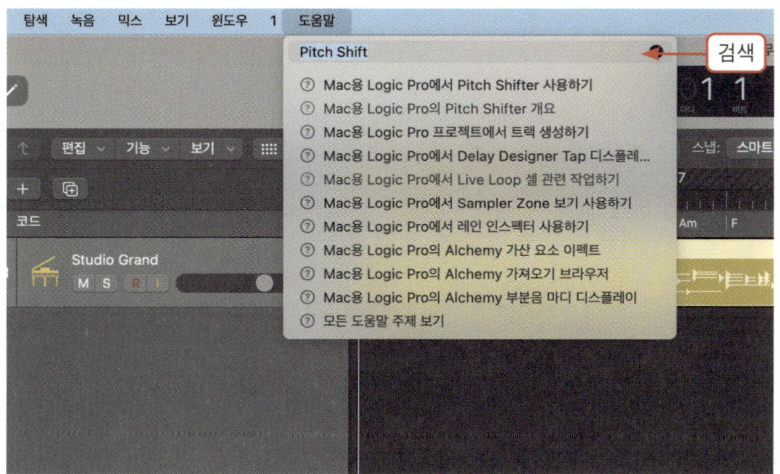

08 원하는 목록을 선택하면, 해당 내용을 상세히 학습할 수 있는 설명서가 열립니다. 본서와 함께 Logic Pro의 도움말, 그리고 AI 기능을 적절히 활용하면, 혼자서도 전문가 수준의 음악 제작 기술을 충분히 익힐 수 있습니다.

PART
04
믹싱과 마스터링

SECTION 01

믹싱

믹싱은 또 하나의 창작 작업이기 때문에 정해진 규칙은 없습니다. 다만, 입문자에게 "마음 대로 해라"는 너무나 막연한 말이기 때문에 어느 정도 가이드라인이 필요할 것이라 생각합니다. 믹싱의 일반적인 작업 과정을 따라하면서 기본을 익히고, 자신만의 스타일을 완성할 수 있기를 바랍니다.

믹싱 준비하기

드럼, 베이스, 기타, 건반, 보컬 등의 트랙을 만들면서 채널 스트립의 볼륨이나 패닝, 또는 이펙트 설정을 조정했을 것입니다. 로직의 믹서는 곡 작업에 사용되고 있는 모든 트랙의 채널 스트립을 한 화면에서 컨트롤할 수 있도록 제공되는 창이며, 콘솔 또는 믹싱 콘솔이라고 부르기도 합니다.

| 믹서 열기

01 로직의 믹서는 스튜디오에서 볼 수 있는 하드웨어 믹서를 소프트웨어로 구현하고 있는 것입니다. 무한에 가까운 채널 수나 자유로운 이펙트의 사용은 이미 하드웨어를 앞서고 있기 때문에 로직 하나면 대형 스튜디오에서나 가능한 작업을 책상 위에서 해 낼 수 있습니다.

▲ 하드웨어 믹서

02 믹서는 컨트롤 막대의 ① 믹서 열기 버튼을 클릭하거나 단축키 X를 눌러 프로젝트 아래쪽에 열 수 있습니다. 창의 크기는 ② 경계선을 드래그하여 조정할 수 있습니다.

03 두 대의 모니터를 사용하는 경우에는 믹서를 별도의 창으로 열어 놓고 작업할 수 있습니다. 믹서를 별도의 창으로 열려면 윈도우 메뉴에서 믹서 열기를 선택하거나 Command+2 키를 누릅니다.

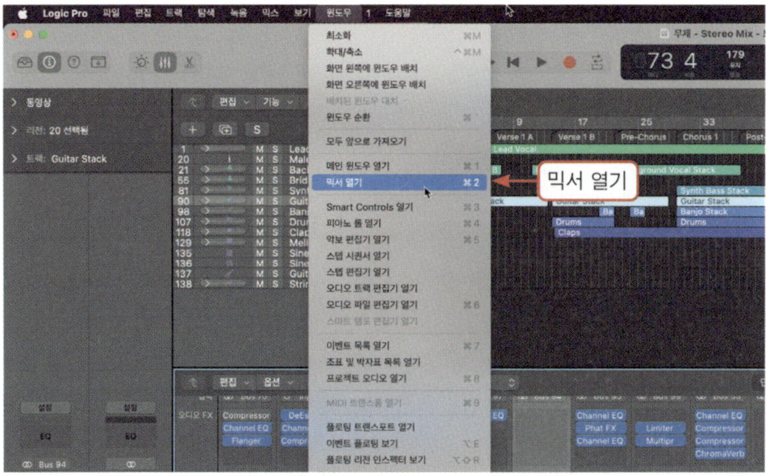

04 믹서의 채널 스트립은 메인 창의 트랙이 가로로 배열된 형태라고 볼 수 있습니다. 왼쪽의 첫 번째 채널이 메인 창 위쪽의 첫 번째 트랙에 해당합니다. 채널은 이름 항목을 클릭하여 선택하며, 선택된 채널은 밝은 색으로 표시됩니다.

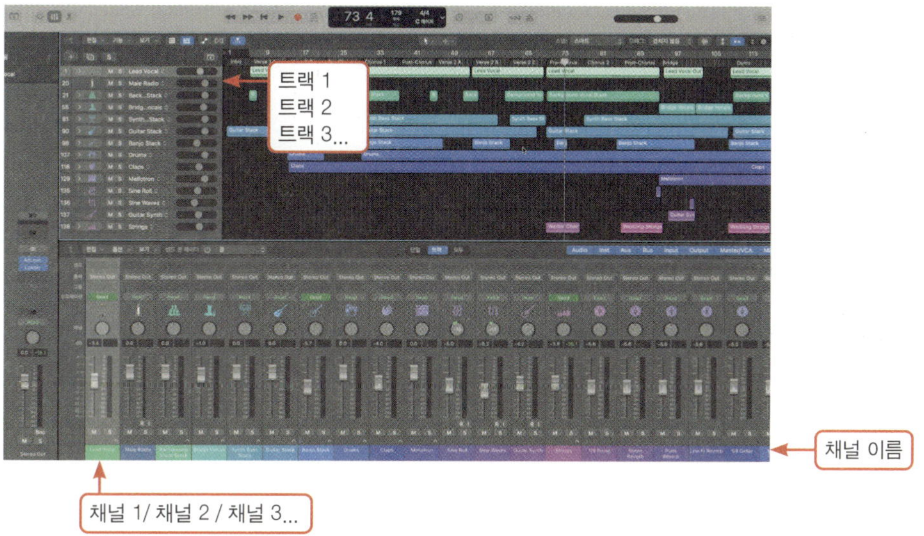

05 믹서는 세 가지 타입으로 표시할 수 있습니다. 기본적으로 선택되어 있는 트랙은 Audio, Instrument, MIDI 등 메인 창에서 생성한 트랙과 Input, Aux, Bus, 그리고 Stereo Out과 Master 를 함께 표시하여 전체적인 출력 구조를 확인할 수 있게 합니다.

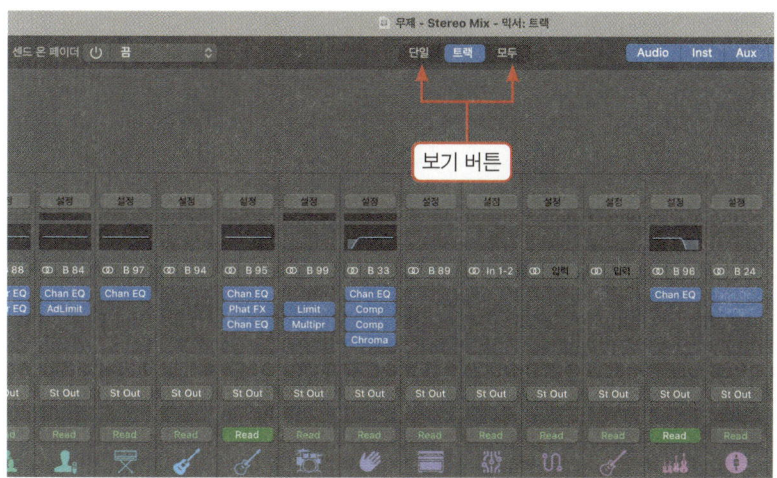

06 단일은 선택한 트랙의 출력 라인만 표시합니다. 트랙이 많은 프로젝트에서는 곡의 구성이 어떻게 되어 있는지 헷갈릴 때가 있습니다. 이때 특정 트랙의 출력 라인을 확인하거나 컨트롤하고 싶을 때 이 옵션을 선택합니다.

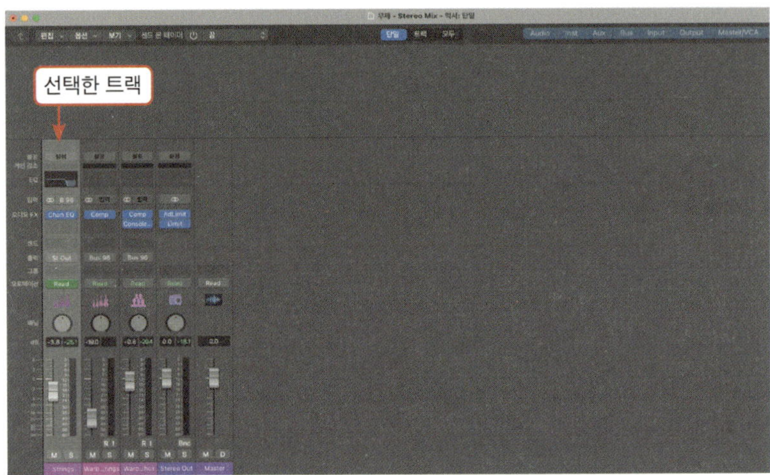

07 모두는 Prelisten, Click 채널을 포함하여 프로젝트에서 사용할 수 있는 모든 채널을 표시합니다. 단일과 모두 보기는 필요한 경우에만 잠깐 확인하는 용도로 사용하며, 실제 믹싱 작업은 트랙 보기 상태에서 진행합니다.

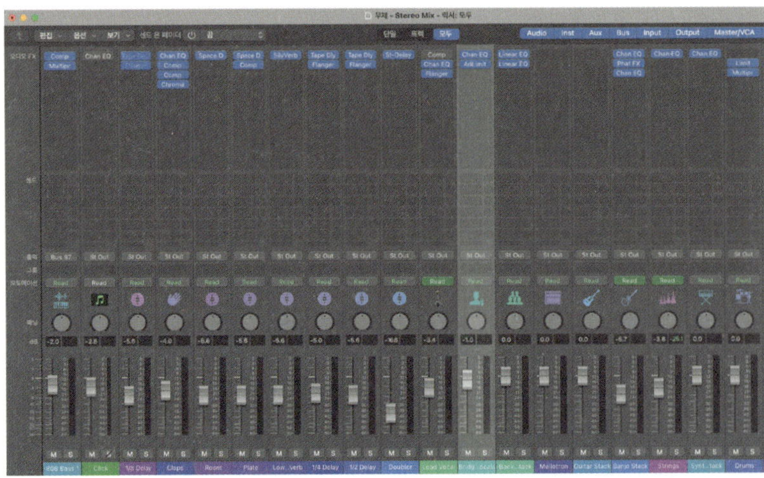

08 오른쪽의 Audio, Inst, Aux, Bus 등으로 표기된 ① 필터 버튼은 많은 트랙이 많을 때 해당 유형의 채널을 화면에서 감추거나 표시하는 역할을 합니다. Option 키를 누른 상태로 클릭하면 해당 유형의 채널만 표시할 수 있습니다. 오른쪽 끝에 두 개의 버튼은 트랙을 ② 좁게 또는 넓게 표시하는 역할을 합니다.

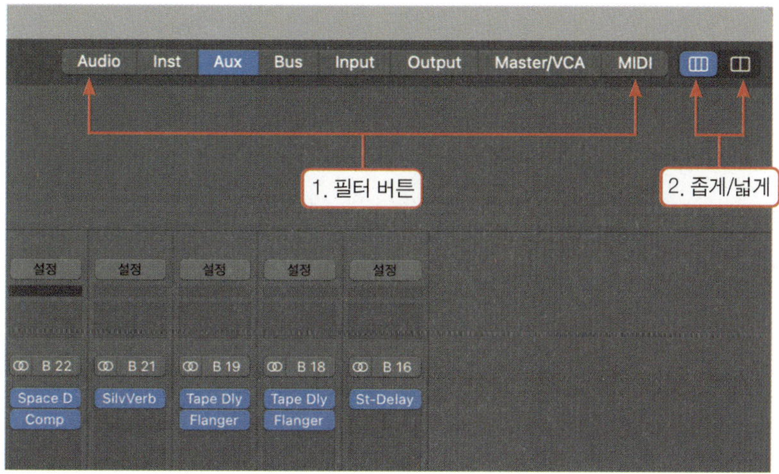

09 각각의 채널은 인스펙터 창의 채널 스트립과 동일한 구성으로 역할도 같습니다. 믹서에서 볼륨을 조정해보면 인스펙터 창의 볼륨 슬라이더가 함께 움직이는 것을 확인할 수 있습니다.

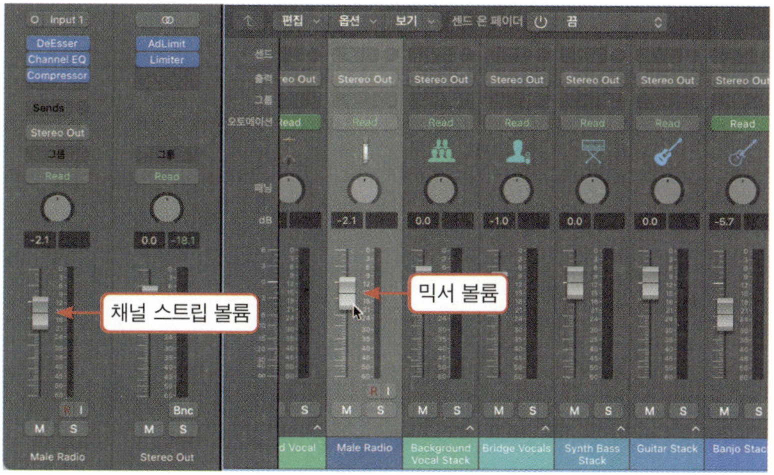

| 오디오 가져오기

01 나중에 어느 정도 경험이 쌓이면 믹싱을 의뢰받아 작업을 진행할 수도 있습니다. 이때 의뢰인의 작업 툴이 로직이 아니라면 모든 트랙을 오디오 파일로 전달받습니다. 그리고 전달받은 파일을 Command+A 키로 모두 선택한 다음 프로젝트 창으로 드래그하여 가져옵니다.

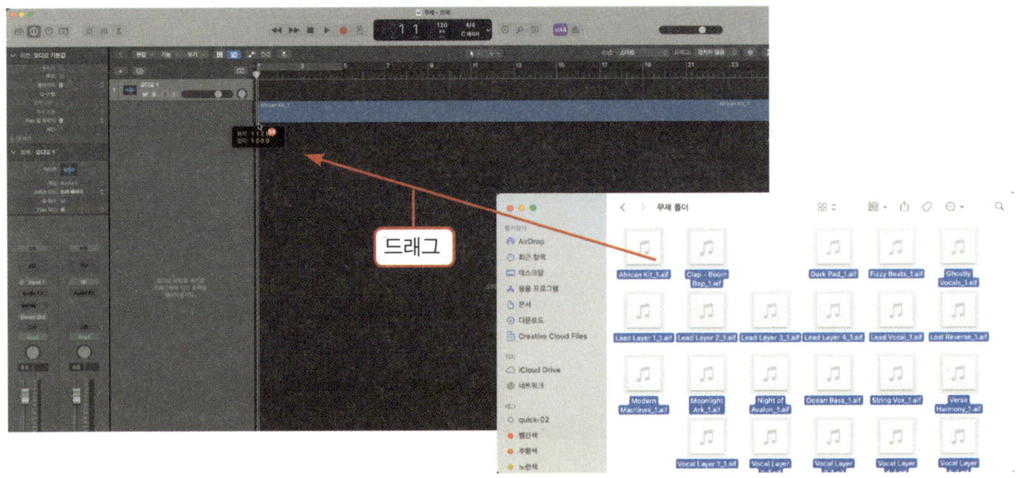

02 트랙 생성 방법을 묻는 창이 열립니다. 새로운 프로젝트를 만들어 진행하는 것이므로 새로운 트랙 생성이나 기존 트랙 사용 중에서 어느 것을 선택해도 좋습니다.

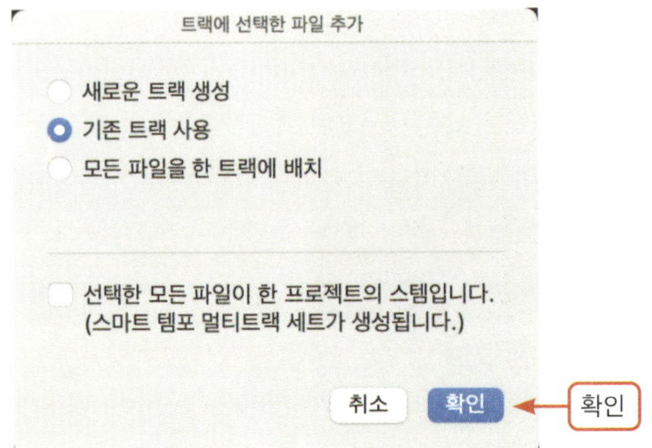

03 의뢰인이 작업한 오디오 파일의 샘플률이 프로젝트와 다른 경우에는 프로젝트를 오디오에 맞출 것인지, 오디오 파일을 변환할 것인지를 묻는 창이 열립니다. 낮은 샘플률의 오디오를 높은 샘플률로 변환해도 음질이 좋아지지는 않으므로 프로젝트 변경을 선택합니다.

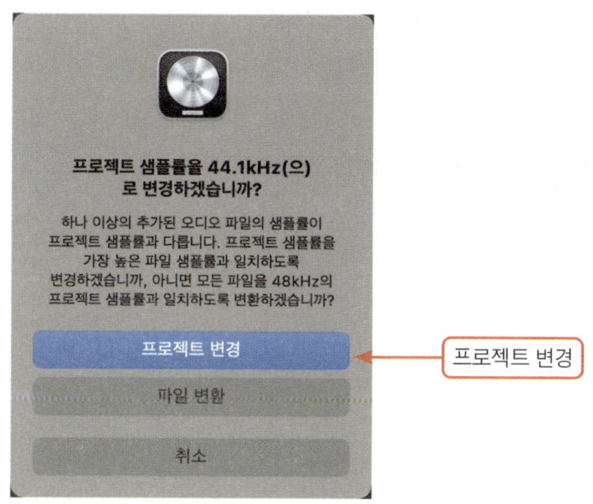

04 트랙은 파일 이름으로 생성됩니다. 파일 메뉴의 저장을 선택하거나 Commad+S 키를 눌러 프로젝트를 저장하고 믹싱 작업을 진행할 준비를 마칩니다.

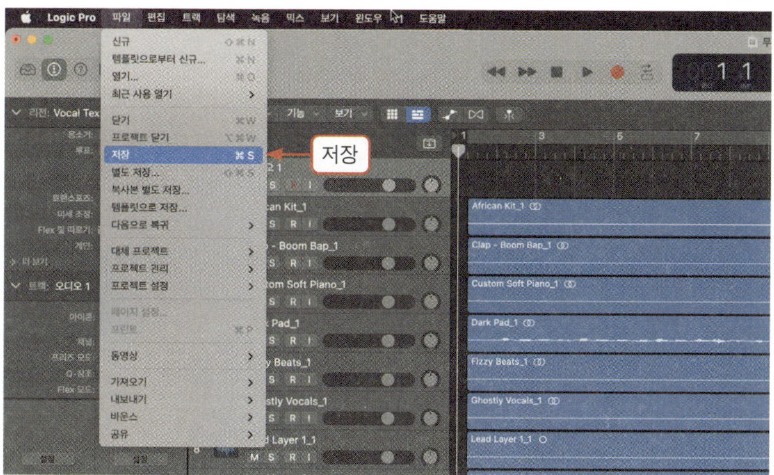

05 의뢰인에 따라 트랙을 오디오 파일로 바운싱하지 않고 작업 폴더를 그대로 보내주는 경우도 있습니다. 이때는 의뢰인에게 템포 값을 확인한 다음, 이에 맞추어 정렬해야 하는 수고가 필요합니다. 파일 메뉴의 프로젝트 설정에서 동기화를 선택합니다.

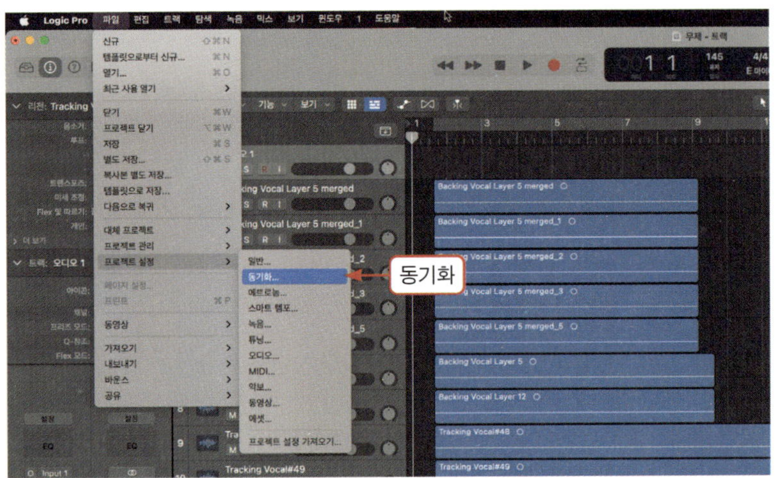

06 로직의 기본 프레임률은 유럽 방송 규격인 25fps로 설정되어 있습니다. 하지만 영상 작업에서는 국내 및 미국 방송 규격인 29.97fps를 사용하는 경우가 많으므로 프레임률을 29.97fps로 변경합니다. 가능하다면 의뢰인에게 정확한 프레임률을 확인하는 것이 좋습니다.

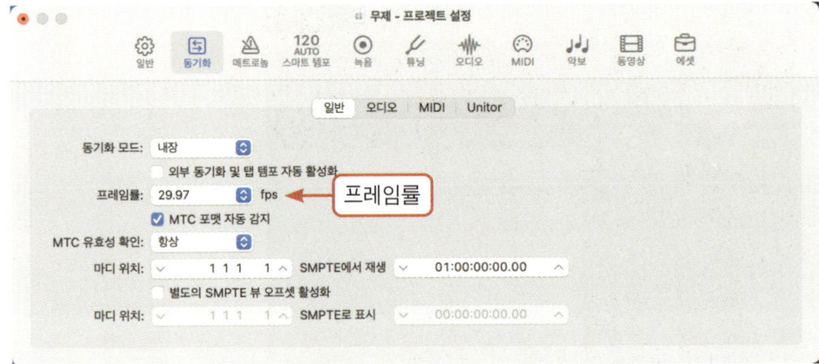

07 로직은 템포를 감지할 수 있는 BPM Counter 플러그인을 제공하지만, 가능하다면 의뢰인에게 직접 템포 값을 확인하는 것이 좋습니다. 그리고 디스플레이의 템포 항목을 더블 클릭하여 값을 입력합니다.

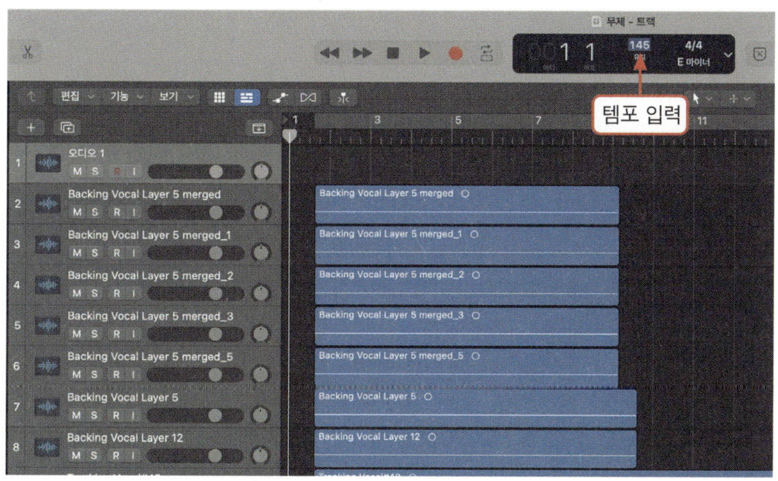

08 Command+A 키를 눌러 모든 리전을 선택합니다. 그리고 마우스 오른쪽 버튼을 클릭하여 단축 메뉴를 열고, 이동의 녹음된 위치로 이동을 선택하면 리전이 원래 녹음되었던 위치에 맞추어 정렬됩니다.

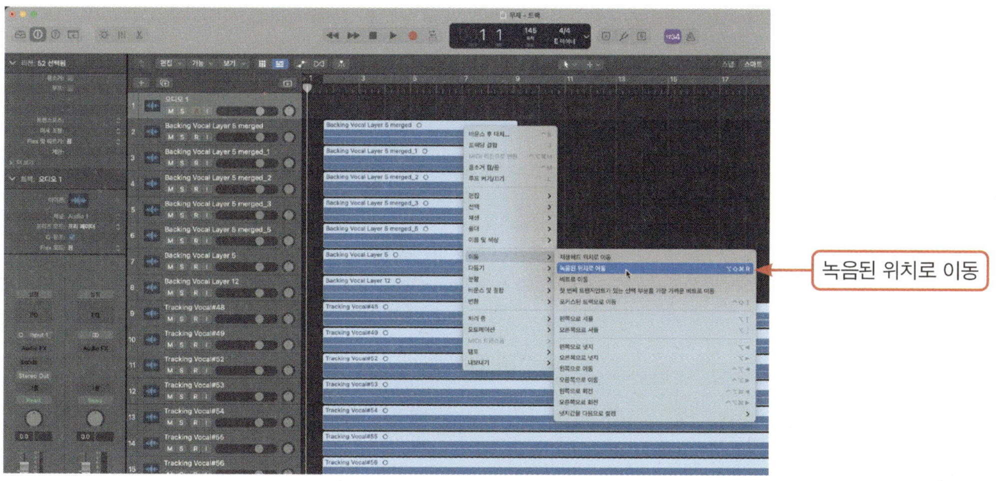

트랙 정리하기

01 의뢰받은 오디오 파일은 파일 이름만으로 트랙을 구분하기 어려운 경우가 많기 때문에 자신만의 방식으로 정리하는 것이 좋습니다. 작업 폴더를 받아 정렬한 경우에는 리전마다 트랙이 생성되므로 같은 이름의 리전을 이동시켜 하나의 트랙으로 정리할 필요가 있습니다. 이때 ① Shift 키를 누른 상태로 이동하면 실수로 위치가 바뀌는 것을 방지할 수 있습니다. 정리한 뒤 빈 트랙은 ② Backspace 키를 눌러 삭제합니다. 바운싱된 파일을 받은 경우에는 이 과정이 필요하지 않습니다.

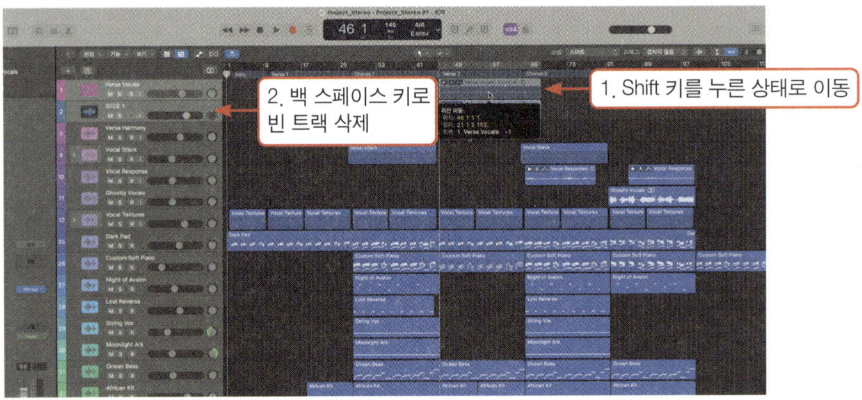

02 리전 정리가 끝나면 드럼, 기타, 건반 등 같은 부류의 악기 트랙을 ① 드래그하여 정리합니다. 필요하다면 ② 이름 항목을 더블 클릭하여 구분하기 쉽게 변경합니다.

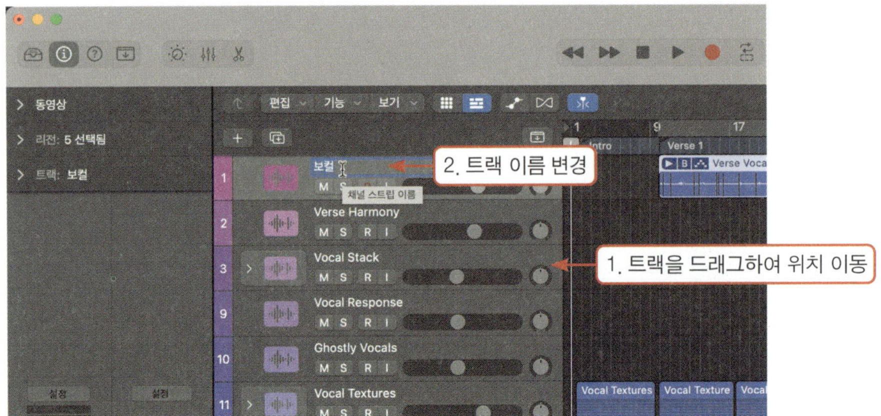

03 드럼은 빨간색, 보컬은 노란색 등 트랙을 색상으로 구분해 두면 작업 효율을 높일 수 있습니다. Logic Pro 메뉴의 환경설정에서 표시를 선택합니다.

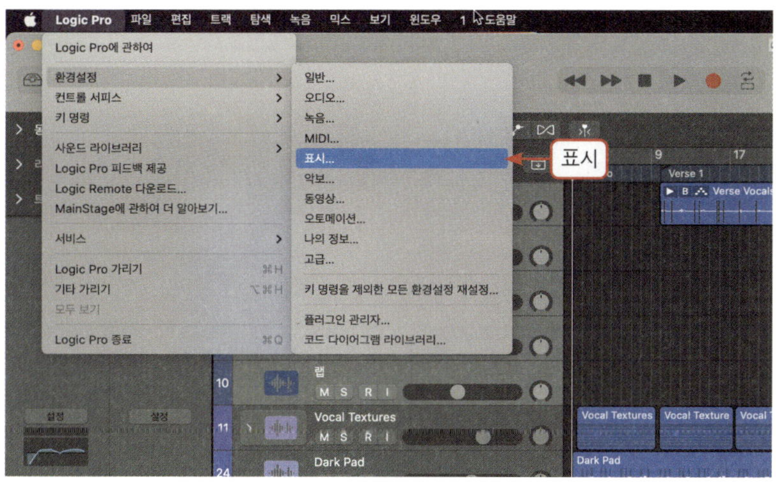

04 ① 트랙 탭을 클릭하여 열고, 리전 색상 항목을 트랙 색상 사용으로 변경합니다. ② 리전의 색상이 트랙 색상과 일치하도록 설정하는 것입니다.

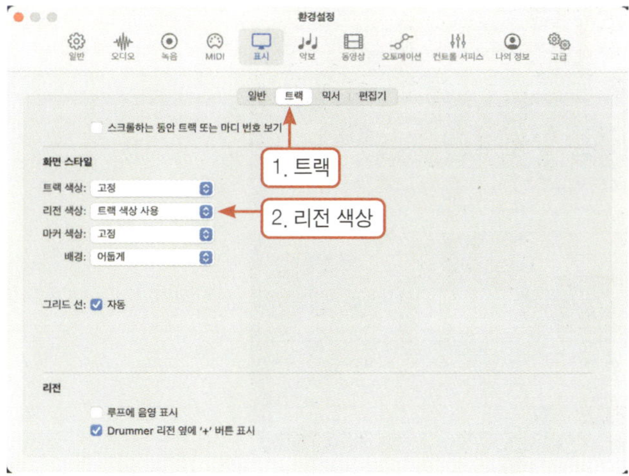

05 드럼, 보컬 등 같은 계열의 트랙을 ① Shift 키를 누른 상태로 선택합니다. 그리고 마우스 오른쪽 버튼을 클릭하여 단축 메뉴를 열고 ② 트랙 색상 할당을 선택합니다.

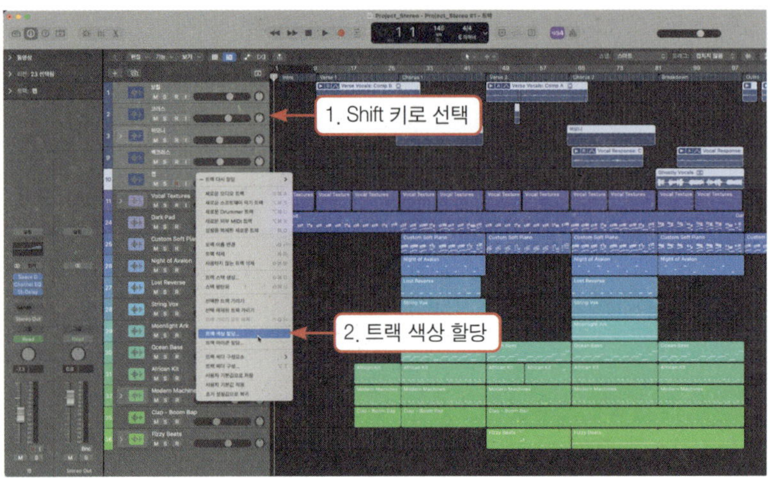

06 색상 팔레트가 열리면 원하는 색상을 선택하여 트랙과 리전 색상을 변경합니다. 같은 과 정을 반복하여 드럼, 기타, 베이스, 보컬 등의 트랙 유형을 색상으로 구분합니다.

07 자신만의 트랙 색상이 정립된 상태라면 색상만으로 충분하지만, 그렇지 않은 경우라면 트랙을 좀 더 쉽게 구분할 수 있도록 아이콘을 사용하는 것도 좋습니다. 트랙의 아이콘 표시 부분을 마우스 오른쪽 버튼으로 클릭하여 창을 열고, 원하는 아이콘을 선택합니다.

08 ① 글로벌 트랙 보기 버튼을 클릭하여 글로벌 트랙을 열고, 스페이스 바 키를 눌러 곡을 모니터하면서 섹션별로 ② 마커 생성 버튼을 클릭합니다. 대부분의 가요는 8마디 또는 16마디 단위로 구간이 나뉩니다. 생성된 ③ 마커의 이름은 더블 클릭하여 변경할 수 있으며, 반드시 정식 명칭을 사용할 필요는 없습니다. 자신이 알아볼 수 있는 이름이면 충분합니다.

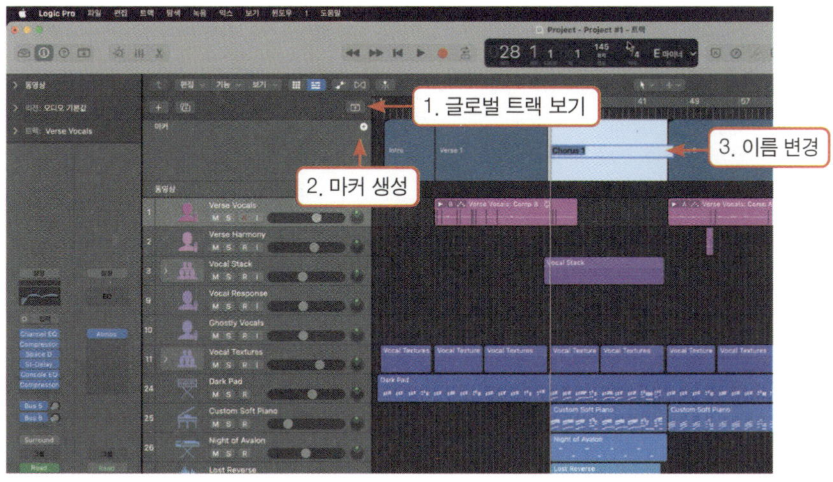

볼륨과 패닝 조정하기

믹싱은 볼륨과 패닝을 컨트롤하는 것에서부터 시작합니다. 곡을 만들면서 이미 볼륨과 패닝을 조정했기 때문에 필요 없다고 생각할 수 있지만, 자동차에 광택을 한 번 낸 것과 두 번 낸 것은 분명한 차이가 있듯이 전체적으로 다시 한 번 점검한다고 생각하면 됩니다. 단, 음악을 완성한 뒤 며칠 정도의 간격을 두고 마치 다른 사람의 곡을 의뢰받아 작업한다는 마음으로 접근하면 좋습니다.

| 레벨 - 소리의 거리 조정하기

음악 작업을 처음 시작하는 초보자는 보통 레벨을 소리의 크기, 즉 볼륨으로만 생각합니다. 그래서 믹싱을 할 때도 "어느 소리가 더 크게 들리게 할 것인가"에만 집중하는 경우가 많습니다. 하지만 믹싱에서 레벨은 단순한 볼륨 조절이 아니라, 소리가 듣는 사람에게 얼마나 가깝거나 멀게 느껴지는지를 결정하는 역할을 합니다.

레벨이 높아지면 소리는 마치 바로 앞에서 연주되고 있는 것처럼 또렷하고 선명하게 들립니다. 반대로 레벨을 낮추면 소리는 뒤쪽으로 물러나며, 공간의 배경에 자연스럽게 섞이는 느낌을 줍니다. 이 원리를 이해하면, 음악 속에서 어떤 소리를 중심에 두고, 어떤 소리를 보조 역할로 배치할지 명확해집니다.

믹싱에서는 모든 트랙을 크게 만드는 것이 좋은 결과로 이어지지 않습니다. 오히려 모든 소리가 크게 들리면 서로 겹쳐서 답답하고 정리가 되지 않은 인상을 줍니다. 중요한 소리는 앞쪽에 배치하고, 분위기를 만들어 주는 소리는 뒤쪽으로 물러나게 레벨을 조절하는 것이 핵심입니다.

예를 들어 보컬이나 주요 멜로디 악기는 레벨을 높여 앞쪽에 배치하고, 패드나 스트링과 같은 백그라운드는 레벨을 낮춰 뒤쪽에 두면 전체 믹스가 훨씬 안정적이고 균형 있게 들립니다. 이처럼 레벨 조절은 믹싱의 출발점이자 음악의 공간감을 만드는 가장 기본적인 작업이라고 할 수 있습니다.

▲ 레벨로 거리감을 조절한다

● 초보자가 자주 하는 레벨 실수

초보자가 가장 많이 하는 실수는 모든 트랙의 레벨을 크게 설정하는 것입니다. 소리가 작게 들리면 문제가 있는 것처럼 느껴져, 하나씩 볼륨을 올리다 보면 전체 믹스가 과도하게 커지고 답답해집니다. 하지만 믹싱에서는 모든 소리가 크게 들릴 필요는 없습니다. 오히려 중요한 소리와 그렇지 않은 소리를 구분해 주는 것이 더 중요합니다.

또 다른 실수는 솔로(Solo) 상태에서만 레벨을 조절하는 것입니다. 혼자 들을 때는 적당하게 느껴져도 전체 트랙과 함께 들으면 소리가 튀거나 묻히는 경우가 많습니다. 레벨 조절은 반드시 전체 믹스를 들으면서 진행해야 하며, 다른 트랙과의 관계 속에서 판단해야 합니다.

마지막으로, 시각적인 미터에만 의존하는 것도 흔한 실수입니다. 미터는 참고용일 뿐이며, 최종 판단은 항상 귀로 해야 합니다. 같은 수치라도 악기와 소리에 따라 느껴지는 크기는 다를 수 있다는 점을 기억해야 합니다.

● 레벨 잡는 기본 순서

믹싱을 시작할 때는 아무 순서로나 레벨을 잡기보다, 기본적인 기준이 되는 트랙부터 정리하는 것이 좋습니다. 가장 먼저 드럼의 레벨을 설정합니다. 드럼은 곡의 리듬과 에너지를 담당하므로, 전체 믹스의 기준점이 됩니다.

다음으로 베이스의 레벨을 맞춥니다. 베이스는 드럼과 함께 리듬과 저음을 책임지는 악기이기 때문에 두 트랙이 자연스럽게 어울리도록 조절하는 것이 중요합니다. 이 단계에서는 저음이 과하지 않게, 하지만 존재감은 분명하게 느껴지도록 신경 씁니다.

그 다음에 보컬 레벨을 설정합니다. 보컬은 대부분의 음악에서 가장 중요한 요소이므로, 드럼과 베이스 위에 자연스럽게 올라오도록 배치합니다. 이 순서로 레벨을 잡으면, 이후에 기타나 신스 같은 다른 악기들의 위치를 정하기가 훨씬 수월해집니다.

● 헤드폰과 스피커에서 느껴지는 레벨 차이

헤드폰과 스피커는 소리를 전달하는 방식이 다르기 때문에 같은 믹스라도 다르게 느껴질 수 있습니다. 헤드폰은 소리가 귀에 직접 전달되기 때문에 세부적인 소리는 잘 들리지만, 실제 공간감이나 앞뒤 거리를 판단하기는 어렵습니다. 이로 인해 레벨을 과하게 설정하는 경우가 많습니다.

반면 스피커는 공기를 통해 소리가 전달되기 때문에 소리의 균형과 공간감을 파악하는 데 유리합니다. 특히 레벨 차이가 자연스러운지, 어떤 소리가 앞에 튀어나오는지 판단하기가 쉽습니다. 그래서 가능하다면 레벨 조절은 스피커 환경에서 진행하고, 헤드폰은 세부적인 노이즈나 디테일을 확인하는 용도로 사용하는 것이 좋습니다.
두 환경을 번갈아 사용하면서 확인하면, 보다 안정적인 레벨 밸런스를 만들 수 있습니다.

● 실전에서 꼭 기억할 레벨 팁

레벨은 한 번에 완벽하게 맞추려고 하지 말고, 곡 전체를 들으면서 조금씩 조정하는 것이 좋습니다. 또한 작업 중간중간 볼륨을 낮춰 작은 소리로 들어보면, 어떤 트랙이 과하게 튀는지 쉽게 알 수 있습니다. 무엇보다 중요한 것은 이 소리가 크냐, 작냐가 아니라 이 소리가 지금 위치에 잘 어울리느냐를 기준으로 판단하는 것입니다. 이 기준을 이해하는 순간, 레벨 조절이 훨씬 쉬워질 것입니다.

01 X 키를 눌러 믹서 창을 열고, 오른쪽 끝에 있는 Stereo Out과 Master 트랙을 제외한 모든 트랙의 이름 항목을 드래그로 선택합니다. 그리고 볼륨 슬라이더를 내려 전체 볼륨을 낮춥니다.

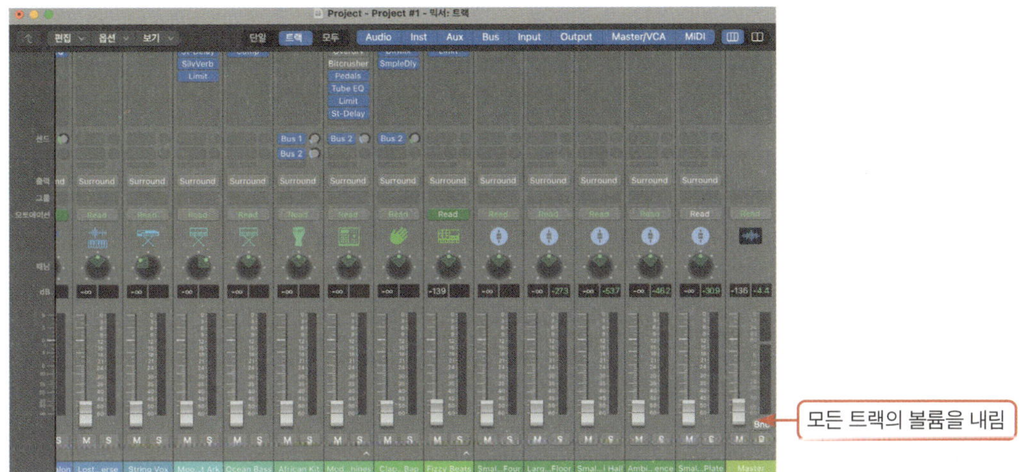

02 Kick 트랙의 볼륨을 -15dB에서 -12dB 정도로 올립니다. 보통 트랙 수이 적으면 -12dB 정도로 설정하고, 많으면 -15dB 정도로 설정합니다.

03 킥 드럼을 기준으로 나머지 트랙의 볼륨 슬라이더를 조금씩 올립니다. 일반적으로 드럼 트랙을 먼저 정리한 다음 베이스와 보컬 순으로 믹스에서 전면에 배치되는 악기를 중심으로 밸런스를 맞춰 나갑니다.

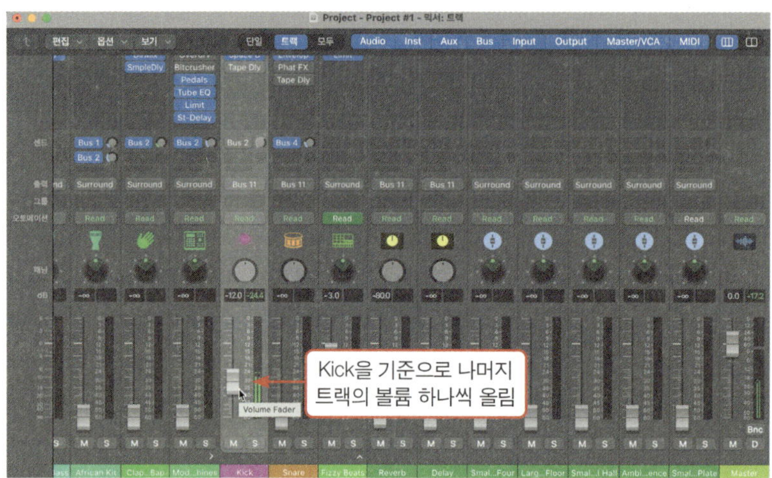

04 모든 트랙의 볼륨 조정이 끝나면 Stereo Out 트랙이 -6dB에서 -3dB 정도의 헤드룸이 유지되도록 전체 트랙을 다시 선택해 한 번 더 조정합니다.

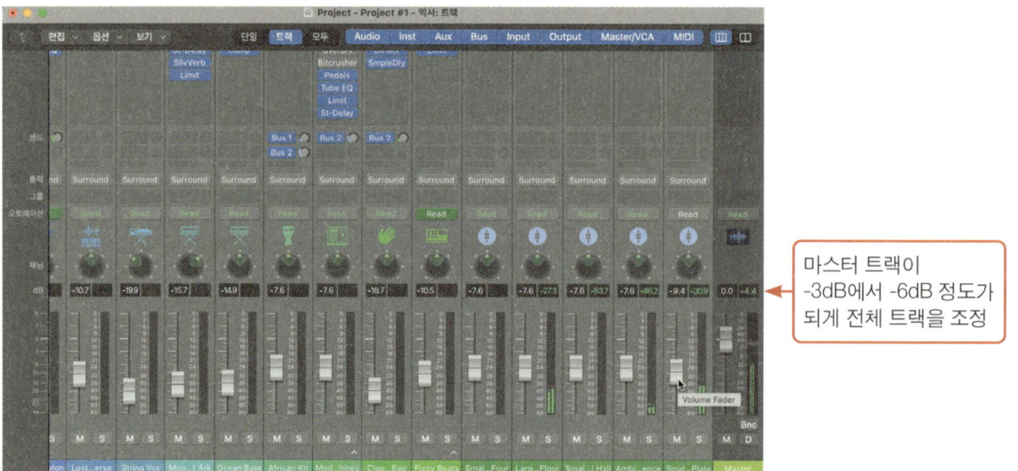

┃ 패닝 - 소리의 위치 조정하기

패닝(Pan)은 소리가 왼쪽과 오른쪽 중 어디에서 들릴지를 결정하는 기능입니다. 우리가 일상생활에서 소리를 들을 때도 소리가 나는 위치에 따라 왼쪽 귀나 오른쪽 귀에 더 크게 들리듯이 패닝은 이러한 사람의 청각 원리를 음악에 그대로 적용한 것입니다.

패닝이 중앙에 있을 때는 소리가 양쪽 귀에서 동일하게 들리며, 마치 눈앞 정면에서 소리가 나는 것처럼 느껴집니다. 반대로 패닝을 왼쪽이나 오른쪽으로 이동시키면, 소리는 해당 방향에서 들리는 것처럼 인식됩니다. 이 때문에 패닝은 소리의 위치감을 만드는 가장 직관적인 도구라고 할 수 있습니다.

믹싱에서 패닝은 단순히 소리를 옮기는 기능이 아니라 여러 트랙을 좌우 공간에 나누어 정리하는 역할을 합니다. 모든 악기가 중앙에 모여 있으면 서로 겹쳐서 답답하고 혼란스럽게 들리기 쉽습니다. 하지만 패닝을 활용해 각 악기를 좌우로 나누어 배치하면, 마치 무대 위에서 연주자들이 각자의 자리에 서 있는 것처럼 소리가 정돈되어 들립니다.

이처럼 패닝은 레벨과 함께 사용되어 소리를 좌우로 정리하고, 전체 믹스에 넓고 자연스러운 스테레오 공간을 만들어 줍니다. 패닝의 개념을 이해하고 적절히 활용하면, 믹스가 한곳에 뭉쳐 들리는 문제를 해결하고 훨씬 시원하고 또렷한 사운드를 만들 수 있습니다.

▲ 패닝으로 소리의 좌우 위치를 조절한다

● 패닝은 왜 중앙부터 생각해야 할까

패닝을 시작할 때 초보자는 "어디로 보내야 할까"부터 고민하는 경우가 많습니다. 하지만 패닝을 잡을 때 가장 먼저 정해야 할 기준은 중앙입니다. 중앙은 믹스의 중심이 되는 자리이며, 곡 전체의 균형을 잡아주는 기준점이기 때문입니다.

보컬, 베이스, 킥 드럼처럼 곡을 이끌어 가는 핵심 소리는 중앙에 배치했을 때 가장 안정적으로 들립니다. 이러한 소리들이 좌우로 치우치면 곡의 중심이 흔들리고, 듣는 사람에게 어색하거나 불안한 인상을 줄 수 있습니다.

따라서 패닝은 먼저 중앙에 남아 있어야 할 소리를 정한 뒤, 그 주변을 정리하는 방식으로 접근하는 것이 좋습니다. 이 기준이 잡히면 이후 패닝 작업이 훨씬 수월해집니다.

● 좌우를 나눌 때 기준이 되는 소리들

중앙에 둘 소리가 정해졌다면, 그다음 단계는 좌우 공간을 어떻게 나눌지 결정하는 것입니다. 이때 기준이 되는 것은 역할이 비슷하거나 서로 겹치기 쉬운 소리들입니다.

예를 들어 기타와 건반처럼 비슷한 영역에서 연주되는 악기가 있다면, 한쪽은 왼쪽으로, 다른 한쪽은 오른쪽으로 살짝 나누어 배치하는 것이 좋습니다. 이렇게 하면 두 소리가 서로를 방해하지 않고 각각의 존재가 더 분명하게 드러납니다.

드럼의 경우에도 하이햇이나 탐과 같은 요소를 약간씩 좌우로 배치하면, 실제 드럼 세트를 바라보고 있는 듯한 자연스러운 공간감을 만들 수 있습니다. 반면 베이스나 킥처럼 저음을 담당하는 소리는 중앙에 두어야 좌우 균형이 무너지지 않습니다.

● 패닝을 잡는 기본 순서

패닝은 레벨을 어느 정도 정리한 후에 진행하는 것이 좋습니다. 먼저 곡의 중심이 되는 소리를 중앙에 배치합니다. 일반적으로 보컬, 킥 드럼, 스네어, 베이스는 중앙에 두는 것이 기본 원칙입니다.

그다음 기타, 건반, 스트링과 같은 반주 악기를 좌우로 나누어 배치합니다. 이때 한쪽으로만 몰리지 않도록 좌우의 균형을 함께 고려해야 합니다. 비슷한 역할을 하는 악기들이 있다면, 서로 반대 방향으로 살짝 나누어 주는 것만으로도 믹스가 훨씬 넓어집니다.

마지막으로 전체 믹스를 다시 들으며 특정 방향이 유난히 무겁게 느껴지지는 않는지 확인합니다. 패닝은 한 트랙만 보고 결정하는 것이 아니라, 전체 흐름 속에서 균형을 맞추는 과정입니다.

● 패닝 실전 배치 예시
보컬이 중심이 되는 곡이라면, 보컬은 중앙에 두고 기타를 왼쪽과 오른쪽으로 살짝 나누어 배치합니다. 한 대의 기타만 있는 경우에도 약간의 패닝을 주면 보컬과의 충돌을 줄일 수 있습니다.

건반이나 신스 패드처럼 공간을 채우는 역할의 사운드는 좌우로 넓게 배치하면 곡이 더 풍성하게 들립니다. 반면 베이스나 킥처럼 저음을 담당하는 악기는 중앙에 두는 것이 저역의 안정감을 유지하는 데 도움이 됩니다.

이처럼 패닝은 소리를 눈에 띄게 움직이기 위한 기능이 아니라, 각 악기가 서로의 자리를 침범하지 않도록 정리하는 도구입니다.

● 패닝에서 초보자가 가장 많이 하는 실수
초보자는 모든 소리를 중앙에 두거나 반대로 효과를 주기 위해 극단적으로 왼쪽이나 오른쪽으로만 배치하는 경우가 많습니다. 모든 트랙이 중앙에 모이면 소리가 겹쳐 답답하게 들리고, 극단적인 패닝은 스테레오 밸런스를 무너뜨릴 수 있습니다.

또 다른 흔한 실수는 패닝을 단독으로 해결책처럼 사용하는 것입니다. 레벨이나 EQ 조절 없이 패닝만으로 공간을 만들려고 하면, 소리는 분리되는 것처럼 들릴 수 있으나 전체 믹스의 균형은 오히려 흐트러질 수 있습니다.

● 헤드폰과 스피커에서 패닝이 다르게 들리는 이유

헤드폰은 왼쪽 소리가 왼쪽 귀로만, 오른쪽 소리가 오른쪽 귀로만 전달되기 때문에 패닝이 매우 분명하고 과장되어 들립니다. 이로 인해 헤드폰에서 잘 들리던 패닝이 스피커에서는 어색하게 느껴질 수 있습니다.

반면 스피커로 들을 때는 양쪽 소리가 서로의 귀로도 함께 전달되며, 실제 공간에서 음악을 듣는 것과 비슷한 방식으로 인식됩니다. 그래서 스피커 기준으로 자연스럽게 잡힌 패닝은 다양한 재생 환경에서도 비교적 안정적으로 들리는 경우가 많습니다.

따라서 패닝 작업은 가능하다면 스피커와 헤드폰을 번갈아 사용하며 확인하는 것이 좋으며, 최종 판단은 스피커 기준으로 하는 것이 안전합니다.

01 패닝은 볼륨 페이더 위쪽에 동그란 노브를 드래그하여 조정합니다. 노브를 오른쪽으로 돌리면 사운드가 오른쪽에서 들리고, 왼쪽으로 돌리면 왼쪽에서 들립니다. Option 키를 누른 상태로 클릭하면 중앙으로 복구할 수 있습니다.

02 패닝을 조정할 때 한 가지 주의할 점은 패닝이 사운드 자체를 좌우로 이동시키는 것이 아니라 좌우 채널의 레벨 밸런스를 조정하는 방식이라는 것입니다. 모노 소스의 경우에는 좌우 채널의 신호가 동일하기 때문에 기본 설정인 밸런스 모드를 그대로 사용해도 문제가 없습니다. 하지만 드럼의 오버헤드나 피아노처럼 좌우 채널의 내용이 다른 스테레오 소스에서는 한쪽 채널의 레벨이 줄어들어 원래의 스테레오 이미지가 손상될 수 있습니다. 따라서 스테레오 소스 채널은 패닝 노브에서 마우스 오른쪽 버튼을 클릭해 단축 메뉴를 열고, 스테레오 패닝으로 모드를 변경하여 사용하는 것이 좋습니다.

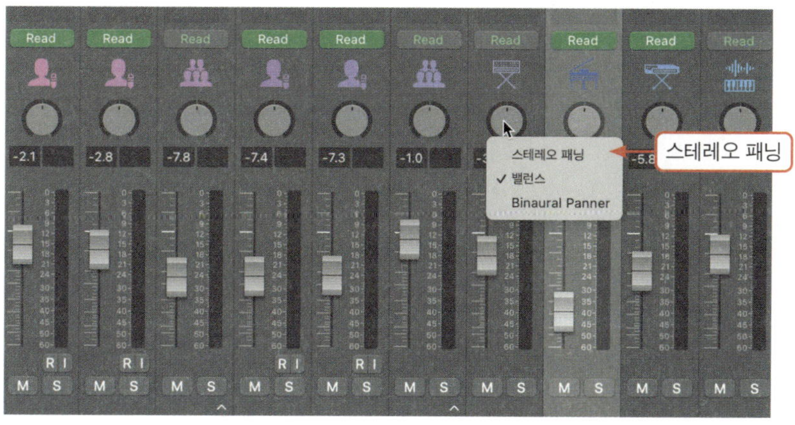

03 스테레오 모드로 설정하면 좌우 밸런스와 스테레오 폭을 동시에 조정할 수 있습니다. 노브 테두리에 노란색으로 표시되는 핸들을 드래그하여 스테레오 폭을 조정합니다.

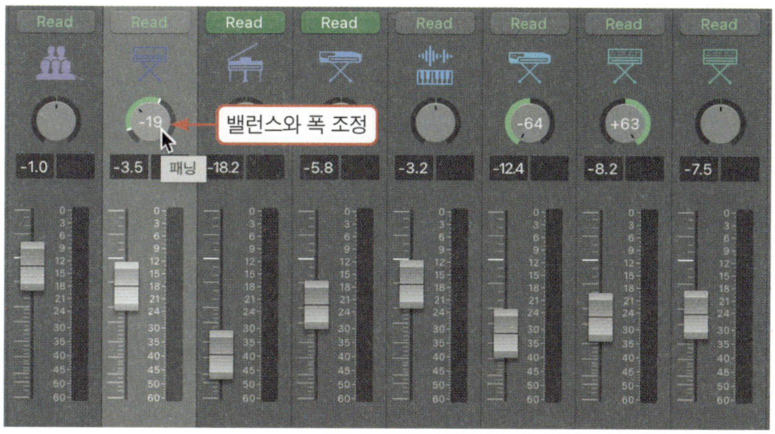

04 패닝을 조정할 때 또 한 가지 주의할 점은 관객의 시점에서 접근할 것인지, 연주자의 시점에서 접근할 것인지를 의식해야 한다는 것입니다. 드럼을 예로 들면 연주자 시점에서는 하이햇이 왼쪽에 위치하고, 탐은 왼쪽에서 오른쪽 방향으로 배치됩니다.

05 하지만 관객의 시점에서는 하이햇이 오른쪽에 위치하게 됩니다. 이것은 오케스트라 편성에서도 마찬가지입니다. 물론 매우 중요한 사항은 아니지만, 이러한 기준을 의식하고 패닝하는 것과 그렇지 않은 경우에는 믹싱 결과에서 차이가 날 수 있습니다.

  Pan Law

모노 채널의 Pan이나 스테레오 채널의 밸런스 모드는 좌우 채널의 레벨 밸런스를 조정하는 방식입니다. 일반적으로 패닝을 한쪽으로 완전히 돌리면 중심에 있을 때보다 약 -3dB 정도 레벨이 감소하게 됩니다. 레벨이 줄어들면 사운드가 뒤로 물러난 것처럼 느껴질 수 있기 때문에 로직은 기본적으로 패닝을 완전히 돌렸을 때 약 +3dB를 보상하여 전체 밸런스가 크게 변하지 않도록 합니다.

이처럼 패닝을 이동할 때 레벨을 유지하도록 하는 기능을 Pan Law라고 하며, DAW 프로그램마다 기본 설정이 다릅니다. 자신의 프로젝트에서는 문제가 없지만 다른 프로그램에서 작업한 프로젝트를 로직으로 불러오면 공간감이나 입체감이 달라질 수 있습니다. 따라서 다른 프로그램을 사용하는 사람들과 공동 작업을 할 때는 Pan Law 값을 미리 통일하는 것이 좋습니다.

파일 메뉴의 프로젝트 설정에서 오디오를 선택하면 패닝 규칙을 설정할 수 있습니다. 가운데 레벨을 -3dB, -4.5dB, -6dB 낮추는 방식과 좌우 레벨을 보상하는 -3dB, -4.5dB, -6dB 보정됨 옵션이 있습니다. 스테레오 밸런서에 패닝 규칙 보정 적용 옵션을 체크하면 스테레오 채널의 밸런스 모드에도 패닝 규칙이 적용되지만, 스테레오 소스는 좌우 채널이 다르기 때문에 믹싱할 때는 해제하는 것이 좋습니다.

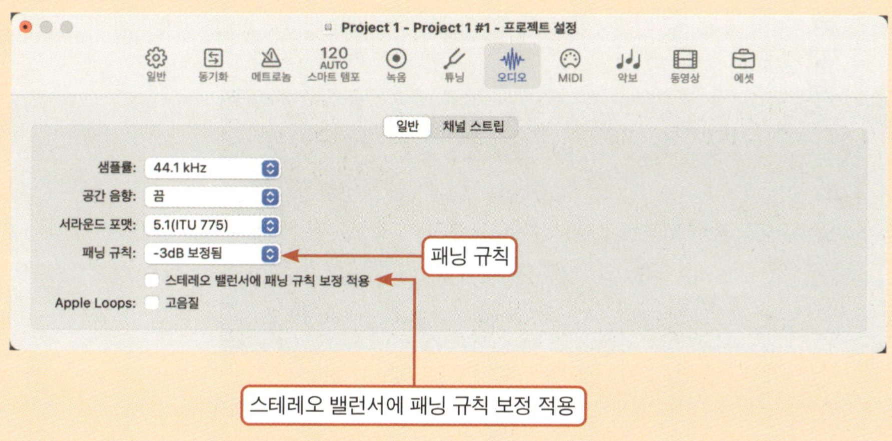

스테레오 밸런서에 패닝 규칙 보정 적용

┃ 그룹 사용하기

01 트랙의 볼륨과 패닝을 개별적으로 조정한 후에는 드럼, 기타, 보컬 등 관련 트랙을 그룹으로 묶어 한꺼번에 조정할 수 있도록 하는 것이 편리합니다. 그룹으로 묶을 트랙을 마우스 드래그로 선택하고, 그룹 슬롯에서 1 그룹: (신규)를 선택합니다.

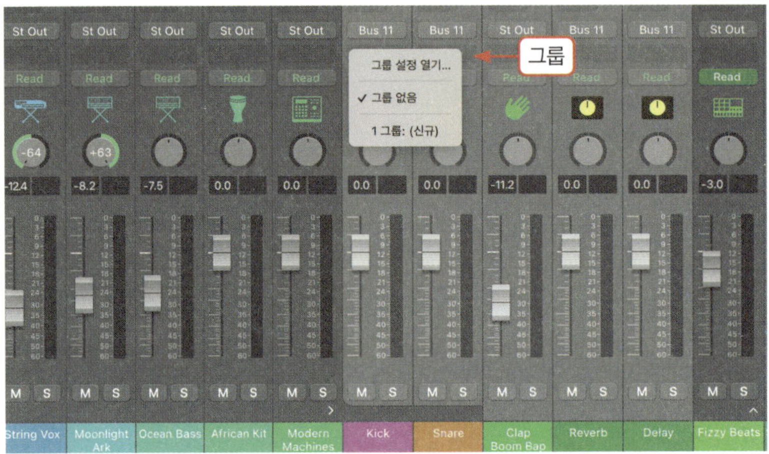

02 그룹 인스펙터 창의 이름 항목에 그룹 이름을 입력합니다. 1로 표시되던 그룹 이름은 입력한 이름으로 표시되며, 해당 그룹의 볼륨과 패닝은 하나의 트랙만 움직여도 모두 함께 조정됩니다.

03 볼륨과 패닝 외에 함께 조정하고 싶은 컨트롤러가 있다면, 그룹 인스펙터 창의 설정 버튼을 클릭하여 창을 열고 원하는 컨트롤러 옵션을 체크합니다.

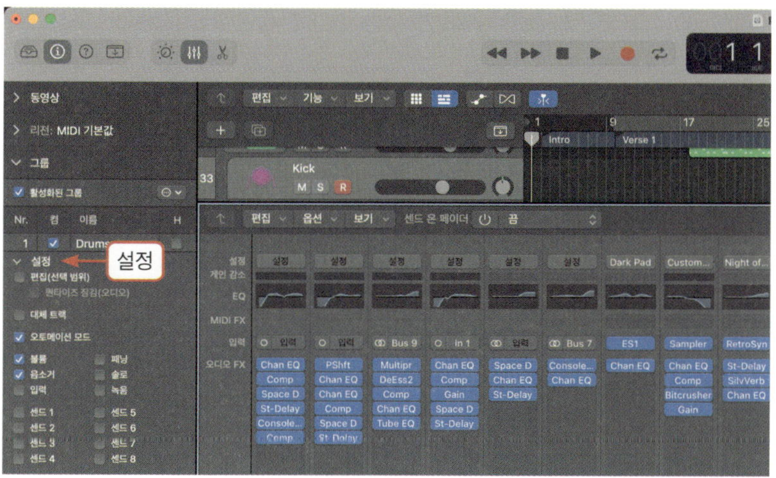

04 일시적으로 그룹을 해제하고 하나의 트랙만 조절할 필요가 있을 경우, 그룹 인스펙터 창에서 활성화된 그룹 옵션을 해제합니다. 2개 이상의 그룹이 있을 때 특정 그룹만 해제하려면, 그룹 이름 왼쪽의 체크박스를 해제하여 비활성화합니다.

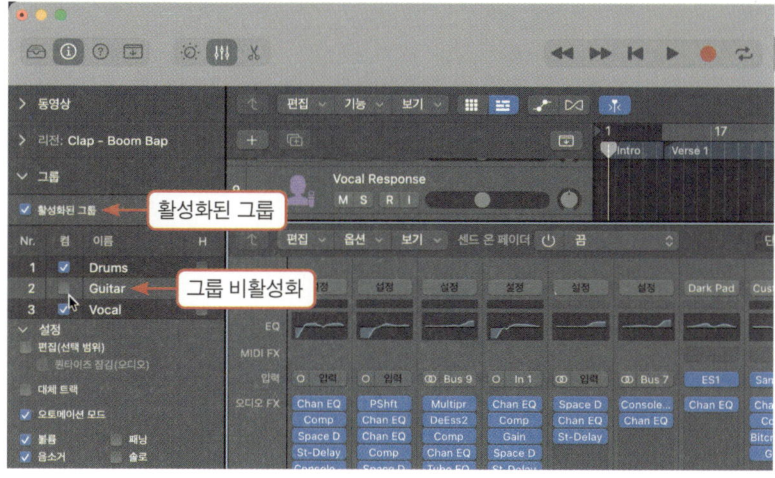

이퀄라이저

볼륨과 패닝으로 사운드의 깊이와 넓이를 조정했다면, 이제 나머지 영역인 높이를 조정할 차례입니다. 이때 사용되는 장치가 EQ라고 불리는 이퀄라이저(Equalizer)입니다. 이퀄라이저는 음색을 디자인할 수 있는 장치이지만, 음향 지식과 경험이 필요합니다. 입문자는 마이크와 오디오 인터페이스를 통해 입력되는 과정에서 발생하는 사운드의 손실을 보충하거나 잡음을 제거하는 목적의 기술적인 접근으로 시작하는 것이 좋습니다.

| EQ - 소리의 높이 조절하기

EQ(Equalizer, 이퀄라이저)는 소리의 음색을 조절하는 도구로 특정 주파수 대역을 올리거나 줄이는 기능을 합니다. 쉽게 말하면, 소리의 저음, 중음, 고음의 균형을 조절하는 장치입니다. 볼륨이 소리의 크기를 조절한다면, EQ는 소리의 색깔과 질감을 조절한다고 이해하면 쉽습니다.

사람은 소리를 들을 때 단순히 크기만 느끼는 것이 아니라, 소리가 밝은지 어두운지, 묵직한지 가벼운지, 부드러운지 날카로운지도 함께 인식합니다. 이러한 차이는 소리 안에 포함된 주파수 성분에 의해 결정됩니다. EQ는 이 주파수 성분을 조절해 소리의 성격을 바꾸고, 듣는 위치감을 조정하는 역할을 합니다.

믹싱에서 EQ는 흔히 소리의 위아래 높이감으로 비유됩니다.
● 저음이 많으면 소리는 아래쪽, 즉 바닥에 가까운 느낌을 주며 무게감이 생깁니다.
● 중음은 소리를 중심에 위치시켜 악기의 존재감을 분명하게 만들어 줍니다.
● 고음이 많으면 소리는 위로 떠오르는 듯한 느낌을 주어 밝고 시원하게 들립니다.

이처럼 EQ는 레벨과 패닝만으로 해결되지 않는 공간 문제를 보완하는 중요한 도구입니다.

여러 트랙이 함께 연주될 때 각 악기는 서로 다른 주파수 영역을 차지합니다. 하지만 이 영역이 겹치면 소리가 탁해지고, 각 악기의 구분이 어려워집니다. EQ를 사용하면 각 트랙이 필요한 주파수 영역을 확보하여 서로 방해하지 않고 또렷하게 들리게 만들 수 있습니다.

▲ EQ로 소리의 높낮이를 조절한다

● EQ에서 초보자가 가장 많이 하는 착각

EQ를 처음 접하는 초보자는 EQ를 마치 소리를 더 좋게 만드는 마법 같은 도구로 생각하는 경우가 많습니다. 마음에 들지 않는 소리가 있으면 특정 주파수 대역을 무작정 올리거나 눈에 보이는 그래프 모양을 예쁘게 만드는 데 집중하기도 합니다. 그러나 이러한 방식은 오히려 소리를 탁하게 만들거나 전체 믹스의 균형을 무너뜨릴 수 있습니다.

또 다른 흔한 실수는 한 트랙만 기준으로 EQ를 판단하는 것입니다. 솔로 상태에서는 좋아 보이던 EQ 설정이 다른 트랙들과 함께 재생하면 오히려 충돌을 일으키는 경우가 많습니다. EQ는 항상 전체 믹스 안에서 각 트랙이 어떤 역할을 하는지를 기준으로 사용해야 합니다.

결국 EQ의 목적은 특정 소리를 돋보이게 만드는 것이 아니라, 각 소리가 서로 방해하지 않도록 공간과 역할을 확보하는 것이라는 점을 기억하는 것이 중요합니다.

● EQ를 잡기 전에 먼저 생각해 할 것

EQ를 사용하기 전에 가장 먼저 해야 할 일은 무엇을 바꾸고 싶은지 분명히 하는 것입니다. 소리가 탁한지, 너무 날카로운지, 아니면 다른 악기와 겹쳐 들리는지를 먼저 귀로 확인해야 합니다. 이유를 모른 채 EQ를 조작하면 설정만 늘어나고, 문제는 해결되지 않습니다.

또한 EQ는 레벨과 패닝이 어느 정도 정리된 후에 사용하는 것이 좋습니다. 레벨이나 패닝 문제를 EQ로 해결하려고 하면 필요 이상으로 과한 보정이 들어갈 수 있습니다. 먼저 소리의 위치와 크기를 정리한 뒤, EQ로 세부적인 음색을 다듬는 것이 바람직한 순서입니다.

마지막으로 EQ는 올리는 도구가 아니라 줄이는 도구로 생각하면 훨씬 사용하기 쉽습니다. 필요 없는 주파수를 줄여 공간을 확보하면, 다른 소리들이 자연스럽게 살아나는 경우가 많습니다.

● EQ를 사용할 때의 기본적인 접근 방법

EQ를 사용할 때는 한 번에 크게 조절하기보다는 작은 변화부터 천천히 적용하는 것이 좋습니다. 특정 주파수 대역을 살짝 올리거나 줄이며, 소리가 어떻게 변하는지 귀로 확인하는 것이 핵심입니다. 이때 시각적인 그래프보다 실제로 들리는 소리에 집중하는 것이 중요합니다.

또한 EQ는 항상 단독으로 듣기보다 다른 트랙과 함께 재생하며 확인해야 합니다. 솔로 상태에서는 좋아 보이는 설정이 전체 믹스에서는 과도하게 느껴질 수 있기 때문입니다.

이처럼 EQ는 감각과 판단을 함께 요구하는 도구입니다. 처음에는 어렵게 느껴질 수 있지만, 반복해서 사용하다 보면 어떤 주파수 대역이 어떤 느낌을 만드는지 자연스럽게 익숙해지게 됩니다.

● EQ에서 초보자가 꼭 피해야 할 설정

EQ를 처음 사용할 때 가장 흔한 실수는 특정 주파수를 과도하게 올리는 것입니다. 소리가 부족하다고 느껴질 때마다 고음이나 저음을 계속 올리면, 처음에는 화려하게 들릴 수 있지만 전체 믹스에서는 쉽게 피곤하고 거친 소리가 됩니다.

또 다른 흔한 실수는 모든 트랙에 동일한 EQ 설정을 적용하는 것입니다. 각 악기는 역할과 주파수 영역이 다르기 때문에 하나의 기준을 모든 트랙에 그대로 적용하면 오히려 소리들이 서로 충돌하게 됩니다.

마지막으로, 그래프 모양만 보고 EQ를 조절하는 것도 초보자가 자주 하는 실수입니다. 눈으로 보기 좋은 곡선이 반드시 좋은 소리를 만들어 주는 것은 아니므로, EQ는 항상 귀로 판단하고 시각적 요소는 참고용으로만 활용하는 것이 좋습니다.

● EQ를 잡는 기본 순서
먼저 불필요하게 겹치는 저음이나 탁한 느낌을 줄여 소리의 기본 윤곽을 정리합니다. 이 단계에서는 "무엇을 더할까"보다 "무엇을 줄일까"를 먼저 생각하는 것이 핵심입니다.

그다음 각 악기의 역할을 고려해 필요한 주파수 영역을 살짝 강조합니다. 이때도 과도한 부스트보다는 최소한의 조정으로 소리가 살아나는 지점을 찾는 것이 중요합니다.

마지막으로 전체 믹스를 들으며 EQ 변화가 곡의 분위기와 잘 어울리는지 확인합니다. EQ는 한 트랙만 듣고 결정하는 것이 아니라 항상 전체 믹스의 흐름 속에서 판단해야 합니다.

● EQ 실전 예시
보컬의 경우, 너무 많은 저음은 소리를 탁하게 만들 수 있습니다. 불필요한 저역을 정리하면 말소리가 더 또렷하게 들리며, 필요한 경우 중음 대역을 살짝 살려 보컬이 믹스 안에서 자연스럽게 앞으로 나오도록 할 수 있습니다.

기타나 건반과 같은 반주 악기는 보컬과 겹치는 주파수 영역을 줄여 주면 전체 믹스가 훨씬 깔끔해집니다. 이때 소리를 단순히 크게 만드는 것보다 주파수 공간을 확보하는 것이 핵심입니다.

드럼에서는 킥과 베이스가 서로 충돌하지 않도록 EQ로 역할을 나누는 것이 중요합니다. 각각 중심이 되는 주파수 영역을 다르게 설정하면, 저음이 더 단단하고 명확하게 들리도록 조정할 수 있습니다.

| EQ 타입

EQ는 설계 방식에 따라 세 가지로 구분됩니다. 특정 주파수 대역을 증폭 또는 감쇠하는 피킹(Peaking) 타입, 특정 주파수 이상의 신호 또는 이하의 신호를 증폭 또는 감쇠하는 쉘빙(Shelving) 타입, 그리고 특정 주파수 이상의 신호 또는 이하의 신호를 차단하는 필터(Filter) 타입입니다. 믹서에서 EQ 항목을 더블 클릭하면 오디오 FX 슬롯에 기본으로 장착되는 Channel EQ는 이 세 가지 타입을 모두 갖추고 있습니다.

Channel EQ는 동시에 8개 주파수 대역을 조정할 수 있는 8밴드 EQ입니다. 1번과 8번 밴드는 필터(Filter) 타입, 2번과 7번 밴드는 쉘빙(Shelving) 타입, 나머지 3번, 4번, 5번, 6번 밴드는 피킹(Peaking) 타입입니다.

● **쉘빙(Shelving) 타입**은 사용자가 지정한 주파수 이하 또는 이상을 증폭 또는 감쇠하는 역할을 하며, 조정된 모양이 선반처럼 생겼다고 해서 붙여진 이름입니다. 그림은 쉘빙 타입의 2번과 7번 밴드를 올려본 예입니다. 이 경우 2번 밴드 이하의 모든 저음과 7번 밴드 이상의 모든 고음이 증가하며, 반대로 밴드를 내리면 2번 밴드 이하의 저음과 7번 밴드 이상의 고음이 감소합니다.

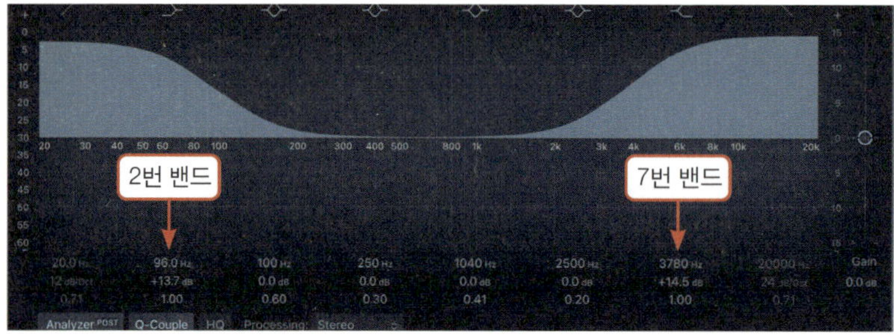

● **피킹(Peaking) 타입**은 사용자가 지정한 주파수 대역을 증폭 또는 감쇠하는 역할을 합니다. 조정된 모양이 봉우리처럼 생겨 붙여진 이름이며, 종 모양을 닮았다고 해서 벨(Bell) 타입이라고도 합니다. 그림은 피킹 타입의 4번 밴드를 올린 예로, 조정하고 있는 주파수는 260Hz입니다. 이 경우 260Hz 대역의 음이 증가하며, 반대로 밴드를 내리면 감소합니다.

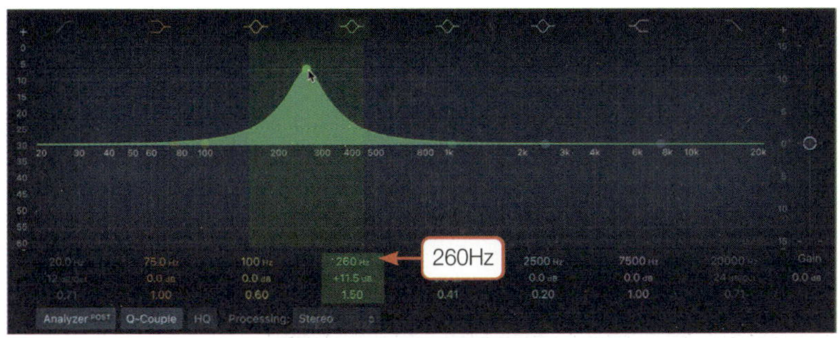

● **필터(Filter) 타입**은 사용자가 지정한 주파수 이하 또는 이상을 차단하는 역할을 합니다. 공기 청정기나 정수기의 필터와 같은 의미로, 차단한다는 의미에서 컷 필터(Cut Filter)라고도 하고, 나머지를 통과시킨다는 의미에서 패스 필터(Pass Filter)라고도 합니다. 또한, 저음역을 차단하는 1번 밴드는 하이패스 필터(High Pass Filter) 또는 로우 컷 필터(Low Cut Filter)로, 고음역을 차단하는 8번 밴드는 로우패스 필터(Low Pass Filter) 또는 하이 컷 필터(High Cut Filter)로 구분하기도 합니다.

로직의 Channel EQ는 기본적으로 1번과 8번 밴드가 Off 상태로 로딩됩니다. 필터를 사용하려면, 상단에 있는 EQ 타입 아이콘의 전원 버튼을 클릭하여 On으로 전환해야 합니다.

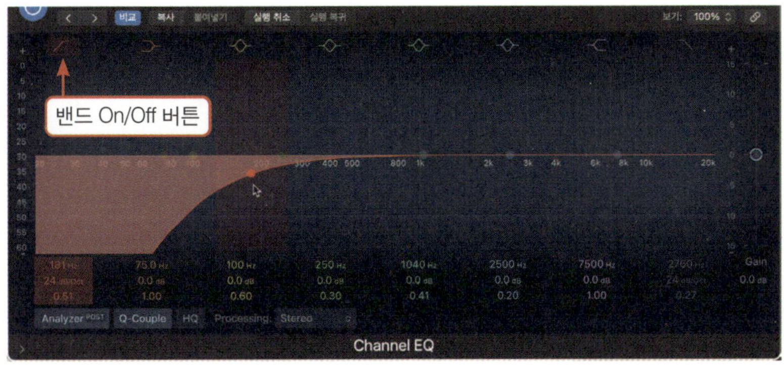

EQ 파라미터

EQ를 컨트롤하는 주요 파라미터는 프리퀀시(Frequency, Freq), 게인(Gain), Q의 세 가지입니다.

디스플레이에 마우스를 가져가면 각 밴드를 조절할 수 있는 포인트가 나타납니다. 포인트를 좌우로 드래그하면 조정할 주파수를 결정하고, 위아래로 드래그하면 레벨을 증폭 또는 감쇠할 수 있습니다. 또한 마우스 휠을 돌려 폭(Q)을 조정할 수 있습니다.

보다 정확한 값을 입력하려면, 디스플레이 아래쪽에 있는 밴드 조정 값을 더블 클릭하여 입력합니다. 첫 번째 행은 주파수(FREQ), 두 번째 행은 레벨(Gain), 세 번째 행은 폭(Q)을 나타냅니다.

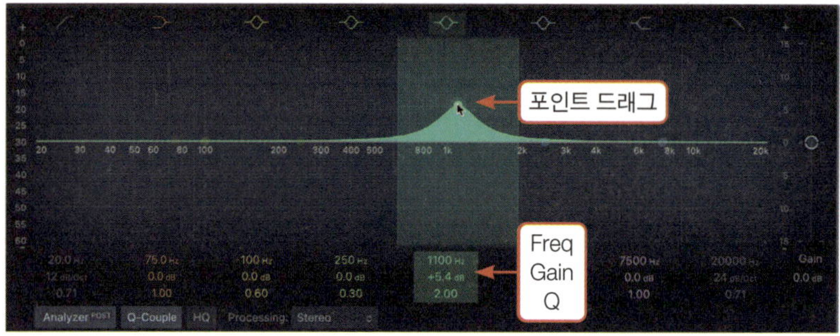

필터 타입의 1번과 8번 밴드에서 두 번째 행은 기울기(Slope)를 결정합니다. Slope를 드래그하면 옥타브당 6dB, 12dB, 18dB, 24dB, 36dB, 48dB 중 하나를 선택할 수 있습니다. 값이 높을수록 기울기가 가파르고 차단률이 높아집니다. 단, 차단 주파수 주변의 사운드 왜곡률도 그만큼 커지므로 주의해야 합니다.

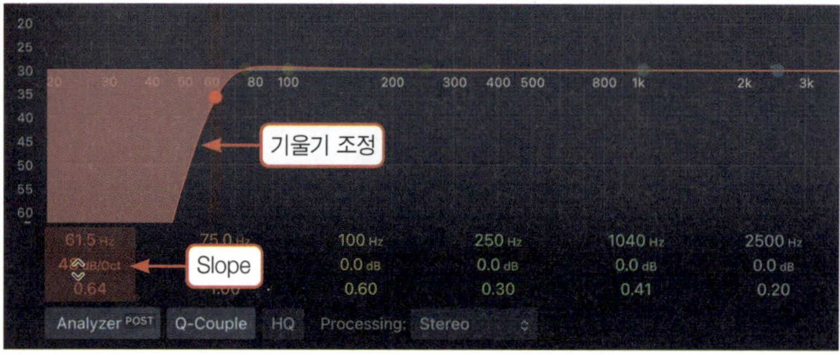

그 밖에 Channel EQ 파라미터의 역할은 다음과 같습니다.

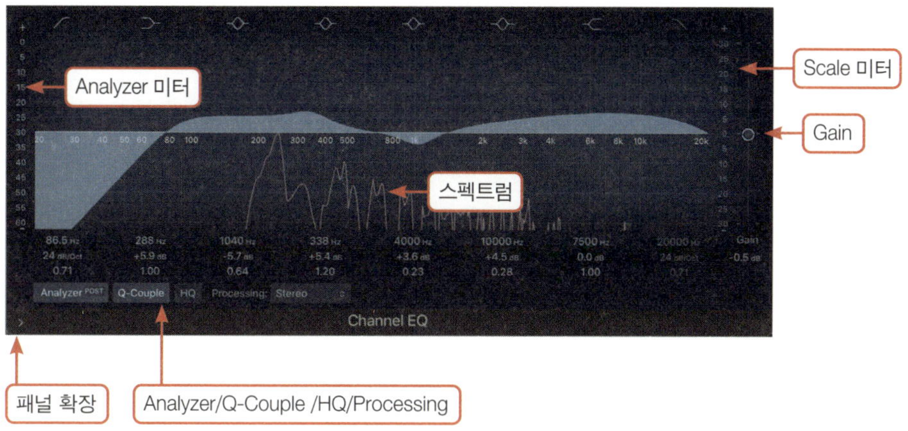

● **Analyzer**: 디스플레이 창에 입력(Pre) 또는 출력(Post) 주파수 레벨을 나타내는 스펙트럼을 표시합니다. 버튼을 클릭하여 On/Off할 수 있으며, 오른쪽 상단에서 입력 또는 출력을 선택할 수 있습니다. 마우스 오른쪽 버튼을 클릭하면 Peak 또는 RMS 표시 방법과 해상도(Low, Medium, High)를 선택할 수 있는 메뉴가 열립니다.

● **Meter**: 스펙트럼의 표시 범위는 디스플레이 왼쪽의 Analyzer 미터를 드래그하거나 마우스 오른쪽 버튼 클릭으로 조정할 수 있습니다. 패널 확장 버튼을 클릭하면 Analyzer의 감소 시간(Analyzer Decay)을 설정할 수 있습니다. 오른쪽의 Scale 미터는 마우스 드래그로 EQ 곡선의 크기를 조정하며, 마우스 오른쪽 버튼을 클릭하면 12dB, 30dB, 60dB 중 선택할 수 있습니다. Warped는 로그(Log) 스케일 표시, Visualize Master Gain은 마스터 게인을 오버레이로 표시합니다.

● **Q-Couple**: EQ 게인을 변경할 때 Q 값이 자동으로 조정되도록 합니다. 마우스 오른쪽 버튼 클릭 시, 게인을 조정할 때 대역폭이 비례적으로 조정되는 Proportional, 허용 폭을 선택하는 Light, Medium, Strong, 게인을 내릴 때 대역폭을 더 가깝게 유지하는 Asym 옵션을 선택할 수 있습니다.

● **HQ**: EQ로 인한 사운드 왜곡을 방지하며, 특히 5kHz 이상의 고음역에서 효과적입니다.

● **Gain**: EQ가 적용된 최종 출력 레벨을 조정하는 마스터 게인입니다.

● **Processing** : 스테레오 채널에서 왼쪽(Left Only)이나 오른쪽(Right Only), 미드(Mid Only)나 사이드(Side Only) 채널만 처리할 수 있도록 합니다.

❙ EQ 조정

EQ는 불필요한 음을 제거하거나 음향적으로 주파수 밸런스를 보정하는 목적으로 사용할 수 있습니다. 입문자는 먼저 잡음, 공진음, 간섭음 등 불필요한 소리를 제거하는 목적에서 시작하는 것이 좋습니다.

01 잡음 제거 목적의 EQ를 서지컬(surgical) 이큐잉이라고 부르기도 합니다. 작업 요령은 먼저 포인트를 10dB 이상 올리고, 휠을 돌려 대역폭을 좁게 설정하는 것입니다. 그다음 포인트를 좌우로 이동시키며 불필요한 음을 찾아 제거합니다. 이 과정에서 클리핑이 발생하면, Gain을 조금 줄여 안정적인 레벨을 유지하는 것이 좋습니다.

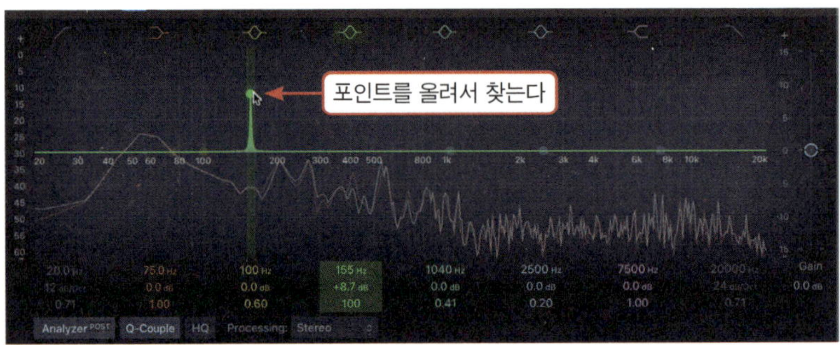

02 불필요한 음을 찾았다면, Command 키를 누른 상태에서 포인트를 사운드가 변하지 않는 지점까지 내리거나 게인을 낮춥니다. 잡음 제거 목적으로 EQ를 사용할 때는 대역폭(Q)을 좁게 설정하는 것이 일반적이지만, 필요하다면 휠을 돌려 조금씩 넓히면서 조정할 수 있습니다.

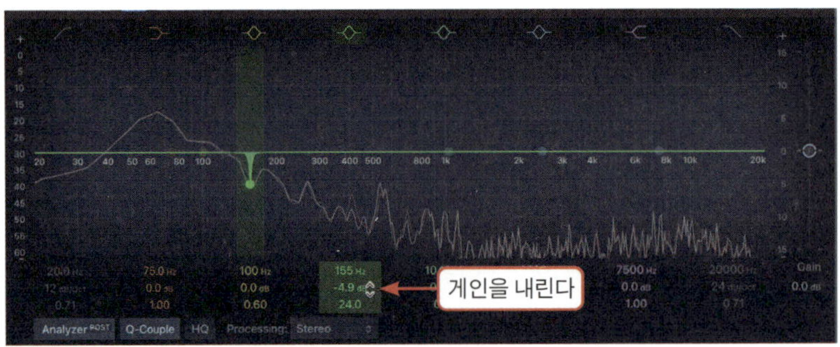

03 주파수 밸런스를 보정할 목적으로 EQ를 사용할 때는 대역폭을 1옥타브 이상으로 넓게 설정하는 것이 좋습니다. 단, 이큐잉을 시작하기 전에 저음이 많은지, 고음이 적은지 등 음을 정확히 파악할 수 있을 때까지 충분히 모니터링하며 소리를 들어보는 것이 중요합니다.

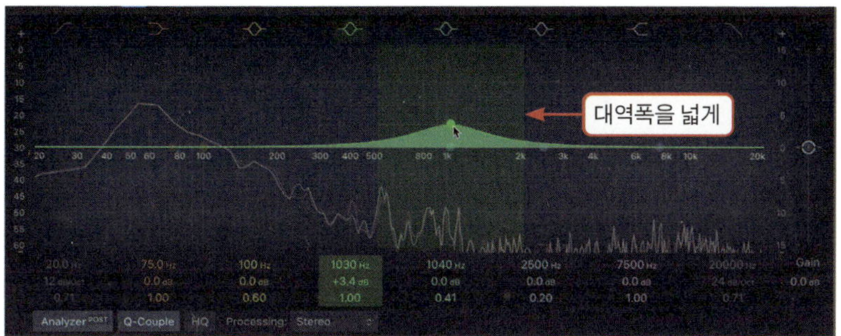

충분한 모니터링으로 사운드를 파악했다면, 주파수를 500Hz 이하의 저음, 1kHz~4kHz 범위의 중음, 6kHz 이상의 고음으로 나누어 접근하는 것이 좋습니다.

① 500Hz 이하

저음은 사운드의 파워와 무게감을 결정합니다. 너무 크면 소리가 답답하게 들리고, 너무 작으면 얇게 들립니다. 따라서 사운드가 답답하다면 선명해질 때까지 줄여보고, 얇다면 따뜻하고 두꺼워질 때까지 올려보는 방식으로 조정합니다.

② 1~4kHz 대역

중음은 소리의 두께와 명료함을 결정합니다. 너무 크면 사운드가 왜곡되고, 너무 작으면 빈 소리가 납니다. 빈 소리가 난다면 왜곡되지 않는 범위까지 올려보고, 시끄럽게 들린다면 자연스럽고 부드러워질 때까지 내려보는 것이 좋습니다.

③ 6kHz 이상

고음은 소리의 밝기와 선명도를 결정합니다. 너무 크면 보컬의 치찰음이나 악기 잡음이 증가하여 귀에 자극적이고 시끄럽게 들릴 수 있으며, 너무 작으면 둔하고 답답하게 들립니다. 따라서 소리가 귀를 자극하면 줄이고, 둔하고 답답하다면 선명해질 때까지 올려 조정합니다.

컴프레서

음악이나 트랙에서 가장 작은 소리부터 가장 큰 소리까지의 범위를 다이내믹 레인지(Dynamic Range)라고 합니다. 이러한 다이내믹 레인지를 조정하는 대표적인 장치가 컴프레서(Compressor)입니다. 앞에서 레벨은 소리의 깊이를 결정하는 중요한 요소라고 설명했습니다. 그러나 단순한 볼륨 조절만으로는 소리의 깊이를 완전히 표현하기 어렵습니다. 이러한 이유로 음악 믹싱 작업에서는 다이내믹을 조절해 소리의 균형과 밀도를 정리하는 컴프레서가 EQ와 함께 필수적인 도구로 사용됩니다.

| 컴프레서의 이해

컴프레서는 큰 소리를 줄여주는 장치입니다. 큰 소리를 줄이는 이유는 전체 볼륨을 높이기 위해서입니다. 컴프레서는 방송국에서 전송 신호의 레벨을 제한하기 위한 목적으로 개발되었으며, 녹음 과정에서는 갑작스럽게 발생할 수 있는 피크를 방지하기 위해 사용되었습니다. 하지만 음악 유통 환경이 온라인 중심으로 바뀌면서 현재는 전체 볼륨을 높이기 위한 수단으로도 널리 사용되고 있습니다. 디지털 사운드의 최대 볼륨은 0dB입니다. 사용자가 만든 음악에서 레벨이 가장 작은 부분이 -15dB이고, 가장 큰 부분이 -3dB라면 전체 다이내믹 레인지는 12dB이며, 볼륨은 최대 약 3dB 정도 올릴 수 있습니다. 이때 단순히 전체 볼륨을 올리면 작은 소리도 함께 커지기 때문에 다이내믹의 변화는 발생하지 않습니다.

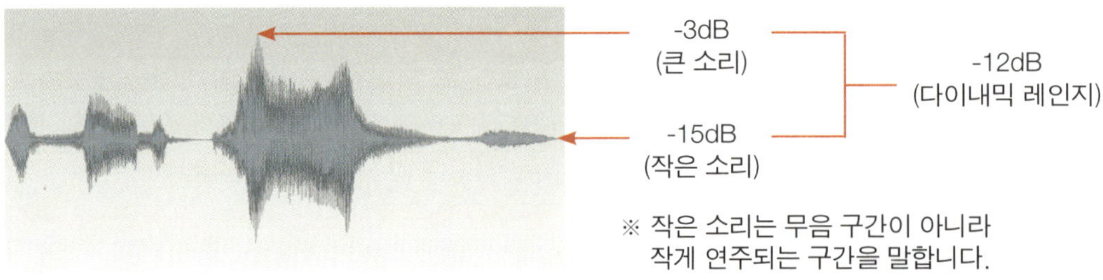

※ 작은 소리는 무음 구간이 아니라
작게 연주되는 구간을 말합니다.

3dB 정도의 여유밖에 없는 음악을 6dB 정도 올려야 한다면 어떻게 해야 할까요? 바로 컴프레서를 이용하는 것입니다. 컴프레서는 큰 소리를 줄여주는 장치이며, 사용자가 어느 정도 이상의 소리를 얼마만큼 줄일 것인지 지정할 수 있습니다.

예를 들어 -9dB보다 큰 소리를 절반(2:1)으로 줄이도록 설정했다면, 가장 큰 소리인 -3dB은 -9dB을 기준으로 절반에 해당하는 -6dB로 줄어들게 됩니다. 이렇게 되면 전체 음악의 볼륨을 약 6dB 정도 올릴 수 있게 됩니다. 이때 가장 작은 소리는 -15dB이고 가장 큰 소리는 -6dB로 줄어들었으므로, 전체 다이내믹 레인지는 9dB로 줄어들게 됩니다.

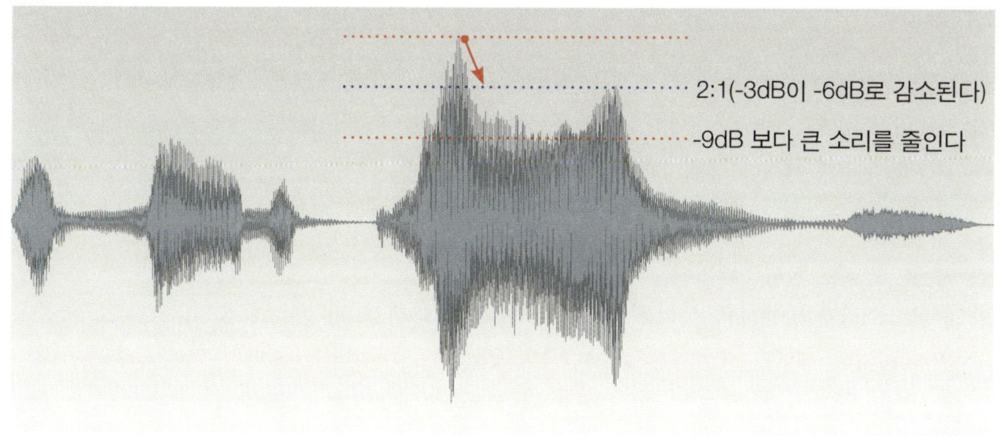

같은 볼륨이라면 다이내믹 레인지가 좁은 음악이 더 크고 강하게 들리기 때문에 발표되자마자 다른 음악과 비교되는 온라인 음악 시장에서는 다이내믹 레인지를 최대한 줄이려는 경향이 있습니다. "레벨 전쟁"이나 "다이내믹 전쟁"이라는 말도 이러한 상황에서 생겨난 것이며, 일부 음악 평론가들은 이를 감동이 없는 음악이라고 비판하기도 합니다.

다이내믹 범위가 좁으면 곡의 긴장감이나 포텐을 만들어내기 어려운 것은 사실입니다. 그래서 클래식이나 재즈 음악은 온라인 환경에서도 8~15dB 정도의 다이내믹 범위를 유지하는 곡들이 많지만, 팝 음악은 6~10dB 범위가 일반적이며, 댄스 음악이나 힙합의 경우에는 이보다 더 좁은 다이내믹을 가진 곡들도 많습니다. 시대적 흐름에 따른 선택이라고 볼 수 있으며, 상업 음악에서 이러한 레벨 전쟁은 당분간 계속될 것으로 예상되기 때문에 컴프레서를 제대로 다루기 위한 학습은 매우 중요합니다.

| 엔벨로프

컴프레서를 잘 다룬다는 것은 어떤 의미일까요?

그냥 원하는 만큼 레벨을 올리면 되는 것 아닐까 하는 의문이 생길 수도 있습니다.

입문자는 위와 같은 생각을 할 수 있습니다. 컴프레서는 단순히 큰 소리를 줄여 전체 볼륨을 올릴 수 있는 여유 공간을 확보하는 장치이기도 합니다. 하지만 소리를 강제로 줄이는 과정에서 오디오 파형이 변한다는 문제가 발생합니다. 오디오 파형은 곧 소리이기 때문에 파형이 변한다는 것은 결국 소리가 변한다는 의미입니다. 심한 경우에는 사운드가 찌그러지는 왜곡이 발생하기도 합니다.

예를 들어 피아노 건반을 눌러 "땅~" 소리를 내면 레벨이 일정하게 유지되다가 갑자기 사라지는 것이 아니라, 시간이 지나면서 점점 작아지며 사라집니다. 즉, 시간의 흐름에 따라 레벨이 계속 변한다는 의미이며, 이러한 레벨의 변화가 바로 악기 고유의 특징을 만들어 냅니다. 반대로 시간의 흐름에 따라 변하는 레벨을 인위적으로 바꾸면 악기 고유의 특징이 사라질 수 있기 때문에 컴프레서를 사용할 때는 이러한 부분을 주의해야 합니다.

음향에서는 소리가 발생하여 사라질 때까지 레벨이 변화하는 과정을 ADSR의 4단계로 구분하며, 이러한 변화를 엔벨로프(Envelope)라고 부릅니다.

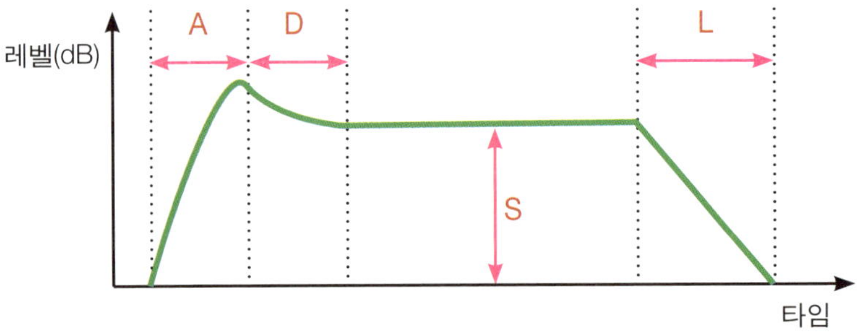

A : **어택(Attack)** - 소리가 시작된 순간부터 가장 큰 레벨에 도달할 때까지의 시간을 말하며, 컴프레서를 다루는 데 있어 가장 중요한 개념입니다.

D : **디케이(Decay)** - 아날로그 사운드는 처음에 크게 발생한 후 일정한 레벨을 유지하면서 사라지는 특징이 있습니다. 디케이는 가장 큰 레벨에 도달한 이후, 서스테인 단계에 들어가기 전까지 레벨이 감소하는 구간을 의미합니다.

S : **서스테인(Sustain)** - 레벨이 일정하게 유지되는 구간을 말합니다. 대부분의 아날로그 신디사이저에서 음색을 디자인할 때 서스테인은 레벨로 조정하기 때문에 ADSR 중에서 유일하게 시간이 아닌 레벨로 구분되는 구간입니다. 일부 신디사이저에서는 서스테인 타임을 조절하는 기능이 있어 Sustain Time이라는 용어를 사용하기도 하지만, 일반적으로 서스테인이라고 하면 Sustain Level을 의미합니다.

D : **디케이(Decay)** - 건반을 놓은 이후 소리가 완전히 사라질 때까지의 시간을 말합니다. 즉, 서스테인 상태에서 소리가 점차 감소하여 사라지는 구간을 의미하며, 컴프레서를 이해하고 다루는 데 있어 어택과 함께 중요한 개념입니다.

▎ 주요 파라미터

믹서의 게인 감소 항목을 클릭하면 기본적으로 오디오 FX 슬롯에 장착되는 컴프레서가 열립니다. 이는 하나의 장치 안에서 7가지 모델을 시뮬레이션할 수 있는 강력한 기능을 갖추고 있습니다.

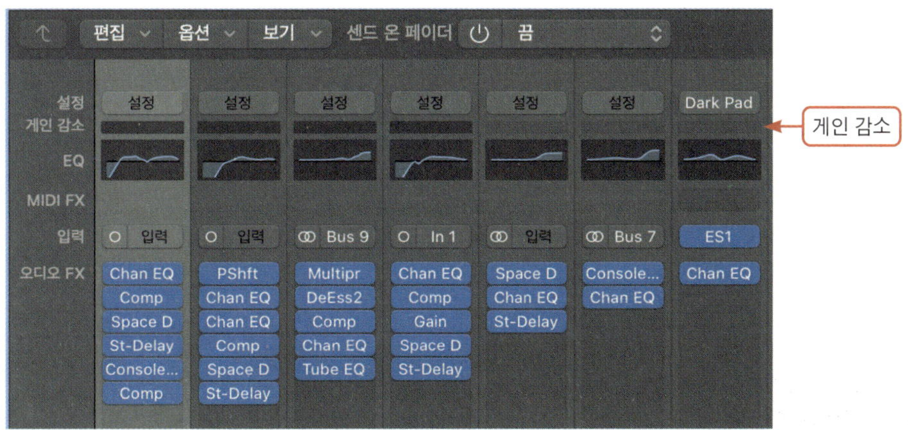

로직의 믹서를 보면 컴프레서가 장착되는 게인 감소 항목 다음에 EQ 슬롯이 배치되어 있습니다. 이 때문에 입문자들은 컴프레서를 먼저 사용하고 EQ를 사용하는 것이 규칙이라고 오해하기도 합니다. 하지만 이러한 구조는 레코딩 과정에서 주로 사용되는 하드웨어 프로세스를 시뮬레이션한 것일 뿐입니다. 실제 믹싱에서는 소스의 특성에 따라 처리 순서가 달라질 수 있으므로, 특정한 순서에 대한 고정관념을 가질 필요는 없습니다.

● 트레숄드(Threshold)

컴프레서는 큰 소리를 줄이는 장치라고 설명했습니다. 그렇다면 어느 정도 이상의 소리를 줄일 것인지 지정하는 기준이 필요하며, 이를 설정하는 파라미터가 Threshold입니다. 장치를 로딩하면 기본적으로 -20dB로 설정되어 있습니다. 즉, -20dB를 넘는 소리가 발생했을 때부터 컴프레서가 작동하여 레벨을 줄이기 시작한다는 의미입니다.

● 레시오(Ratio)

트레숄드를 이용해 어느 정도 레벨 이상의 소리를 줄일 것인지 결정했다면, 얼마나 줄일 것인지도 정해야 합니다. 이를 결정하는 파라미터가 Ratio입니다. 값은 2:1, 3:1과 같은 비율로 표시되며, 로직의 컴프레서는 최대 30:1까지 설정할 수 있습니다. 예를 들어 2:1은 절반, 3:1은 3분의 1로 줄이는 것을 의미합니다.

● **어택(Attack)**

컴프레서는 트레숄드에서 설정한 레벨 이상의 신호가 감지되면, 레시오에서 설정한 비율에 따라 레벨을 줄입니다. 하지만 이 과정이 즉시 이루어지는 것은 아니며, 어택 파라미터에서 설정한 시간이 지난 후에 동작합니다. 앞에서 설명한 것처럼, 음색의 특징을 결정하는 엔벨로프 구간 중에서 가장 중요한 부분이 어택입니다. 만약 컴프레서가 신호를 감지하자마자 바로 동작하면 이 어택 파형이 변하게 됩니다.

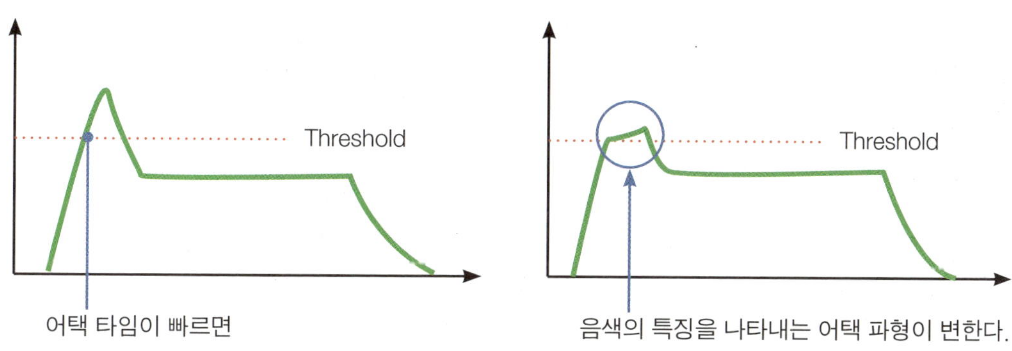

일반적으로는 어택 구간이 지난 후에 컴프레서가 동작하도록 설정하며, 이 시간을 조정하는 것이 컴프레서의 어택 노브입니다. 다만 엔벨로프에서 레벨이 가장 큰 부분이 어택 구간이기 때문에 컴프레서의 어택 타임을 너무 길게 설정하면 컴프레서가 거의 동작하지 않거나 피크 문제가 발생하는 등 컴프레서를 사용하는 목적을 달성하지 못할 수 있습니다. 경우에 따라서는 오히려 사운드를 망치는 결과를 초래하기도 합니다. 이처럼 어택 설정은 실제로 컴프레서를 다루는 과정에서 가장 어려운 부분 중 하나이며, 많은 경험이 필요한 파라미터입니다. 따라서 입문자는 먼저 사운드의 변화를 충분히 들어보고 이해한 뒤에 천천히 접근하는 것이 좋습니다.

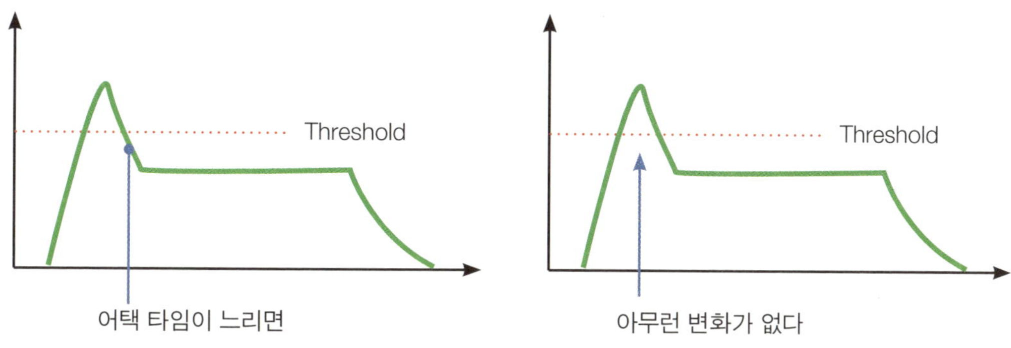

● 릴리즈(Release)

컴프레서는 Threshold에서 설정한 레벨 이상의 신호가 감지되면 Attack 타임이 지난 후 Ratio에서 설정한 비율만큼 레벨을 줄입니다. 이 상태가 계속되면 컴프레서가 적용된 이후의 사운드는 모두 볼륨이 낮아지게 됩니다. 그래서 컴프레서는 신호가 Threshold에서 설정한 레벨 이하로 떨어지면 동작을 멈추게 되는데, 이때 바로 멈추는 것이 아니라 어느 정도 시간이 지난 후에 멈추도록 설정할 수 있습니다. 이 시간을 조정하는 파라미터가 바로 릴리즈 노브입니다.

앞에서 어택 타임을 설명할 때 입문자의 이해를 돕기 위해 타임을 너무 늦게 설정하면 아무런 변화가 없는 것처럼 설명했습니다. 그러나 실제로는 Threshold에서 설정한 레벨이 감지되는 순간 컴프레서는 바로 동작합니다. 어택 타임은 신호가 Ratio에서 설정한 비율만큼 완전히 감소할 때까지 걸리는 속도를 결정하는 것입니다. 따라서 어택 타임 동안에도 신호는 점진적으로 감소하며, 어느 정도의 파형 변화가 이미 발생하고 있는 상태라고 이해하는 것이 정확합니다.

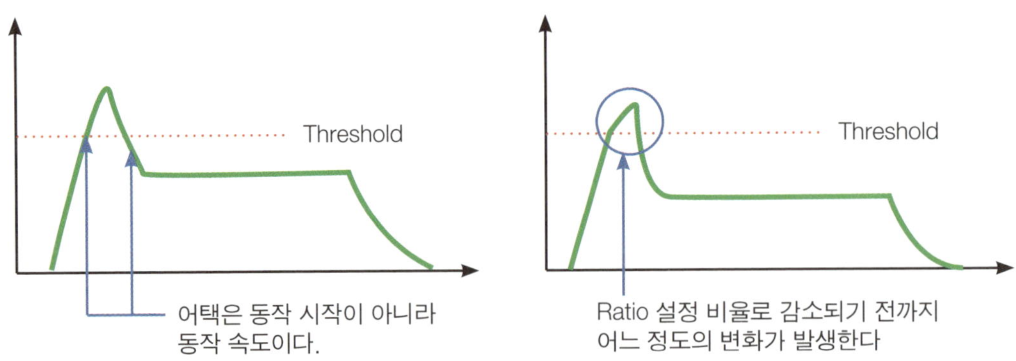

컴프레서의 동작을 멈추는 릴리즈 타임도 같은 원리로 작동합니다. 릴리즈 타임이 너무 빠르면 서스테인이나 릴리즈 구간에서 레벨이 갑자기 커지는 브리딩(Breathing) 현상이 발생할 수 있습니다. 물론 그림은 입문자의 이해를 돕기 위한 예시일 뿐이며, 실제로 파형이 그렇게 극단적으로 변하는 경우는 거의 없습니다. 대신 악기가 연주되는 프레이즈 중간의 잡음이나 가수의 호흡 소리가 갑자기 커지는 펌핑(Pumping) 현상과 비슷하지만, 호흡이 강조되는 느낌이 나타나기 때문에 브리딩 현상으로 구분합니다.

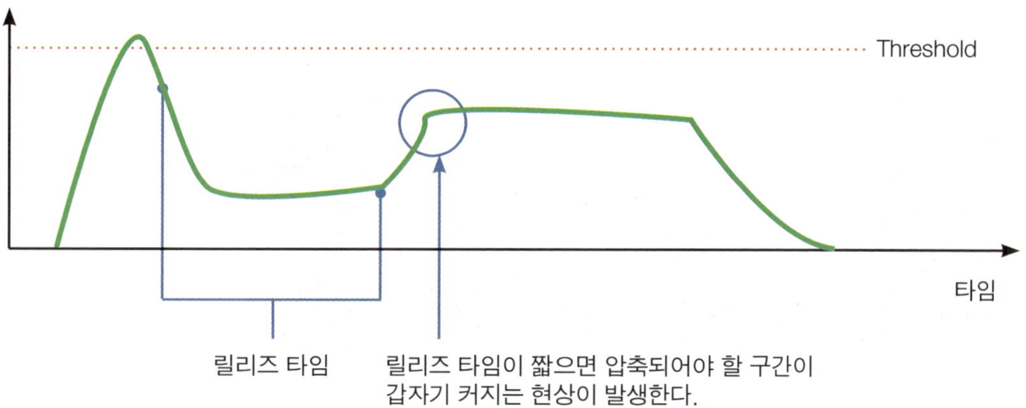

반대로 릴리즈 타임이 너무 느리면 압축되지 말아야 할 다음 비트의 어택 구간까지 압축되면서 트랜지언트의 균형이 무너지는 펌핑(Pumping) 현상이 발생할 수 있습니다. 물론 릴리즈 타임이 지나치게 짧을 때에도 비슷한 현상이 나타날 수 있습니다. 결국 릴리즈 타임은 너무 빨라도 문제이고, 너무 느려도 문제가 될 수 있다는 의미입니다. 입문자는 노브 오른쪽에 있는 Auto 기능을 활용해 릴리즈 타임을 자동으로 설정하는 방법을 사용하는 것이 좋습니다.

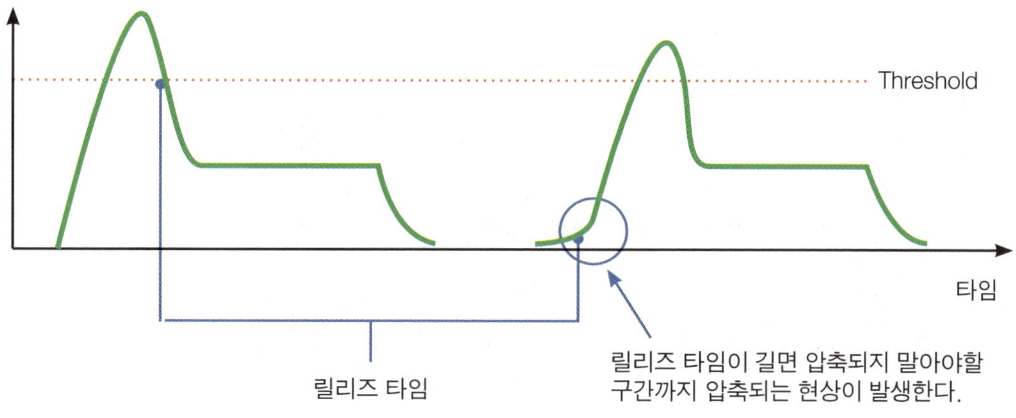

● 메이크 업(Make Up)

컴프레서는 큰 소리를 줄이는 장치이기 때문에 압축이 이루어지면 전체 레벨이 자연스럽게 감소하게 됩니다. 이러한 감소된 레벨을 보충하기 위해 출력 레벨을 올리는 파라미터가 Make Up 노브입니다. 또한 감소된 만큼 자동으로 레벨을 보정해 주는 기능이 Auto Gain입니다. Auto Gain은 최대 0dB 또는 -12dB까지 제한을 설정할 수 있으며, Off를 선택하면 Make Up 노브를 이용해 사용자가 직접 레벨을 수동으로 조정할 수 있습니다.

● 니(Knee)

Threshold 이상의 레벨이 줄어들 때의 반응을 조정하는 파라미터입니다. 흔히 꺾인다고 표현하는데, Knee 값이 크면 Threshold 이전부터 곡선 형태로 꺾이면서 비교적 부드럽게 압축이 이루어지고, 값이 작으면 Threshold 지점에서 빠르게 압축이 시작됩니다. 디스플레이에서 Graph를 선택하면 왼쪽 화면에서 Knee의 각도를 확인할 수 있습니다. 오른쪽에는 압축으로 인한 파형 변화를 보여주는 화면과 감소된 레벨을 확인할 수 있는 게인 리덕션 미터가 표시됩니다.

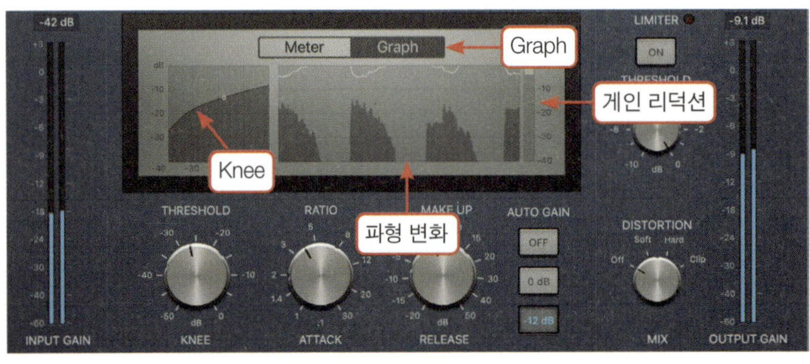

● 리미터(Limiter)

다이내믹 장치 중에는 컴프레서와 비슷하게 큰 소리를 줄여주는 장치로 리미터(Limiter)가 있습니다. 리미터는 컴프레서보다 더 높은 압축률을 제공하기 때문에 마스터링 단계에서 클리핑이 발생하는 것을 방지하는 목적으로 많이 사용됩니다. 로직의 컴프레서는 이러한 리미터 기능도 함께 제공하고 있습니다. 버튼을 On으로 하면 리미터가 동작하며, 아래쪽 Threshold에서 설정한 레벨 이상은 더 이상 발생하지 않도록 제한합니다.

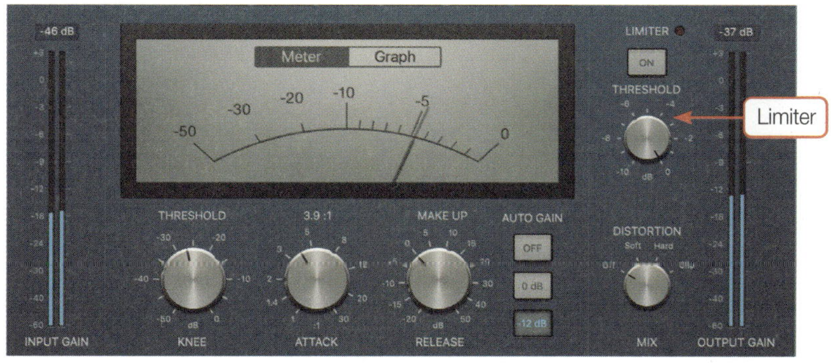

● 디스토션(Distortion)

리미터의 제한을 초과하는 파형을 어떻게 처리할 것인지 결정하는 파라미터가 디스토션(Distortion)입니다. 부드럽게 압축하는 Soft, 강하게 압축하는 Hard, 절대 초과하지 않도록 하는 Clip 중에서 선택할 수 있으며, 경우에 따라 약간의 찌그러짐이 발생할 수 있습니다. 이러한 왜곡을 아날로그 특유의 따뜻한 질감으로 표현하기 위해 의도적으로 사용하는 경우도 있습니다.

● **믹스(Mix)**

화면 왼쪽에는 입력 레벨을 조정하는 Input Gain이 있고, 오른쪽에는 출력 레벨을 조정하는 Output Gain이 있습니다. Mix 노브는 입력과 출력 신호의 비율을 조정하는 기능입니다. 컴프레서를 마스터링 단계에서 사용할 때는 클리핑 방지와 다이내믹 조정이 목적이기 때문에 입·출력 레벨에 차이가 생길 수 있습니다. 그러나 믹싱 단계에서는 볼륨 밸런스를 유지하면서 입체감을 만드는 것이 목적이므로, 입·출력 레벨 차이가 크지 않은 것이 일반적입니다. 다만 이러한 이론에 지나치게 의존하기보다는 실제로 들리는 느낌을 기준으로 조정하는 것이 좋습니다.

● **사이드 체인(Side Chain)**

로직의 컴프레서는 특정 주파수 대역이나 다른 트랙의 신호에 반응하여 동작하도록 하는 사이드 체인(Side Chain) 기능을 제공합니다. 사이드 체인은 드럼의 간섭음을 정리하거나 더킹(Ducking), EDM에서 자주 사용하는 베이스 펌핑 효과 등을 만들 때 활용됩니다. Side Chain 버튼을 클릭하면 동작 방식을 설정할 수 있으며, 어떤 트랙의 신호를 기준으로 동작할지에 대한 소스는 오른쪽 상단의 Side Chain 목록에서 선택할 수 있습니다.

● 디텍션(Detection)

사이드 체인 신호가 어떤 방식으로 감지되어 동작할 것인지 결정하는 파라미터가 Detection 입니다. Max는 스테레오 채널 중 하나라도 트레숄드를 초과하면 컴프레서가 동작하도록 하며, Sum은 두 채널의 신호를 합한 값이 트레숄드를 초과할 때 동작합니다. 또한 신호의 피크(Peak) 레벨에 반응할 것인지, 또는 평균적인 크기를 기준으로 하는 RMS 레벨에 반응할 것인지도 선택할 수 있습니다.

● 필터(Filter)

On 버튼을 클릭하면 사이드 체인 신호에 필터를 적용할 수 있으며, Listen 버튼을 통해 사이드 체인 신호만 따로 모니터할 수 있습니다. 필터 모드는 로우패스(LP), 밴드패스(BP), 하이패스(HP), 파라메트릭 EQ(ParEQ), 하이 쉘빙(HS) 중에서 선택할 수 있습니다. 또한 중심 주파수와 대역폭을 조정하는 Frequency와 Q 노브를 제공하며, Gain은 ParEQ와 HS 모드에서만 사용할 수 있습니다.

모델 선택

로직의 컴프레서는 하나의 장치 안에서 7가지 모델을 시뮬레이션할 수 있습니다. 각 모델은 상단의 Type 버튼을 클릭하여 선택할 수 있으며, Digital 방식 1개, FET 방식 2개, VCA 방식 3개, Opto 방식 1개가 제공됩니다.

● **Platinum Digital**: 이름 그대로 로직에서 자체 개발한 디지털 엔진으로 트랜지언트 응답이 빠르고 왜곡이 거의 없는 것이 특징입니다. 기본적으로 로딩되는 모델이며 특정 소스에 제한 없이 대부분의 트랙에서 사용할 수 있습니다.

● **FET**: 빠른 트랜지언트 응답으로 유명한 Field Effect Transistor 방식의 컴프레서를 시뮬레이션한 모델입니다. 대표적인 하드웨어 장치로 Universal Audio의 1176 Compressor가 있으며, 깨끗하고 선명한 사운드가 특징입니다. 드럼, 보컬, 기타처럼 어택이 빠른 악기 트랙에서 많이 사용됩니다.

▲ 1176 Compressor

● **VCA:** 전압 제어 앰프(Voltage Controlled Amplifier) 방식의 컴프레서를 시뮬레이션한 모델로, 소리를 전압 신호로 처리하는 구조입니다. 대표적인 하드웨어 장치로 Focusrite의 Red Compressor가 있으며, 비교적 안정적이고 부드러운 특성을 가지고 있습니다. 베이스 기타와 같은 저음역 악기 트랙에서 자주 사용됩니다.

▲ Focusrite Red Compressor

● Opto: 빛의 반응을 이용해 동작하는 옵티컬(Optical) 방식의 컴프레서를 시뮬레이션한 모델입니다. 대표적인 하드웨어 장치로 Universal Audio의 LA-2A Compressor가 있으며, 자연스럽고 부드러운 압축 특성과 논리니어 릴리즈 특성이 특징입니다. Aux 트랙이나 마스터 버스 처리 등에 자주 사용됩니다.

▲ LA-2A Compressor

시대적인 기준으로 보면 가장 최신 모델이 Platinum Digital이며, 오른쪽으로 갈수록 Vintage Opto까지 과거 방식의 모델이 나열되어 있습니다. 하지만 실제 사용에서는 기본 모델인 Platinum Digital만으로도 대부분의 소스에 충분히 적용할 수 있습니다.

다만, 각 모델은 실제 하드웨어와 마찬가지로 미묘한 음색 차이를 가지고 있기 때문에 먼저 Platinum Digital로 기본 컴프레싱을 한 뒤 다른 모델로 바꾸어 비교해 보는 과정이 도움이 됩니다. 보컬이나 베이스 등에 자주 사용된다고 설명하는 것은 장치의 특징을 이해하기 위한 예시일 뿐이므로, 특정 모델에 대한 선입견을 가질 필요는 없습니다. 결국 가장 중요한 것은 직접 사운드를 모니터하면서 상황에 맞는 모델을 선택하는 것입니다.

| 컴프레서 조정

컴프레서는 소스마다 특성이 다르기 때문에 정해진 법칙은 없지만, 라우드니스를 높여 작은 모니터 환경에서도 충분한 재생감을 얻고자 한다면 무엇보다 어택과 릴리즈 타임 설정이 중요합니다.

01 01 Ratio를 10:1 이상으로 높게 설정하고, Attack은 느리게, Release는 가장 빠르게 설정합니다. 그리고 게인 리덕션이 약 -10dB 정도 움직이도록 Threshold를 낮게 설정합니다.

02 Attack 타임을 게인 리덕션의 바늘 움직임이 청감상 레벨 변화와 일치할 때까지 천천히 줄입니다. 이때 일치되는 타임은 비교적 빠른 설정으로 어택이 손실될 수 있으므로, 리덕션 바늘이 약간 느리게 반응하도록 조정합니다.

03 Release 타임은 반대로 게인 리덕션의 바늘이 청감상 레벨 변화보다 약간 빠르게 움직이 도록 조정합니다. 그리고 Ratio를 원하는 비율인 4:1 정도로 설정합니다.

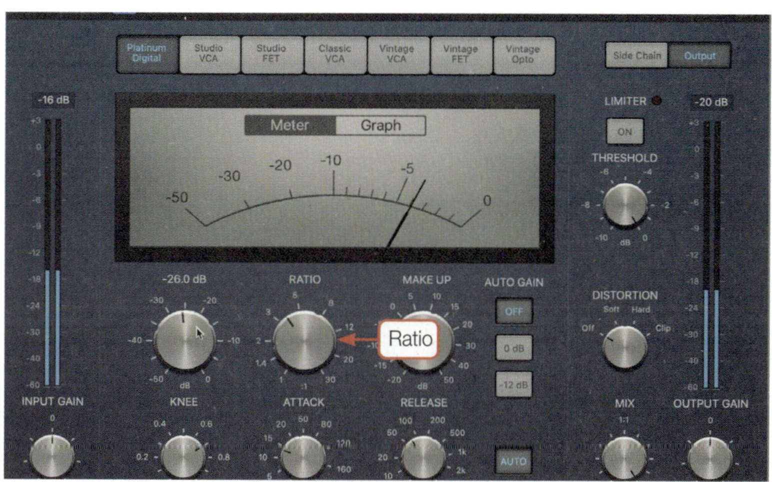

04 게인 리덕션이 4~6dB 정도가 되도록 Threshold를 다시 조정합니다. 그리고 Auto Gain은 Off로 설정하고, Input Gain과 Output Gain이 비슷한 레벨이 되도록 Make Up을 조정하여 마 무리합니다. 지금까지의 과정이 컴프레서의 어택과 릴리즈 타임을 조정하는 가장 전형적인 방법 입니다. 드럼, 베이스, 기타, 보컬 등 소스에 관계없이 기본적으로 동일하게 적용되므로 꾸준히 연습하는 것이 좋습니다.

01 세츄레이션(Saturation)은 비선형 배음과 자연스러운 다이내믹 응답을 더해 소리를 더욱 풍성하고 입체적으로 만들어 주는 장치입니다. 로직에서 제공하는 대표적인 세츄레이션 장치는 ChromaGlow이며, Distortion 폴더에서 선택할 수 있습니다. 또한 플러그인은 검색 창에 이름을 입력하여 바로 찾을 수 있으며, Control+Command+P 키를 눌러 검색창을 열 수 있습니다.

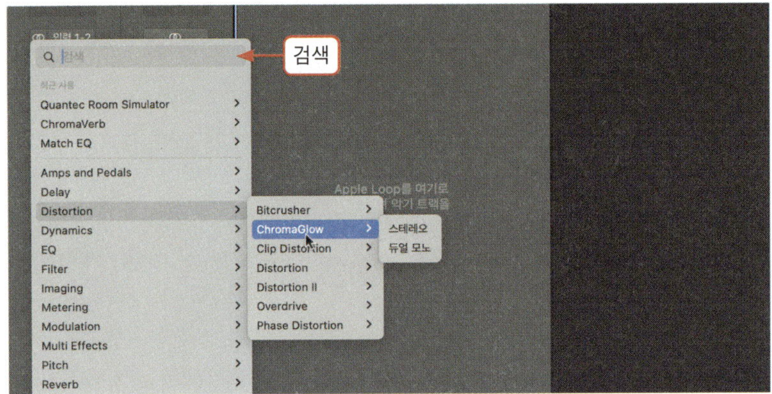

02 ChromaGlow는 Retro Tube, Modern Tube, Magnetic, Squeeze, Analog Preamp의 5가지 모델을 제공합니다. 각각 특정 아날로그 장비의 회로 특성과 동작 방식을 분석·모델링하여 구현된 알고리즘입니다. 즉, 실제 진공관, 테이프 머신, 컴프레서, 프리앰프 등에서 나타나는 비선형 왜곡과 다이내믹 반응을 디지털 방식으로 정교하게 재현한 것입니다.

- **Retro Tube**

빈티지 진공관 장비의 성향을 반영한 모델입니다. 비교적 부드러운 배음 구조와 완만한 포화 특성을 지니며, 고역을 살짝 둥글게 다듬어 주는 느낌이 있습니다. 과하지 않은 따뜻함과 자연스러운 밀도를 더할 때 적합합니다.

- **Modern Tube**

보다 현대적인 진공관 회로의 응답을 반영한 모델입니다. 배음이 좀 더 또렷하고 선명하게 형성되며, 존재감을 살리면서도 정돈된 인상을 유지합니다. 개별 악기뿐 아니라 버스나 전체 믹스에 사용해도 비교적 깔끔한 결과를 얻을 수 있습니다.

- **Magnetic**

아날로그 테이프 머신의 포화 특성을 기반으로 한 모델입니다. 입력 레벨에 따라 자연스럽게 압축이 동반되며, 저역이 단단해지고 고역이 부드럽게 정리되는 경향이 있습니다. 테이프 특유의 유기적인 밀도감과 글루(Glue) 효과를 더하고 싶을 때 유용합니다.

- **Squeeze**

강한 다이내믹 처리 과정에서 발생하는 비선형 왜곡과 밀도 변화를 강조한 모델입니다. 단순한 컴프레서라기보다, 강하게 눌렀을 때 생기는 질감과 에너지를 재현하는 쪽에 가깝습니다. 드럼이나 베이스처럼 캐릭터를 적극적으로 부여하고 싶을 때 효과적입니다.
  - **Soft Press**: 광학식(Optical) 컴프레서 계열에서 느낄 수 있는 비교적 완만하고 부드러운 압축 질감을 지향합니다.
  - **Hard Press**: FET 계열 컴프레서처럼 빠르고 공격적인 응답을 연상시키는 보다 강한 압축 캐릭터를 제공합니다.

- **Analog Preamp**

프리앰프 입력단을 강하게 구동했을 때의 포화 특성을 반영한 모델입니다. 다른 모델에 비해 트랜지언트가 비교적 또렷하게 유지되면서도 밀도 있는 배음을 더해 존재감을 강조합니다. '무조건 공격적'이라기보다는 신호에 에너지와 선명도를 더해 전면으로 끌어내는 데 적합한 성향이라고 보는 것이 정확합니다.

03 각 모델마다 Clean 모드와 보다 강한 성향의 Colorful 모드를 제공해, 같은 알고리즘 안에서도 질감의 강도를 선택할 수 있도록 설계되어 있습니다.

● **Clean 모드는** 비교적 절제된 배음과 완만한 포화 특성을 지니며, 원음의 캐릭터를 크게 해치지 않으면서 밀도와 존재감을 보강하는 데 적합합니다.
● **Colorful 모드**는 배음 생성과 비선형 반응이 더 적극적으로 나타나며, 포화감과 캐릭터가 뚜렷해집니다. 사운드를 전면으로 끌어내거나 개성을 강조하고 싶을 때 효과적입니다.

04 Bypass Below는 특정 주파수 아래로는 효과가 걸리지 않게 합니다. 예를 들어, 킥 드럼의 웅장한 저음은 그대로 두고 윗소리에만 질감을 주고 싶을 때 유용합니다. Level in은 입력 레벨, Level Out은 출력 레벨, Mix는 입출력 비율을 조절합니다.

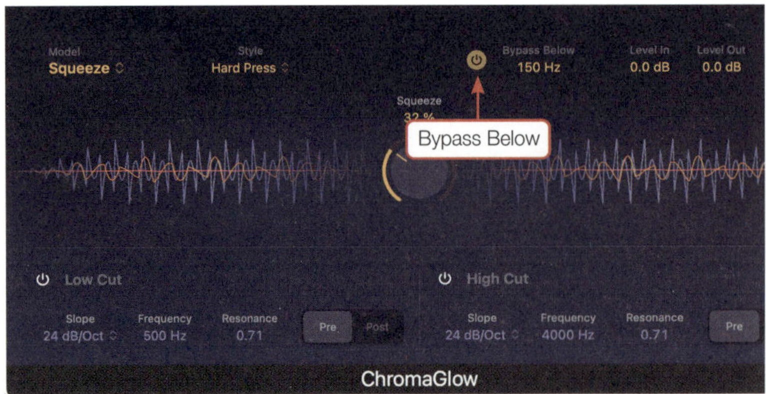

05 ChromaGlow를 사용하는 방법은 간단합니다. 먼저 원하는 모델과 스타일을 선택한 뒤, Drive 노브로 세츄레이션의 양을 조절하면 됩니다. 값을 높일수록 신호가 더 강하게 구동되어 배음과 포화감이 증가합니다. 또한 Squeeze 모델을 선택하면 노브의 명칭이 Squeeze로 바뀌어 해당 모델 특유의 드라이브 특성을 조절하고 있음을 직관적으로 확인할 수 있습니다.

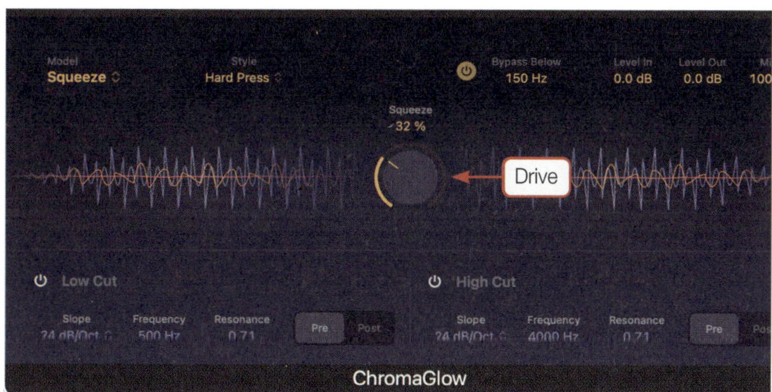

06 하단에는 Low Cut과 High Cut 필터가 마련되어 있어 불필요하게 부풀어 오른 저역이나 과도하게 날카로운 고역을 정리할 수 있습니다. Frequency로 차단 주파수를 설정하고, Slope로 감소량을 조절합니다. Resonance는 컷오프 지점 부근을 강조해 필터의 캐릭터를 더해주며, 이 필터를 이펙트 이전(Pre) 에 적용할지, 이후(Post)에 적용할지 선택할 수 있어 보다 정교한 톤 조절이 가능합니다.

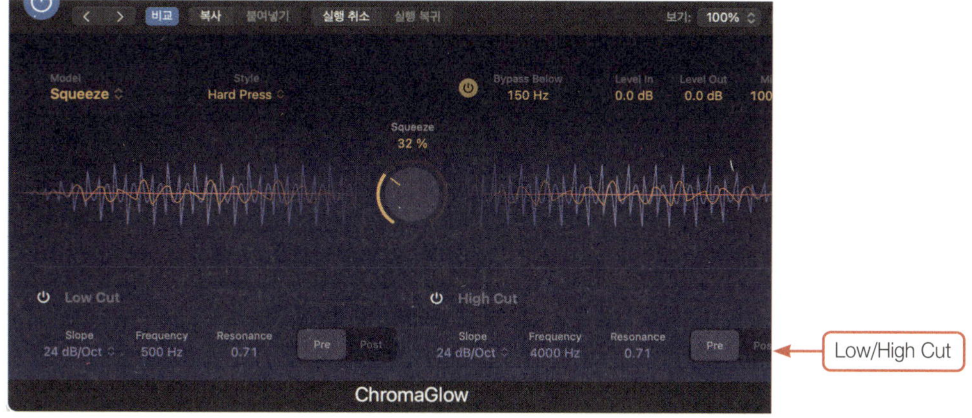

리버브와 딜레이

스튜디오 음향은 근접 마이킹과 룸 튜닝으로 인해 매우 데드한 사운드로 레코딩되기 때문에 자연스러운 공간감이 거의 없습니다. 그래서 믹싱 과정에서는 이러한 사운드에 공간감을 만들어 주는 작업이 필요하며, 이때 주로 사용되는 장치가 리버브와 딜레이 같은 타임 계열 이펙트입니다. 즉, 믹싱은 음악의 깊이, 넓이, 높이를 조정하고 전체적인 밸런스를 정리한 뒤, 마지막 단계에서 공간감을 연출하는 과정으로 마무리되는 것이 일반적입니다.

| Aux 트랙

온라인으로 서로 다른 장소에서 합주가 이루어지는 시대이지만, 한 공간에서 함께 연주할 때의 음향만큼 자연스럽게 들리지는 않습니다. 이는 공간의 크기와 구조, 벽면의 재질 등에 따라 만들어지는 반사음이 서로 다르기 때문입니다. 모든 트랙의 반사음은 마치 하나의 공간에서 연주되는 것처럼 자연스럽게 어우러져야 하기 때문에 리버브나 딜레이와 같은 타임 계열 장치들은 일반적으로 Aux 트랙을 통해 사용하는 방식이 많이 활용됩니다.

01 채널 스트립의 센드 항목을 클릭하여 Bus#을 선택합니다. 이때 선택하는 버스 번호는 특별한 제한이 없으므로 아무 번호나 선택해도 됩니다.

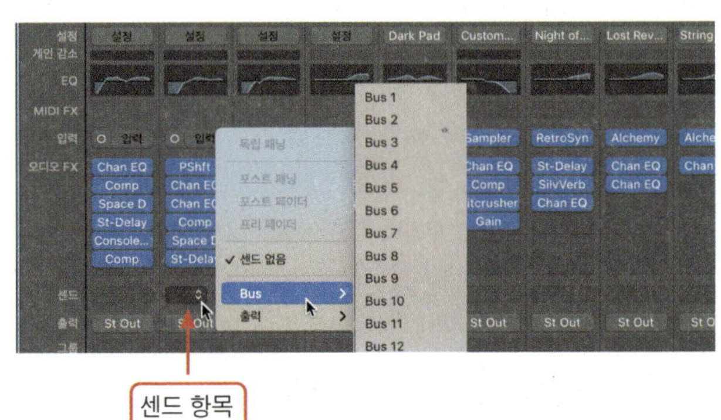

센드 항목

02 선택한 Bus에 연결된 Aux 트랙이 자동으로 생성됩니다. 트랙 이름 항목을 더블 클릭하여 구분하기 쉽도록 로딩할 장치의 이름으로 변경합니다.

03 Aux 트랙의 인서트 항목에서 리버브를 로딩합니다.

04 로직의 리버브는 프리셋이 잘 구성되어 있어 입문자도 비교적 쉽게 프로 수준의 사운드를 만들 수 있습니다. 다만 Aux 방식으로 사용할 때는 Dry를 Mute로 내리고, Wet는 0.0dB로 올려야 합니다. 여기서 Dry는 원음, Wet는 리버브가 적용된 소리를 의미합니다.

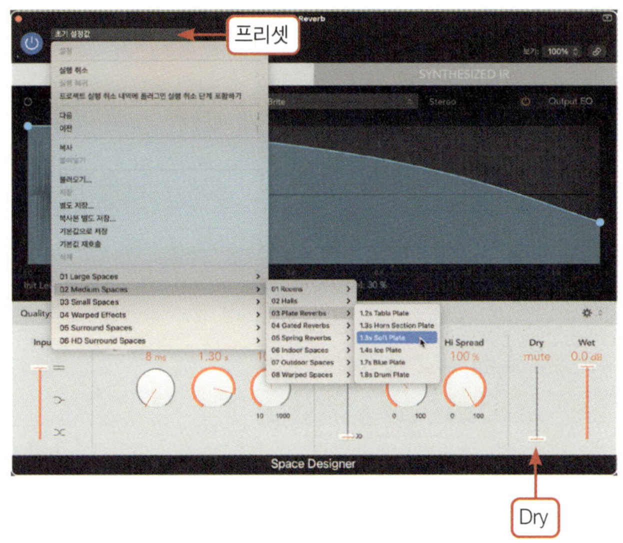

05 Aux 트랙을 만들었던 트랙에서 센드 레벨을 올리면 해당 트랙에서 연주되는 악기에 리버브 효과가 추가되는 것을 확인할 수 있습니다. 리버브의 양은 센드 레벨로 조정합니다.

06 리버브를 적용하고 싶은 다른 트랙의 센드 항목에서 앞에서 만든 Aux 트랙을 선택합니다. 그리고 센드 레벨을 조정하여 리버브를 적용합니다. Aux 트랙에 로딩한 하나의 장치를 여러 트랙에서 동시에 사용할 수 있으며, 모든 트랙에 동일한 공간감을 유지할 수 있습니다.

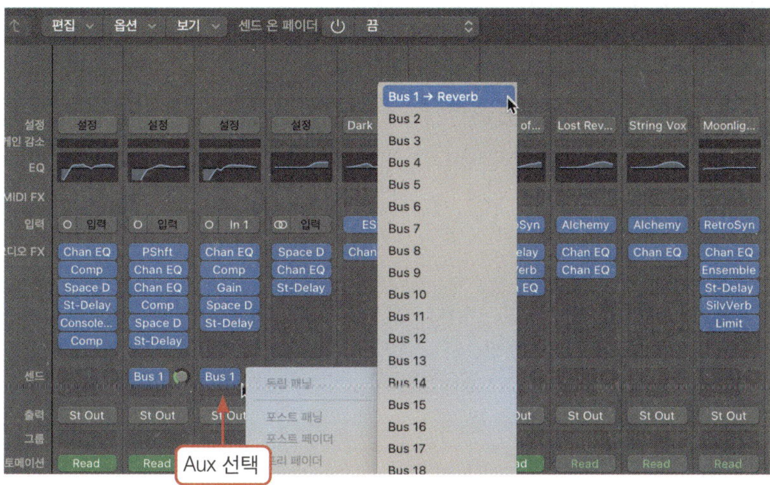

07 딜레이를 적용하는 방법도 동일합니다. 센드 항목의 두 번째 슬롯을 클릭하여 Aux 트랙을 추가하고, 딜레이를 로딩합니다. 그리고 두 번째 슬롯의 센드 레벨을 조정하면 됩니다.

  Aux로 전송되는 오디오 신호는 앞서 오디오 편집 학습에서 살펴본 것처럼 패닝 노브 이후(포스트 패닝)의 신호입니다. 센드 항목을 누르고 있으면 전송 방식을 볼륨 페이더 이후(포스트 페이더) 또는 볼륨 페이더 이전(프리 페이더)으로 변경할 수 있습니다.

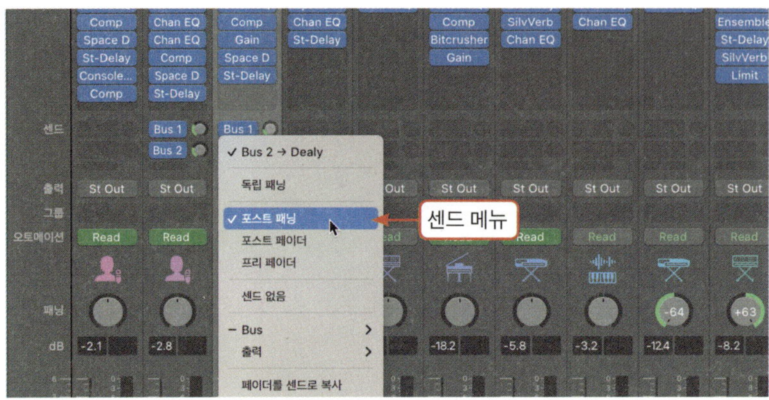

  포스트 패닝, 포스트 페이더, 프리 페이더는 신호가 어느 지점을 기준으로 Aux로 전송되는지를 결정하는 신호 경로의 차이입니다. 기본 설정인 포스트 패닝(Post Pan)은 볼륨 페이더와 패닝 노브의 영향을 모두 받으며, 포스트 페이더는 볼륨의 영향만 받습니다. 반면 프리 페이더는 볼륨과 패닝 노브의 영향을 받지 않습니다. 예를 들어 기본 설정인 포스트 패닝 상태에서 트랙이 재생되는 동안 볼륨이나 패닝 오토메이션이 변화하면 Aux 채널로 전송되는 리버브 양도 함께 변하게 되어 잔향이 들쑥날쑥해질 수 있습니다. 이러한 현상을 방지하려면 필요에 따라 프리 페이더나 포스트 페이더로 신호 경로를 변경할 수 있습니다. 이처럼 트랙의 레벨이나 패닝의 영향을 받지 않고 일정한 리버브 양을 유지해야 하는 경우가 많기 때문에 이러한 개념을 정확히 이해하는 것이 중요합니다.

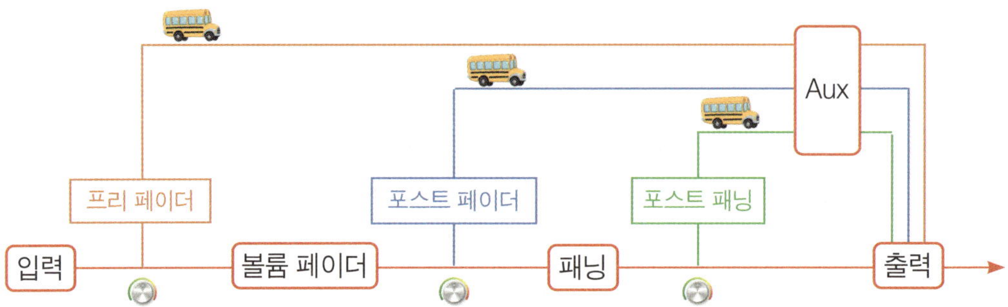

❘ ChromaVerb

ChromaVerb는 14개의 개별 공간 유형 알고리즘을 특징으로 하며, 마치 실제 공간에서처럼 사운드가 점차 흡수되는 원형 구조의 원리를 바탕으로 합니다. 흡수 특성은 선택한 공간 유형 및 리버브 파라미터 설정에 따라 달라집니다.

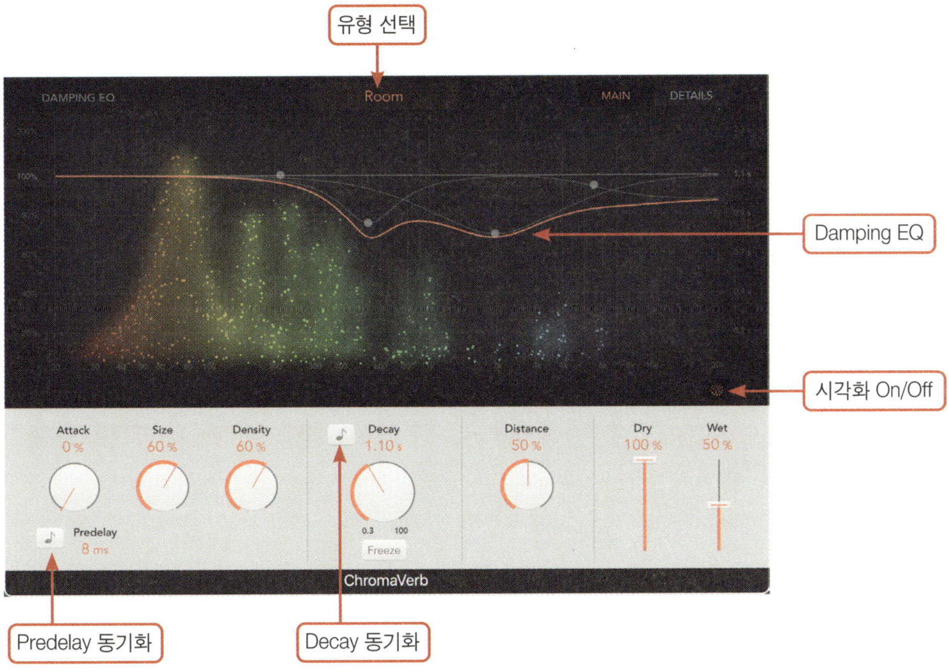

● 메인 윈도우 파라미터

Attack : 리버브의 어택 페이즈를 설정합니다. 선택한 공간 유형에 따라 볼륨 또는 밀도 증가 시간에 영향을 미칩니다.

Theatre, Dense Room, Smooth Space, Reflective Hall, Strange Room, Airy 유형
: 시간이 지남에 따라 볼륨을 증가시킵니다.

Room, Chamber, Concert Hall, Synth Hall, Digital, Dark Room, Vocal Hall, Bloomy 유형
: 리버브가 Density로 결정되는 최대 밀도 값에 도달하는 데 걸리는 시간을 설정합니다.

Size : 공간의 치수를 정의합니다. 값이 높을수록 공간이 더 커집니다.

Density : 공간 유형에 따라 초기 및 후기 반사의 밀도를 동시에 조정합니다.

Predelay : 초기 반사음 타임을 설정합니다. 짧은 프리딜레이 설정은 사운드를 밀어내는 경향이 있고, 긴 프리딜레이 설정은 사운드를 전면으로 내보내는 경향이 있습니다. 동기화 버튼을 On 으로 하면 비트 단위로 설정할 수 있습니다.

프리딜레이 설정이 매우 짧은 경우 사운드에 색상을 입힐 수 있으며 신호 소스의 위치를 정확히 파악하기가 어렵습니다. 프리딜레이 설정이 매우 긴 경우 부자연스러운 에코로 인식될 수 있고 원본 신호를 초기 반사로부터 분리하여 둘 사이에 가청 간격을 둘 수 있습니다.

최적의 프리딜레이 설정은 입력 신호의 유형, 더 정확히는 입력 신호의 엔벨로프에 따라 달라집 니다. 퍼커시브 신호는 일반적으로 어택이 서서히 사라지는 신호에 비해 더 짧은 프리딜레이가 필요하며, 가청 에코와 같은 부작용이 들리기 전까지 최대한 긴 Predelay 값을 사용하는 것이 좋습니다. 이 지점에 도달하면 Predelay 설정을 약간 줄입니다.

Decay : 디케이 시간을 설정합니다. 특정 주파수의 디케이는 댐핑 값에 따라 달라집니다. 동기 화 버튼을 On으로 하면 비트 단위로 설정할 수 있습니다.

Freeze : 선택한 공간 유형 내에서 신호를 무한대로 재순환하려면 켭니다.

Distance : 초기 및 후기 에너지를 변경하여 소스로부터 인식된 거리를 설정합니다.

Dry/Wet : 소스(Dry) 및 이펙트 신호(Wet)의 레벨을 설정합니다.

Damping EQ : 디스플레이에 표시되며 디케이 신호의 주파수를 조정합니다. 2개의 쉘빙과 2개 의 피크 밴드로 구성되어 있습니다. 각 포인트를 수평으로 드래그하여 Frequency를 조정하고, 수직으로 드래그하여 Ratio를 조정하며, 휠을 돌려 Q 값을 조정할 수 있습니다.

● 디테일 윈도우 파라미터

Detail 버튼을 클릭하면 출력 EQ(6밴드) 및 세부 설정을 할 수 있는 창이 열립니다.

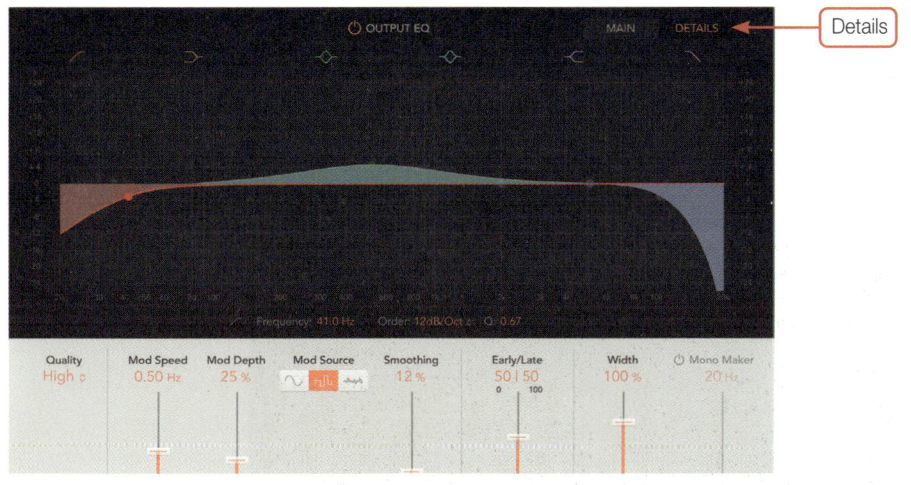

Quality : 음질을 선택합니다.

Low : 노이즈가 많은 모듈레이션과 함께 거친 리버브를 발생시킵니다.

High : 깨끗하고 정확한 사운드를 생성합니다.

Ultra : 부드럽고 고급스러운 리버브를 생성합니다.

Mod Speed : 내장 LFO의 속도를 설정합니다.

Mod Depth : LFO 모듈레이션의 폭을 설정합니다. 범위는 선택한 공간 유형에 따라 결정됩니다.

Mod Source : LFO 파형을 선택합니다. 사인파, 무작위파, 노이즈파를 제공합니다.

Smoothing : LFO 파형의 모양을 변경합니다. 무작위 파형이 부드러워지고 사인 파형 및 노이즈 파형은 포화 상태가 됩니다.

Early/Late : 초기 및 후기 반사음 비율을 설정합니다. Distance 값에 따라 달라집니다.

Width : 리버브의 스테레오 폭을 설정합니다.

Mono Maker : On/Off로 설정된 주파수 아래의 스테레오 정보를 제거합니다. 이는 전체 저음역 대 주파수 범위에서 인식되는 레벨 손실을 보정합니다.

| Quantec Room Simulator

Quantec Room Simulator는 1980년대 초 독일의 Quantec이 개발한 디지털 리버브 하드웨어를 기반으로 그 알고리즘과 동작 방식을 소프트웨어로 구현한 플러그인입니다. 매우 투명하고 자연스러운 공간감을 만들어주는 것으로 잘 알려져 있으며, 인위적인 잔향보다는 실제 공간에 가까운 밀도와 확산감을 특징으로 합니다. 왼쪽 상단의 로고를 클릭하면 QRS 및 YardStick 리버브의 발명가와 개발 과정에 대한 세부 정보를 확인할 수 있습니다.

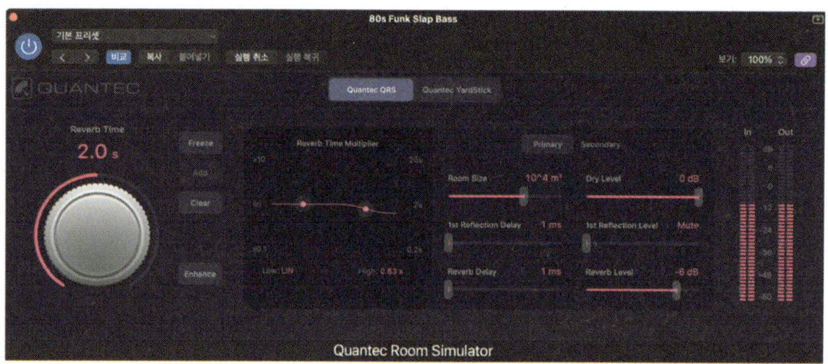

메인 컨트롤

- **리버브 모델 버튼 (QRS/YardStick):** 두 가지 리버브 모델 중 하나를 선택합니다.

  QRS: 1980년대 오리지널 빈티지 사운드를 재현한 모델

  YardStick: QRS 기술을 현대적으로 발전시킨 모델. 좀 더 현대적이고 확장된 느낌입니다.

- **Reverb Time:** 소리가 얼마나 오래 울릴지 결정합니다. 값을 올리면 잔향이 더 길어집니다.

- **Room Size:** 공간의 크기를 설정합니다. 작은 방부터 큰 홀까지 설정할 수 있습니다. 공간이 커질수록 전체적인 울림의 스케일도 커집니다. 노브 주변의 링은 현재 선택한 공간 크기 안에서 설정 가능한 시간 범위를 보여줍니다.

- **Freeze:** 현재 울리고 있는 리버브를 그대로 고정해 계속 유지시킵니다. 몽환적인 배경음이나 사운드스케이프를 만들 때 유용합니다. Freeze가 켜지면 새로운 입력 소리는 일반 리버브로 가지 않고, 고정된 잔향에만 더해집니다.

- **Add:** 길게 누르면 현재 울리는 소리를 추가로 캡처해 기존 Freeze에 겹쳐 넣습니다. 누르는 시간만큼 소리가 더해집니다. 여러 번 반복해 레이어를 만들 수 있습니다.

- **Clear**: Freeze로 저장된 소리를 모두 지우고 원래 상태로 되돌립니다.
- **Enhance (QRS 모델 전용)**: 리버브를 더 조밀하고 깊이 있게 만들어주는 기능입니다. 켜면 잔향이 더 촘촘해지고 공간감이 강조됩니다. 이 기능이 켜져 있을 때는 Reverb Time을 직접 조절할 수 없습니다. 대신 Room Size로 전체적인 느낌을 조정합니다.
- **In 미터**: 리버브로 들어오는 소리의 크기를 보여줍니다. 너무 크면 왜곡이 생길 수 있으니 확인이 필요합니다.
- **Out 미터**: 플러그인을 거친 최종 출력 레벨을 보여줍니다. 전체 음량이 과하지 않은지 체크하는 용도입니다.

리버브 타임 멀티플라이어

리버브가 주파수에 따라 얼마나 오래 울릴지를 조절하는 기능입니다. 쉽게 말해, 저음과 고음의 울림 길이를 따로 설정할 수 있는 그래프입니다. 이를 통해 벽이 소리를 많이 반사하는 공간인지, 아니면 흡수하는 공간인지를 자연스럽게 표현할 수 있습니다.

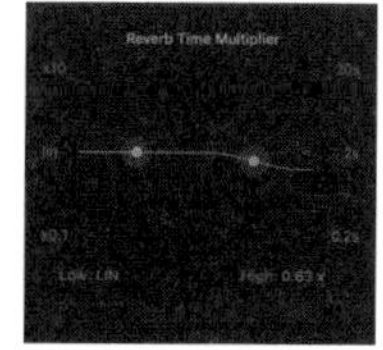

그래프의 세로축(Y축) 은 리버브 시간을 의미합니다. 오른쪽 눈금은 기본 Reverb Time 노브로 설정한 전체 잔향 시간을 보여주고, 왼쪽 눈금은 저음과 고음에 적용되는 배율(0.1배~최대 10배)을 표시합니다. 화면에는 두 개의 포인트가 있는데, 하나는 저주파수(약 500Hz 이하), 다른 하나는 고주파수(약 1kHz 이상)의 리버브 시간을 기본값에 비해 얼마나 늘리거나 줄일지 정하는 컨트롤입니다.

- **Low**: 저음의 리버브 길이를 조절합니다. 위로 올리면 저음이 더 오래 울려 동굴처럼 웅장해지고, 아래로 내리면 저음이 빨리 사라져 보다 단단한 느낌이 됩니다.
- **High**: 고음의 리버브 길이를 조절합니다. 위로 올리면 밝고 반짝이는 잔향이 길어지고, 아래로 내리면 고음이 빨리 감쇠되어 차분하고 어두운 공간감을 만듭니다.

이 기능은 단순히 EQ로 특정 대역의 볼륨을 줄이는 것과는 다릅니다. 소리의 크기를 조절하는 것이 아니라, 각 대역이 얼마나 오래 울릴지를 조절하는 것이기 때문에 훨씬 자연스럽고 실제 공간에 가까운 리버브 변화를 만들어낼 수 있습니다.

Primary

자주 사용하는 핵심 리버브 설정에 빠르게 접근할 수 있는 모드
입니다. 공간의 크기·깊이·거리감을 세밀하게 디자인할 수 있도
록 도와주는 파라미터입니다. .

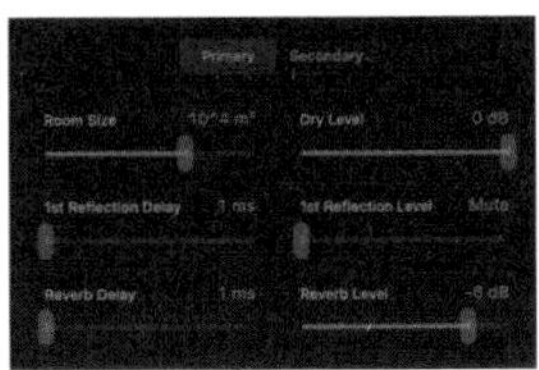

● Room Size: 공간의 크기를 1m³부터 1,000,000m³까지 설정할 수 있습니다. 작은 방부터 거대
한 홀까지 재현할 수 있으며, 이 값을 바꾸면 잔향 시간의 조절 범위도 함께 달라집니다. 공간이
커질수록 전체적인 울림의 스케일도 커집니다.

● 1st Reflection Delay: 원음이 나온 뒤, 벽에 한 번 부딪혀 돌아오는 첫 반사음이 얼마나 늦
게 들릴지를 정합니다. 값을 높이면 반사음이 늦게 도착해 더 넓고 깊은 공간처럼 느껴집니다.

● Reverb Delay: 원음과 리버브가 시작되는 시점 사이에 딜레이를 추가합니다. 예를 들어
200ms 정도를 주면, 소리가 먼저 또렷하게 들린 뒤 그 다음에 잔향이 따라옵니다. 보컬을 선명
하게 유지하면서도 공간감을 주고 싶을 때 효과적입니다.

● Dry Level: 리버브가 걸리지 않은 원음의 출력 레벨을 조절합니다. 리버브와 별도로 원음의
비중을 세밀하게 맞출 수 있습니다.

● 1st Reflection Level: 첫 번째 반사음의 크기를 조절합니다. 값을 높이면 소리가 가까이에서
울리는 듯해 친밀감과 존재감이 커지고, 낮추면 더 멀리 떨어진 듯한 넓고 개방적인 공간감이
만들어집니다.

Secondary

빈티지 디지털 질감과 스테레오 이미지까지 세밀하게 다듬을 수
있는 고급 옵션 화면으로 전환합니다. 보다 정밀한 조절 옵션에
접근할 수 있습니다.

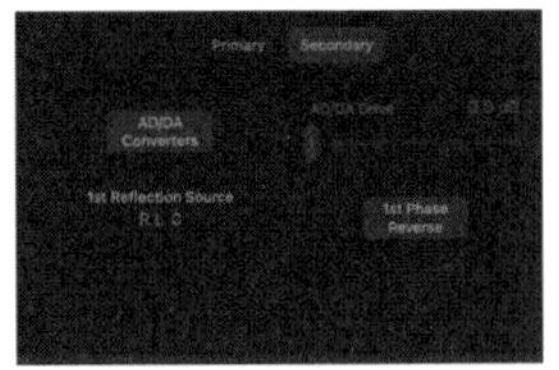

● AD/DA Converters: 1980년대 오리지널 QRS 하드웨어에 사용되었던 디지털 변환기의 특성
을 에뮬레이션합니다. 켜면 당시 장비 특유의 약간 거칠고 개성 있는 질감이 더해집니다.

● **AD/DA Drive:** 최대 30dB까지 게인을 추가해, 초기 디지털 변환기에서 나타나던 포화와 왜곡 특성을 재현합니다. 가볍게 올리면 은은한 세츄레이션이 크게 올리면 거친 클리핑에 가까운 질감이 만들어집니다. 출력 레벨은 자동으로 보정되어 전체 볼륨이 과하게 커지지 않도록 설계되어 있습니다.

● **1st Reflection Source:** 초기 반사음(1st Reflection)의 좌우 채널 배치를 설정합니다.

　L R: 원래의 좌우 채널 유지

　R L: 좌우 채널을 서로 바꿔 공간 이미지를 변형

● **1st Phase Reverse:** 첫 번째 반사음의 위상을 반전시키는 기능입니다. 드라이 신호 및 리버브와의 위상 관계가 달라지면서 공간의 퍼짐이나 중심감이 미묘하게 변화합니다. 특정 주파수에서의 간섭 효과를 조정할 때 유용합니다.

YardStick 모델

기존 QRS 모델을 기반으로 발전된 버전으로, 음향 시뮬레이션의 정확도를 높이고 리버브 특성을 더욱 세밀하게 제어할 수 있도록 개선된 알고리즘을 사용합니다. 특히 초기 반사음, 확산, 모듈레이션에 대한 컨트롤이 강화되어 보다 자연스럽고 유기적으로 변화하는 리버브를 만들 수 있습니다. 그 결과 단순히 길게 울리는 잔향이 아니라 시간에 따라 미묘하게 움직이고 깊이감이 살아 있는 복잡한 리버브 테일을 구현할 수 있습니다.

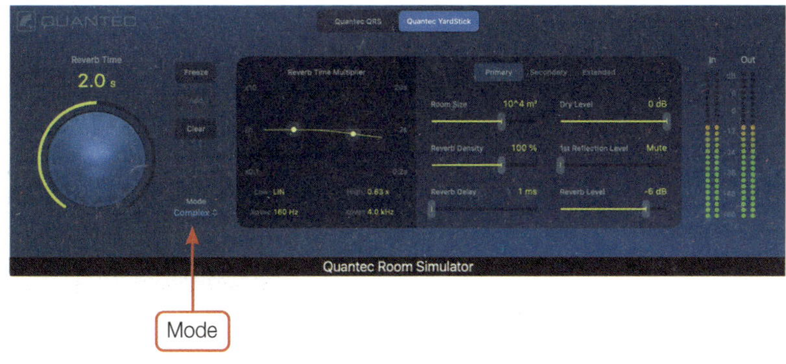

Mode: 리버브의 복잡도와 반사 구조를 선택하는 메뉴입니다.

　● **Complex:** 반사가 풍부하고 세밀해, 몰입감 있는 깊은 공간을 만듭니다.

　● **Medium:** 자연스럽고 균형 잡힌 리버브.

　● **Simple:** 비교적 단순하고 정교한 잔향으로, 깔끔한 공간감을 제공합니다.

YardStick Secondary

공간의 깊이, 스테레오 폭, 톤 밸런스를 더욱 세밀하게 조정할 수
있는 고급 설정입니다.

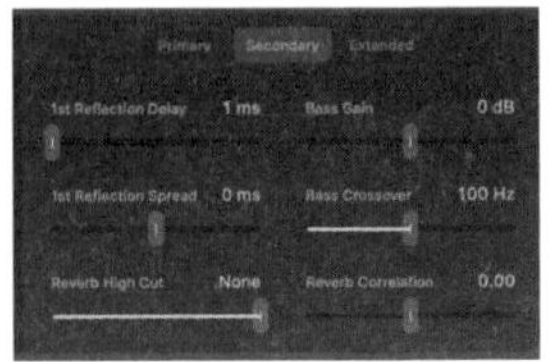

● **1st Reflection Delay**: 원음과 첫 번째 반사음 사이의 시간을 조절합니다. 값을 높이면 반사
음이 늦게 도착해 더 깊고 넓은 공간처럼 느껴집니다.

● **1st Reflection Spread**: 왼쪽과 오른쪽 채널의 초기 반사음 도착 시간 차이를 조절합니다.
값을 높이면 스테레오 폭이 넓어지고, 낮추면 중앙에 더 모이는 느낌이 됩니다.

● **Reverb High Cut**: 리버브 테일에 적용되는 하이 컷 필터입니다. 컷오프 주파수를 낮추면 고
음이 줄어들어 더 부드럽고 따뜻한 잔향이 됩니다.

● **Bass Gain**: 리버브 신호의 저음 양을 조절합니다. 값을 올리면 더 묵직해지고, 낮추면 저음
이 정리됩니다.

● **Bass Crossover**: 어느 주파수 이하를 저음으로 처리할지 정하는 기준점입니다. Bass Gain
과 함께 사용해 리버브의 저역 밸런스를 정교하게 설정할 수 있습니다.

● **Reverb Correlation**: 리버브의 스테레오 폭을 조절합니다. 값을 조정하면 리버브가 중앙에
모인 좁은 느낌부터 좌우로 크게 펼쳐지는 넓고 몰입감 있는 공간감까지 다양하게 변화합니다.

YardStick Extended

스테레오 이미지와 출력 구조까지 세밀하게 설계할 수 있는 고
급 설정입니다.

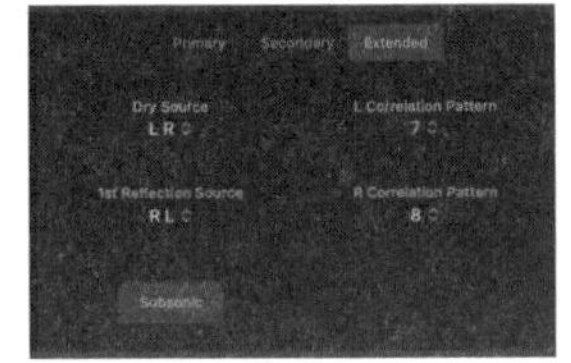

● **Dry Source**: 드라이(원음) 신호의 좌우 출력 채널을 설정합니다.
　L R: 원래의 좌우 순서 유지
　R L: 좌우 채널을 서로 교체
이 설정은 리버브로 들어가는 입력 경로에는 영향을 주지 않고, 출력 채널 배치만 변경합니다.
모노 인스턴스에서는 사용할 수 없습니다.

- **1st Reflection Source**: 초기 반사음의 좌우 출력 채널을 설정합니다. L/R 유지 또는 서로 교체가 가능합니다. 스테레오 이미지의 방향감을 미세하게 조정할 때 활용합니다.
- **L/R Correlation Pattern**: 왼쪽과 오른쪽 리버브 채널 각각에 대해 가상 공간 안의 "마이크 위치" 패턴을 선택하는 기능입니다.
  - 서로 다른 번호를 선택하면 더 넓고 입체적인 스테레오 공간이 형성됩니다.
  - 두 채널에 같은 번호를 선택하면 모노에 가까운 출력이 됩니다.
  - Off를 선택하면 리버브 출력 채널을 음소거할 수 있습니다. 사용 가능한 패턴 수는 현재 선택한 Mode(Simple, Medium, Complex)에 따라 달라집니다.
- **Subsonic**: 아주 낮은 저주파 성분을 필터링할지 여부를 결정합니다.
  - 일반적으로는 켜 두어 들리지 않지만 저역을 혼탁하게 만들 수 있는 초저주파를 제거하는 것이 믹스에 유리합니다.
  - 끄면 필터링 없이 전체 저역을 그대로 처리합니다.

서라운드 채널

Quantec Room Simulator는 스테레오뿐 아니라 멀티채널 서라운드 오디오에도 리버브를 적용할 수 있습니다. 오리지널 Quantec 하드웨어 알고리즘을 기반으로 QRS와 YardStick 모델 모두 서라운드 프로세싱을 지원합니다. 따라서 영화, 게임, 몰입형 음악 작업 등에서 2D/3D 공간감을 보다 정교하게 설계할 수 있습니다.

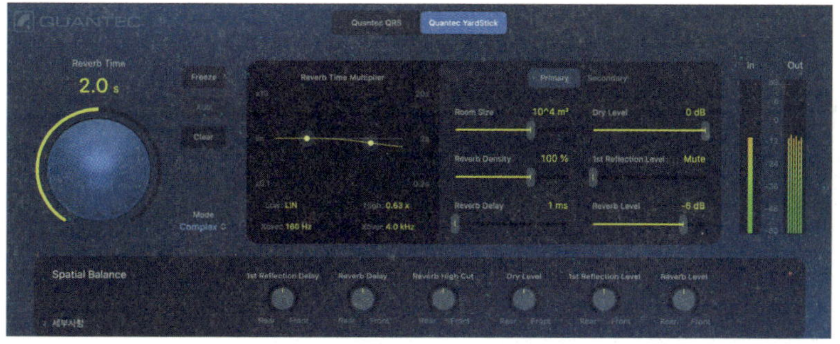

핵심 파라미터 구성은 스테레오 버전과 동일하게 유지되어 Primary/Secondary 페이지와 주요 컨트롤을 그대로 사용할 수 있습니다. 작업 흐름 개선을 위해 Yard-Stick 모델의 Subsonic 버튼은 Secondary 페이지로 이동됩니다.

Spatial Balance

서라운드 버전에는 여러 채널 간 밸런스를 한 번에 조절할 수 있는 매크로 컨트롤가 제공됩니다. 이 기능은 서라운드 세부사항 보기에서 각 채널을 일일이 수정하지 않아도 전면/후면 또는 하단/상단 채널 간의 공간 밸런스를 빠르게 재조정할 수 있게 해줍니다.

- **1st Reflection Delay:** 전면과 후면 채널 사이의 초기 반사음 딜레이 차이를 조절합니다.
- **Reverb Delay:** 전면과 후면 채널 간 리버브 시작 시점을 조절합니다.
- **Reverb High Cut:** 전면과 후면 채널 사이의 로우패스 필터 컷오프를 조절합니다.
- **Dry Level:** 전면과 후면 채널 간 Dry(원음) 레벨 밸런스를 조절합니다.
- **1st Reflection Level:** 전면과 후면 채널 간 초기 반사음 레벨을 조절합니다.
- **Reverb Level R/F:** 전면과 후면 채널 간 리버브 테일 레벨을 조절합니다.
- **Reverb Level B/T:** 하단과 상단 채널 간 리버브 레벨 밸런스를 조절합니다.

세부사항

서라운드 세부사항 보기는 각 채널 또는 채널 쌍의 리버브 설정을 개별적으로 정밀 조정할 수 있는 고급 편집 화면입니다. 기본 리버브 컨트롤 옆에 Room Input Processing 열이 추가되어 각 입력 신호가 공간 시뮬레이션에 들어가기 전에 미리 가공할 수 있습니다.

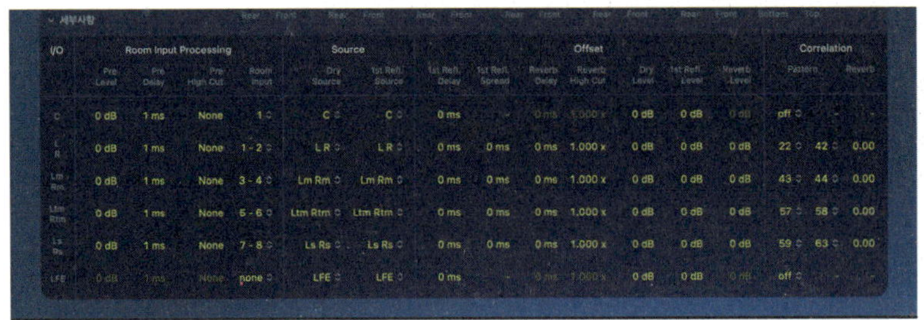

Room Input Processing

공간 시뮬레이션 전에 입력 신호를 조정합니다. (최대 8개의 가상 스피커 선택 가능)

● Pre Level: 입력을 -30dB까지 감쇠하거나 음소거하여 특정 채널이 공간에 들어가지 않도록 설정할 수 있습니다.

● Pre Delay: 최대 250ms까지 딜레이를 추가해 소스와 벽 사이 거리감을 시뮬레이션하거나 채널 간 분리를 강화합니다.

● Pre High Cut: 로우패스 필터를 적용해 밝기나 치찰음을 제어합니다. None으로 설정하면 바이패스됩니다.

● Room Input: 알고리즘 내부 가상 공간에 배치된 가상 스피커 위치를 선택합니다.

Source

● Dry Source: 드라이 신호로 사용할 입력 소스를 선택합니다.

● 1st Refl. Source: 첫 번째 리플렉션 신호로 사용할 입력 소스를 선택합니다.

Offset

메인/보조 페이지에서 설정한 기본값에 대해 채널별 오프셋(가감값)을 적용합니다. 매크로 컨트롤을 조정하면 이 값들이 자동으로 변경됩니다.

● 1st Refl. Delay: 첫 반사음 딜레이를 메인 값에서 가감

● 1st Refl. Spread: 좌우 채널 간 첫 반사음 시간 차 조절 (채널 쌍에서만 가능)

● Reverb Delay: 리버브 시작 지점 조절

● Reverb High Cut: 보조 페이지 High Cut 값에 대한 주파수 오프셋

● Dry Level: 드라이 출력 레벨 오프셋 (음소거 가능)

● 1st Refl. Level: 초기 반사음 레벨 오프셋 (음소거 가능)

● Reverb Level: 리버브 레벨 오프셋 (음소거 가능)

Correlation

리버브 챔버 내부 가상 마이크 간의 상관 관계를 제어합니다.

● Pattern Correlation: 채널별 상관 패턴을 선택합니다. 동일한 번호를 다른 채널에 지정하면 모노 출력이 생성됩니다. 끔(Off)을 선택하면 해당 채널의 리버브 출력이 음소거됩니다.

● Reverb Correlation: 채널 쌍의 상관도를 수치로 조정합니다. 양수는 더 높은 상관도 (좁은 이미지), 음수는 더 낮은 상관도 (넓은 이미지)

| Delay Designer

딜레이는 사운드를 반복시켜 풍성하게 만드는 장치입니다. 흔히 에코(Echo)라고도 하는데, 에코는 반복되는 사운드를 의미하고 딜레이는 반복 타임을 의미한다는 차이가 있습니다. 물론 혼용해서 불러도 무방하지만, 잔향이 불규칙적으로 발생하는 리버브와는 구분됩니다.

Delay 카테고리의 Delay Designer는 각 에코 탭마다 레벨, 패닝, 피치, 필터 등을 편집할 수 있는 고급 딜레이 장치로, 최대 26개의 탭(A-Z)을 제공합니다. 화면은 메인 디스플레이, 탭 파라미터, 탭 패드, Sync, 마스터의 5가지 섹션으로 구성되어 있습니다.

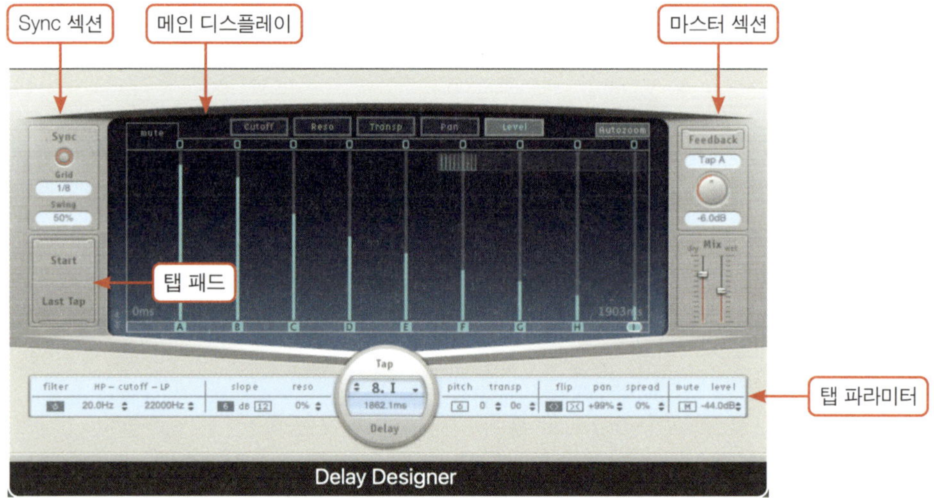

메인 디스플레이 : 모든 탭의 시각적 표현을 제공하며, 각 탭의 파라미터를 편집할 수 있습니다.

탭 파라미터 : 선택한 탭의 파라미터를 확인하고 편집할 수 있습니다.

탭 패드 : Start 및 Last Tap 패드를 사용하여 탭을 만들 수 있습니다.

Sync 섹션 : 동기화 및 퀀타이즈 파라미터를 설정할 수 있습니다.

Master 섹션 : 믹스 파라미터와 피드백 파라미터를 제어합니다.

● **메인 디스플레이**

메인 디스플레이에서 탭 파라미터를 확인하고 편집할 수 있습니다. 편집할 파라미터를 선택하고
모든 탭을 빠르게 확대/축소하거나 탐색할 수 있습니다.

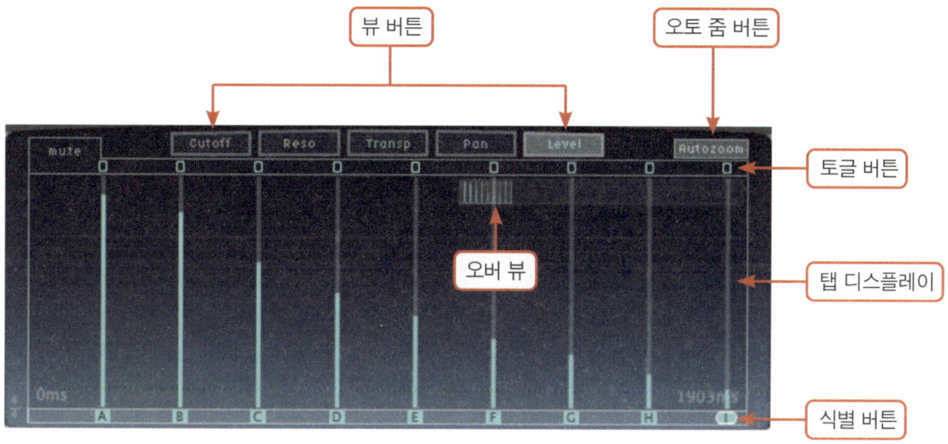

뷰 버튼 : 탭 디스플레이에 표시할 파라미터(Cutoff, Reso, Transp, Pan, Level)를 선택합니다.

오토 줌 버튼 : 모든 탭이 한 화면에 표시될 수 있게 확대합니다.

오버 뷰 : 수직으로 드래그하여 확대/축소하거나 수평으로 드래그하여 이동할 수 있습니다.

토글 버튼 : Cutoff는 필터 On/Off, Reso는 슬로프 6dB/12dB 전환, Pitch는 피치 트랜스포지션
On/Off, Pan은 플립 모드 간의 전환, Level은 Mute On/Off 입니다.

탭 디스플레이 : 각 탭을 음영 처리된 선으로 표시하며, 마우스 드래그로 값을 조정할 수 있습니
다. Cutoff는 필터 주파수, Reso는 슬로프 곡선, Transp는 피치, 그리고 Pan과 Level 값 입니다.

식별 버튼 : 각 탭을 구분할 수 있는 문자(A-Z)와 시간 위치를 표시합니다. 탭을 드래그하여 위
치를 이동시키거나 빈 공간을 클릭하여 추가할 수 있습니다. 삭제는 백 스페이스 키입니다.

● Sync 섹션

탭을 비트에 동기화 하는 Sync 기능과 탭을 만드는 패드로 구성되어 있습니다.

Sync : 동기화 기능을 On/Off 합니다.

Grid : 동기화 기능이 On일 때의 정렬 기준을 선택합니다.

Swing : 동기화 기능이 On일 때 업 비트를 밀어 스윙 리듬을 만듭니다.

Start/Last Tap : Start 버튼을 클릭하면 Tap으로 변경되며 패드를 클릭하여 탭을
추가할 수 있습니다. 종료할 때는 Last Tap 패드를 클릭합니다.

● 탭 파라미터

선택한 탭의 모든 파라미터를 빠르고 정확하게 편집할 수 있으며, 디스플레이 뷰를 전환하거나
수직선으로 값을 추정할 필요가 없습니다. 파라미터 값은 Option 키를 누른 상태로 클릭하여
기본 설정으로 초기화 할 수 있습니다.

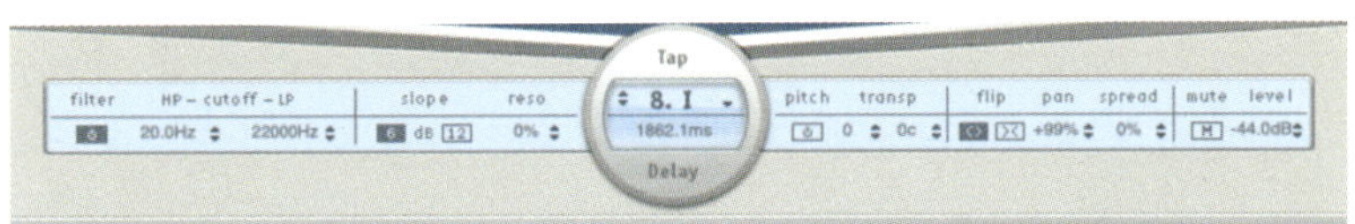

Filter On/Off : 하이패스 및 로우패스 필터를 켜거나 끕니다

Cutoff HP/LP : 하이패스 및 로우패스 필터에 대한 컷오프 주파수를 설정합니다.

Slope : 하이패스 및 로우패스 필터 슬로프의 기울기를 결정합니다.

Reso(nance) : 하이패스 및 로우패스 필터의 레조넌스 정도를 설정합니다.

Tap Delay : 선택한 탭의 번호와 이름은 상단에 표시되고 딜레이 타임은 하단에 표시됩니다.

Pitch On/Off : 피치 트랜스포지션을 켜거나 끕니다.

Transp(ose) : 왼쪽 필드를 드래그하여 반음 단위로 피치를 트랜스포즈합니다. 오른쪽 필드는 각 반음 단계를 센트 단위(반음의 1/100)로 미세하게 조정합니다.

Flip : 스테레오 또는 서라운드 이미지의 왼쪽과 오른쪽을 서로 바꿉니다. 버튼을 클릭하면 탭 위치가 왼쪽에서 오른쪽으로 또는 그 반대로 바뀝니다.

Pan : 모노 신호용 패닝 위치, 스테레오 신호용 스테레오 밸런스 또는 서라운드 구성에서 사용하는 서라운드 각도를 설정합니다.

Spread : 선택한 탭의 스테레오 스프레드 폭을 설정합니다

Mute : 선택한 탭을 음소거하거나 해제합니다.

Level : 선택한 탭의 출력 레벨을 설정합니다.

● 마스터 섹션

최종 출력을 제어하는 마스터 섹션은 딜레이 피드백과 dry/wet 믹스로 구성되어 있습니다. 피드백은 사용자 정의된 탭의 출력을 다시 전송하여 반복시키는 기능입니다.

Feedback : 피드백 탭을 켜거나 끕니다.
Feedback Tap : 피드백 탭을 선택합니다.
Feedback Level : 피드백 탭 출력 레벨을 설정합니다. 값이 0%면 피드백이 없는 것과 같고, 값이 100%이면 피드백 탭이 최대 볼륨으로 입력에 다시 전송됩니다.

Mix : 원음(Dry)과 딜레이 신호(Wet)의 레벨을 설정합니다.

| Stereo Delay

Stereo Delay는 왼쪽과 오른쪽 채널의 딜레이 값을 서로 다르게 설정할 수 있습니다.

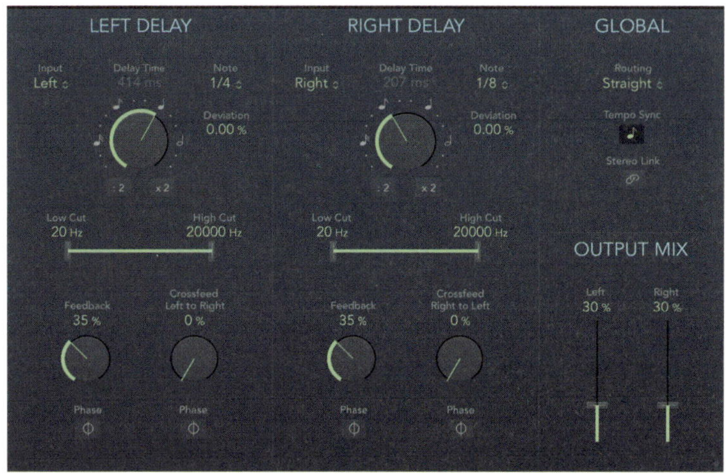

Input : 입력 신호를 선택합니다.

Delay Time : 딜레이 타임을 설정합니다. Global 섹션의 Tempo Sync 버튼을 On으로 하면 비트 값으로 설정할 수 있습니다. 2/x2 버튼은 딜레이 타임을 절반으로 줄이거나 두 배로 늘립니다.

Note : Tempo Sync 버튼이 On일 경우에 딜레이 타임을 비트 단위로 설정합니다.

Deviation : Note에서 선택한 비트를 벗어나게 합니다.

Low/High Cut : 이펙트 신호에서 Low Cut 이하 및 High Cut 이상의 주파수를 차단합니다.

Feedback : 왼쪽 및 오른쪽 딜레이 신호에 대한 피드백 정도를 설정합니다.

Feedback Phase : 해당 채널 피드백 신호의 위상을 뒤집습니다.

Crossfeed : 왼쪽 채널의 피드백 신호를 오른쪽 채널로 또는 그 반대로 전송합니다.

Crossfeed Phase : 크로스피드 피드백 신호의 위상을 뒤집습니다.

Routing : 내부 신호 라우팅을 선택합니다.

Tempo Sync : 딜레이 타임을 비트 단위로 설정할 수 있게 합니다.

Stereo Link : 두 채널이 함께 조정되게 합니다. Command 키를 누르면 개별 조정이 가능합니다.

Output Mix : 왼쪽 및 오른쪽 채널 신호의 레벨을 설정합니다.

보컬 프로세싱

팝에서 가장 중요한 것은 보컬이며, 보컬의 기본은 음정과 박자입니다. 그래서 보컬의 음정과 박자를 보정할 수 있는 플러그인은 컴퓨터 뮤지션들이 가장 먼저 관심을 갖는 장치이기도 합니다. 하지만, 로직은 자체적으로 음정과 박자를 보정할 수 있는 기능을 갖추고 있기 때문에 별도의 플러그인을 구매할 이유가 없습니다.

| 음정 보정하기

01 오디오 리전을 더블 클릭하여 트랙 편집창을 열고, 도구 바의 ① Flex 버튼을 On으로 합니다. 그리고 ② 모드 메뉴에서 Flex Pitch를 선택하면 오디오의 음정이 분석되어 편집 가능한 노트 형태로 표시됩니다.

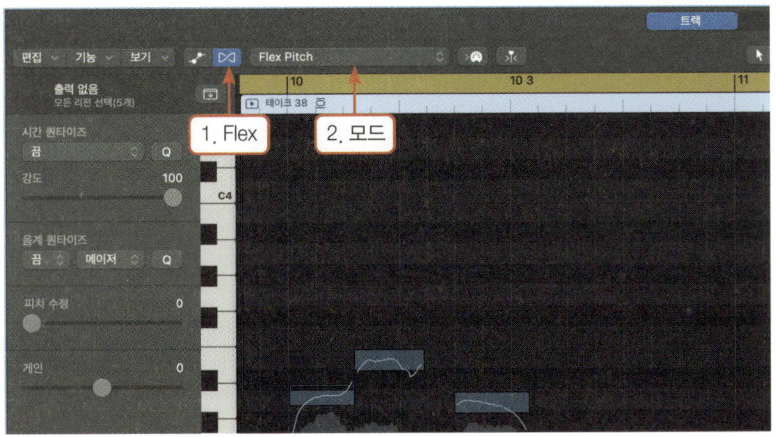

02 분석된 노트는 MIDI 이벤트를 다루듯 마우스 드래그로 피치를 조정할 수 있습니다. 노트에 커서를 올리면 테두리에 6개의 조절 핸들이 나타나며, 각 핸들의 역할은 다음과 같습니다.

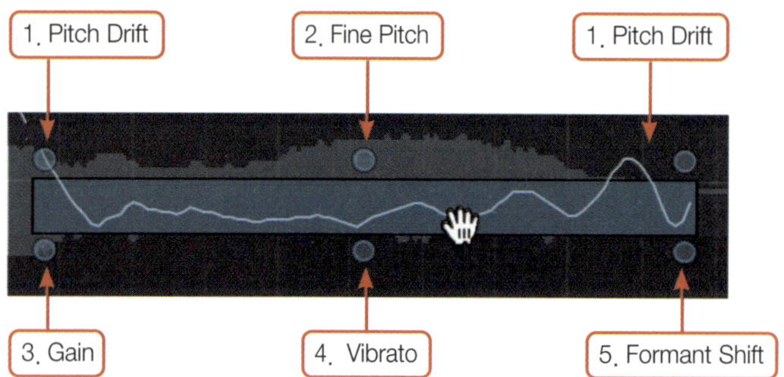

① Pitch Drift

노트에 구불구불한 선으로 표시된 것은 시간에 따라 변하는 피치 커브로, 이를 Drift(드리프트)라고 합니다. 노트 왼쪽과 오른쪽 상단의 Pitch Drift 핸들을 드래그하여 보정할 수 있으며, 왼쪽 핸들은 시작점을, 오른쪽 핸들은 끝 지점을 조정합니다.

② Fine Pitch

노트 상단 중앙에 있는 Fine Pitch 핸들은 피치를 100분의 1 단위로 미세하게 조정합니다. 참고로, 노트를 더블 클릭하면 가장 가까운 음으로 자동 보정됩니다.

③ Gain

해당 노트의 볼륨 레벨을 조절합니다.

④ Vibrato

피치 커브의 폭을 조정하여 비브라토 효과를 만듭니다. 작은 비브라토 음성에 큰 비브라토를 추가하기보다는 큰 비브라토 폭을 줄이는 용도로 사용하는 것이 자연스럽습니다.

⑤ Formant Shift

음성의 톤을 조정합니다. 피치를 보정하면 톤이 함께 변할 수 있는데, Formant Shift 핸들을 아래로 드래그하면 톤이 굵어지고, 위로 드래그하면 톤이 얇아집니다.

03 노트에서 마우스 오른쪽 버튼을 클릭하면 보정 옵션 메뉴가 열립니다. 원래의 피치로 설정은 노트를 보정하기 전 상태로 되돌리고, 퍼펙트 피치로 설정은 가장 가까운 정확한 음으로 자동 보정합니다. 피치 커브 재설정은 피치 커브만 초기 상태로 되돌리며, 모두 재설정은 노트에 적용된 모든 보정을 한 번에 초기화합니다.

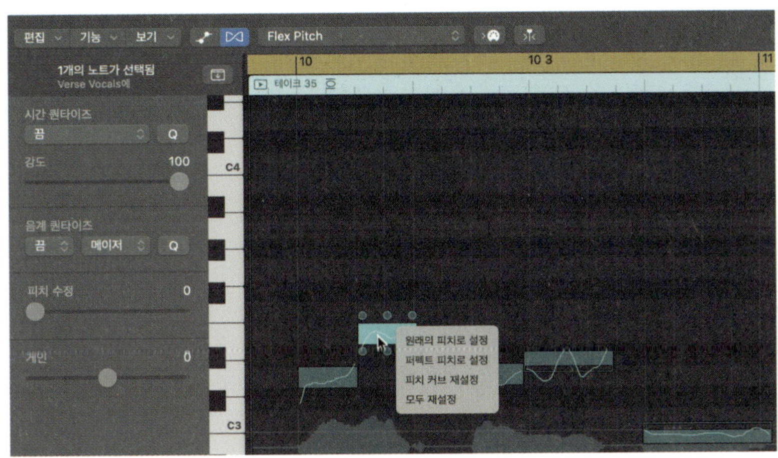

04 Command+A 키를 눌러 모든 노트를 선택하고, 인스펙터 창의 ① 음계 퀀타이즈에서 스케일을 선택하면 해당 스케일에 맞추어 피치를 보정할 수 있습니다. 이때 보정 강도는 ② 피치 수정 슬라이더를 이용하여 결정합니다.

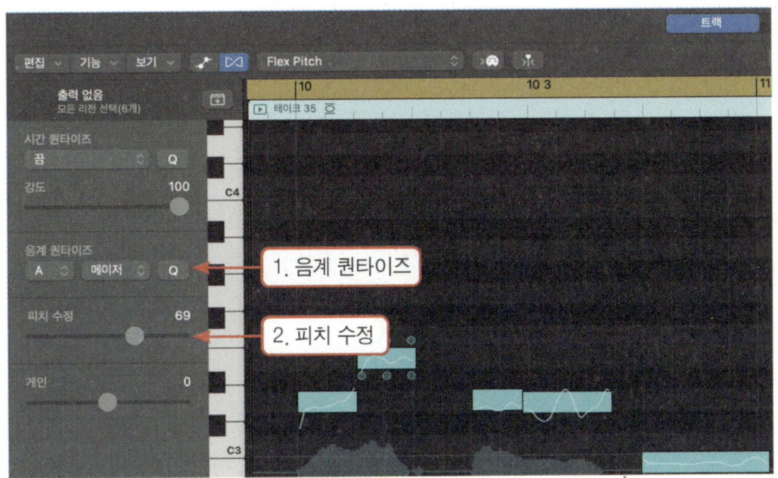

05 Flex Pitch로 노트가 분석될 때, 간혹 두 개 이상의 음절이 하나의 노트로 표시되는 경우가 있습니다. 필요하다면 가위 도구를 사용하여 노트를 분할할 수 있습니다.

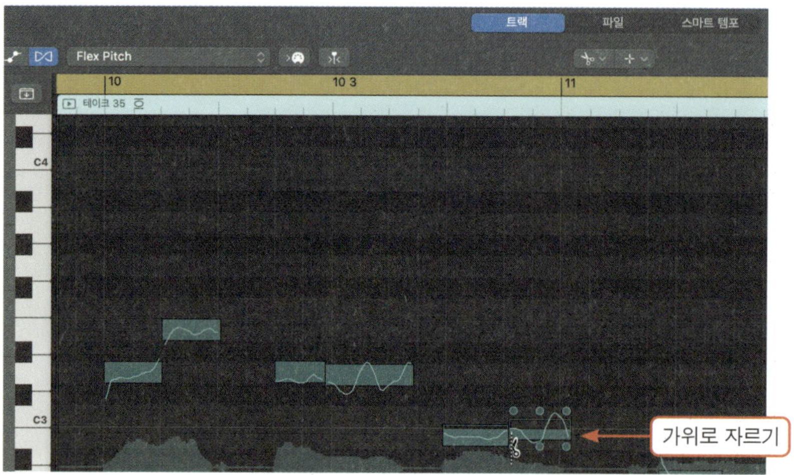

06 반대로 하나의 음절이 두 개의 노트로 분석되는 경우도 있습니다. 필요하다면 접착 도구를 사용하여 두 노트를 선택한 뒤 클릭하면 하나로 합칠 수 있습니다.

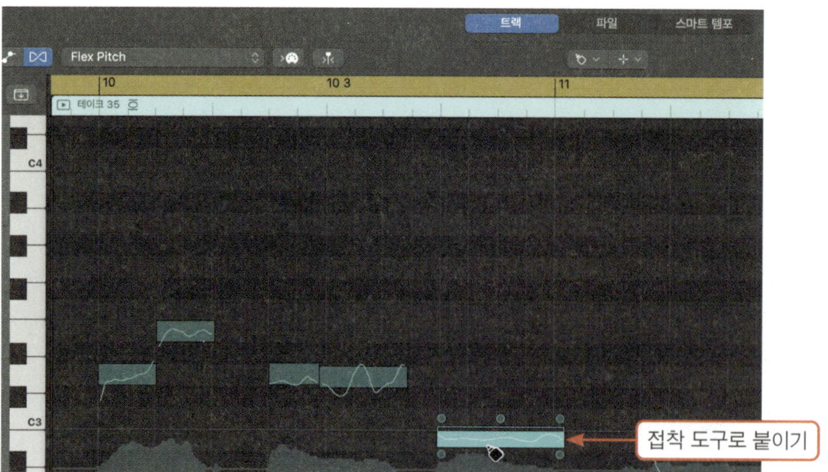

07 하모니가 필요한 경우에는 녹음을 하는 것이 가장 좋지만, 어쩔 수 없는 경우라면 Flex Pitch 기능을 이용합니다. Control+B 키를 눌러 바운스 하거나 Option 키를 누른 상태로 트랙을 드래그하여 복사합니다.

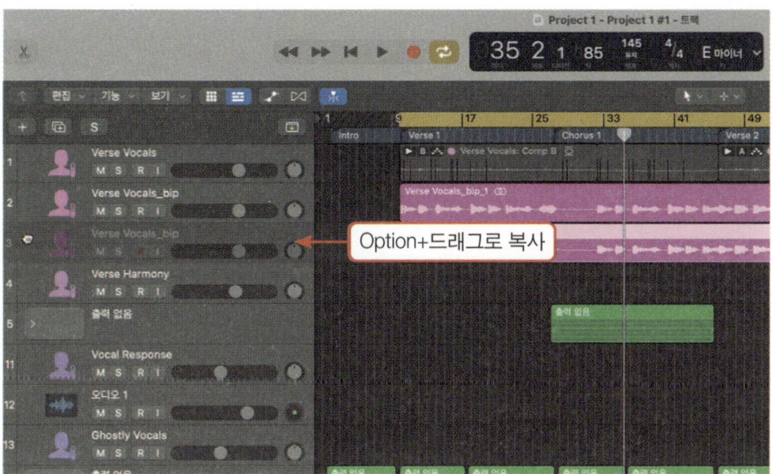

08 복사한 트랙의 리전에서 하모니가 필요한 부분만 잘라내고, Flex Pitch 기능을 활성화합니다. 그리고 Command+A 키를 눌러 모든 노트를 선택하여 3도 위로 올리고, 음계 퀀타이즈를 적용하면 간단하게 하모니를 만들 수 있습니다.

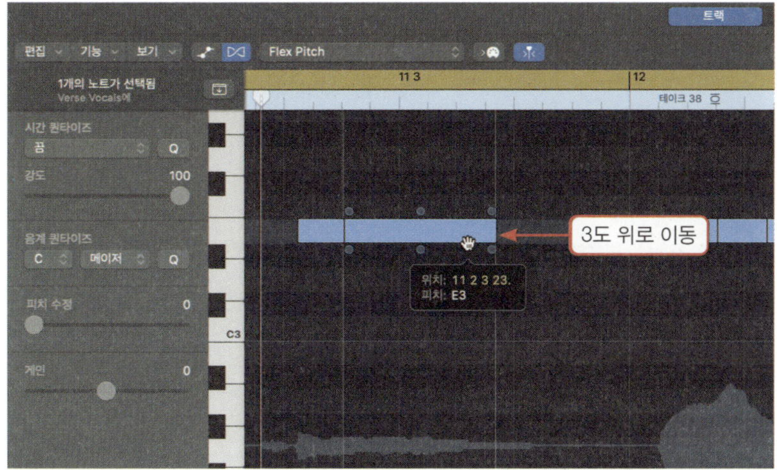

01 노래를 하지 않는 구간의 리전은 굳이 삭제하지 않아도 됩니다. 작은 잡음은 반주에 묻혀 들리지 않기 때문입니다. 하지만, 깔끔한 성격 탓인지, 만약을 위해서인지는 몰라도 이를 제거하고 싶어하는 사용자가 많습니다. 우선 여러 테이크로 녹음한 보컬 트랙을 Control+B키를 눌러 완성된 하나의 트랙으로 바운스시킵니다.

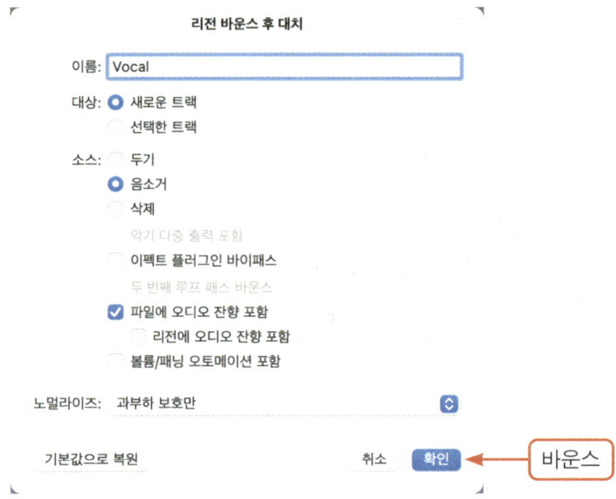

02 테이크 녹음은 없고 구간별로 나누어 녹음을 한 경우라면 트랙을 클릭하여 모든 리전이 선택되게 합니다. 그리고 Command+J 키를 눌러 하나로 결합합니다.

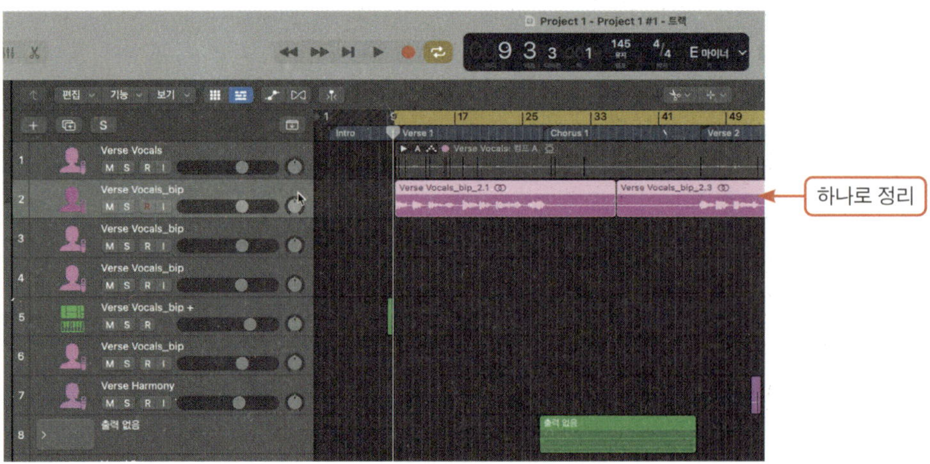

03 Control+X 키를 누르면 무음 구간을 검색하여 삭제할 수 있는 창이 열립니다. 트레숄드에서 어느 정도 레벨 이하를 제거할 것인지를 조정합니다. 남는 리전은 사각 테두리로 표시됩니다. 무음 상태로 수용 가능한 최소 시간은 검색에서 무시할 무음 길이를 설정하는 것이며, 프리어택 및 포스트 릴리스 시간은 리전 앞/위 여유 길이를 설정합니다. 그리고 제로 크로싱 검색은 파형이 베이스 라인에 일치되는 위치로 자르게 합니다.

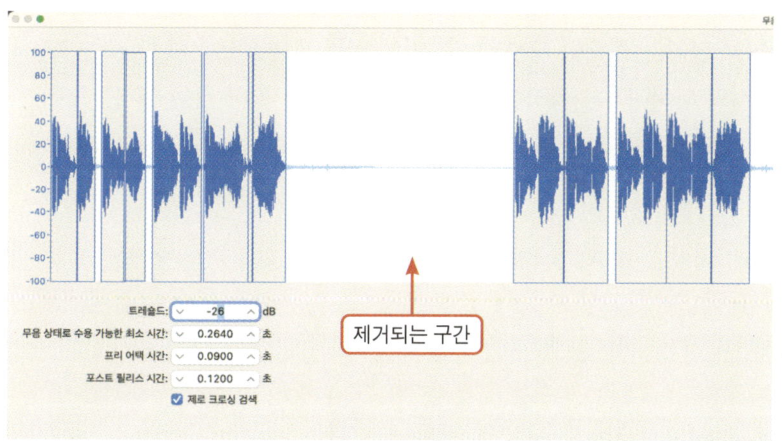

04 노래를 하지 않고 구간이 깔끔하게 제거된 것을 확인할 수 있습니다. 단, 무음에서 갑자기 소리가 나올 때 클릭 잡음이 발생할 수 있으므로, 리전 인스펙터의 페이드 인을 적용합니다.

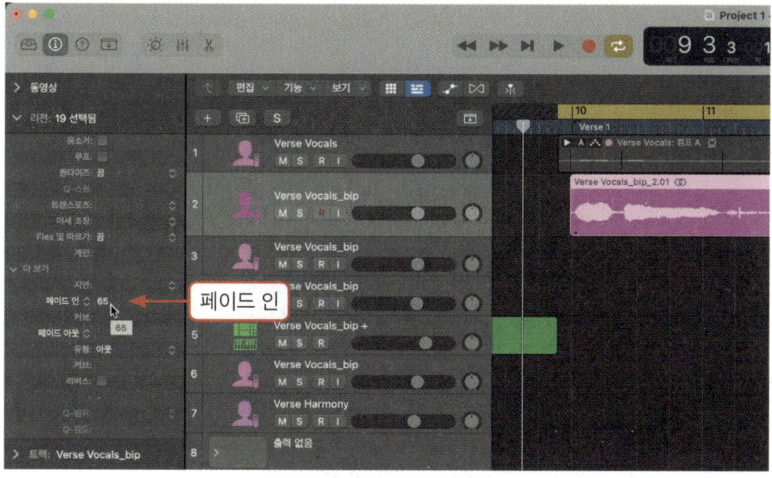

오토메이션

오토메이션은 채널 스트립의 컨트롤이나 플러그인 파라미터의 움직임을 기록하여 자동으로 재생되게 하는 역할을 합니다. 트랙이 재생되는 동안에 볼륨이 변경되게 할 때 또는 페이드 아웃 시킬 때, 보컬의 다이내믹을 정리할 때, 이펙트의 양이나 필터 값을 실시간으로 변경할 때 등 믹싱과 마스터링 작업을 할 때 꼭 필요한 기능입니다.

| 입력과 편집

01 메뉴 바의 ① 오토메이션 보기 버튼을 클릭하여 On으로 하면 모든 트랙에 오토메이션을 기록하거나 편집할 수 있는 파라미터가 보이며, 기본 ② 모드는 기록되어 있는 오토메이션대로 컨트롤러를 움직이게 하는 Read 모드입니다.

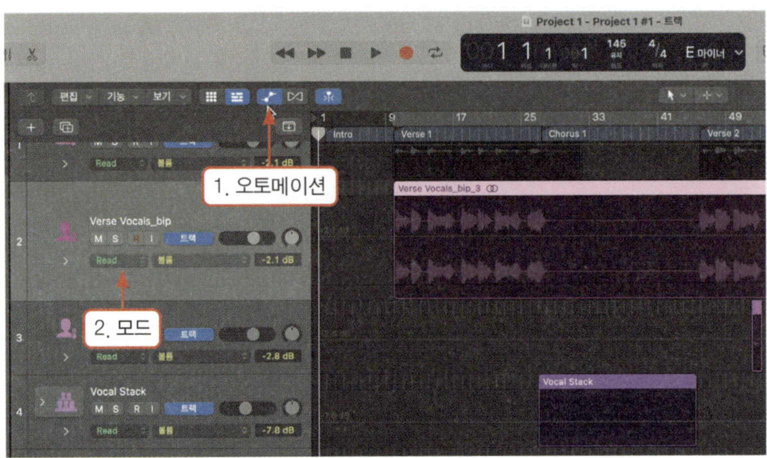

02 오토메이션은 라인을 ① 클릭하여 포인트를 추가하고 드래그하여 값을 조정합니다. 포인트를 더블 클릭하면 삭제할 수 있습니다. 기본적으로 오토메이션 ② 파라미터은 볼륨이 선택되어 있습니다. 즉, 곡을 재생하면 사용자가 입력한 오토메이션 라인의 움직임대로 채널 스트림의 볼륨 슬라이더가 자동으로 움직이게 됩니다.

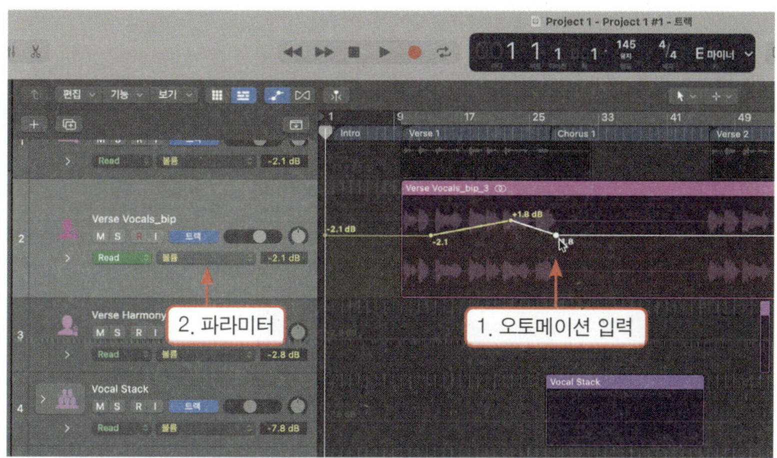

03 볼륨 외의 파라미터를 메뉴에서 선택하는 것 보다는 조정하고자 하는 파라미터를 선택했을 때 자동으로 선택되게 하고 싶다면 믹스 메뉴의 읽기 모드에서 오토메이션 파라미터 자동 선택을 체크합니다.

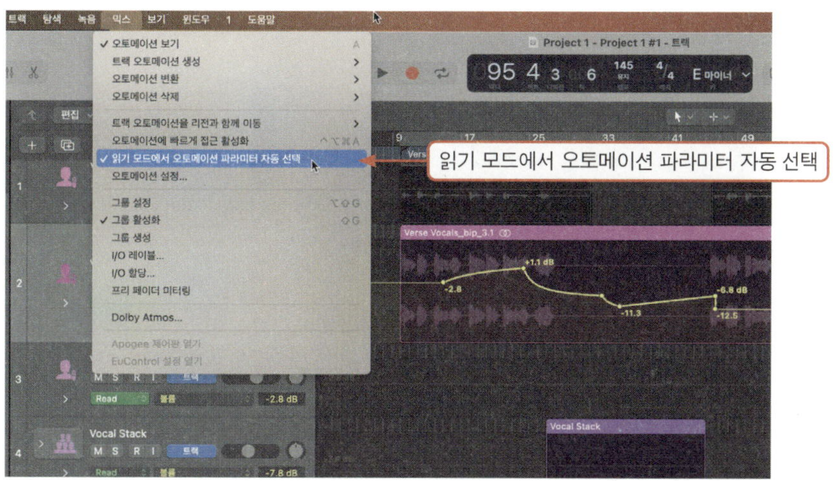

04 레벨 차이가 큰 보컬에 컴프레서를 걸기 전에 오토메이션으로 큰 레벨을 정리하는 엔지니어도 많습니다. 특정 범위의 레벨을 조정하고 싶을 때는 ① Command 도구에 마키 도구를 설정하고, ② Command 키를 누른 상태로 범위를 선택한 다음에 라인을 움직이면 편리합니다.

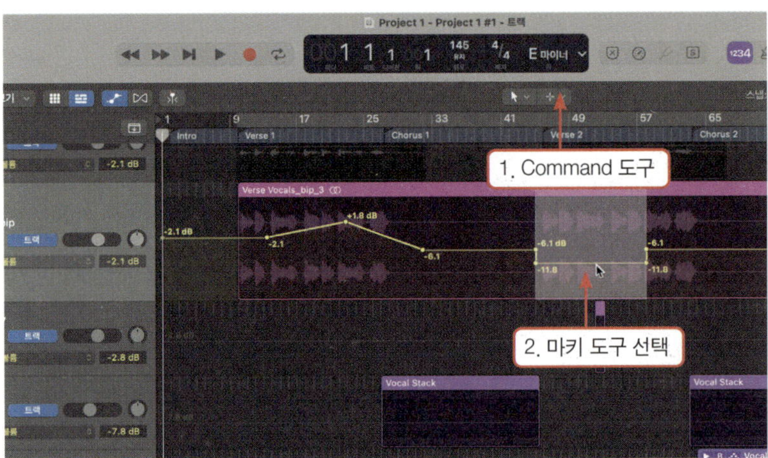

05 도구 목록에는 오토메이션을 이동하거나 Option 키를 누른 상태로 복사하는 등의 작업을 진행할 수 있는 '오토메이션 선택 도구'와 라인을 곡선으로 편집할 수 있는 '오토메이션 커브 도구'가 있습니다. 선택 도구는 포인터 도구로 대신할 수 있기 때문에 잘 사용하지 않지만, 커브 도구는 부드러운 움직임이 필요할 때 자주 사용되므로 기억해두기 바랍니다.

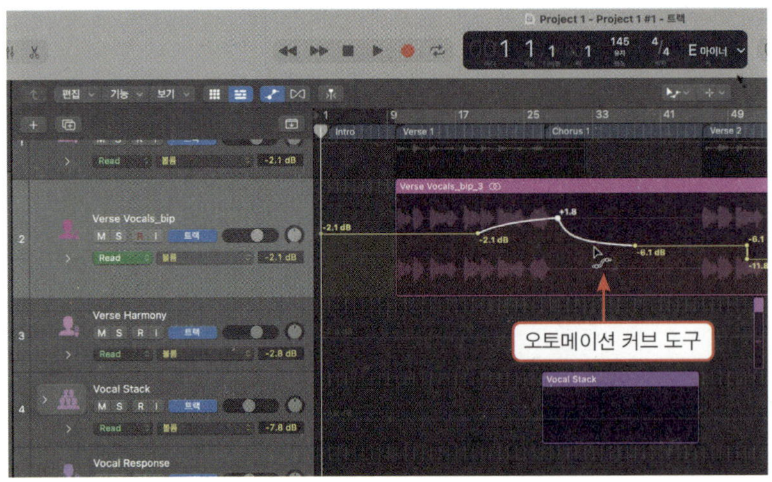

06 오토메이션 파라미터 선택 메뉴 오른쪽에 있는 다듬기 값을 이용하면 입력되어 있는 오토 메이션 값을 한 번에 증/감시킬 수 있습니다.

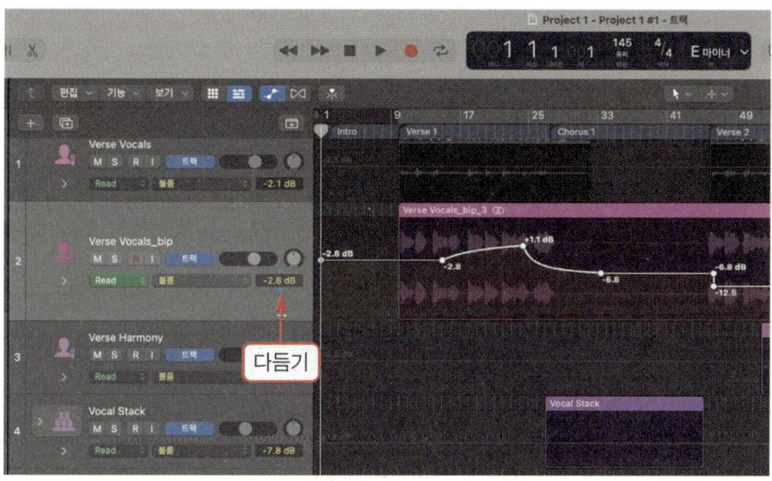

07 믹스 메뉴의 오토메이션 삭제를 이용하면 오토메이션을 한 번에 삭제할 수 있습니다. 선택 한 트랙에서 표시된 오토메이션, 모든 오토메이션, 고립된 오토메이션, '중복 오토메이션 포인트, 모든 트랙 오토메이션이 있습니다. 여기서 고립된 오토메이션은 파라미터가 없는 것을 말하며, 복사 과정에서 사용자 실수로 간혹 발생할 수 있습니다.

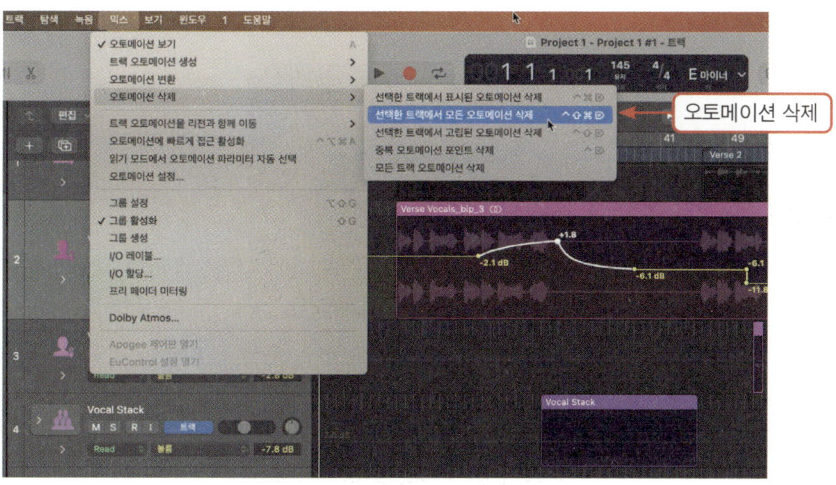

01 오토메이션은 컨트롤러의 움직임을 실시간으로 기록할 수 있습니다. 이를 위한 모드는 Touch, Latch, Write의 3가지 타입이 있습니다. Touch 모드를 선택합니다.

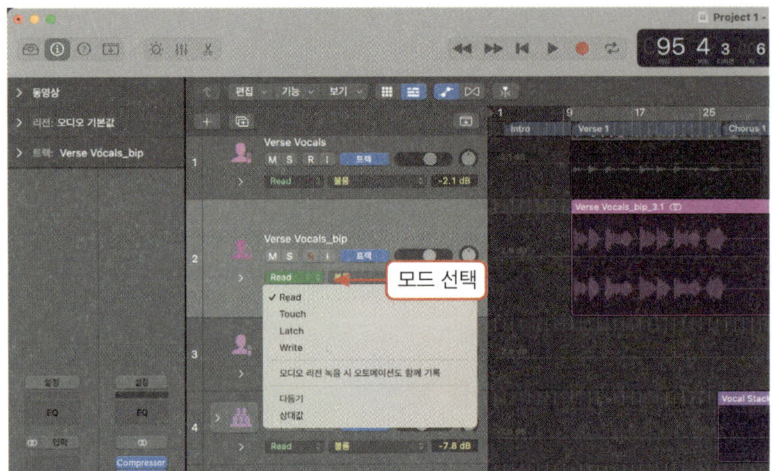

02 스페이스 바 키를 눌러 곡을 재생하고, 채널 스트립 또는 믹서의 볼륨 슬라이더를 움직여 봅니다. 오토메이션이 기록되는 것을 확인할 수 있습니다. 마우스에서 손을 떼면 오토메이션 값은 움직임이 기록되기 전으로 복구됩니다.

03 모드를 Latch로 변경하고 같은 과정을 반복해봅니다. 그리고 손을 떼면 마지막 값이 유지된다는 차이점을 알 수 있습니다. 주로 오토메이션을 새로 기록할 때 Latch 모드를 사용하고, 일부분을 수정할 때 Touch 모드를 사용합니다.

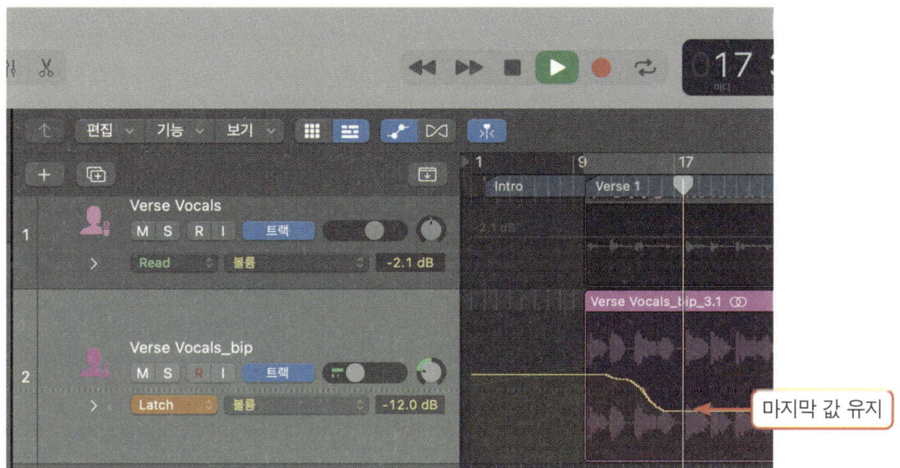

04 Write 모드는 Touch 모드와 비슷합니다. 단, 움직임이 없어도 기존에 기록된 오토메이션을 삭제하면서 진행된다는 경고창이 열립니다. 오토메이션을 다시 기록하고 싶을 때 사용할 수 있는 모드이지만 파라미터 제한이 있기 때문에 잘 쓰지는 않습니다.

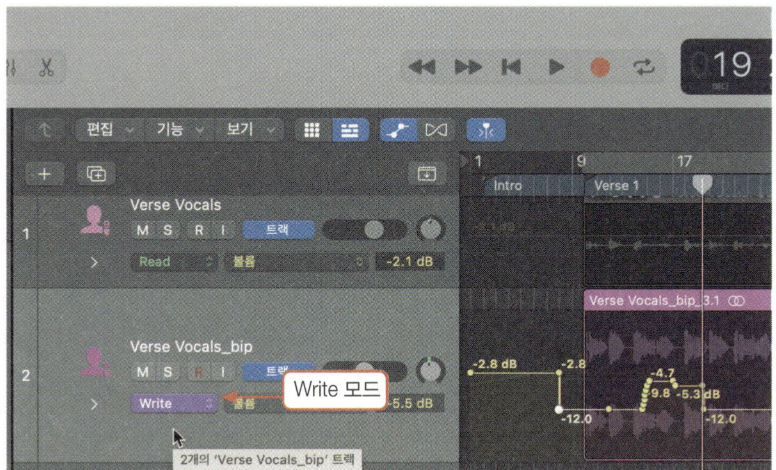

05 오토메이션은 마스터 건반 또는 외부 미디 컨트롤러를 이용해서 기록하거나 편집할 수 있습니다. Logic Pro 메뉴의 컨트롤 서피스에서 컨트롤러 할당을 선택하여 창을 엽니다.

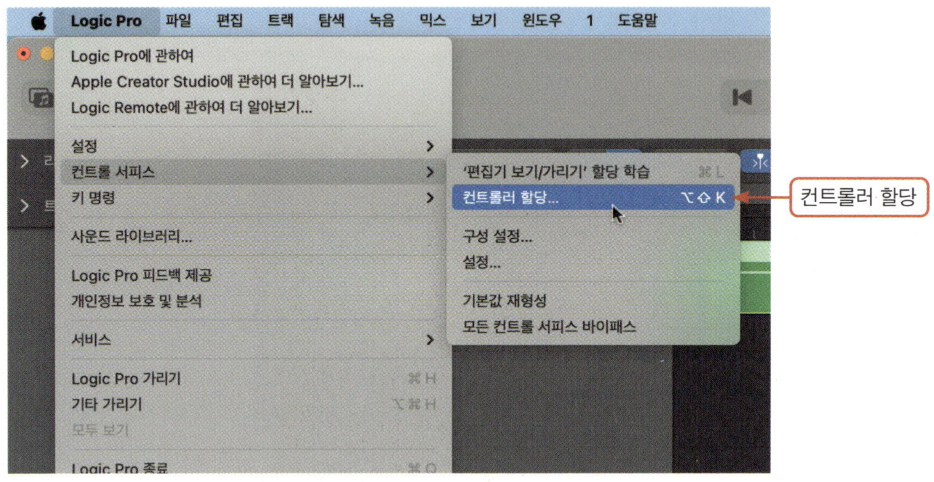

06 컨트롤러 할당 창의 ① 학습 버튼을 클릭합니다. 그리고 믹서 또는 이펙트에서 조정하고자 하는 파라미터를 선택하고, 사용하고 있는 마스터 건반의 ② 컨트롤러를 움직입니다. 그러면 해당 컨트롤러로 오토메이션을 기록하거나 편집할 수 있습니다.

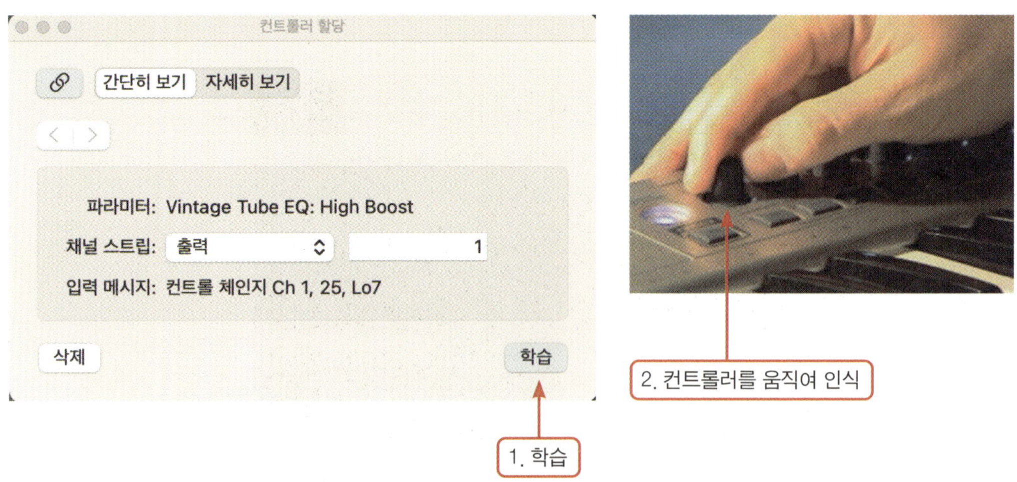

 Stereo Out 및 Master 트랙 또는 Aux 트랙의 오토메이션 라인을 프로젝트에서 보면서 편집하고 싶을 때는 믹서에서 마우스 오른쪽 버튼을 클릭하여 단축 메뉴를 열고, 트랙 생성을 선택합니다. Stereo Out 트랙은 트랙 출력 트랙 보기입니다.

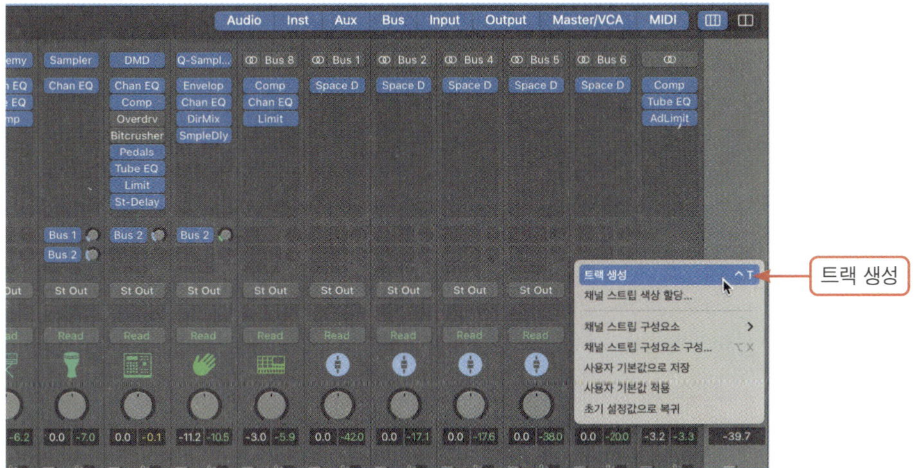

08 Stereo Out 및 Master 트랙 또는 Aux 트랙을 메인 창에 표시할 수 있으며, 오토메이션 라인을 보면서 마우스로 편집할 수 있습니다.

마스터링

음악 제작의 마지막 과정인 마스터링은 오랜 훈련과 연습이 필요한 전문 분야입니다. 사실 편곡, 녹음, 믹싱, 마스터링을 각각의 전문가에게 의뢰하는 것만큼 좋은 결과를 만들 수 있는 없습니다. 하지만, 결과물이 2%로 모자라도 혼자서 해낼 수 있다면 엄청난 비용을 절감할 수 있습니다.

모니터 환경

마스터링은 믹싱 작업이 끝난 음악을 마지막으로 한 번 더 다듬는 과정입니다. 그래서 EQ 나 컴프레서의 조정 폭이 크지 않습니다. 결국, 마스터링에서 모니터 시스템은 그 무엇보다 중요합니다. EQ의 특정 주파수 대역을 3dB 정도 증/감해보면서 변화를 구분할 수 없다면 모니터 스피커의 교체 여부를 고려해봐야 할 것입니다.

모니터 스피커

사운드를 들을 수 있는 대표적인 장치는 헤드폰, 이어폰, 스피커 등이 있으며, 일반적으로 쉽게 접할 수 있는 하이파이 제품들은 소리가 가급적 좋게 들리도록 저음과 고음이 증폭되어 출력됩 니다. 별도의 앰프가 제공되는 카스테레오나 홈시어터 시스템의 경우에는 앰프에 내장된 EQ를 Off시켜 저음과 고음이 증폭되지 않도록 조정할 수 있는 경우도 있지만, 대부분의 하이파이 제 품들은 원음이 그대로 재생되지 않는다는 의미입니다. 이것은 인간의 청각 특성에 맞추어 사운 드가 좀 더 좋게 들리도록 하는 것이기 때문에 결코 나쁘다는 것이 아닙니다.

하지만, 사운드를 컨트롤하는 입장에서는 원음 을 정확하게 판별하는 것이 중요하기 때문에 저 음과 고음이 증폭되지 않고, 모든 주파수 대역 이 고르게 재생될 수 있도록 설계된 전문 장치 가 필요합니다. 이것이 바로 모니터 스피커라고 부르는 장치이며, 오디오 콘텐츠를 제작하는 사 람들에게는 꼭 필요한 제품입니다.

▲ 모니터 스피커

헤드폰이나 이어폰도 원음을 그대로 들을 수 있게 모니터 헤드폰 또는 모니터 이어폰이라고 하는 제품들이 있지만, 좌/우가 완전히 분리되어 있기 때문에 스피커와 동일한 모니터는 불가능합니다. 그래서 녹음을 할 때나 사운드를 체크할 때, 또는 야간에 작업해야 할 때와 같이 꼭 필요한 상황이 아니라면 모니터용으로는 잘 사용하지 않습니다.

다만, 사용자가 만든 오디오 콘텐츠는 최종적으로 컴퓨터, 핸드폰, 이어폰, 카스테레오 등의 미디어 장치에서 재생되는 것이 일반적이기 때문에 완성된 오디오를 이러한 미디어에서 모니터해보는 습관을 가져야 합니다. 이것은 모니터 스피커에서 어떠한 밸런스를 유지해야 최종 미디어에서 어떻게 들릴 것이라는 것을 예상할 수 있을 때까지 반복해서 훈련하는 것이 좋습니다.

일반적으로 많이 사용하는 모니터 스피커의 유형은 고음역과 저음역을 분리하여 재생하는 2Way 방식입니다. 제조사마다 차이는 있지만, 보통 2KHz를 기점으로 분리되며, 2KHz 이하의 저음역을 재생하는 스피커를 우퍼(Woofer), 2KHz 이상의 고음역을 재생하는 스피커를 트위터(Tweeter)라고 부르고, 주파수는 스피커에 내장된 크로스오버(Crossover) 회로에 의해 분리됩니다.

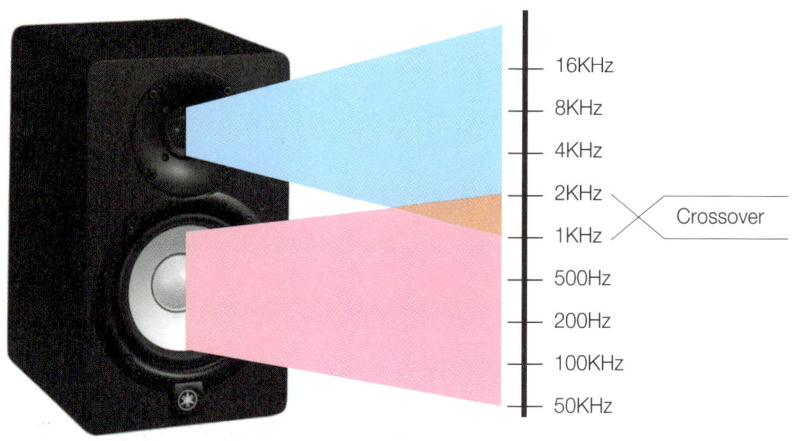

스피커를 구매할 때 확인해야 할 성능은 Frequency Response입니다. 이는 해당 제품이 재생할 수 있는 주파수 범위를 나타내는 것으로 일반적으로 많이 사용하는 5인치 제품은 60-80Hz 이상, 8인치는 40-60Hz 이상의 주파수 대역을 재생할 수 있습니다. 간혹, 모든 스피커가 인간의 가청 주파수인 20Hz에서 20KHz 범위의 사운드를 들려주고 있다고 오해하는 사람들이 많고, 이로 인해 들리지도 않는 베이스 음역을 증가시켜 사운드를 답답하게 만드는 경우를 자주 봅니다.

믹싱을 할 때 이러한 실수를 피하려면 자신이 사용하고 있거나 구매할 스피커가 실제로 어느 정도의 주파수 범위를 재생할 수 있는지를 나타내는 Frequency Response를 반드시 확인을 해야 합니다. 인간의 가청 주파수가 20Hz-20KHz라고 하지만, 30세가 넘어가면 17KHz 이상을 듣기 어렵고, 좀 더 나이가 들면 저음역도 잘 들리지 않기 때문에 의미 없는 성능이라고 취급할 수 있지만, 훈련을 반복하면 들리지는 않아도 몸으로 느껴지는 감각이 다르기 때문에 스피커를 선택하는데 있어서 반드시 체크해야 할 사항입니다.

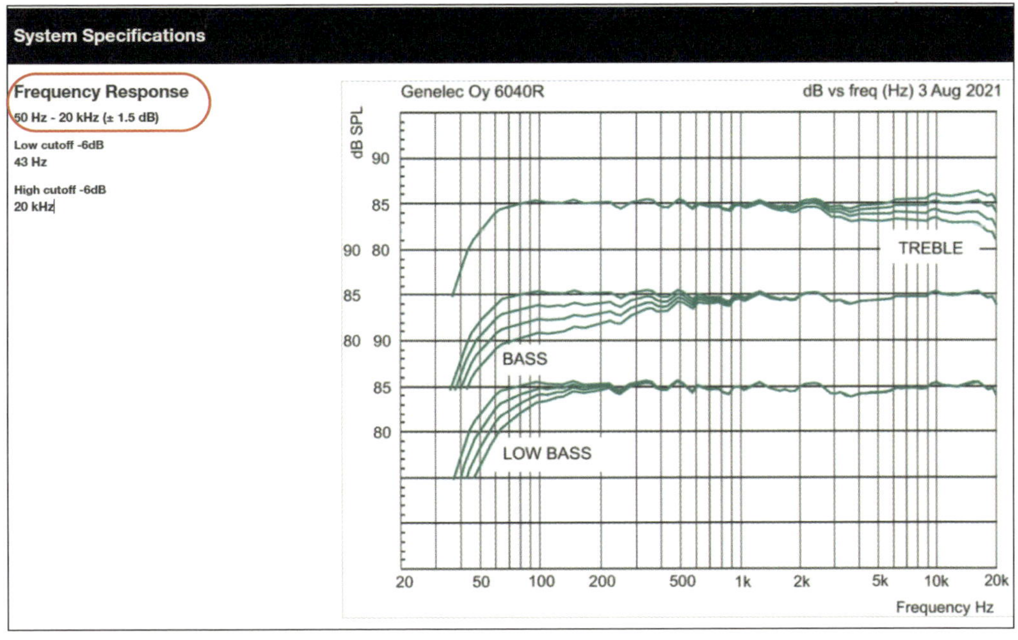

개인차는 있지만, 남성은 100Hz, 여성은 200Hz의 음성을 가지고 있기 때문에 오디오북이나 유튜브 등의 음성 콘텐츠를 제작하는 경우에는 5인치의 작은 제품도 상관없습니다. 그러나 음악 콘텐츠를 제작하는 것이 목적이라면 베이스의 최저 음역인 40Hz 이상을 재생할 수 있는 제품을 갖추는 것이 좋으며, 비용이 허락한다면 저음 재생을 목적으로 제작된 서브 우퍼(Sub-woofer) 스피키를 고려해보는 것도 습니다.

▲ 서브우퍼

| 스피커의 선택

40Hz까지 충분히 재생할 수 있는 큰 스피커를 선택할 것인지, 작은 스피커에 서브 우퍼를 추가할 것인지는 작업 목적과 공간을 고려하여 결정합니다. 작업 목적이 음성 콘텐츠라면 100Hz 이하의 저음역은 그리 중요하지 않으므로, 5인치의 작은 스피커로도 충분하지만, 음악 콘텐츠 제작을 목적으로 한다면 저음역이 중요하므로, 서브 우퍼를 추가하거나 8인치 이상의 큰 스피커가 유리합니다. 여기서 서브 우퍼를 선택할 것인지, 큰 스피커를 선택할 것인지의 여부는 작업 공간에 따라 선택합니다. 서브 우퍼는 바닥에 설치를 하기 때문에 저음역의 진동이 아래층으로 전달될 수밖에 없습니다. 그래서 층간 소음이 걱정되는 아파트나 빌라에서 작업을 하는 경우라면 철저한 진동 방지 시스템을 갖추거나 서브 우퍼를 포기하고 큰 스피커를 선택하는 것이 현명하고, 아래층에 신경 쓸 필요가 없는 1층이나 사무실이라면 서브 우퍼를 추가하는 것이 좋습니다.

또 한가지 공간에 따라 고려해야 할 사항은 스피커 홀의 위치입니다. 스피커에는 울림 방지를 위한 구멍이 있습니다. 이곳에서 저음이 함께 출력되기 때문에 베이스 포트라고도 하는데, 일반적으로 와트 수가 작은 스피커는 앞에 있고, 와트 수가 큰 스피커는 뒤에 있습니다. 즉, 구멍이 후면에 있는 것이 큰 레벨로 모니터할 때 유리하고, 음의 왜곡 현상도 적습니다. 하지만, 벽과의 거리를 그 만큼 유지해야 하기 때문에 책상을 벽 가까이 배치하는 일반 가정에서는 좋지 않습니다.

이론적으로 스피커는 양쪽 벽 거리 15% 위치에 배치하는 것을 원칙으로 하며, 홀이 뒤에 있는 경우에는 스피커 후면과 벽과의 거리가 그 두배에 해당하는 30% 이상의 거리에 둘 것을 권장하고 있습니다. 예를 들어 양쪽 벽의 거리가 3m라면 스피커는 벽으로부터 45cm 이상 떨어지는 것이 좋으며, 홀이 뒤에 있는 경우에는 90cm 이상의 공간 확보가 필요하다는 것입니다.

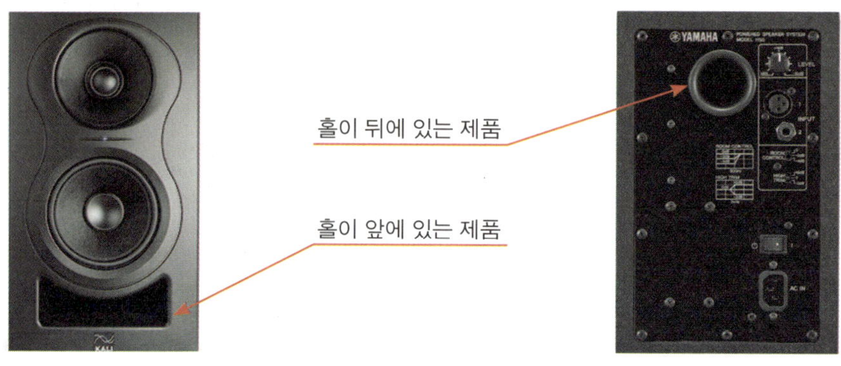

| 스피커의 설치

입문자들이 가장 많이 하는 질문은 "어떤 제품을 구입하면 좋을까요?" 입니다. 요즘에는 워낙 기술이 좋아졌기 때문에 같은 가격대는 큰 차이 없습니다. 일반 가전제품을 구입할 때와 마찬가지로 유명한 제작사들 중에서 자신이 투자할 수 있는 최대 비용의 제품을 구입하면 됩니다. 그 외, 앞에서 살펴본 사항과 같이 작업 목적과 공간에 따라 큰 것을 구입할 것인지, 서브 우퍼를 추가할 것인지를 고려하고, 자신이 좋아하는 디자인과 색상으로 선택하면 됩니다. 사실 제품보다 더 중요한 것은 작업 공간의 설계입니다. 같은 제품이라도 어떤 공간에 어떻게 설치하는가에 따라 전혀 다른 소리를 내기 때문입니다.

스피커는 양쪽 벽 거리의 15%를 띄우고, 삼각형이 되도록 안쪽으로 30도씩 틀어서 놓는 것이 기본 원칙입니다. 방의 크기가 3-4m라고 가정했을 때, 모니터 지점은 2.5-2.8m 이상이 되는 것입니다. 일반 가정에서 책상을 방 한가운데 놓는 것은 어렵기 때문에 처음부터 녹음실로 설계된 공간이 아니라면 현실적으로 불가능합니다. 설사 가능한 빈 방이 있더라도 후면 공간도 그 만큼 필요하기 때문에 의미 없습니다.

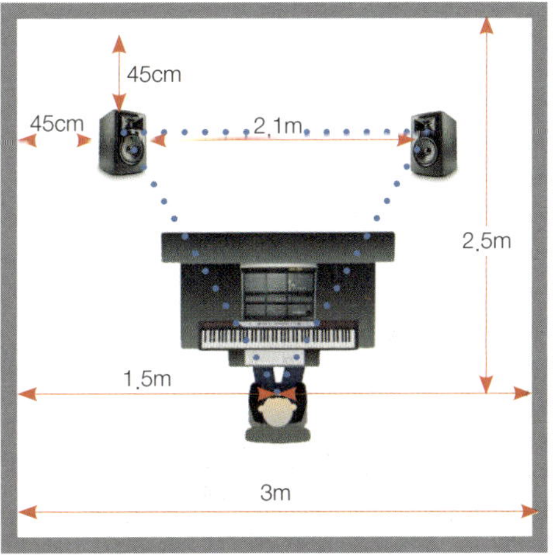

1인용 책상은 대부분 가로 120cm입니다. 스피커를 양쪽 끝에 놓았을 때 모니터 지점과 삼각형이 이루어지는 크기입니다. 책상을 양쪽 벽 사이 중앙에 놓으면 좋겠지만, 이것도 가정에서는 어렵습니다. 다만, 창문 쪽은 피하고, 벽과의 거리는 최소 20-30cm 정도 떨어지게 놓습니다. 필요하다면 스피커 후면과 측면 벽, 그리고 스피커와 모니터 지점 사이의 천장과 귀 옆에 흡음재를 붙이고, 스피커와 마주보는 후면에는 분산재를 붙입니다.

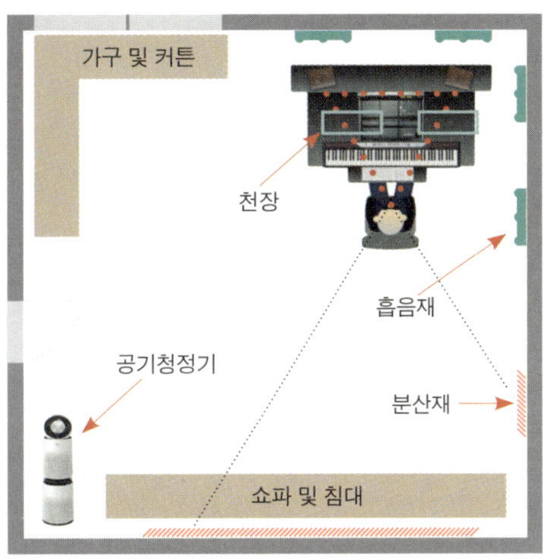

흡음재와 분산재는 인터넷에서 쉽게 검색하여 구매할 수 있으며, 필요한 위치에 부분적으로 붙이는 것이 좋습니다. 물론, 앞의 예는 공간이 비어 있을 경우입니다. 책장, 침대, 쇼파, 화분 등의 가구가 있다면 흡음 및 분산 처리 위치가 달라질 수 있으며, 스피커 주변 외에는 아예 필요 없을 수도 있습니다. 실제로 책장과 공기청정기 한 대만 놓아도 사운드가 울리는 플러터 에코나 사운드가 감소하는 정재파 현상을 해결할 수 있기 때문에 흡음재를 덕지 덕지 붙이지 않아도 되는 경우가 많습니다. 레코딩과 모니터에 큰 문제가 없는데, 넘쳐나는 유튜브 정보로 오히려 사운드를 망치는 결과를 많이 봅니다. 공간을 꾸미고 싶은 마음은 이해하지만, 남들이 좋다고 하는 것을 무작정 따라하기 보다는 작업을 해보면서 발생하는 문제점을 하나씩 해결해 가는 것이 가장 좋습니다.

다음으로 체크해야 할 사항은 스피커의 높이 입니다. 스피커 바닥에는 책상의 진동으로 인한 공진을 줄일 수 있는 다양한 재질의 방진 패드 또는 스파이크나 스탠드 타입의 받침대를 설치합니다. 사실 진동 방지를 위한 가장 좋은 방법은 안 읽는 책을 쌓아 놓는 것이지만, 인테리어를 망친다고 생각한다면 시중에 판매되고 있는 제품 중에서 마음에 드는 타입을 선택합니다.

▲ 스탠드 타입

▲ 패드 타입

그리고 Audio FX의 Utility 폴더에서 Text Oscillator를 실행하여 1KHz 샘플 톤이 자신의 귀 높이에 들리도록 위치를 조정합니다. 들리는 소리가 귀 높이보다 낮거나 높은데, 높이를 조정할 수 없는 경우라면 스피커를 아래쪽이나 위쪽으로 기울여 주면 됩니다. 특히, 음악 콘텐츠 제작을 목적으로 하는 사람이라면 반드시 높이를 맞추기 바랍니다.

인간의 가청 주파수는 20Hz-20KHz이지만, 중심 주파수는 1KHz를 기준으로 하며, 그 이상의 고음역은 위쪽에서 들리고, 그 이하의 저음역은 아래쪽에서 들립니다. 주파수마다 다른 높이를 구분할 수 있을 때까지 훈련을 하면 레벨 및 EQ 작업이 매우 손쉬워집니다.

| 헤드폰과 이어폰

사운드는 스피커로 모니터 하는 것이 가장 좋습니다. 왼쪽 사운드를 왼쪽 귀에, 오른쪽 사운드를 오른쪽 귀에 직접 전달하는 헤드폰이나 이어폰과는 다르게 왼쪽과 오른쪽에서 재생되는 사운드를 양쪽귀로 동시에 전달하는 스피커는 공간감과 정위감을 정확하게 모니터할 수 있기 때문입니다. 특히, 장시간 모니터를 할 때는 귀 건강에도 덜 해롭습니다.

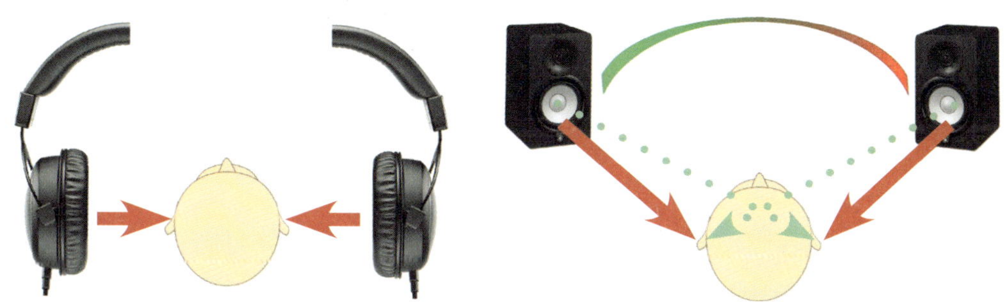

하지만, 녹음을 할 때는 스피커 소리가 마이크로 수음 되면 안 되기 때문에 헤드폰이나 이어폰을 사용할 수밖에 없습니다. 헤드폰이나 이어폰 역시 일반적으로 사용되는 청취용이 아닌 모니터용으로 출시되는 제품들이 있습니다. 입력 소스를 정확하게 판단해야만 하는 스튜디오 엔지니어나 연주자들에게는 반드시 필요한 장치이지만, 레코딩되는 사운드를 모니터하는 단순한 목적이라면 굳이 고가의 모니터용 헤드폰이나 이어폰을 구입할 필요는 없습니다. 그냥 스마트폰을 구입할 때 사은품으로 받았던 저가의 이어폰만으로도 충분합니다. 다만, 이어폰 단자는 3.5mm 규격이 대부분이고, 오디오 인터페이스의 헤드폰 연결 단자는 5.5mm가 일반적이므로 이를 연결할 수 있는 35 to 55 변환 젠더가 필요합니다.

▲ 35 to 55 변환 젠더

만일, 블루투스 무선 이어폰을 사용하고 싶다면, 무선 랜카드 또는 유선 오디오를 블루투스 페어링이 가능한 제품으로 변환해주는 송/수신기를 추가합니다. 물론, 무선랜을 지원하는 노트북 및 데스크탑 사용하고 있다면 필요 없습니다.

▲ 블루투스 송/수신기

다만, 블루투스는 유선에 비해 음질이 현저하게 떨어지기 때문에 음악 제작을 목적으로 하는 엔지니어나 뮤지션들에게는 권장하지 않습니다. 광고 나래이션이나 오디오북과 같은 음성 콘텐츠를 제작하는 사람들에게는 무리 없는 제품입니다. 완성한 음악이 블루투스 이어폰에서 어떻게 들리는지 체크하는 용도로 사용하는 뮤지션도 있기는 합니다.

그리고 두 사람 이상이 함께 레코딩 작업을 하는 경우에는 헤드폰이나 이어폰도 2대 이상이 필요하며, 오디오 인터페이스의 헤드폰 단자도 2개 이상이어야 합니다. 저가의 제품도 2개의 헤드폰 단자를 제공하는 경우가 있지만, 그렇지 않다면 오디오 인터페이스 헤드폰 단자에 연결하여 여러 대의 헤드폰을 사용할 수 있도록 해주는 헤드폰 앰프라는 장치를 사용합니다. 보통 4대 또는 8대의 헤드폰을 연결할 수 있는 4채널 또는 8채널 타입이 있습니다.

▲ 헤드폰 앰프

마스터링 어시스턴트

Mastering Assistant는 최종 믹스를 다양한 재생 환경(이어폰, 스피커, 차량 오디오 등)에서 균형 있고 완성도 높게 들리도록 자동 보정해 주는 마스터링 플러그인입니다. 오디오를 정밀 분석하여 다이내믹 조정, 주파수 밸런스 보정, 음색 향상 등을 수행하며, 전문 마스터링 엔지니어가 사용하는 부티크 아날로그 장비에서 영감을 받은 동적 처리와 스펙트럴 셰이핑도 제공합니다. 또한 업계 표준 라우드니스에 맞게 레벨을 최적화해, Apple Music 등 스트리밍 서비스 배포에 적합한 결과물을 만들 수 있도록 돕습니다.

01 X 키를 눌러 믹서 창을 열고, Stereo Out 채널을 보면 오디오 FX 슬롯에 Mastering 이펙트가 비활성화 되어 있는 것을 확인할 수 있습니다. 이를 클릭하여 활성화할 수 있습니다.

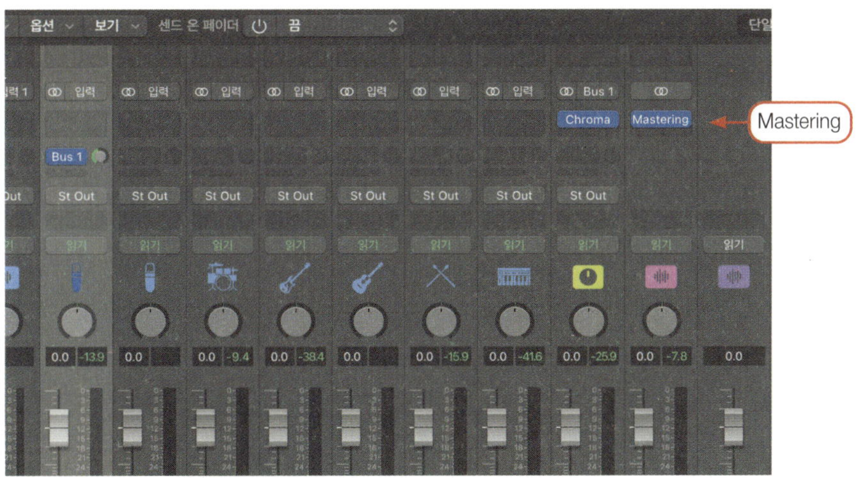

02 마스터링을 활성화하면 시스템이 곡을 분석하여 EQ, 다이내믹, 스테레오 이미지, 라우드니스 등 다양한 요소를 기반으로 마스터링 설정을 제안합니다. 필요에 따라 Character 옵션에서 원하는 톤과 질감을 선택할 수 있습니다.

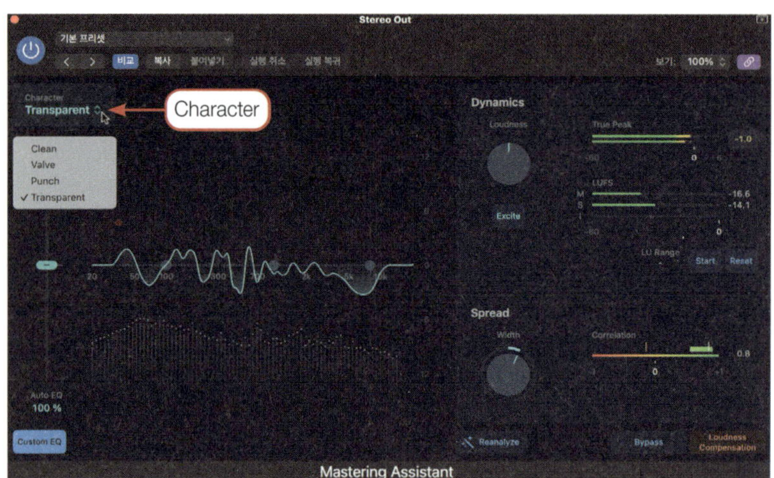

● **Clean:** 착색을 최소화하고 밸런스와 선명도를 중심으로 정돈된 사운드를 만듭니다. 저역은 타이트하게, 고역은 깨끗하게 유지되며 전체적으로 현대적인 느낌을 제공합니다.
(팝 / 댄스 / 어쿠스틱 / 전반적으로 깔끔한 마스터를 원할 때 추천)

● **Valve:** 아날로그 튜브 특유의 포화감과 하모닉을 더해 사운드에 따뜻함과 두께감을 부여합니다. 중역대의 존재감이 살아나며 질감과 캐릭터가 강조됩니다.
(록 / 힙합 / 밴드 음악 / 디지털 느낌을 완화하고 싶을 때 추천)

● **Punchy:** 트랜지언트와 다이내믹의 임팩트를 강조해 보다 힘 있고 에너지 넘치는 사운드를 만듭니다. 킥, 스네어, 베이스 등의 어택이 또렷하게 느껴지는 스타일입니다.
(EDM / 힙합 / 트랩 / 리듬과 타격감이 중요한 곡에 추천)

● **Transparent:** 원본의 톤과 공간감, 다이내믹을 최대한 유지하면서 자연스럽게 음압을 확보합니다. 처리 느낌이 적고 믹스의 개성을 보존하는 데 초점을 둡니다.
(클래식 / 재즈 / 발라드 / 이미 잘 완성된 믹스를 유지하고 싶을 때 추천)

03 Auto EQ는 입력 신호의 주파수 분포를 분석하여 EQ 보정을 적용합니다. 기본값은 100%이며, 변화가 과도하게 느껴질 경우 값을 낮춰 자연스럽게 조정할 수 있습니다. Custom EQ가 활성화되면 디스플레이에 표시된 저음, 중음, 고음 포인트를 드래그하여 수동으로 세밀한 조정이 가능합니다.

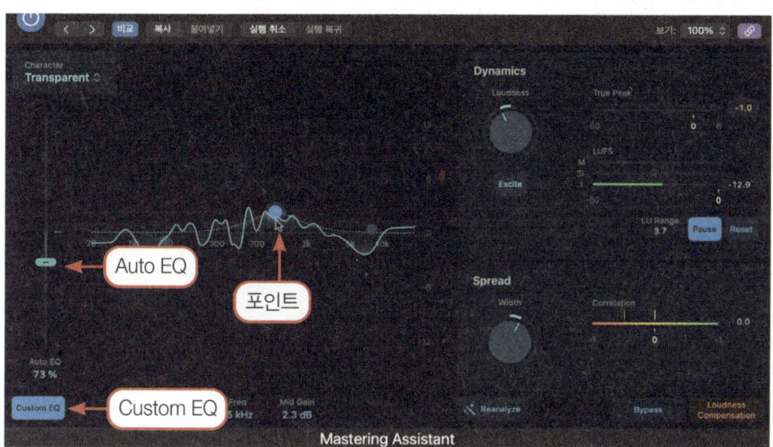

04 Loudness는 마스터의 목표 음압(LUFS)을 설정하는 핵심 파라미터입니다. Start 버튼을 눌러 현재 음압을 측정할 수 있으며, 대부분의 스트리밍 플랫폼에서는 -14 LUFS 내외가 기준으로 사용됩니다. Excite를 활성화하면 하모닉 성분과 고역이 강조되어 사운드의 존재감과 명료도를 향상시킬 수 있습니다.

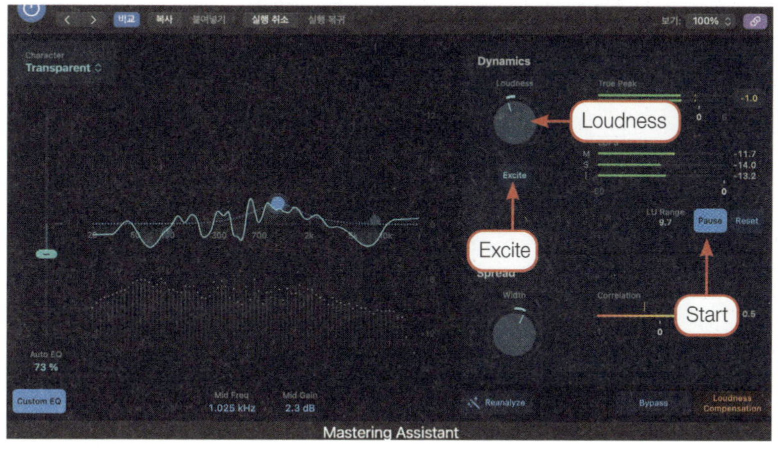

05 Width는 스테레오 이미지의 넓이를 조정하는 기능입니다. Correlation 미터는 좌우 채널 간 위상 관계를 표시하며, 값이 +1에 가까울수록 모노 호환성이 안정적입니다. 일반적으로 0 이상을 유지하는 것이 권장됩니다.

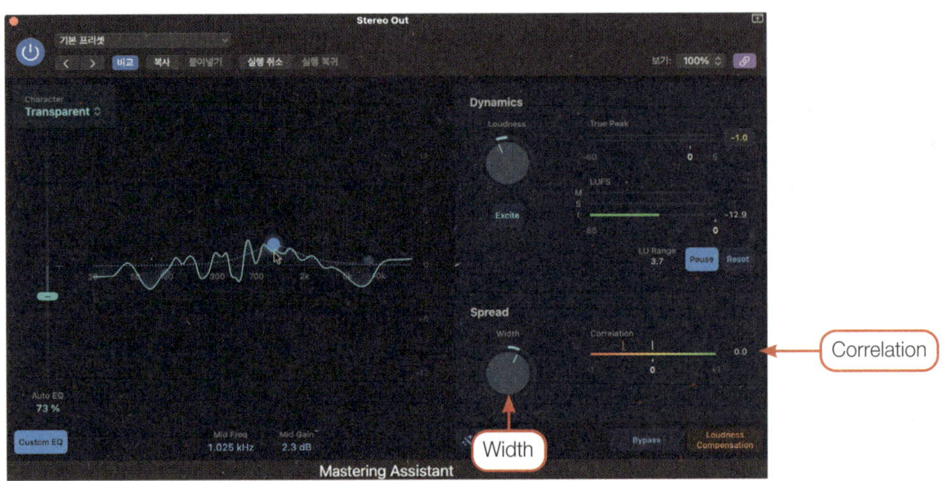

06 Reanalyze는 신호 분석을 다시 수행하며, Bypas는 Mastering Assistant 적용 전후의 사운드를 비교할 수 있습니다. Loudness Compensation는 처리된 신호와 원본 신호를 유사한 음압으로 보정하여 보다 공정한 청취 비교가 가능합니다.

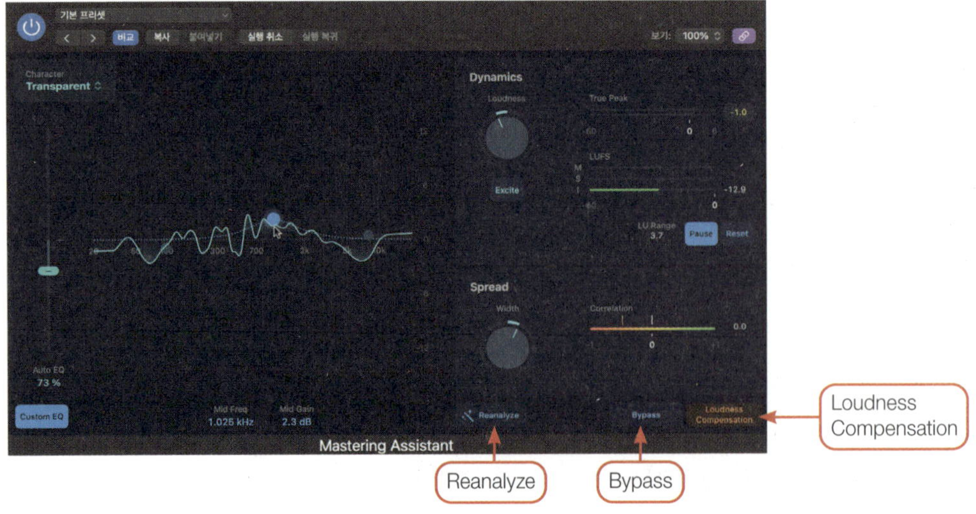

음원 만들기

마스터링 작업은 EQ를 이용하여 주파수 밸런스를 조정하고, 컴프레서를 이용하여 레벨 밸런스를 조정한 다음에 리미터로 라우드니스에 맞춰 마무리하는 것이 일반적입니다. 하지만, 잡음을 제거하거나 공간감을 디자인하는 등의 추가 작업이 필요한 경우도 있습니다. 이때 사용될 수 있는 몇 가지 추가 도구를 살펴보고, MP3 제작을 위한 바운스로 마무리하겠습니다.

| Exciter/Spread

01 Specialized 폴더의 Exciter는 고음역을 추가할 수 있는 특별한 장치입니다. EQ를 아무리 잘 다루어도 원래 신호에 고음역이 부족하다면 방법이 없습니다. 이때 원래 신호를 분석하여 한 옥타브 높은 사운드를 인위적으로 만들어주는 Exciter라는 특별한 장치를 이용하면 해결할 수 있습니다. 주파수 대역은 디스플레이 Frequenct 값 또는 포인트를 드래그하여 설정합니다.

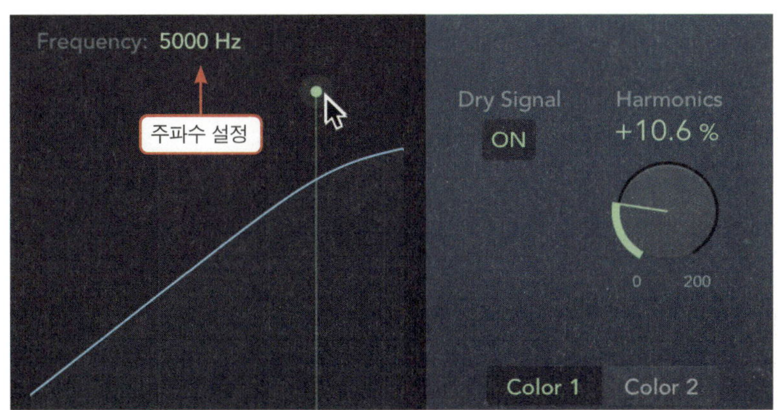

02 Dry Signal은 원래 신호를 의미하며 Off하면 추가된 고음역 사운드를 모니터할 수 있습니다. Harmonics는 추가되는 고음역의 양을 설정하며, Color은 추가되는 고음역의 밀도를 선택합니다. Color 1보다 Color 2가 좀 더 밀도가 높은 고음역을 제공하지만, 인위적인 느낌이 날 수 있습니다.

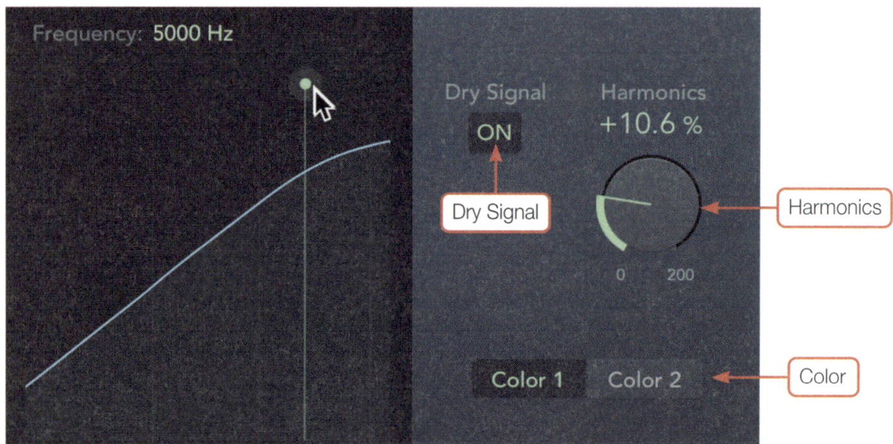

03 Exciter가 세로로 확장하는 거라면 Imaging 폴더의 Stereo Spread를 이용하여 가로로 확장할 수 있습니다. Stereo Spread는 주파수를 좌/우로 벌려 스테레오 폭을 확장하는 장치로 Upper/Lower Frequency에서 설정한 주파수 대역을 Lower/Upper Intensity에서 설정한 만큼 확장합니다. Order는 신호가 분할되는 주파수 밴드 수를 설정하며, 디스플레이는 위쪽이 왼쪽, 아래쪽이 오른쪽 채널은 표시합니다.

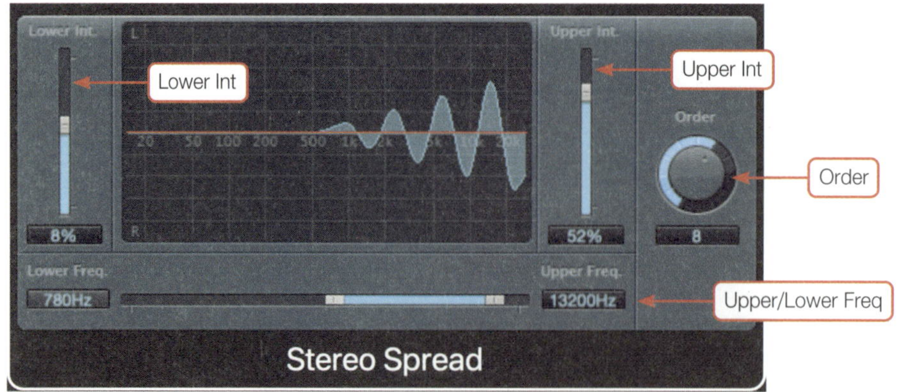

▌M/S 프로세싱

01 M/S는 Mid/Side의 준말로 중앙의 보컬과 양쪽 채널의 반주를 분리해서 컨트롤할 수 있는 기능입니다. 로직에서 제공하는 장치들은 M/S 기능을 제공하며, 이 기능을 사용하려면 장치를 로딩할 때 듀얼 모노를 선택합니다.

02 장치 상단의 점 3개가 있는 ① 설정 버튼을 클릭하면 채널을 선택할 수 있는 창으로 변경됩니다. 메뉴에서 ② Mid/Side를 선택하고, 상단에서 조정할 ③ 채널을 선택합니다.

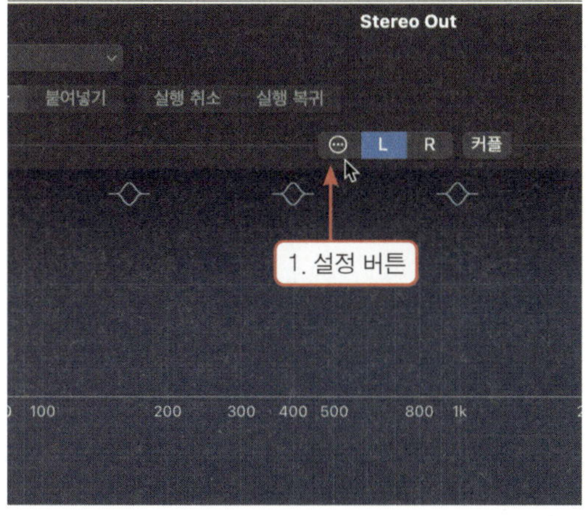

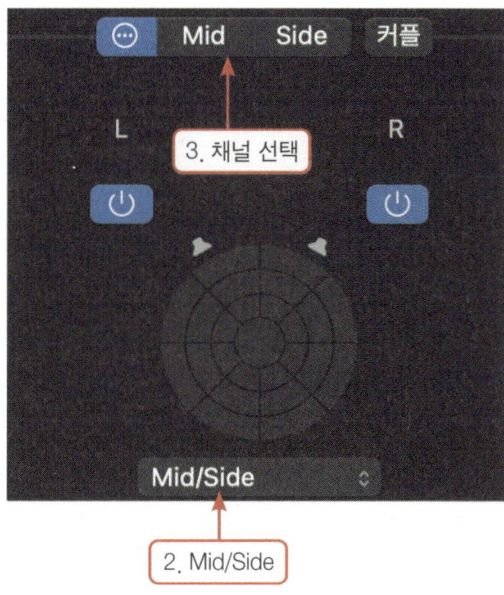

03 대부분 중앙(Mid)에 보컬이 배치되고, 양쪽(Side)에 악기가 배치되기 때문에 EQ를 M/S로 사용하면 보컬과 반주를 분리해서 주파수를 컨트롤 할 수 있습니다. 예를 들어 보컬 레벨이 낮다면 Mid에서 250Hz 대역을 올려 보컬 레벨만 증가시키거나 5KHz 대역을 올려 선명도를 향상시키는 작업이 가능합니다.

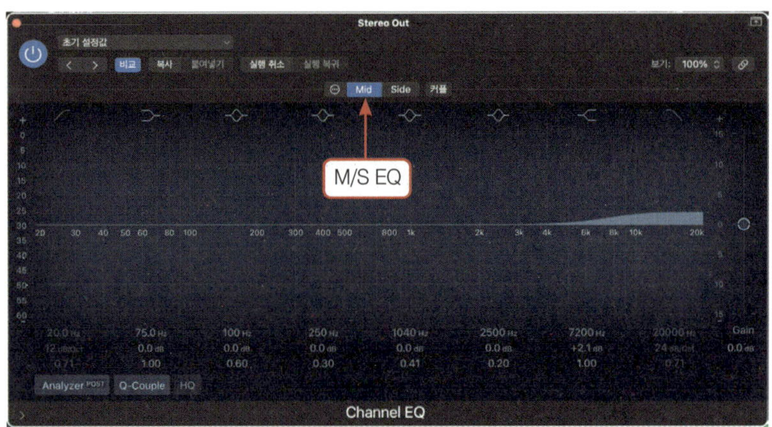

04 Compressor를 M/S로 사용하면 악기와 보컬 간의 레벨 변화를 조정할 수 있습니다. 단순하게 Gain을 이용하여 보컬 볼륨을 조정하는 것도 가능합니다. 이처럼 마스터링에서 M/S 프로세싱은 반드시 필요한 테크닉이므로 기억을 하기 바랍니다.

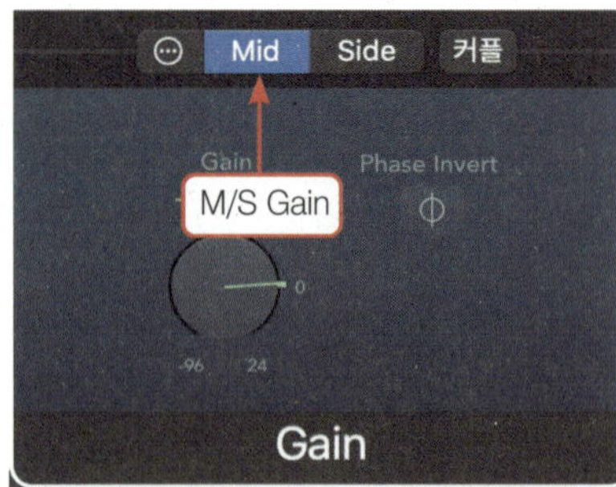

바운스

01 마스터링이 끝난 프로젝트는 바로 MP3 음원 및 오디오 CD 제작을 위한 WAV 파일로 만들 수 있습니다. Command+A 키를 눌러 전체 리전을 선택하고, Command+U 키를 눌러 사이클 구간으로 설정합니다. 믹싱 프로젝트를 Wav 파일로 바운스하여 마스터링 작업을 진행하는 경우에는 해당 리전을 선택하고, Command+U 키를 누릅니다.

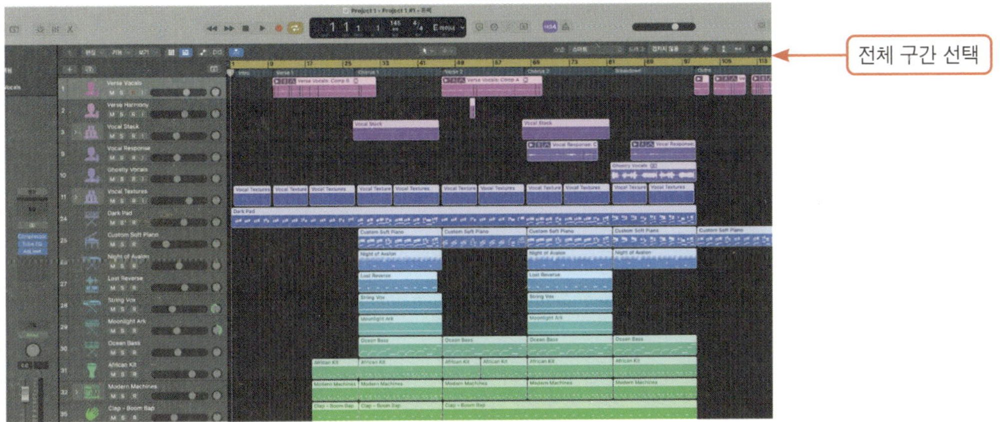

02 Command+B 키를 누르거나 파일 메뉴의 바운스에서 프로젝트 또는 섹션을 선택합니다. 믹서 창에서 작업 중이었다면 Stereo Out 트랙의 Bnc 버튼을 클릭해도 됩니다.

03 대상 목록에서 제작하고자 하는 파일 형식을 선택합니다. 오디오 CD를 제작하겠다면 PCM, MP3 음원을 만들겠다면 MP3를 선택합니다. 동시 제작이 가능하며, 애플 뮤직 M4A:AAC 와 CD/DVD에 굽기도 가능합니다.

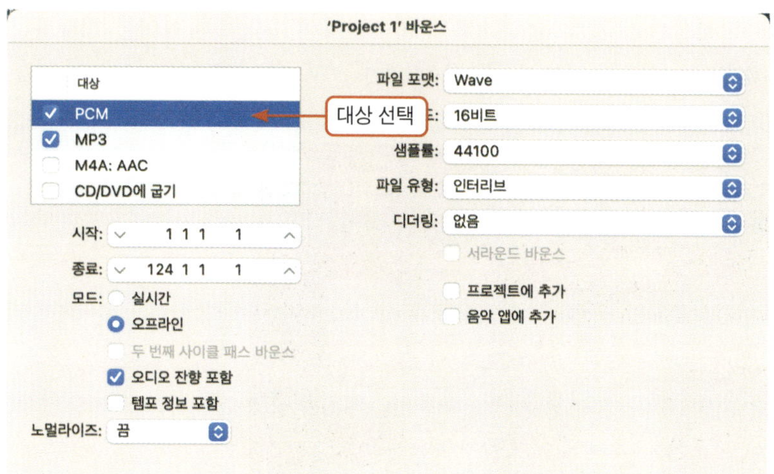

● 시작/종료 : 파일 제작 범위를 설정합니다. Command+A 및 Command+U로 설정한 구간이 표시되며, 필요한 경우에 변경 가능합니다.

● 실시간/오프라인 : 실시간은 프로젝트를 재생하면서 파일을 제작하고, 오프라인은 재생하지 않고 빠르게 제작합니다.

● 두 번째 사이클 패스 바운스 : 실시간 모드에서 프로젝트가 무거운 경우라면 문제가 발생할 수 있는데, 파일을 반복 재생하여 문제점을 해결합니다.

● 오디오 잔향 포함 : 타임 계열 장치를 사용하여 잔향이 있는 경우에 -60dB로 감소되는 범위 까지 파일을 제작합니다. 잔향이 있다면 미리 해당 범위까지 선택하는 것이 좋습니다.

● 템포 정보 포함 : 파일에 템포 정보를 포함합니다. 마스터 파일을 만들 때 프로젝트 템포를 자동 설정되게 할 수 있습니다.

● 노멀라이즈 : 피크를 0dB까지 증폭시킵니다. 권장하는 옵션은 아닙니다. 단, 피크 초과가 예 상되는 경우에는 과부하 보호만으로 0dB을 초과하는 레벨을 낮추도록 합니다.

● 파일 포맷 : Wave, AIF, CAF 포맷을 선택할 수 있으며, 오디오 CD 제작이 목적이라면 Wave 를 선택합니다.

- **해상도** : 샘플 비트를 선택합니다. CD 제작이 목적이라면 16비트를 선택합니다.
- **샘플률** : 샘플 레이트를 선택합니다. CD 제작이 목적이라면 44100Hz를 선택합니다.
- **파일 유형** : 좌/우 채널을 분할하거나 스테레오(인터리브) 파일을 만듭니다.
- **디더링** : 24비트 프로젝트를 16비트로 변환할 때 발생할 수 있는 오류를 제거합니다. POWr #1, 2, 3 순서로 정밀하게 처리되고, 다이내믹을 확장하지만, 결과물은 UV22HR이 가장 우수합니다.
- **서라운드 바운스** : 서라운드 프로젝트를 바운스 할 수 있습니다.
- **프로젝트에 추가** : 바운스 파일을 프로젝트 오디오 브라우저에 추가합니다.
- **음악 앱에 추가** : 바운스 파일을 음악 앱에 추가합니다.

04 Mp3 옵션입니다.

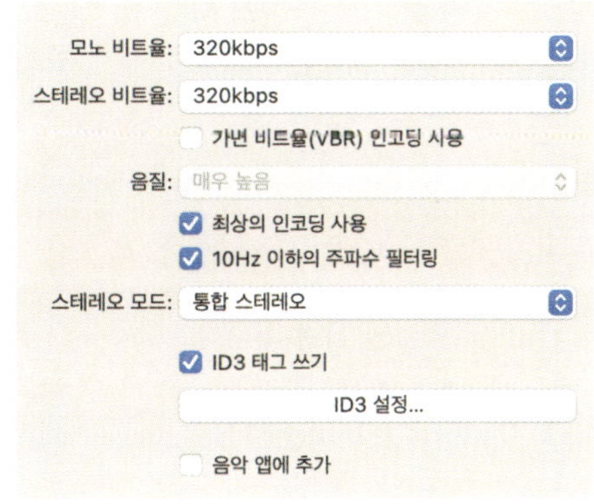

- **모노 및 스테레오 비트율** : MP3 비트율을 선택합니다. 특별한 경우가 아니라면 최상의 음질을 가질 수 있는 320kbps를 선택합니다.
- **가변 비트율(VBR) 인코딩 사용** : 데이터에 따라 비트율이 변하는 VBR 형식으로 인코딩 합니다. 옵션이 해제된 경우에는 비트율이 일정하게 유지되는 CBR 형식입니다.
- **음질** : VBR 옵션을 체크한 경우에 음질을 선택할 수 있습니다.
- **최상의 인코딩 사용** : 최상의 음질을 만듭니다.
- **10Hz 이하의 주파수 필터링** : 사실상 들리지 않는 10Hz 이하를 제거합니다.
- **스테레오 모드** : 통합 및 일반 중에서 선택할 수 있습니다.
- **ID3 태그 쓰기** : 설정 버튼을 클릭하면 곡 정보를 입력할 수 있는 창이 열립니다.

필요한 대상과 옵션을 설정하고, 확인 버튼을 클릭하면 파일 이름을 입력할 수 있는 저장 창이 열리며, 바운스 버튼을 클릭하여 완료할 수 있습니다. 완성한 MP3 파일을 온라인에 직접 업로드하거나 유통 업체에 의뢰하여 본격적인 뮤지션 활동을 시작할 수 있습니다. 음원 유통 업체는 인터넷에서 검색할 수 있으며 등록 비용은 무료입니다. 몇 군데 전화 및 온라인 상담을 해보고 친절한 곳과 계약하면 됩니다.

 **최이진 실용음악학원(02-887-8883)/hyuneum.com**

학원 선택?

누구에게 배울 수 있는지가 중요합니다!

세계 유일 특허 화성학 저자 최이진 직강!
EJ 엔터테인먼트가 직접 운영, 전속 계약 및 음악 활동 전격 지원

보컬
졸업과 동시에 프로 데뷔
연습반 졸업 시 EJ 엔터 전속 계약, 음반 및 방송 활동 전격 지원

재즈피아노
프로 배출의 요람
검증된 교육 시스템 기반 초급부터 프로까지 1:1 밀착 레슨

기타/베이스
장르 불문 실전 플레이
수많은 세션 경험으로 완성된 테크닉, 스타일별 맞춤형 교육

컴퓨터음악
표준 교재 저자 직강
음대 교재 저자가 직접 가이드하는 미디 실무 및 고난도 테크닉

방송음향/믹싱
현장 밀착형 노하우
교회·라이브·스튜디오 실전 경험 전수, 완벽한 실무 믹싱 마스터

작/편곡
세계 유일 화성학 특허
오직 이곳에서만 전수받는 독보적이고 압도적인 작곡 노하우

위치 : 서울대입구역 8번 출구 (2호선)

EJ 스튜디오 (음원 제작에서 발표까지 함께합니다.)

녹음실 선택?

B급 예산으로 완성하는 A급 명반 사운드

- **개인 음원 제작** | 작곡부터 마스터링까지, 당신의 멜로디를 정식 음원으로 탄생시킵니다.
- **뮤지컬·연극** | 넘버 작/편곡, 단원 트레이닝, 음반 제작까지 아우르는 올인원 솔루션.
- **오디오 북** | 전문 성우 녹음과 몰입감을 더하는 고품격 음악·효과음 제작.
- **스페셜 녹음** | 게임 음악, 오케스트라, 트로트, 교회 음악 등 장르 불문 최적의 사운드

※ 모든 과정마다 충분한 상담을 거쳐 후회 없는 결과물을 완성합니다.